長崎先民伝注解

近世長崎の文苑と学芸

Nagasaki Senmin-den

若木太一・高橋昌彦・川平敏文［編］

勉誠出版

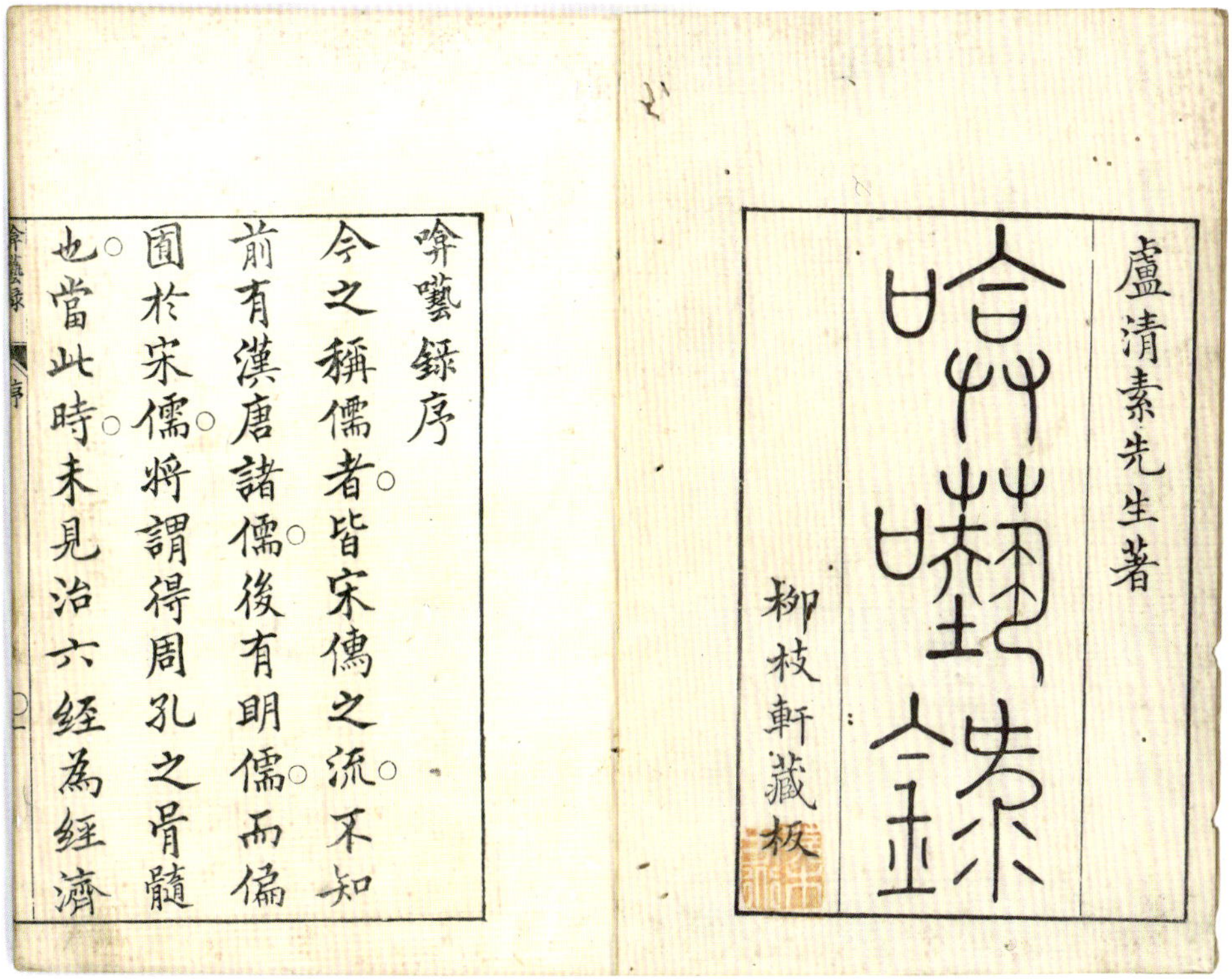

盧清素先生著

唫囈録

柳枝軒藏板

唫囈録序

今之稱儒者皆宋儒之流不知前有漢唐諸儒後有明儒而偏囿於宋儒将謂得周孔之骨髓也當此時未見治六経為経濟

盧草拙著『唫囈録』見返し（久留米大学御井図書館所蔵）

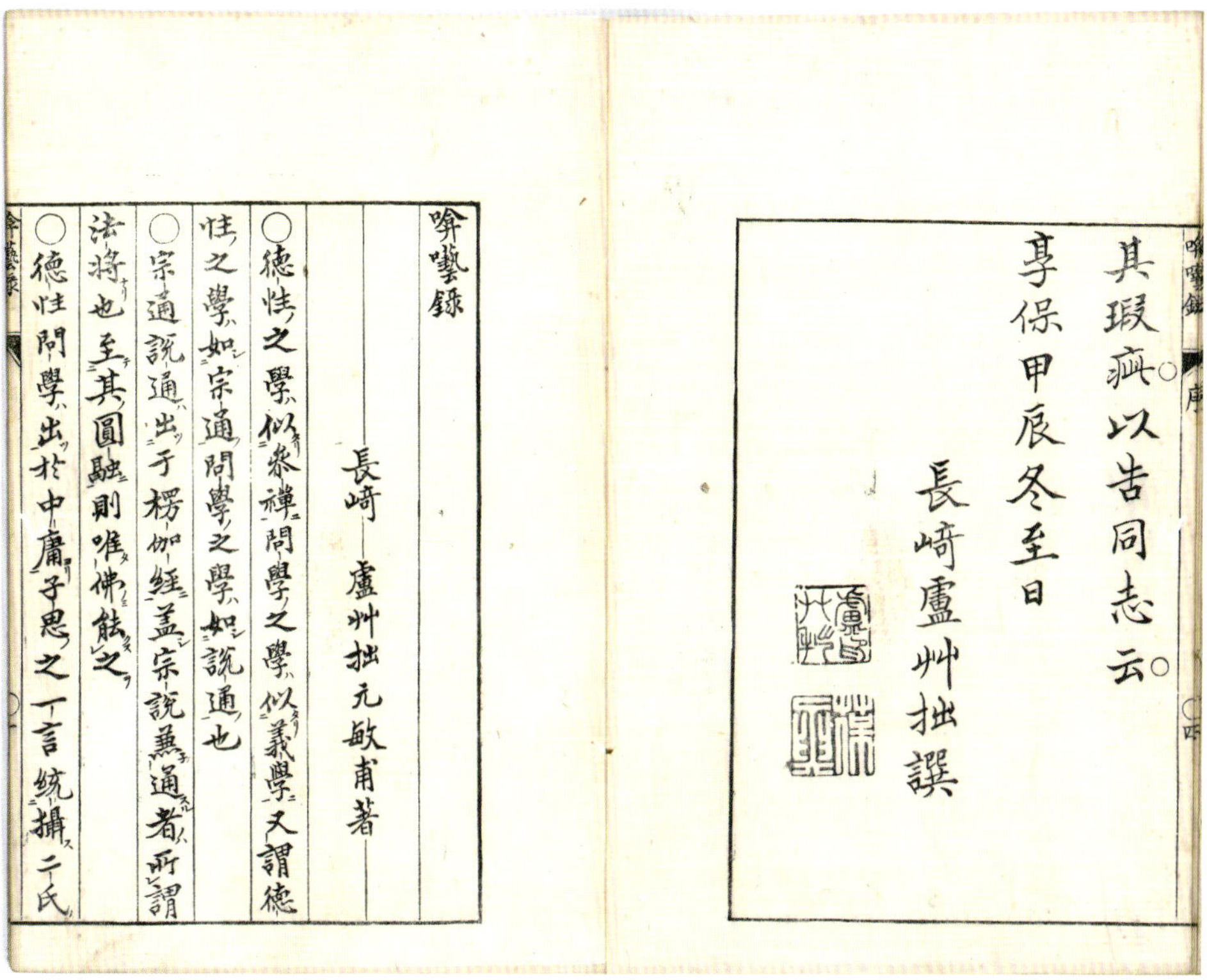

其瑕疵以告同志云

享保甲辰冬至日

長崎盧艸拙譔

唫囈録

長崎　盧艸拙元敏甫著

○徳性之學似參禪問學之學似義學又謂徳性之學如宗通問學之學如說通也

○宗通說通出于楞伽經蓋宗說兼通者所謂法將也至其圓融則唯佛能之

○徳性問學出於中庸子思之一言統攝二氏

同本文冒頭

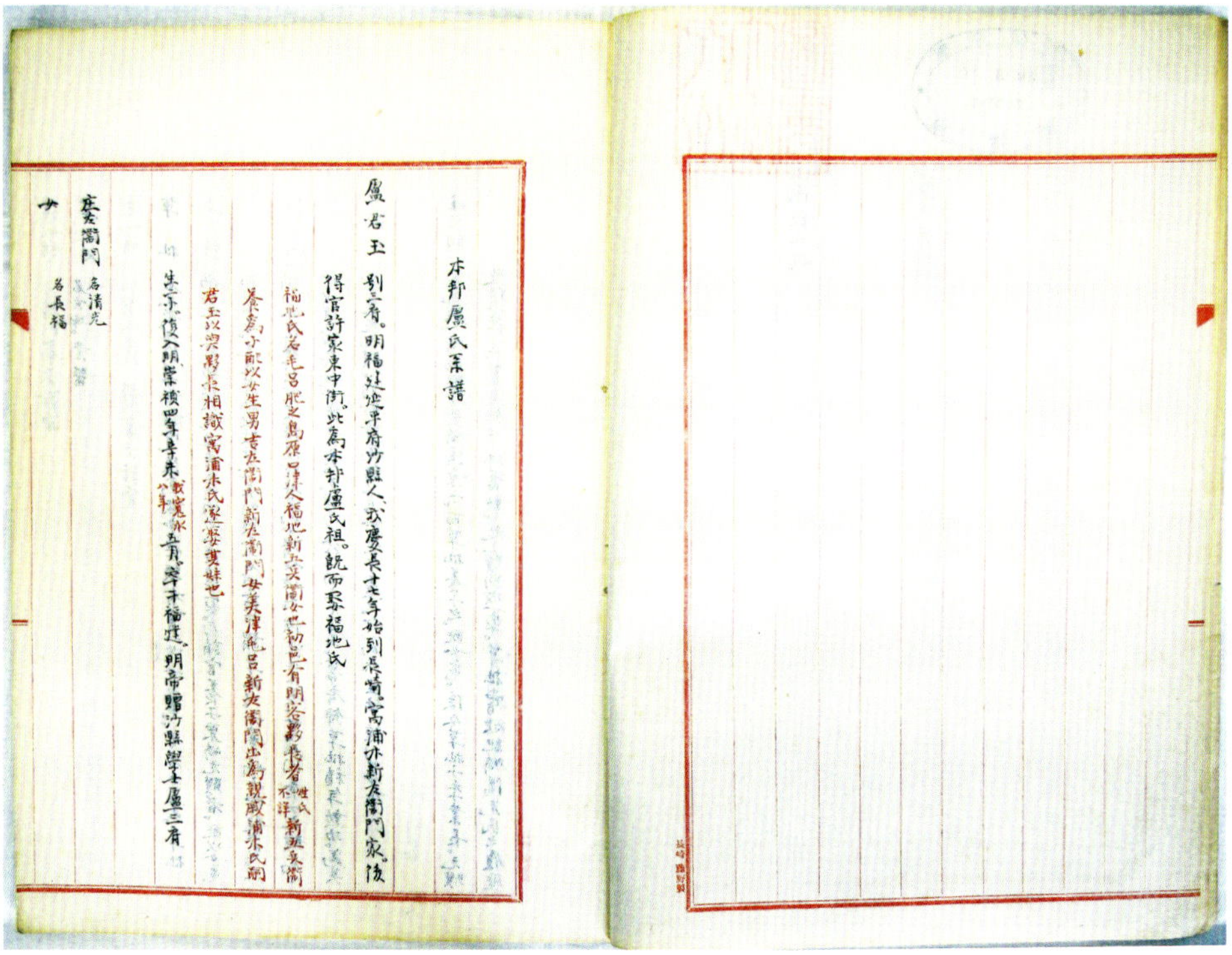
本邦盧氏家譜

盧君玉　別号二官。明福建延平府沙縣人。我慶長十七年始到長崎。寓浦外新左衛門家。後得官許家東中街。此為本邦盧氏祖。既而娶福地氏

福地氏名毛呂。肥之島原口津人福地新五兵衛女也。初已有明客彭姓者姓氏不詳新五兵衛養為子。配以女生男吉左衛門新左衛門女美津毛呂。新左衛門出為親戚浦木氏嗣

君玉以與彭長相識寓浦木氏。遂娶其妹也

生子。復入明。崇禎四年辛未我寛永八年五月。卒于福建。明帝贈沙縣學士盧三官

吉左衛門　名清光

名長福

女

『盧氏文書』（九州大学附属図書館記録資料館九州文化史資料部門古賀文庫所蔵）

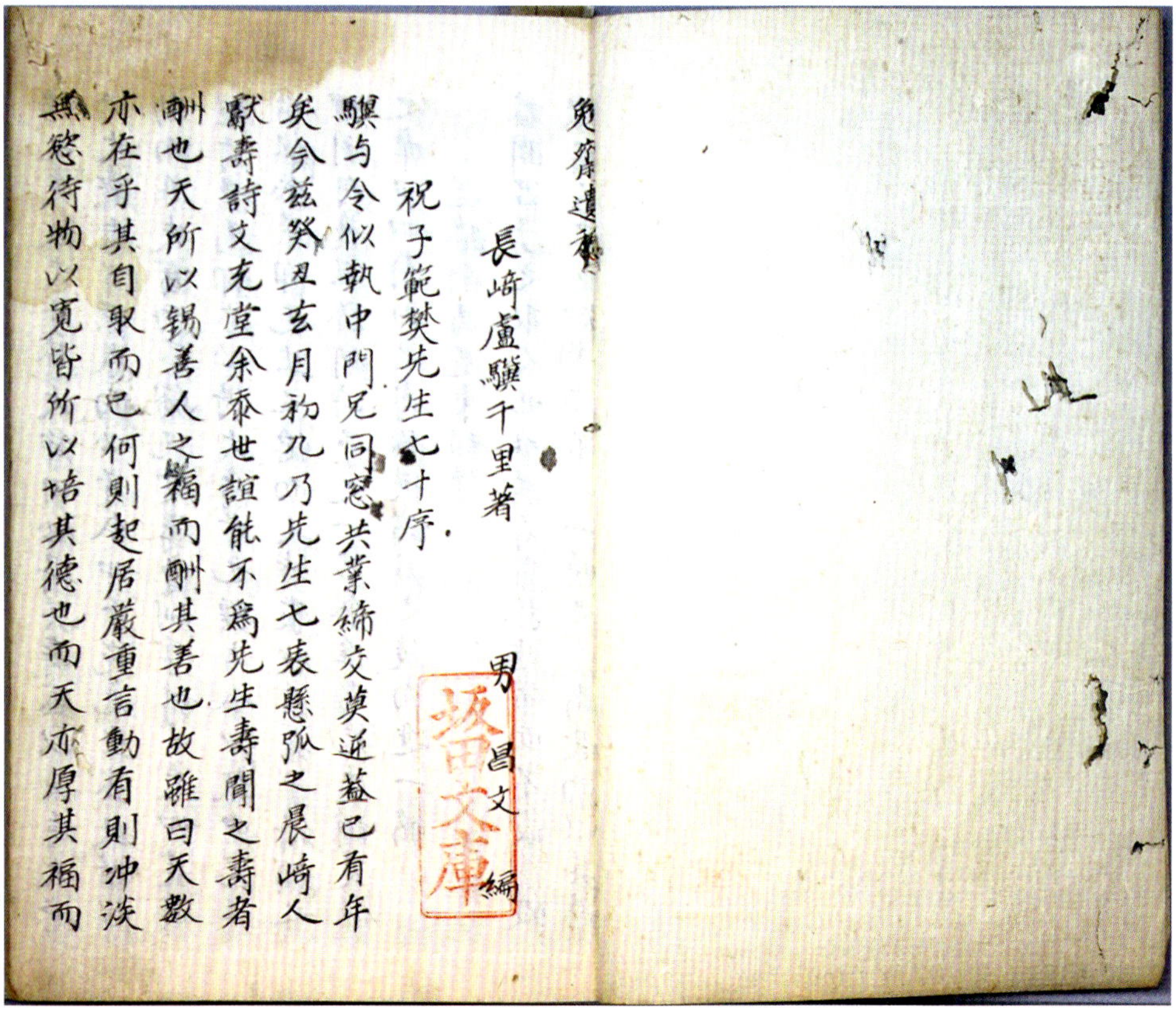
勉齋遺稿

長崎盧驥千里著

男　昌文　編

祝子範埜先生七十序

驥与令似執中門兄同窓共業締交莫逆蓋已有年矣今茲癸丑玄月初九乃先生七袠懸弧之晨崎人獻壽詩文充堂余忝世誼能不爲先生壽聞之壽者酬也天所以錫善人之福而酬其善也故雖曰天數亦在乎其自取而已何則起居嚴重言動有則冲淡無慾待物以寛皆所以培其德也而天亦厚其福而

『勉斎遺稿』（九州大学附属図書館雅俗文庫所蔵）

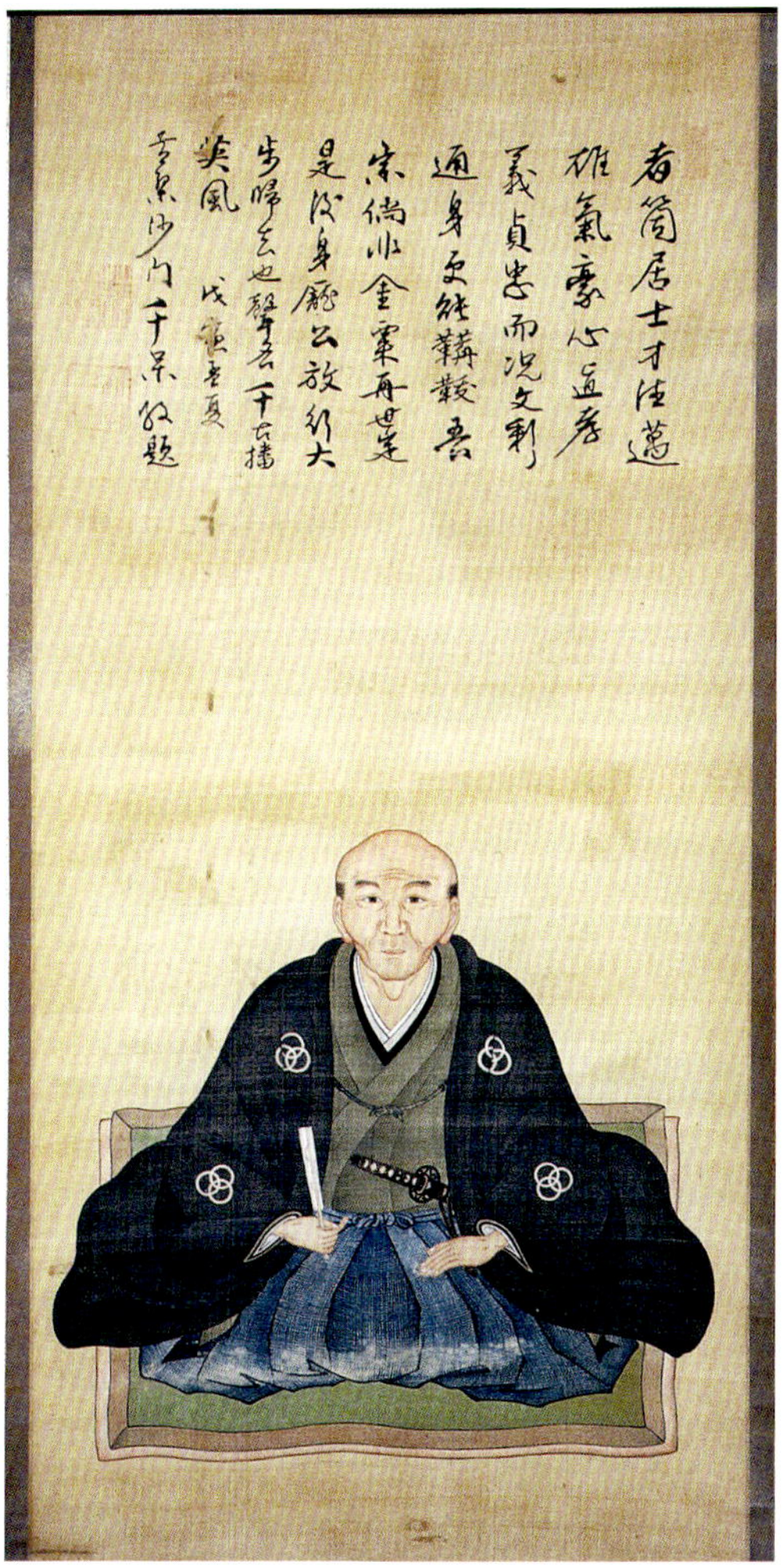

「劉宣義（彭城仁左衛門）」肖像（長崎歴史文化博物館収蔵）

「林応寀（林道栄）」肖像（長崎歴史文化博物館収蔵）

はじめに

本書は、盧草拙稿・盧千里編『長崎先民伝』（二巻二冊、文政二年〈一八一九〉刊）の本文を影印・翻刻し、詳しい語注と解説を加えたものである。

『長崎先民伝』は、近世の長崎という場所が、西国の僻地という地理的条件にもかかわらず、いかに多くの魅力的な人材を輩出したか、また中央の人々が、この地にいかに強い文化的な関心を持っていたかが分かる資料である。以下『長崎先民伝』の概要、および本書の特色について、簡単に記すことにする。

1.『長崎先民伝』の概要、およびその価値

『長崎先民伝』は、近世前期に長崎の地に生きた学者・僧侶・市井の人々、あるいはそこに来遊した中央の学者・文人たち総勢一四七名の伝記を、一三のジャンルに部類分けしつつ、漢文体で記したものである。その部類と人数の内訳は次の通り。

「学術」（儒学・神道学者）一五名
「談天」（天文暦学者）一〇名
「善者」（善行の老人）二名
「忠孝」（孝子・節義の士）九名

「貞烈」（貞操の婦女）二名
「処士」（在野の学者）一名
「隠逸」（市井の隠者）一名
「任俠」（義侠の勇士）一名
「医術」（漢方医・蘭方医）二五名
「通訳」（外国語通訳）一八名
「技芸」（画家・書家・工芸家・剣術家など）二二名
「緇林」（仏僧）一〇名
「流寓」（長崎来遊の学者・文人）三一名

具体的な人名で言えば、彭城仁左衛門、林道栄、西川如見、深見玄岱、向井元成、青木永弘、道香、林羅山、安東省菴、南部草寿、北島雪山、橘三喜、松永貞徳、大淀三千風、などといった人物が取りあげられている。ただし一四七名とはいっても、記述に長短の差は大きく、ほとんど名前のみしか記されない者もあることを、いちおう断っておく。

『長崎先民伝』の価値は、第一に、長崎に生まれ後に中央で活躍した学者たちや、長崎の地において一級の技芸をもって身を立てた人々の、他書には見られない逸話が満載されていることである。特に学者の伝記については、東条琴台編『先哲叢談後編』（文政十年〈一八二七〉刊）をはじめとして、後代の書物にほぼそのまま引用されることが多い。すなわち本書によってしか、その存在や伝記が確かめられない人物も多くいるのであり、その意味で本書は、近世前期長崎学の基礎的にして最重要の資料と言えるのである。古賀十二郎『長崎洋学史』（昭和四十一年〈一九六六〉刊）、宮田安『唐通事家系論攷』（昭和五十四年〈一九七九〉刊）、などといった長崎学の名著も、本書の存在なしには生まれなかった。

しかし本書の価値は、長崎学という郷土研究にのみあるものではない。周知のように、近世の長崎は幕府の直轄のもと、中国やオランダから舶来される文物が、日本で最初に上陸する地であった。すなわち、漢学における唐本や唐話学、蘭学を中心とした西洋天文暦学、黄檗宗関連の美術や工芸品など、当代における最先端の学芸・文化が、日本で最初に胎動する場所なのであった。この地に関心を寄せ、あまつさえ「流寓」（来訪）した者たちの伝記は、その人物の残した業績を考えるうえでも、何らかの重要な意味を持っているだろう。

2.『長崎先民伝』の稿本と版本

編者の盧千里は、長崎で中国語の通訳を務めていた唐通事で、同じく唐通事であった父・草拙が残した草稿に加筆・修正することで、本書の原型は成ったという。享保十六年（一七三一）のことである（草拙・千里の伝記については、巻末の若木太一解説をご参照願いたい）。その後、竹田春菴をはじめとする諸人に序跋を寄稿してもらい、十八世紀前半に本書はいちおうの完成を見たが、その後は長く稿本のまま伝えられていた。

しかし本書の存在は、十九世紀初頭、幕吏として一時期長崎に滞在したこともある、蜀山人こと大田南畝をはじめとして、江戸の文人・好事家たちの関心を大いに惹いたらしい。近世儒学者の伝記を集めた『先哲叢談』（文化十三年〈一八一六〉刊）の編者・原念斎もその一人で、彼は南畝の門人・鈴木椿亭の所持本をもって、文政二年（一八一九）、本書を江戸の書肆・慶元堂から刊行した。これが世に流布する版本『長崎先民伝』である。念斎はおそらく、本書を自著『先哲叢談』を補完するもの、あるいは「西の先哲叢談」とでもいうつもりで刊行したのではないか。両者の版面の類似がそれを雄弁

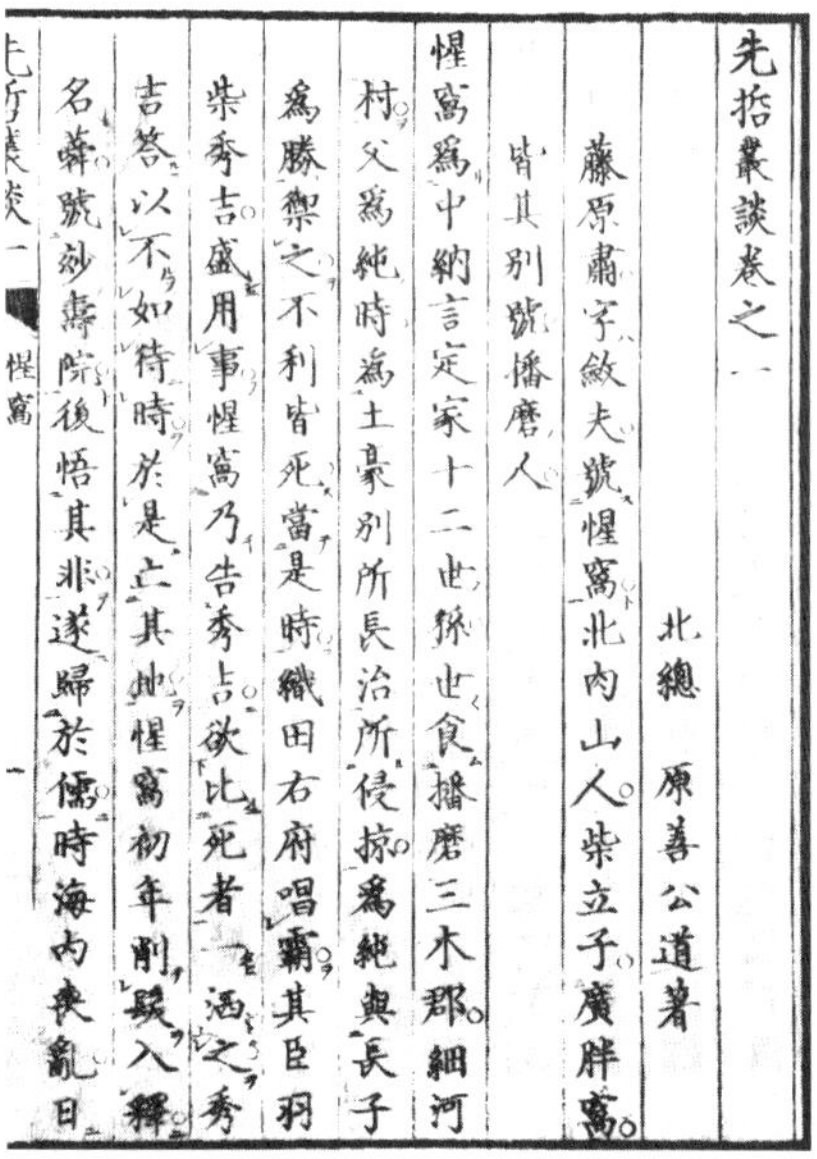
先哲叢談巻之一
北總 原善公道著
藤原肅字斂夫號惺窩北肉山人柴立子廣胖窩
皆其別號播磨人
惺窩爲中納言定家十二世孫世食播磨三木郡細河
村父爲純時爲土豪別所長治所侵掠爲純與長子
爲勝禦之不利皆死當是時織田右府唱霸其臣羽
柴秀吉盛用事惺窩乃告秀吉欲比死者一洒之秀
吉答以不如待時於是亡其地惺窩初年削髮入釋
名蕣號妙壽院後悟其非遂歸於儒時海内喪亂日
先哲叢談一 惺窩

『先哲叢談』本文第一丁

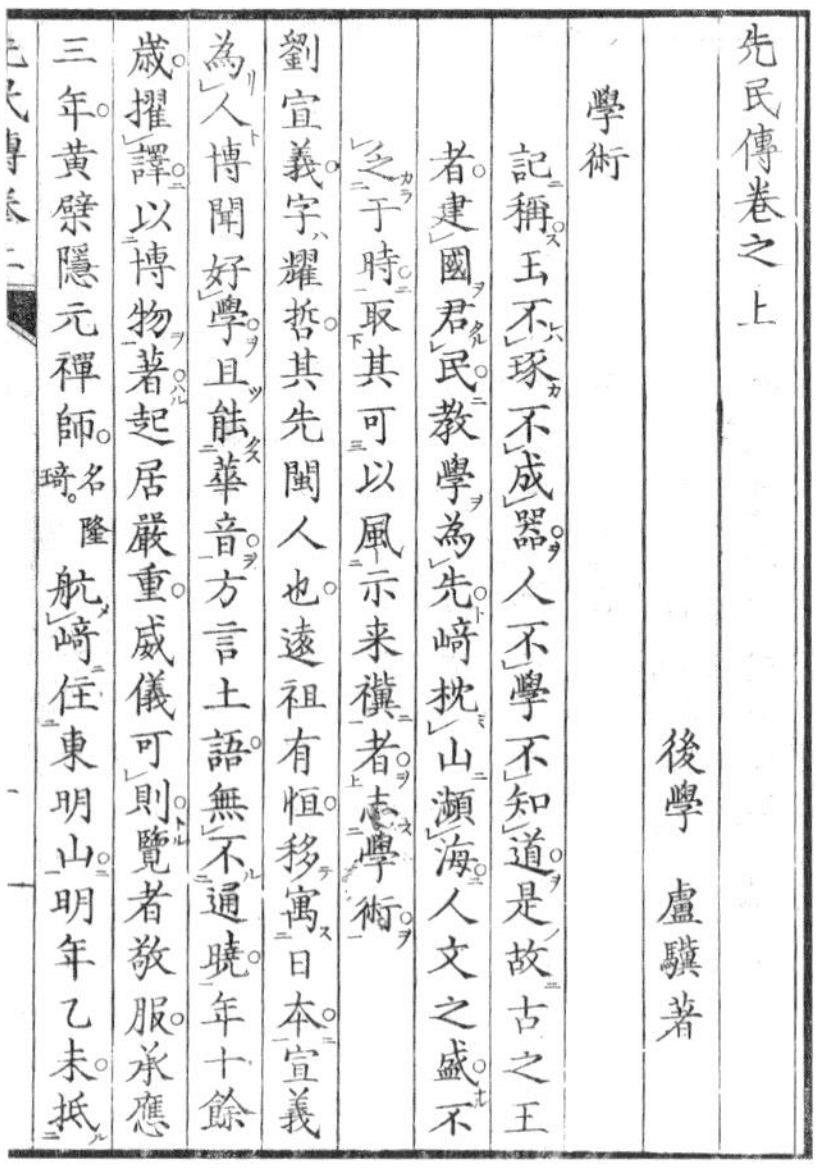
先民傳巻之上
後學 盧驥著
學術
記稱玉不琢不成器人不學不知道是故古之王
者建國君民教學爲先崎挑山瀕海人文之盛不
乏于時取其可以風示來禩者志學術
劉宣義字耀哲其先閩人也遠祖有恒移寓日本宣義
爲人博聞好學且能華音方言土語無不通曉年十餘
歲擢譯以博物著起居嚴重威儀可則覽者敬服承應
三年黄檗隠元禪師名隆琦航崎住東明山明年乙未抵
先民傳巻之上

『長崎先民伝』本文第一丁

に物語っている（図版参照）。草拙の死後から九〇年、千里の死後から六四年が経過していた。

しかしながら、本書の稿本と版本とのあいだには、構成・内容面で大小さまざまな差違が見られる。その稿本の一つ、神戸市立博物館本は、岡田篁所・西道仙旧蔵本で、構成は版本に近いが、本文に少なからず異同がある。また、国会図書館蔵『中古叢書』巻七五所収本は、『長崎歳時記』（寛政九年〈一七九七〉自序）の著者・野口文龍の所持本を写したとされるもので、収録される人物そのものに相違があるほか、本文にも多くの異同が見られる注目すべき一本である。

稿本から版本へいたるまでの大まかな流れについては、巻末の高橋昌彦解説をご参照願いたいが、その過程で具体的にどのような手が加えられたかという点は、『長崎先民伝』の内容を考えるうえでも極めて重要な問題であるので——たとえば、版本では誤脱かと思われる文字が稿本では正確に記されていたり、版本では記載されない没年時月日や享年などの情報が稿本では記されていたりする——、本書では各条に「校異」として詳しくこれを取りあげ、有用なものについては注に反映させた。いわば本書の白眉とも言えるものである。

また本書には、『長崎先民伝』と関係の深い、盧草拙『噂鸞録』、および盧千里『勉斎遺稿』という二つの稀覯本についても、附録としてその全文の影印を収載した。これにより盧家二代の学問と文事が、広く学界に探究される準備が整ったと言える。

それでは我々もまた、近世長崎の文苑へ流寓の旅に出るとしよう。

川平敏文

目次

附録 165

凡例

A 書き下し文

一、九州大学附属図書館萩野文庫蔵本を底本とする。
一、底本の訓点に従って、書き下し文に改めた。但し、底本における明らかな誤字・誤刻については、特に断りなく修正した。多少とも問題を残すと思われるものについては（ママ）を付し、注において考察するなどした。
一、段落を適宜つけた。
一、漢字は原則として通行字体とし、異体字・略体字は正字に改めた。
一、句読点、濁点等を適宜補った。
一、現代の送り仮名の原則に従い、送り仮名を適宜補った。
【例】 移て↓移りて　延て↓延（まね）きて　著る↓著（あら）はる　など。
一、「偶〱」「各〱」は、「偶たま」「各おの」とした。

一、特殊な読みをもつ固有名詞、あるいは訓読が難しい漢字については、振り仮名を適宜補った。

【例】 著（あら）はる、則（のっ）とる、志（しる）す、莫（な）し、など

但し、同じ用例が複数出てくる場合は、最初のものだけに付した。また、仮名遣いは現代仮名遣いとした。

一、一部の助辞などは平仮名に開いたり、送り仮名を補ったりした。

【例】 也（なり）、歟（か）、而已（のみ）、可（べし）、不（ず）、與（と）、など。

一、二行書き（割注）は〔 〕で記した。

一、書名には『 』、詩題・引用文・発話部分などには「 」を付けた。

B 注

一、人名・地名・書名などの固有名詞、および難解な漢語などを中心に注釈を付けた。

C 参考文献

一、条ごとに、その条全体の基本となる参考文献を挙げた。但し、個別の注釈にかかわる参考文献は、その注釈の中で示した。

D 影印

一、九州大学附属中央図書館萩野文庫蔵本の図版を掲げた。

E 校異

一、対校には、国会図書館中古叢書本、神戸市立博物館本の二本（いずれも写本）を用いた。二本の書誌や内容的な特性については高橋解説を参照のこと。

一、国会本は（国）、神戸本は（神）と記し、底本との異同を示した。

一、項目の上部にある数字は、底本影印図版の行数を示す。異同箇所が三行以上に亘る場合は、○～○のように示した。

【例】 1 幼読書、 10～12 元禄中～而已矣、など。

以上

底本書誌

○所蔵：九州大学附属図書館萩野文庫（萩野文庫／セ／26）
○書型・巻冊・刊写：大本・二巻二冊・刊
○表紙：縦二六・七×横一八・一糎。焦茶色無地
○題簽：「先民傳　上（下）」（四周単辺）
○見返し：薄黄色料紙
○丁数：上冊…三五丁（遊紙一丁、前付一六丁、本文一八丁）
　下冊…三四丁（本文二四丁、後付一〇丁）
○序：序1「先民傳序」（原念斎）四丁
　序2「先民傳序」（竹田春菴）一丁
　序3「先民傳序」（周慎斎）二丁
　序4「盧千里先民傳序」（沈燮菴）一丁
○凡例：「凡例」一丁
○目録：「先民傳目録」七丁
○内題：「先民傳巻之上（下）」
○尾題：「先民傳巻之上」（上巻）
　「長崎先民伝巻之下終」（下巻）
○跋：跋1「自叙」（盧千里）三丁
　跋2「先民傳後序」（謙光寂泰）一丁
　跋3「跋長崎先民傳」（蔣溥）一丁
○広告：「慶元堂蔵版目録（江戸浅草新寺町）和泉屋庄次郎」五丁
　＊「四庫全書総目」～「文会業余」まで約八〇点掲載
○奥附：文政元年御免、文政二年刻成。「発行書林　植村藤右衛門・秋田屋太右衛門・和泉屋庄次郎」。
○行数：序1（半葉六行）を除き、すべて半葉一〇行
○匡郭：左右双辺。縦一七・九×横一二・一糎
○柱題：「先民傳巻上（下）」

本編

・巻上オモテ表紙

・巻下オモテ表紙

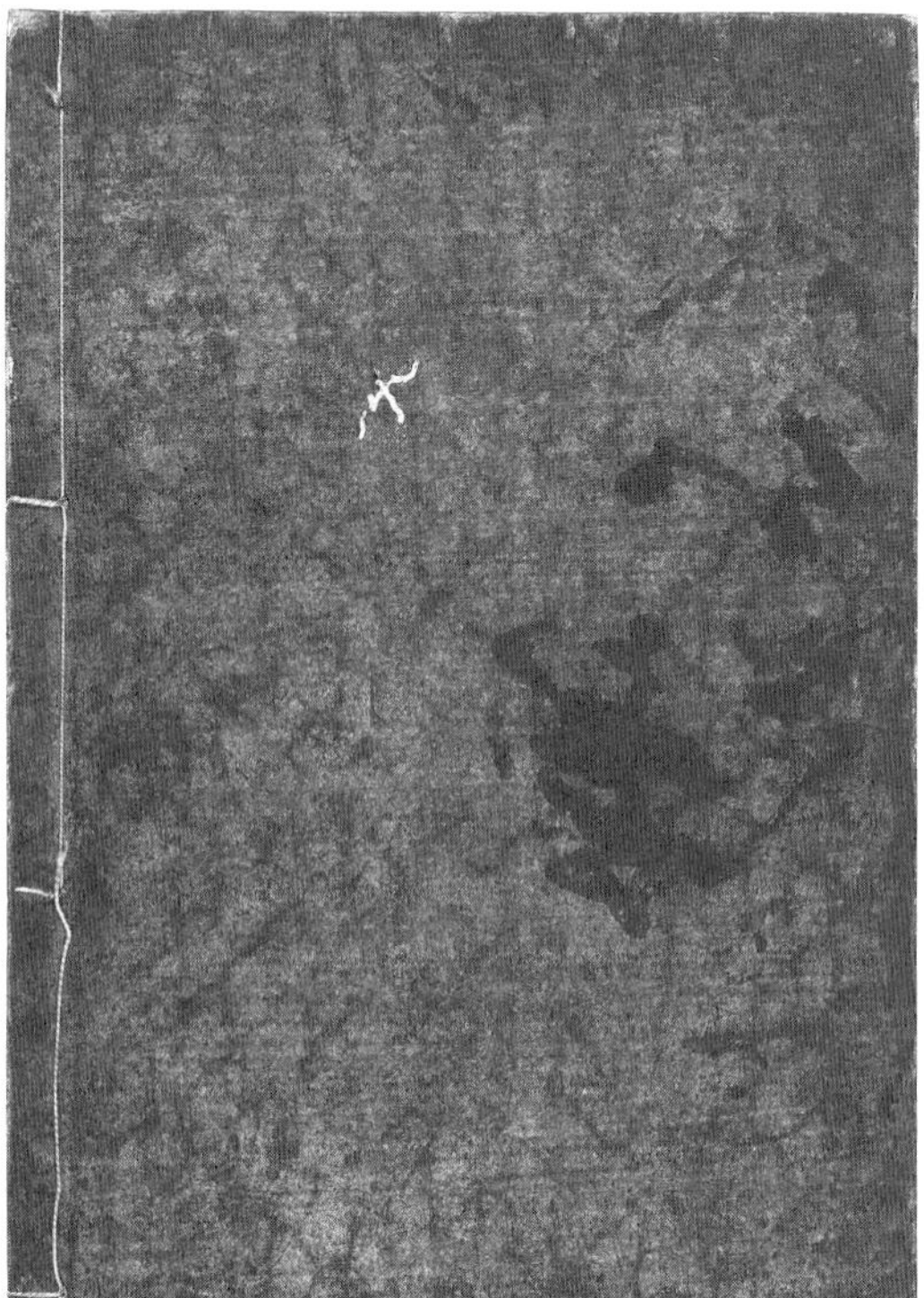
・巻上ウラ表紙

・巻下ウラ表紙

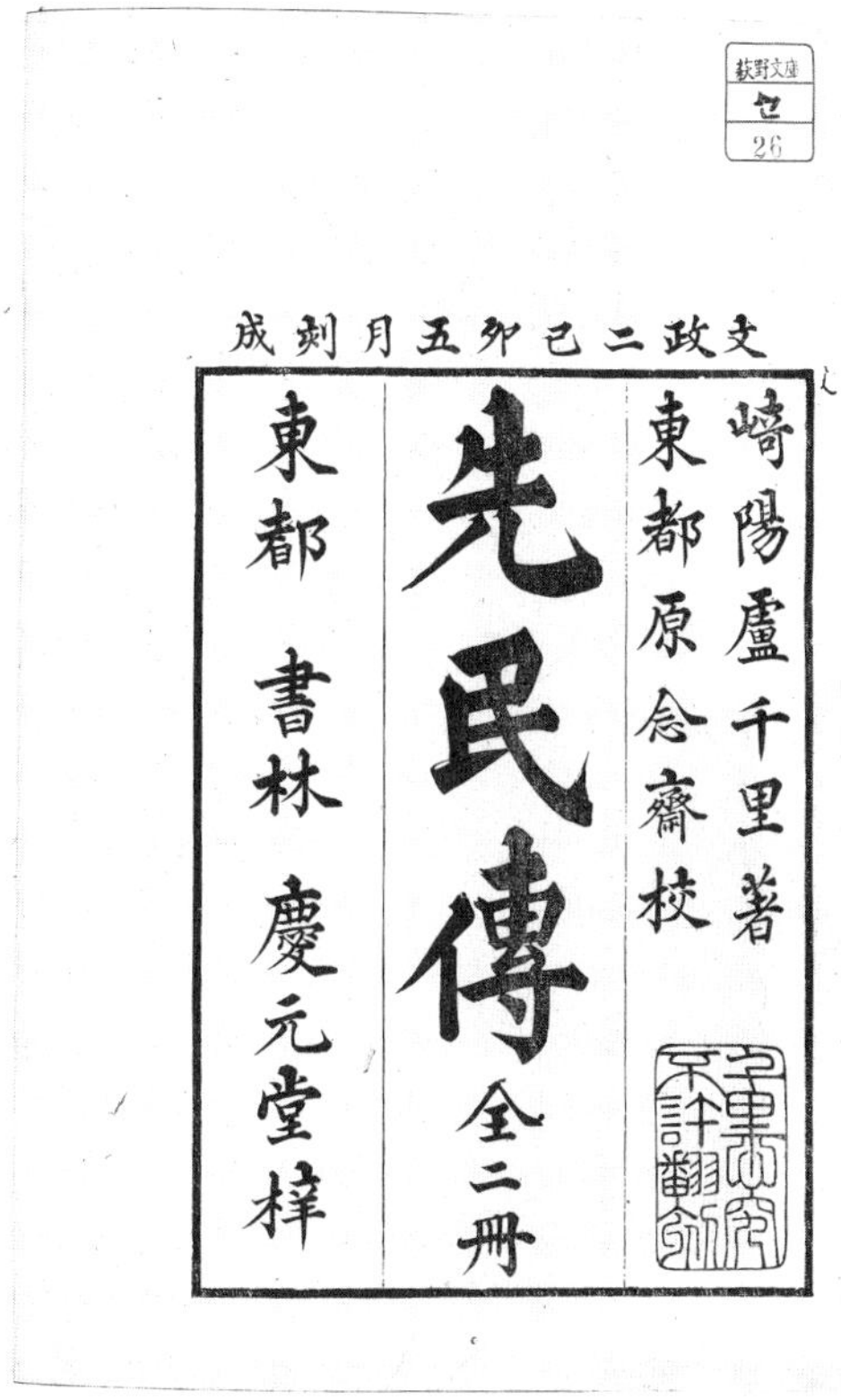

・巻上見返し

序1　先民伝序（原念斎）

書き下し文

先民伝序

典籍の宇宙(1)の間に存するや、焉れ無かるべからざるものは経(2)なり。而して之れに次ぐものは史なり(3)。経は道を載せ(4)、聖人の没して、復た作ることを得ざるなり。史は則ち世に必ず之れ有り。蓋し人君の国におけるや、其の設くる所は施なり(5)。諸を往古に鑑み(6)、時に随ひ宜しきを得て、而して治は致すべき也。古今同一なる天地にして、世と物とは遷移せざる(7)を得ず。君の明暗、政の得失は、此れ其の治乱の由る所、固より勿論なるのみ。然るに機あらば則ち其の殊を万にす(8)。史の載する所、歴々徴すべし。後の人、取りて以て世教に裨益し(9)、綱常を維持せしむ。此れ又史の用を為すところなり。所以に経に次ぎて重し。

吾が邦在昔(10)より史亦た備はれり。中古以来、稗官野乗(11)之れ多しと為す。而して史の或ひは焉れを闕く。夫れ修史は事を得るを以て先と為す(12)。仮令其の才馬班(13)の如きも、而して事を得ること非ずんば、烏くんぞ能く筆を下さんや。事を得るは人物を詳かにするに在る也。予嘗て『史氏備考』(14)を輯む。竊かに以て焉れを寓意す(15)。又『先哲叢談』(16)を著す。往年鐫梓(17)し既に広く世に行はる。是において世の予と同嗜(18)の者、或ひは書有りて前修の履歴(19)に及ぶ者、必ずや之れを致し以て予が業を博めん。

乃者に盧千里(20)著はす所の『長崎先民伝』を鈴木猶人(21)より得たり。長崎は弾丸の地なり(22)。然れども海外諸舶の輻輳(23)する所にして、既に一都会を成す。四方の文芸の士、亦た多く游観す(24)。故に此の編の記す所、事において観るべきもの亦た甚だ多し。

予少くして官途(25)に就き、足迹未だ嘗て都より出でず。其れ物におけるや、詳東略西(26)なるを以て平生恨みと為す。意はざるに此の編頓に予をして今日に愉快ならしむるなり。抑も以て千里の文は固より工にして、余が撰(27)の拙なるに似ず。余が撰既に幸にして棄てられず。則ち斯の編の出づるを、誰か之れを喜ばざらんや。

然りと雖も此れ惟はざらんや、他日大手筆(28)、立ちて経の業を次ぐ者、取りて以て事実に徴せば、其れ或ひは裨益する所有らんかと。今茲に書估慶元堂(29)刻して世に公にせんと欲す。予因りて校訂し之を授く。

文政二年己卯春三月　江都念斎原善撰(30)

「原善之印」「公道」

克斎尾惟徳書(31)「惟徳」「季馨」

朝眠虎刻(32)

注
(1) 宇宙　天地四方。
(2) 経　経書。中国古代の聖賢孔子たちが述作した儒教の経典。漢籍のうち四書五経、九経、十三経など根本の道理や正しい筋道を論じた書。
(3) 史　歴史書。
(4) 経は道を載せ　経書は道理を説くことから「道を載せる」書という。北宋の周敦頤は『太極図説』で宇宙観を示し、『通書』で「文は道を載る所以なり」（文辞第二十八）と説いた。
(5) 人君の～施なり　君主が仁誠をもって治める国。「施」はそのほどこし。
(6) 往古に鑑み　徳を以て治めた往古の理想国家の歴史に照らして。「事実を千古に鑑ぜらるべし」（『雨月物語』序）など先例を範にとる当時の考え方。
(7) 遞移　移り変わること。
(8) 殊を万にす　さまざまに異なってくる。
(9) 世教　世の教え。とくに儒学に基づく教え。
(10) 在昔　往昔。
(11) 稗官野乗　民間の巷説や私撰の史書。
(12) 修史は事を得るを以て先と為す　歴史を編纂するには資・史料の収集が先である。
(13) 馬班　『史記』の著者司馬遷（前一四五?～前八六）と『漢書』を編述した班固（三二～九二）（『後漢書』班固伝論）。
(14) 『史氏備考』　原念斎著。諸人の伝記。全四五巻及び総目一巻、計四六冊。文化十二、三年頃成立。室町時代から江戸時代中期の人物約八〇〇名を部立（儒家・医林・釈徒・国学・循吏・書家・画家・賢媛・鄭成功・武勇忠孝・武芸・雑・諸家混雑）し、行状、碑銘、墓誌などを渉猟して著述したもの。静嘉堂文庫に清書本が伝わる（『日本古典文学大辞典』第三巻）。
(15) 寓意　意図をこめて表現すること。念斎が以前『史氏備考』を編んだ際、史実、事実を第一に重んじたうえ、「稗官野乗」の巷説、評判などをも書き入れたことをいう。
(16) 『先哲叢談』　原念斎著。文化十三年刊。八巻四冊。諸人の伝記集。念斎は前著『史氏備考』の史伝を基に巷説、評判などを交えた人物伝とした。ちなみに後編八巻四冊（東条琴台編、文政十四年刊）・続編一二巻六冊（東条琴台編、明治十六～七年刊）がある。
(17) 鐫梓　鐫梓に同じ。出版。
(18) 同嗜　同じ志向の者。
(19) 前修の履歴　先に編まれた史書の来歴。
(20) 盧千里　盧草拙の養子で、実父は医師栗崎道意。諱は元驥、字千里、号勉斎。宝永四年（一七〇七）生、宝暦五年（一七五五）五月七日没、四十九歳（『本蓮寺過去帳』「宝暦五年／五月廿七日／晋徳院

勉斎千里　内中町盧伝次郎事　四十九歳境内土葬　日応雲嶺」）。享保十年（一七二五）八月稽古通事に任じられる（『訳司統譜』）。養父草拙の遺志を引き継ぎ、享保十六年十月『長崎先民伝』を著述した。

（21）**鈴木猶人**　東都牛込の御徒鈴木文（分）左衛門。大田南畝一門で狂歌仲間。名忠恕、字猶人、号椿亭、別号幽谷、また戯号を二分只取などと称した。友野霞舟・野村篁園・勝田半斎らと漢詩文の交遊があった。編著『椿亭叢書』三一巻がある（宮内庁書陵部蔵）。文政十二年十二月二十四日没、六十五歳。『歴史摘錦』一六巻、『挙知録』二〇巻、『閑中一滴』一〇巻、『叢書』六〇巻、『詩集』五巻（「墓碑銘」）などがあったというが、明治後火災で煙滅した（『森銑三著作集』第八巻「勝田半斎の詩中八友歌」）。

（22）**弾丸の地**　はじき玉のような極めて狭い土地。

（23）**輻輳**　諸国から人や物が集まること。

（24）**游観**　遊覧。

（25）**官途**　官吏。父原敬仲（一七四六―九三）は古河藩医を病弱で致仕し、後に幕府の「歩隊」（御徒組か）に仕えた。父没後、念斎もその跡を継いだ（東洋文庫『先哲叢談』源了圓・前田勉訳注、解説。平凡社、一九九四年）。

（26）**詳東略西**　東国には詳しいが西国については疎い。

（27）**予が撰**　原念斎著の『先哲叢談』。

（28）**大手筆**　才能ある歴史著述家。

（29）**書估慶元堂**　書估は書賈（ほんや）に同じ。『先哲叢談』前後編を刊行した江戸浅草の書肆、和泉屋庄次郎。また松沢老泉の名で書物考証をした。編著『彙刻書目外集』六巻（文政三年）、『経籍問答』『堂前隠宅記』などの著がある。

（30）**念斎原善**　注14、16、25参照。名は善胤、字公道、通称三右衛門。安永三年（一七七四）生、文政三年（一八二〇）没、四十六歳。念斎は文政三年三月、所有していた『先哲叢談』の版木を松沢億太郎（老泉の孫で四代和泉屋庄次郎）に売り渡した（森川彰「松澤老泉製本考」『近世大阪藝文叢談』大阪芸文会、一九七三年）。

（31）**克蒼尾惟徳**　市河米庵門の書家神尾惟徳（文化九年十月刊『米庵墨談』米庵撰、尾惟徳等校）。

（32）**朝眠虎刻**　刻者。未詳。

本文

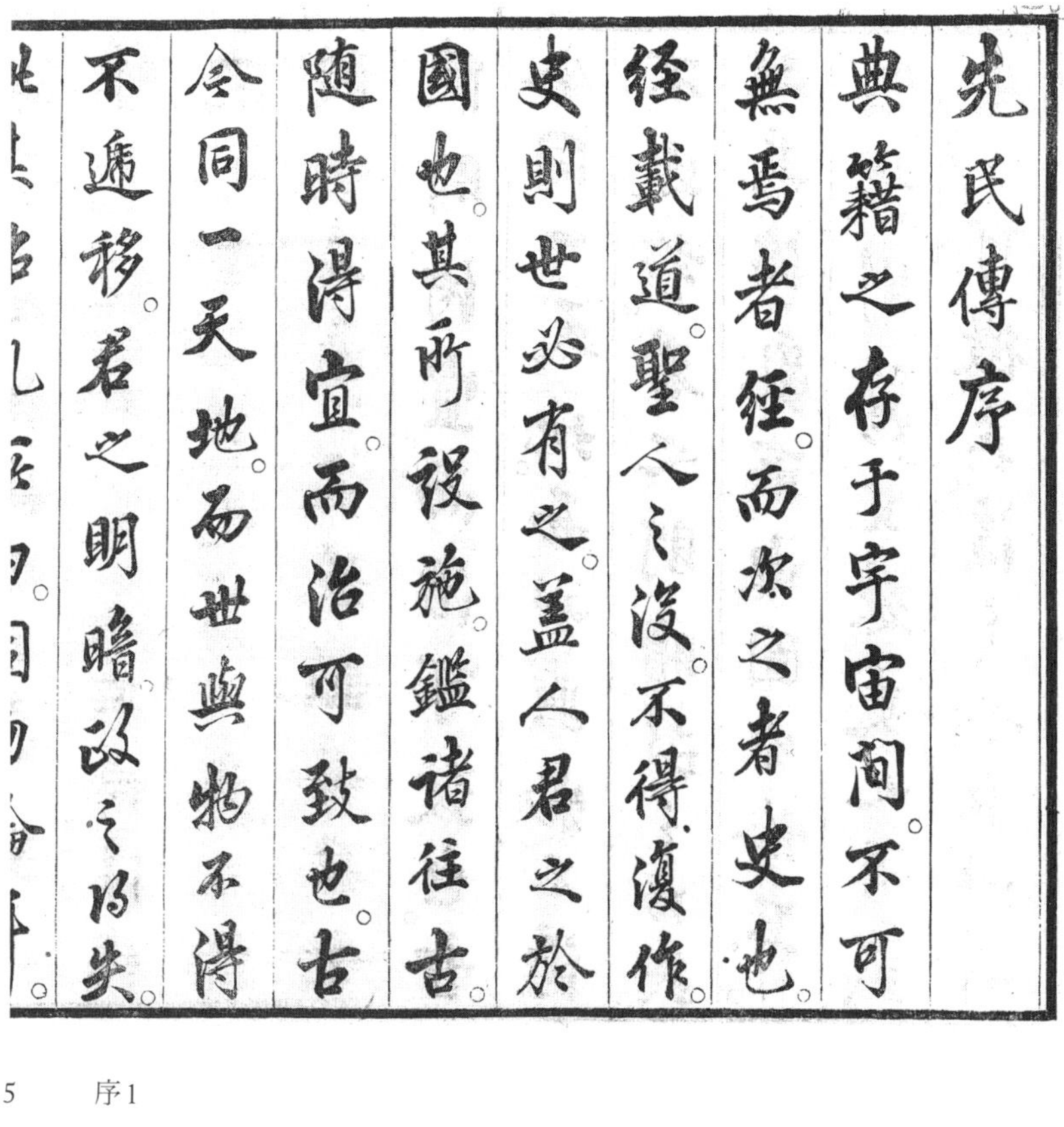
先民傳序
典籍之存于宇宙間。不可
無焉者經。而次之者史也。
経載道聖人々没。不得復作。
史則世必有之。蓋人君之於
國也其所設施鑑諸往古。
隨時得宜而治可致也。古
今同一天地。而世與物不得
不遷移。君之明暗政々得失

[illegible]
此其治亂所由固勿論耳
發機則萬其殊史之所載
歷々可徵矣後々人取以稗
益世教維持綱常此又史
之為用所以次經而重也吾
邦在昔史氏備矣中古以
來稗官野乘之為多而史
或闕焉夫修史以得事為
先假令其才如馬班而非得
事烏能下筆乎得事在於
詳人物也予嘗輯史氏備
考竊以寓意焉又著先哲
[illegible]

考竊以寓意焉又著先哲
叢談往年鐫梓既廣行於
世於是世之與予同嗜者或
有書及前修之履歷者又
致之以博予業乃者得盧
千里所著長崎先民傳于
鈴木猶人長崎彈丸地也
然海外諸舶之所輻湊充成
一都會四方文藝士亦多游
觀焉故此編所記於事可
觀者亦甚多矣予少就
官途足迹未嘗出於都其
於物也詳東畧西以為平
[illegible]

於物也詳。東易西心差千
生。恨不意此編積使予愉快
于今日也。抑以千里之文固
工。不似余撰之拙。余撰既幸
不見棄則斯編之出。誰不
喜之。雖然不惟此也。他日
大手筆立次経之業者。取
以徵事實。其或有所、裨益
歟。今茲書估慶元堂。欲刻
公于世。予因校訂授之。
文政二年己卯春三月。
江都念齋原善撰。

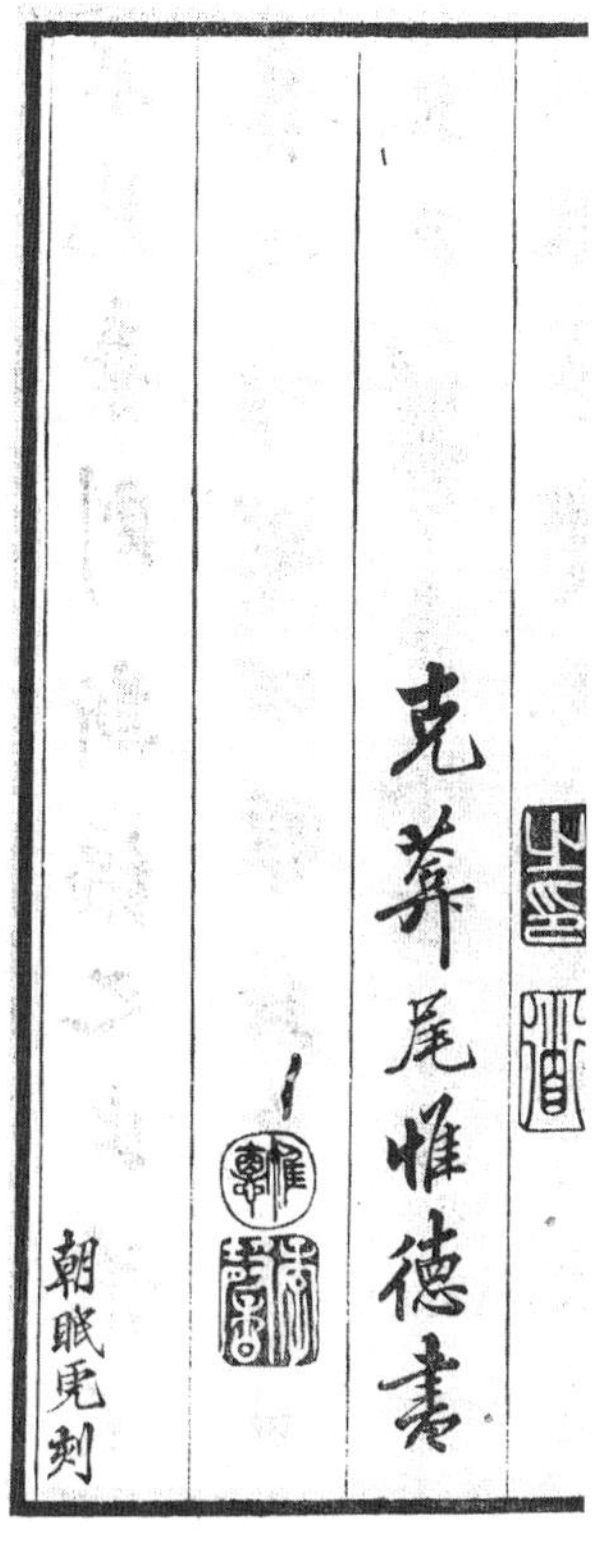
克莽尾惟徳書
朝暁兇刻

校異
※（国）（神）に、この序なし。

序2　先民伝序（竹田定直〔竹田春庵〕）

書き下し文

先民伝序

善を揚ぐ虞舜は大知なり(1)。志を継ぐ周武(2)は達孝なり(3)。崎陽の盧千里(4)は、殆ど聖を希ふ者か。其の尊人元敏先生(5)は、学実践を務めて心を居くところ仁厚(6)、人の善を道ふ(7)を楽しむ。嘗て同邑先民の履歴を紀し、以て四方に広布せんと欲す。

夫れ長崎は海隅に在り。然れども殊方(8)に通津し(9)、商舶の湊する所にて、西方の一都会たり(10)。而して人物殷繁(11)、良材輩出す。唯だ地僻遠に処るに縁て、其の人有りと雖も、声名多くは淹没して(12)彰はれず。先生、紀伝(13)に志し有るも、亦た宜しからず。奈せん志有つて未だ逮ばず、中道にて云に殂く(14)。良に惜しむべき哉。幸ひに令嗣千里君(15)有り。飽学富才(16)にして、家声(17)克く振るふ。廼ち先人の志を継ぎ、此の篇を撰述し、之れを名づけて『長崎先民伝』と曰ふ。

上歳遙かに余に寄示し(18)、且つ一言以て之れが序と為すを請ふ。独是余は盧氏に、未だ半面の識有らずと雖も、然り而して耳聞已に旧し。況んや昔し先生世に在るとき、著に「虫蛾を殺すを嗜まざるの説」(19)有りて、遙かに寄せて示さる。披読すること数四、愈いよ其の人と為りを知る。胤後数(20)かず情を雁魚(21)に寄せられ、神交尤(22)も熟す。

千里君は至孝にして、余を以て擬して父執(23)と為す。一に通家の好(24)の如く、毎に羽便(25)に乗せ、則ち音書頻来す。殆んど所謂其れ愛する所を愛する者か。君の篤孝(26)は此れを以て概して知るべし。斯の伝や行文は典雅(27)にして、紀事は覈実(28)、其の先民の懿行(29)に於けるや、遺す所有る靡し。余、深く其の善を揚げ志を継ぐの美懐を嘉みし(30)、且つ幸ひに長崎先民の令名、永世に朽ちざらむことをと、廼ち固陋(31)を辞さず数語を書して、以て之れを貽る。

元文己未季秋(32)　前筑春菴竹田定直序(33)

注

（1）**虞舜は大知なり**　中国古代の五帝の一で舜のこと。虞国を領したことから虞舜と呼ぶ。孝道を尽くし民もこれに従った。『中庸』「子曰く、舜は其れ大知なりと」。「大知」は、すぐれた知識をもった人。

（2）**周武**　周の武王。

（3）**達孝**　天下の人々が認める孝行の人。武王の孝行ぶりは、あまねく天下に認められた。『中庸』「子曰く、武王周公は、其れ達孝なるか。夫れ孝とは、善く人の志を継ぎ、善く人の事を述ぶる者なり」を引き、盧千里が義父草拙の遺志を引き継ぎ『長崎先民伝』を編纂したことを誉め讃えた。

（4）**盧千里**　先民伝序（原念斎）・注20参照。

（5）**尊人元敏先生**　盧草拙。長崎聖堂学頭。名元敏。字草拙。号清素（軒）・葆真など。法号清素斎草拙居士。延宝三年（一六七五）生、享保十四年（一七二九）九月九日没。五十五歳。墓、肥前長崎本蓮寺。盧草碩の男。天文を関荘三郎、文雅の道を高田宗賢に受け、道教を好んだ（『先民伝』巻下・自叙〈盧千里〉）。長崎聖堂の学頭となり、書物改め添役を命じられた。享保四年（一七一九）、江戸に赴き、西川如見とともに天文御用を勤めた。

（6）**心を居くところ仁厚**　常に心におくところ慈愛と情に厚く。

（7）**人の善**　道を得た人の善行。

（8）**殊方**　異なる土地。

（9）**通津**　外国船が四方八方から輻輳すること。

（10）**都会**　人が集まる繁華な土地。

（11）**殷繁**　たいへんに多い。

（12）**淹没**　埋もれる。

（13）**紀伝**　人物の伝記・功績などを記した書。『長崎先民伝』は、（本紀にたいし）列伝体（個人の伝記）。

（14）**殂く**　他界した。

（15）**令嗣千里**　草拙の娘婿伝次郎（千里）。

（16）**飽学富才**　学識十分で才能に富んでいる。千里の資質が「学に飽きて才餒ること有り、才富みて学貧しき有り」（『文心雕龍』巻八下、事類第三八）のような輩ではないことをいう。

（17）**家声**　一家の名誉。

（18）**上歳遙かに余に寄示し**　享保十六年十月二十七日付竹田春庵宛盧伝次郎書翰によれば、「先人（草拙）之宿志」であり、以前から再三、千里は春庵に序文執筆の依頼をしている（高橋昌彦「『長崎先民伝』の群像」『長崎・東西交流史の舞台』勉誠出版、二〇一三年）。

（19）**「虫蛾を殺すを嗜まざるの説」**　未詳。

（20）胤後　あとつぎ。養子の千里をさす。
（21）雁魚　音信を通じること。雁信、魚書ともに音信、書礼をいう。「雁杳魚沈」（『琵琶記』）。
（22）神交　心と心との交情。
（23）父執　父の友人。「父の朋、称して父執と為す」（『書言故事』朋友類）。
（24）通家の好　父祖の代から親しく交際している家。
（25）羽便　音信。
（26）篤孝　手厚い孝行。
（27）典雅　正しく上品である。
（28）覈実　事実をよく調べている。
（29）懿行　善美な行い。
（30）美懐を嘉みし　立派な志を愛で讃える。
（31）固陋　かたくなで見識に欠けること。
（32）元文己未季秋　元文四年（一七三九）九月。雅俗研究叢書Ⅰ『福岡藩儒竹田春庵宛書簡集』（雅俗の会、二〇〇九年）に千里が春庵に序文を依頼した書簡を翻刻、その経緯を解説する（大庭卓也「竹田春庵資料の新検討」）。
（33）春菴竹田定直　福岡藩儒。貝原益軒に学び、朱子学を講じた。名は定直、号は春庵（菴）、寛文元年（一六六一）生、延享二年（一七四五）十月三十一日没。八十四歳。

本文

先民傳序
揚善虞舜大知也。繼志周武達孝也。崎陽盧千里。殆布
聖者與。其尊人元敏先生。學務實踐。居心仁厚。樂道人
之善。嘗欲紀同邑先民之履歴。以廣布於四方。夫長崎
在於海隅。然殊方通津。商舶所湊。為西方一都會也。而
人物殷繁。良材輩出。唯縁地處僻遠。雖有其人。而聲名
多淹沒不彰。先生有志於紀傳。不亦宜乎。奈有志未逮。
中道云殂。良可惜哉。幸有令嗣千里君。飽學富才。家聲
克振。迺繼先人之志。撰述此篇。名之曰長崎先民傳。上
歳遥寄示余。且請一言以為之序。獨是余於盧氏。雖未
有半面之識。然而耳聞已舊矣。況昔先生在世者有不
嗜殺蟲蛾之説。遥寄見示。披讀數四。愈知其為人。胤後
數寄情雁魚。神交尤熟。千里君至孝。以余擬為父執一
如通家之好。每乗羽便。則音書頻来。殆所謂愛其所愛
者耶。君之篤孝。以此概可知矣。斯傳也。行文典雅。紀事
覈實。其於先民之懿行。靡有所遺。余深嘉其揚善繼志
之美懷。且幸長崎先民之令名。永世不朽也。廼不辭固
陋。書數語以貽之。
元文己未季秋　　前筑春菴竹田定直序

校異

※（国）（神）に、この序なし。但し、長崎歴史文化博物館収蔵・竹田春庵自筆簽（図1・以下、自筆簽）との異同を以下に記す。

4　以広布於四方―以広布于四方（自筆簽）

10 雖未有半面之識―□未有一面之識（自筆箋）
11 耳聞已旧矣―耳聞已熟矣（自筆箋）
14 愛其所愛者耶―愛其所愛者非耶（自筆箋）
15 君之篤孝以此概可知矣―君之篤孝於此概可知矣（自筆箋）
19 前筑春菴竹田定直序―前筑後学竹田定直撰（自筆箋）

序3　先民伝序（周慎斎）

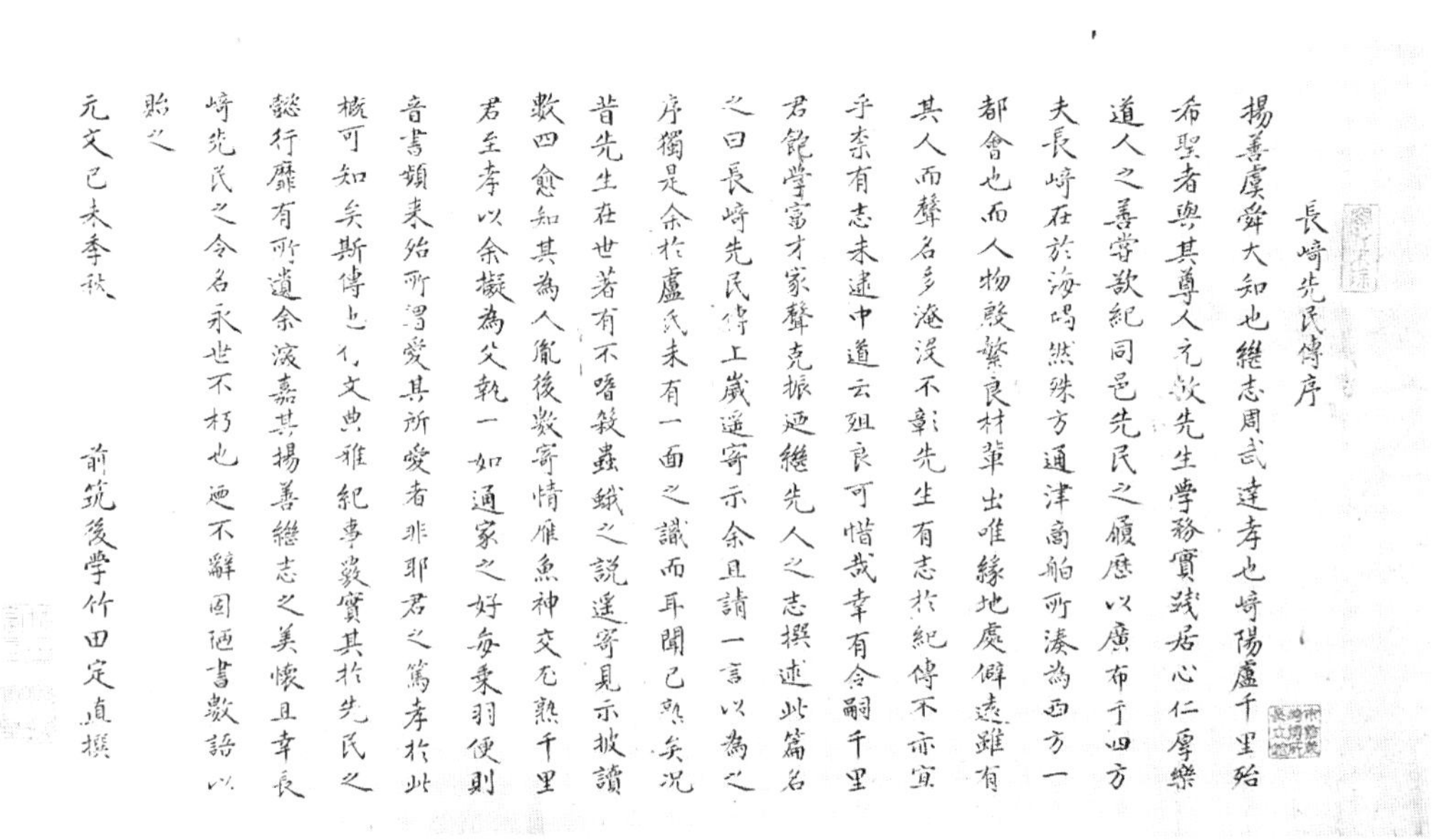
長崎先民傳序

揚善虞舜大知也繼志周武達孝也崎陽盧千里殆希聖者與其尊人元敏先生學務實踐居心仁厚樂道人之善嘗欲紀同邑先民之履歴以廣布于四方夫長崎在於海嵎然殊方通津商舶所湊為西方一都會也而人物殷繁良材輩出唯緣地處僻遠雖有其人而聲名多淹沒不彰先生有志於紀傳不亦宜乎奈有志未遂中道云殂良可惜哉幸有令嗣千里君能學富才家聲克振迺繼先人之志撰述此篇名之曰長崎先民傳上歳遥寄示余且請一言以為之序獨是余於盧氏未有一面之識而耳聞已熟矣況昔先生在世著有不啻穀蟲蟻之說遥寄見示披讀數四愈知其為人亂後數寄情雁魚神交尤熟千里君至孝以余擬為父執一如通家之好每乘羽便則音書頻來殆所謂愛其所愛者非耶君之篤孝於此概可知矣斯傳也々文典雅紀事敷實其於先民之懿行靡有所遺余深嘉其揚善繼志之美懷且幸長崎先民之令名永世不朽也迺不辭固陋書數語以貽之

元文己未季秋　前筑後學竹田定直撰

図1　竹田春庵自筆箋「長崎先民伝序」（長崎歴史文化博物館収蔵）

書き下し文

先民伝序

之れを聞く、「之れが先を為すもの莫きは、美と雖も彰はれず、之れが後を為すもの莫きは、美と(1)雖も伝はらず(2)」と。余是の伝を観て(3)、益ます先後の相須(4)て甚切(5)を為すを見る。何ぞや。長崎の先民、元敏先生のあらざれば、伝はること莫く、元敏先生、其の子千里のあらざれば、而して其の美も亦た伝はらざるなり。

乙巳の歳(6)、余崎に館り(7)、元敏先生に謁するを得たり。其の古道(8)、人を照すを見る。職挍書に在り(9)、已に書として覧ざる無し。而して其れ自ら視る、虚懐谷の若し(10)。既にして令似千里(11)、謬つて執贄を行ふ(12)。益ます其の著述の富、文行(13)の優なるを悉せり。古への君子も、当に是れに過ぎざるべし。千里姿本もと(14)聡慧(15)、又庭訓の諄諄(16)たるを兼ねたり。詩文は之れ日に異なり月に新たに(17)、已に一斑(18)を見る。厥の後学益ます進み、職も亦た銓る(19)。

辛亥の冬(20)、余復た崎に遊ぶ。元敏先生已に玉楼の召しに赴けり(21)。哲人(22)其の萎(23)の嘆に勝へざるなり。千里綢謬(24)たること昔の如し。一日『先民伝』一帙を出し序を余に問ふ。之れを閲して知る、長崎の学術・才技の者若而人。(25)忠孝・貞烈の者若而人、土著の賢豪(26)固より多し。流寓の英奇、(27)亦た復た少なからず、と。於に以て見る天地霊秀の気、山川に萃り、人物奇偉の儔、(28)一邑に彙るを。(29)故に論ずる無し、在職と在下と、禅に逃るゝと名を逃るゝとを。(30)而して皆民を以て之れを概す。(31)百有余歳を歴て、其の人伝ふべく、其の事紀すべき者、百余人に下らず。此れ長崎の幸ひなり。百有余歳を過ぐれば、其の名漸々湮没して彰はれず。(32)元敏先生起つて之れを表彰するを得たるは、此れ先民の幸ひなり。業未だ稿を脱せず、而して身已に仙遊す。(33)厥の子克く纉ひで之れを成す。此れ又元敏先生の幸ひなり。先後の間、相須つことの殷なる、(34)係る所豈に浅鮮ならんや。(35)千里は妙年の英材にして、(36)姿は敏く(37)学に勤む。此れに由つて壮にして強し。其の学識正に未だ量るべからず。即ち此れ先志を承けて懈らず。斯れ亦た難いかな。余深く其の学を好み得を楽しむを嘉し、(38)而して之れが序を為す。

時

歳次癸丑清和望日、(39)古呉慎斎周南、(40)崎館借緑楼に書す。(41)

注

（1）**美**　美徳。

（2）**「之れが先を為すもの莫きは、〜美と雖も伝はらず」**　韓愈「与于襄陽書」（『唐韓昌黎集』巻一七）に「莫為之前、雖美而不彰、莫為之後、雖盛而不伝。是二人者、未始不相須也」とあるに拠る。

（3）**是の伝**　『長崎先民伝』のこと。

（4）**先後の相須て**　元敏先生と嗣子千里が相互いにまちうけて。

（5）**甚切を為す**　はなはだ大切なことをなす。

（6）**乙巳の歳**　享保十年（一七二五）。周慎斎は江蘇府崇明県の医師で、六月十八日に十四番船（船主費賛侯）で来崎した。当時五十六歳（『信牌方記録』・関西大学東西学術研究所資料集刊九―二『享保時代の日中関係資料一』所収）。その後享保十六年冬再度来航し、同十八年冬頃帰国した（『長崎名勝図絵』巻之四）。

（7）**余崎に館り**　享保十年七月十一日、唐人屋敷から出て同行の医師三名（調剤方の樊方宜・周維全、僕毛天禄）、及び製薬手伝孫輔斎とともに唐通事柳屋治左衛門宅に御預けとなって在留し、享保十二年五月十一日に帰国（『信牌方記録』他）。

（8）**其の古道**　元敏先生の昔ながらの道義を大切にする生き方。

（9）**職校書に在り**　草拙は享保元年（一七一六）に「御書物改添役」を仰せ付かった（九州大学附属図書館記録資料館九州文化史資料部門蔵『盧氏文書』「本邦盧氏系譜」）。

（10）**虚懐谷のごとし**　きわめて公平無私なこと。

（11）**令似**　故人の跡継ぎをいう敬称。

（12）**謬つて執贄を行ふ**　継嗣の千里が束脩の礼（『礼記』檀弓）に則り、門人の礼儀に従ったことをいう。

（13）**文行**　文学と徳行。詩書礼楽を学び、孔子の教え「文行忠信」（『論語』述而）を尽くすこと。

（14）**姿**　生来の素質と性格。

（15）**聡慧**　才智が優れている。

（16）**庭訓の諄諄たる**　家庭の教えに忠実なこと。

（17）**日に異なり月に新たに**　日進月歩すること。

（18）**一斑**　ひとつのかたち。千里の詩文が一個性を成していることをいう。

（19）**職も亦た銓る**　職掌も能力に相応の官職を被っている。千里は享保十年八月二十三日に稽古通事に任命された（『訳司統譜』六一丁）。

（20）**辛亥の冬**　享保十六年（一七三一）冬、周慎斎は再び来崎した。

（21）**玉楼の召しに赴けり**　元敏（草拙）が享保十四年九月九日に病死したことをいう。唐の李賀が天帝に白玉楼に召され、その記を作らされて死んだという故事をふまえた表現（李商隠「李長吉小伝」）。

(22) **哲人**　道理に通じ、知徳ともに優れた人物。
(23) **萎の嘆**　病死を嘆くこと。
(24) **綢謬**　先考元敏を受け継いでいること。
(25) **若而人**　これこれの人々。明示しない言い方。
(26) **土著の賢豪**　土地に住みついた賢く優れた人物たち。
(27) **流寓の英奇**　他郷に身を寄せている優れた人。
(28) **奇偉の儔**　大いに優れている人々。
(29) **一邑**　一つの里、すなわち長崎の町のこと。
(30) **在職と在下と、禅に逃るゝと名を逃るゝと**　官職にある者とそうでない者、出家者と隠遁者と。
(31) **概す**　あらあら採り上げた。
(32) **湮没して彰はれず**　煙滅して顕彰されることはない。
(33) **仙遊す**　あの世へ旅立った。
(34) **相須つことの殷なる**　相助けあうことになったのは、大いなる命運であること。
(35) **豈に浅鮮ならんや**　どうしてその係わりの浅いことがあろうか。
(36) **妙年の英材**　年若く、すぐれた才能の持主。
(37) **姿は敏く**　資質が鋭敏で。
(38) **得を楽しむを嘉し**　知ることを楽しむという姿勢を讃える。「得」はその義を明らかにすること（「礼得其報則楽」『礼記』楽記）。
(39) **癸丑清和望日**　享保十八年（一七三三）の四月十五日。
(40) **古呉慎斎周南**　古の呉（江蘇省）の医師周岐来。諱は南、号は慎斎、字を岐来。なお、注6参照。
(41) **崎館借緑楼**　唐人屋敷内の宿舎。「借緑楼」は客室の名か。

本文

先民傳序

聞之莫為之先雖美弗彰莫為之後雖美弗傳余觀是傳而益見先後之相須為甚切也何也長崎之先民非元敏先生而莫傳元敏先生非其子千里而其美亦弗傳也乙巳歳余館崎得謁元敏先生見其古道照人職在挍書已無書不覽而其自視虚懷若谷焉既而令似千里謬行執贄益悉其著述之富文行之優古之君子當不是過也千里姿本聰慧又兼庭訓之諄諄詩文之日興月新已見一斑厥後學益進職亦銓辛亥冬余復遊崎元敏先生已赴玉樓召不勝哲人其萎之嘆也千里綢繆如昔一日出先民傳一帙問序於余閲之而知長崎之學術才技者若而人忠孝貞烈者若而人土著賢豪固多流寓之英奇亦復不少於以見天地靈秀之氣萃於山川人物奇偉之儔彙於一邑故無論在職與在下逃禪與逃名而皆以民槩之歴百有餘歳其人可傳其事可紀者不下百餘人此長崎之幸也過百有餘歳其名漸湮没而不彰得元敏先生起而表彰之此先民之幸也業未脱稿而身已仙遊厥子克纘而成之此又元敏先生之幸也先後之間相須之殷所係豈淺鮮

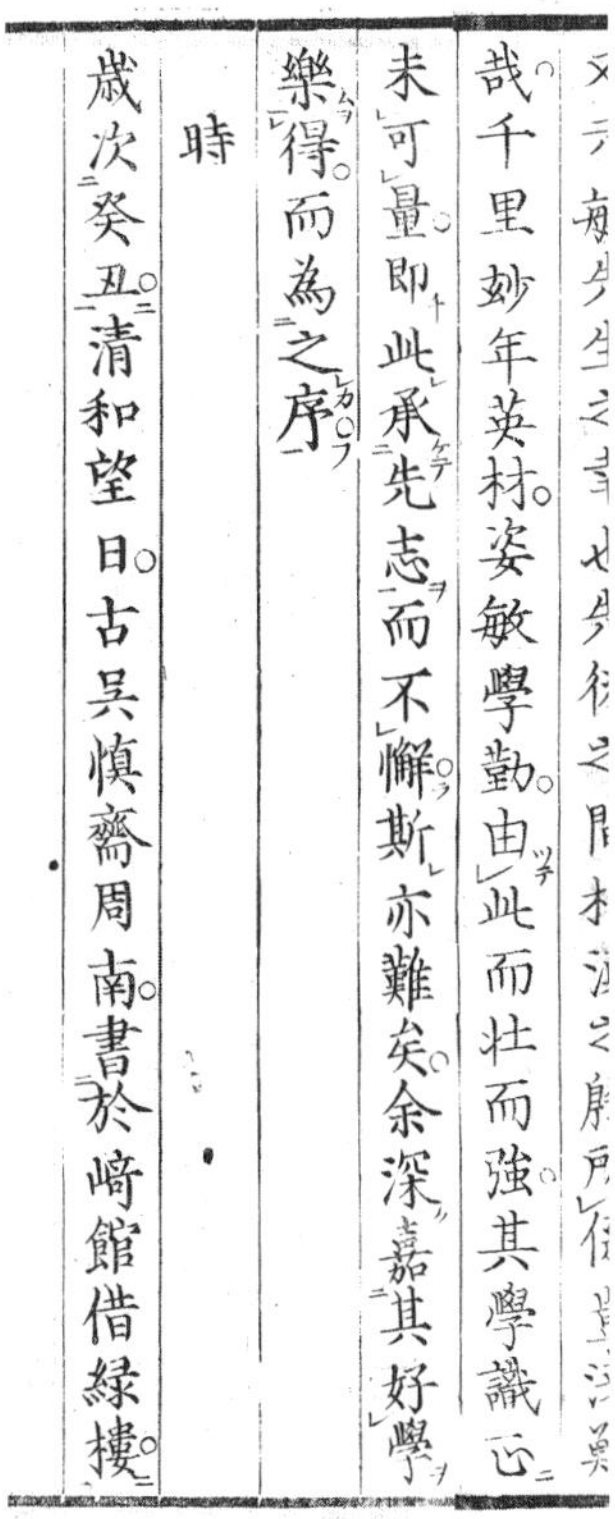
哉千里妙年英材。姿敏學勤。由此而壮而強其學識正
未可量。即此承先志而不懈。斯亦難矣。余深嘉其好學
樂得。而為之序
時
歳次癸丑清和望日。古呉慎齋周南書於崎館借緑樓。

校異

※（国）に、この序なし。
1　先民伝序─長崎先民伝序（神）
2　見先後之相須為甚切也─見先後之相須為甚切也（神）
5　職在按書─職在校書（神）
23　時─旹（神）

序4　盧千里先民伝序（沈爕菴）

書き下し文

盧千里先民伝序

大凡（おおよそ）書は史(1)と称し、即ち伝有り。但（ただ）『史記』(2)に列伝有るのみならず、即ち二十一史(3)の載する所、亦た倶（とも）に列伝有り。故に史を作すに、三長有るを貴ぶ。曰く才、曰く学、曰く識なり。而して伝を作るも亦た三長無かるべからざるなり。

今、盧子千里は、乃ち元敏先生の哲嗣(4)なり。元敏先生は崎陽の鉅儒(5)為り。而して千里家訓に禀承(6)し、耳濡目染(7)、聞見淵博(8)、其の行文は歴落にして古趣有り(9)。茲（ここ）に数年来搆ずる所の『先民伝』若干篇、微を闡（あきらかに）し隠を表はし、潜徳(10)の幽光を発す。其の古の廃を興し逸を挙ぐるとともに、同一に用心す。況や且つ先民皆善人なり。善人は邦（くに）の紀（のり）なり。身をして善人為らしめ、而して其の名は湮没(11)して彰れざれば、亦た何ぞ善人為るを楽しまんや。

盧子の作伝有りしより、而る後善者は勧（すす）み、不善者は化す。其れ世道人心に功有ること、豈（あ）に浅鮮(12)たらんや。余故に欣然として筆を援（と）つて之れが序を為す。

浙水友生沈爕菴(13)丙撰(14)

注

(1)　**史**　歴史書をいう。
(2)　**『史記』**　前漢司馬遷著の紀伝体の史書。
(3)　**二十一史**　『史記』から『元史』までの中国古代以来の二一の歴史書。
(4)　**哲嗣**　他人の子息を誉めていう言葉。
(5)　**鉅儒**　偉大な儒者。
(6)　**禀承**　遺命を承けて継続する。
(7)　**耳濡目染**　濡は擩とも書き「目擩耳染」に同じ。眼が濡れ耳が染まることから、しだいに理解が深まること。
(8)　**聞見淵博**　見聞が広く深い。
(9)　**歴落にして古趣有り**　文章は抜群で響きが絶えず、太古の調べを奏でるようだ。
(10)　**潜徳**　世に知られぬ隠れた徳。
(11)　**湮没**　煙滅して失われる。

（12）浅鮮　浅く少ないこと。「豈に浅鮮たらんや」は、世道と人心に深く良い影響を及ぼすだろう、の意。

（13）浙水友生　浙水（浙江省）の友人。

（14）沈燮菴　浙江省杭州府の儒士。名は丙、字は燈幃、号は燮菴（『長崎名勝図絵』巻上）。享保十二年（一七二七）十二月九日、四十一番船で孫輔斎とともに長崎へ入港、唐人屋敷に滞在した。当時五十五歳、享保十三年九月三日に帰唐。また同十五年五月二日に長崎へ来て唐通事二木幸三郎宅に御預けとなり、享保十六年四月十一日、戌十六番船で帰国した（『唐船進港回棹録』）。その五年後の享保二十一年三たび来航、その折り『長崎先民伝』の序文を草した。

本文

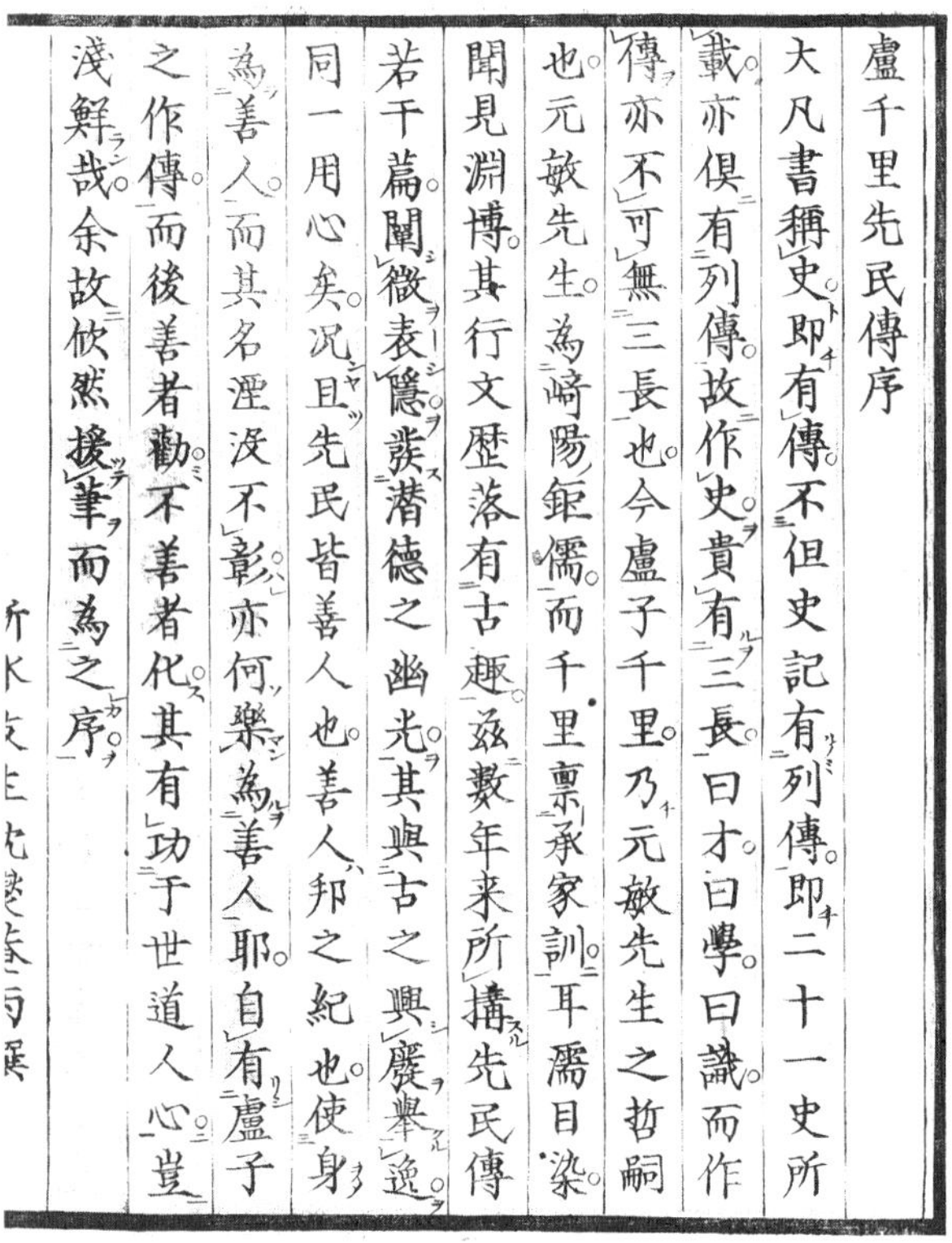

盧千里先民傳序

大凡書稱史即有傳不但史記有列傳即二十一史所載亦俱有列傳故作史貴有三長曰才曰學曰識而作傳亦不可無三長也今盧子千里乃元敏先生之哲嗣也元敏先生為崎陽鉅儒而千里稟承家訓耳濡目染聞見淵博其行文歷落有古趣茲數年来所搆先民傳若干篇闡微表隱發潜德之幽光其與古之興廢舉逸同一用心矣況且先民皆善人也善人邦之紀也使身為善人而其名湮沒不彰亦何樂為善人耶自有盧子之作傳而後善者勸不善者化其有功于世道人心豈浅鮮哉余故欣然援筆而為之序

浙水友生沈燮菴丙撰

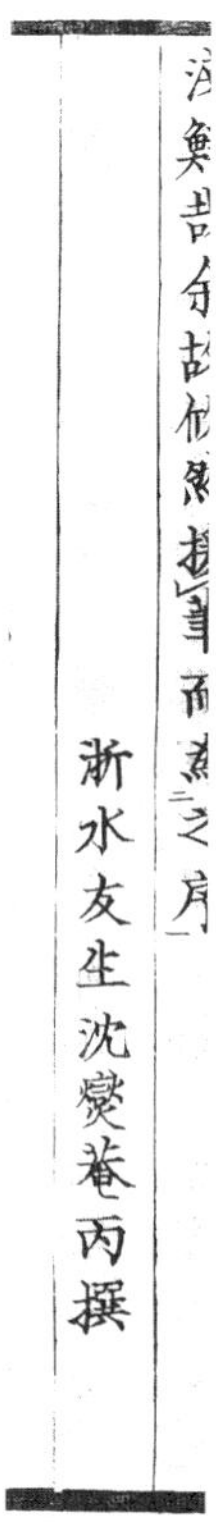

浅鮮哉余故欣然援筆而為之序

浙水友生沈燮菴丙撰

校異

※（国）（神）ともに異同なし。但し、長崎歴史文化博物館収蔵・沈燮菴自筆箋「盧千里先民伝序」（図2・以下、自筆箋）との異同は次のとおり。

4　元敏先生―草拙先生（自筆箋）

5　元敏先生―草拙先生（自筆箋）

8　況且先民～―況此先民～（自筆箋）

12　浙水友生沈燮菴丙撰―浙水友生沈燮菴撰（自筆箋）

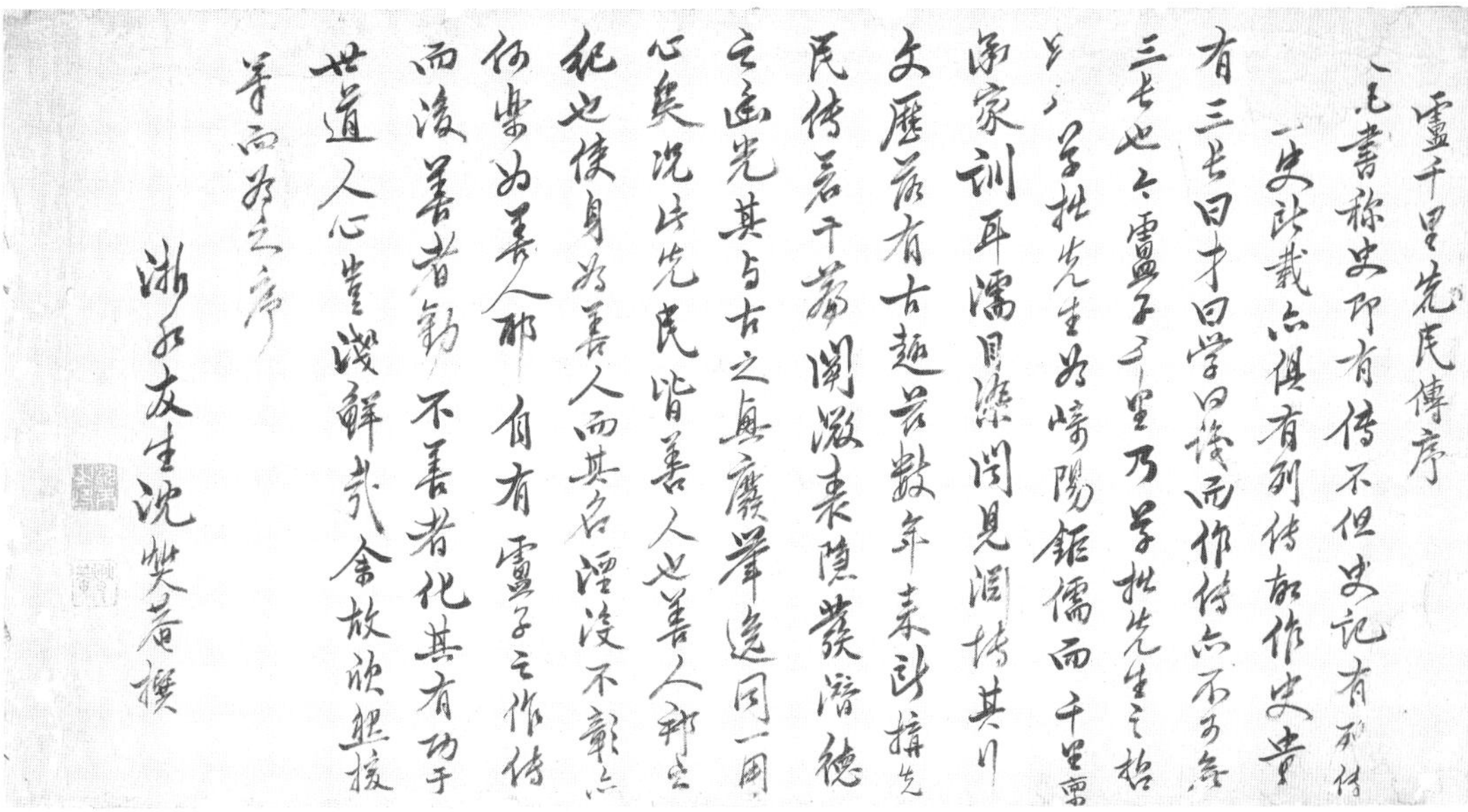

図2　沈燮菴自筆箋「盧千里先民伝序」（長崎歴史文化博物館収蔵）

凡例

書き下し文

凡例

一、是の編、人物は類を聚め、部を別つこと十三、大旨(1)は学術を先にし、而して諸芸を後にし、土著(2)を先にし、而して流寓(3)を後にす。部内の位置は、約そ年歴の早暮(4)に拠るのみ。

一、凡そ人物の名を識らざる者は字を書す。字を識らざる者は号を書す。尊貴・長者と雖も、名を避けざる者は旧史の法(5)に拠ると云ふ。

一、訳士劉・林・陳三人、抜して学術に列するは、その行文経(6)に本きて(7)不朽に伝ふべきを以てなり。

一、青木・大江二人は、神道者なり。本宜しく道・釈の流(8)とともに並び列すべし。然れども神道は本邦の古道、国家の崇敬する所、神器依帰(9)する所なり。故に移して学士の列に置く。

一、医は方技(10)と雖も、職司命(11)に係る。功用は雕刻(12)・工匠(13)の比に匪ず。特に為に部を立つ。

注

(1) **大旨**　おおよそ。
(2) **土著**　肥前国・長崎の地に生まれ住んでいる人。
(3) **流寓**　他国から訪れ、滞在した人々。
(4) **年歴の早暮**　経歴の早い遅い。
(5) **旧史の法**　旧史の前例。

（6）行文　行いや学芸。
（7）経に本きて　聖賢の書に基づいていて。
（8）道・釈　道教と仏教。
（9）神器依帰する所　神祇にかかわるところ。
（10）方技　医家、占星・亀卜家など（『漢書』藝文志）。
（11）司命　官命によって職に列するもの。
（12）功用　役に立つこと。
（13）雕刻・工匠　彫刻師や工作の職人。

本文

凡例
一是編人物聚類別部十三大旨先學術而後諸藝先
土著而後流寓部内位置約據年歴早暮耳
一凡人物不識名者書字不識字者書號雖尊貴長者
不避名者據舊史法云
一譯士劉林陳三人抜列學術者以其行文本經可傳
不朽也
一青木大江二人神道者也本宜與道釋流並列然神
道本邦古道　國家所崇敬神器所依歸故移置
學士列
一鑿錐方技職係司命功用匪雕刻工匠比特為立部

校異
2　後諸芸―後諸子（国）（神）
3　約拠年歴早暮―但拠年歴早暮（国）（神）
11　特為立部―故特分部其中首、未不詳者襍置技芸伝（国）、故別立部併附瘡科云（神）
※（国）には以下の追加あり。
一、凡処士技芸不詳行実、唯掲名姓以俟後訂、不遺誤伝、疑以招杜撰毀有名無状、故移置諸伝後。
一、姓名宦銜、年月日時難載本文者、皆嵌註以便覧。／蘭圃千里氏撰

先民伝目録

本文

先民傳目録
巻之上
學術
劉宣義
林應寀
高玄岱
高順麟
南部景衡

吉川慶

南部景衡

國淵

伊藤春琳

石原學魯

貞方之休

木村順成

向井兼丸

陳厳正
陳道光

青木永弘

大江宏隆

談天

小林義信

小野昌碩

吉村長蔵

胡麻屋了益
朝日玄育
本山作左
金屋孫右
三島吉左

關荘三郎

西川忠英

善者

平ム子

善者

平包好

岡正養

忠孝

浦川七右

甚太郎

徐徳政

三孝子 伯仲 季女

千布仙右

島原屋市左

小篠吉左

貞烈

婦淨智

桶屋婦

巻之下

處士

鶴田重定

隠逸

陳玄興

任侠

濱田彌兵衛

醫術

浪田雅兵衛

醫術

北山道長

西三博

向井元端

今井弘濟

杏一洞

福山德順

田中周山

久我宗悦

金屋與五郎 / 雄取甚右衛門

栗崎正元

栗崎正羽

杉本忠恵

西玄甫

吉田安齋

高原秀治

樋林豐重

茂升澤 / 廣中養榮

伊東外林 / 加悅外泉

山村宗雪。山本如閑 / 長崎休意。吉雄壽三

通譯

長崎休意。吉雄壽三

通譯

馮六。馬田昌入。中山太郎兵。頴川官兵。林仁兵。 / 頴川藤左。彭城仁左。柳屋治左。歐陽総右。何仁右。

森田長助。東京久藏。 / 中原源六。

高砂長五郎。肝付伯左。石橋荘助。 / 秀島藤左。名村八左。

技藝

長田又四郎 / 安部武兵衛

中村五郎左

後藤伊勢松

向井兼時 / 内田橋水

僧若芝

生島三郎左 / 生島藤七

青貝長兵衛

喜多元規

渡邉元慎

野澤久右

野村宇平次 / 道佐

田淵四郎三。市平次。 / 春夕

素閑

流幻五郎 / 林四郎右

緇林

一月

孫本

一明

道香

道胖

海長

元辟

道活

元巧

光心

恭也

龍州

流寓

林道春

林永喜

向井元升

安東守約

南部草壽

菅原見山

北島雪山

千賀三太夫
平賀勘十郎

佐佐助三郎
丸山雲平

眞部子明

丸山雲平

眞部子明

橘三喜
卜部定親

飯田直景

丸女藏人大夫

堀貞典

宮腰尚古

吉田川荒

松永貞德

高田宗賢

大淀三千風

頴川入德

安冨三育

久我道雲

岩永知新

吉田昌全

村山自伯

松丘宗順

島谷見立

盧氏自敘

校異

※（国）（神）は、以下のように部類名のみ記載される。

（国）

目録

上巻

学術　象緯　典故　耆旧　忠孝　貞烈　処士

下巻

任侠　医術　訳部　技芸　釈氏　流寓　家伝

（神）

目録

上巻

学術　談天　善耆　忠孝　貞烈

下巻

処士　隠逸　任侠　医術　通訳　技芸　緇林　流寓

先民伝巻之上

後学　盧驥著

本文

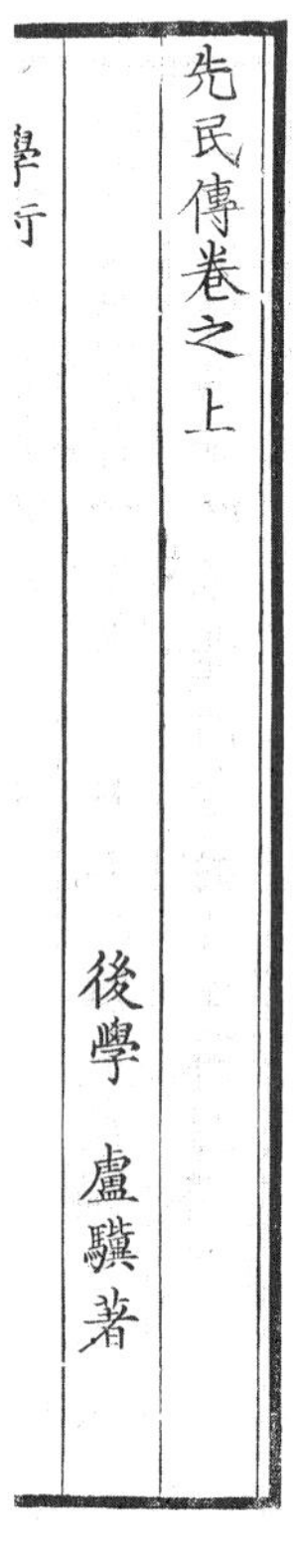

校異

1 先民伝巻之上―長崎先民伝稿巻之下（国）、長崎先民伝稿巻上（神）

2 後学　盧驥著―蘭圃盧驥甫著（国）

【学術】

書き下し文

学術

記に称す。「玉琢(みが)かざれば器を成さず。人学ばざれば、道を知らず。是の故に古(いにしえ)の王は、国を建て民に君たるに、教学を先とす」(1)と。崎、(2)山に枕(のぞ)み海に瀕し、人文の盛なる、時に乏しからず。其の以て来禩(3)に風示(4)すべき者を取り、学術を志す。

注

(1) 記に称す～教学を先とす　『礼記』学記篇の文章。
(2) 崎　長崎。以下同じ。
(3) 来禩　禩は祀に同じ。来祀で後の代の意か。
(4) 風示　教えを垂れる。

本文

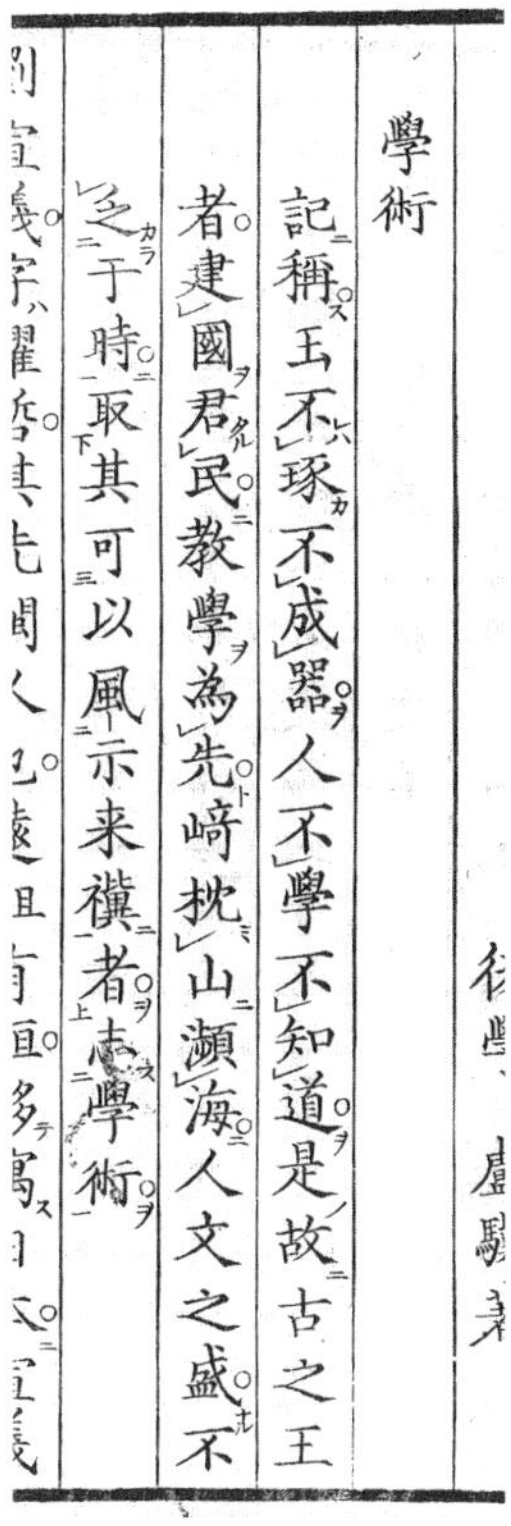
1 學術
2 記稱玉不琢不成器人不學不知道是故古之王
3 者建國君民教學為先崎枕山瀕海人文之盛不
4 乏于時取其可以風示来禩者志學術

校異

2～4　記称～志学術―ナシ（国）
3　教学為先―敬学為先（神）

1　劉宣義〔彭城仁左衛門〕

書き下し文

劉宣義、(1)字は耀哲。其の先、閩人なり。(2)遠祖有恒、移りて日本に寓す。宣義、人と為り博聞、学を好み、且つ華音を能くす。方言土語、通暁せざる無し。年十余歳、訳に擢ばれ、博物を以て著はる。起居厳重、威儀則とるべく、覧る者敬服す。

承応三年、黄檗隠元禅師(3)〔名、隆琦〕、崎に航して東明山(4)に住す。明年乙未、京師に抵る。宣義、訳を以て従ふ(5)。時に年二十余、既にして帰る。名声甚だ著はれ、富、公室に擬す。闔郷(6)の諸吏、及び百執事と雖も、之れと抗する莫し。乃ち冢訳と為り、籍、第一に在り(7)。

藤蔭鎮(8)〔名、勝登。牛込氏〕、亦た其の才に服す。寵遇優渥。是の時、林応寀(9)も亦た書名を以て聞ゆ。故に、義と寀と昼夜、守庁に陪侍し、詩を賦し文を属す。未だ之れ間有らずして、一日、守、二人を延きて置酒す。偶たま杜少陵が東閣官梅の句を分ち(10)、各おの賜ひて以て号とす(11)。義は東閣と為し、寀は官梅と為す。

義、人と為り剛直、役に従ふこと四十余年。毫も闕失無し。元禄八年歿す。年六十三。子、善聡(12)〔素軒と号す〕、職、冢訳を襲ぐ。性、謙卑にして、克く譲る。能文を以て名あり。

注

(1) 劉宣義　彭城仁左衛門。長崎大通事。字耀哲、号東閣、法名道詮、諱宣義。寛永十年（一六三三）九月二十三日生、元禄八年（一六九五）九月二十一日年没、六十三歳。肖像は口絵を参照。

（2）**閩**　中国福建省の異称。

（3）**隠元禅師**　隠元隆琦。禅僧。日本黄檗派の開祖。寛文三年（一六六三）、宇治万福寺の初代住持となる。万暦二十年（一五九二）十一月四日生、延宝元年（一六七三）四月三日没、八十二歳。

（4）**東明山**　興福寺の山号。日本最初の黄檗宗寺院。

（5）**訳を以て従ふ**　『普照国師広録』（『新纂校訂隠元全集』巻四、二〇四七頁所載）に、「乙未の秋、京都に応請す。崎陽鎮主、特に選んで相従はしめて、法化を助揚せしむ」（「道銓劉通士に示す」）とあり。

（6）**闔郷**　その地域じゅう。

（7）**冢訳と為り～第一に在り**　冢訳は大通事のこと。万治二年（一六五九）十月、仰せ付けられる（『訳司統譜』）。

（8）**藤蔭鎮**　牛込忠左衛門。長崎奉行。名重忝、号時楽。元和八年（一六二二）生、貞享四年（一六八七）十二月九日没、六十六歳。

（9）**林応寀**　林道栄。『先民伝』巻上・2参照。

（10）**杜少陵が東閣官梅の句**　杜甫「裴迪の蜀州の東亭に登りて客を送り、早梅に逢て相憶ふて寄せらるるに和す」と題する詩に、「東閣官梅、詩興を動かす。還た何遜が楊州に在るが如し」（『杜工部七言律詩』巻下、寛文八年刊）とあり。

（11）**義は東閣～官梅と為す**　『光風蓋宇』（福済寺、一九二四年）所収、牛込忠左衛門の「劉東閣の簪瓶牡丹の詩に和して韻を呈し慰を送る」と題する詩に、「劉林、東閣官梅と号す」とある。

（12）**善聡**　彭城仁左衛門。長崎大通事。先名継左衛門、号素軒、諱善聡。生年未詳、元文五年（一七四〇）閏七月二十四日没。

参考文献

宮田安『唐通事家系論攷』（長崎文献社、一九七九年）

林陸朗『長崎唐通事〔増補版〕』（長崎文献社、二〇一〇年）

本文

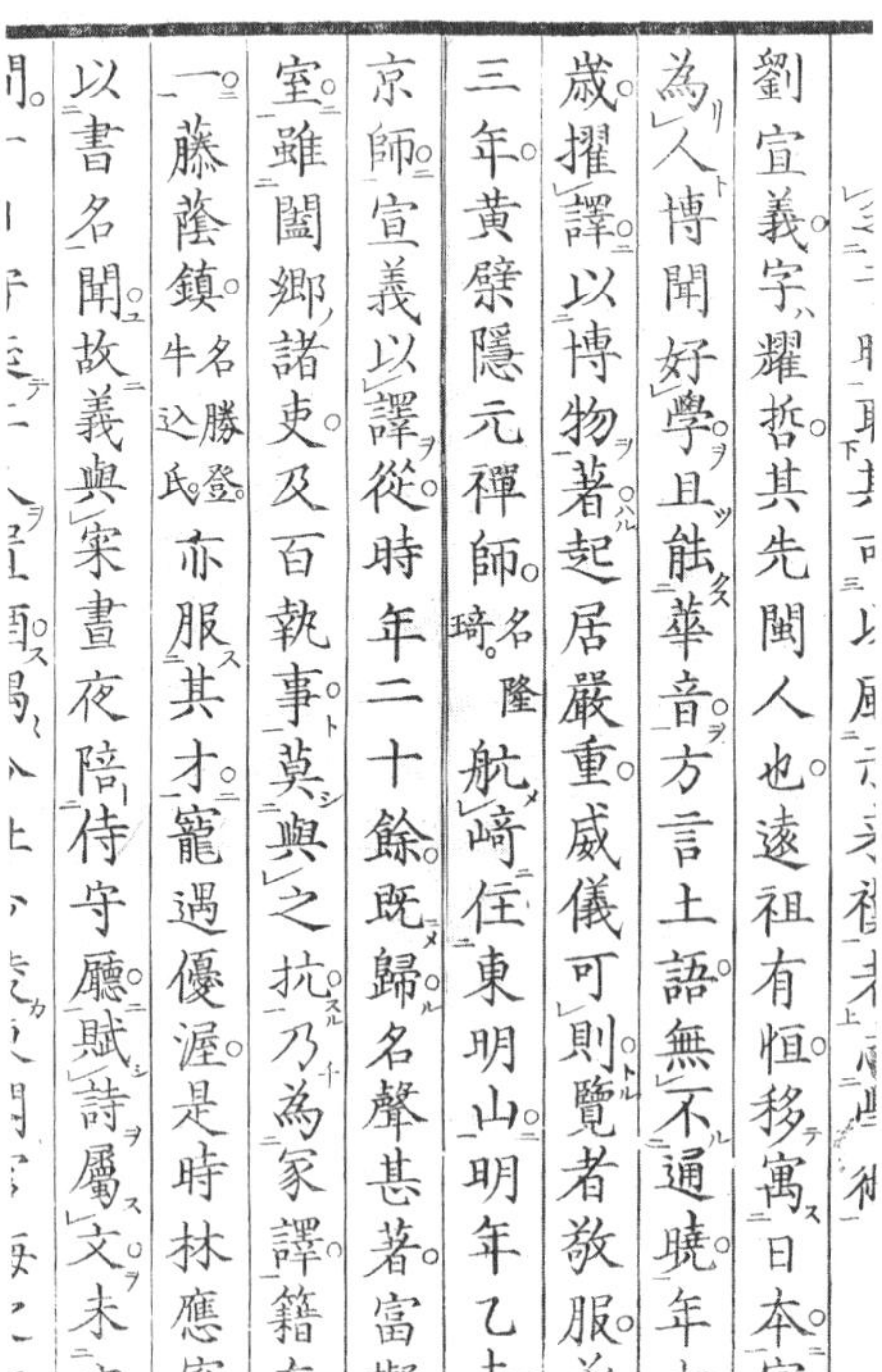

1 劉宣義字耀哲其先閩人也遠祖有恒移寓日本宣義
2 為人博聞好學且能華音方言土語無不通曉年十餘
3 歳擢譯以博物著起居嚴重威儀可則覧者敬服承應
4 三年黄檗隱元禪師琦名隆航崎住東明山明年乙未抵
5 京師宣義以譯從時年二十餘既歸名聲甚著富擬公
6 室雖闔郷諸吏及百執事莫與之抗乃為冢譯籍在第
7 一藤蔭鎮牛込氏名勝登亦服其才寵遇優渥是時林應寀亦
8 以書名聞故義與寀晝夜陪侍守廳賦詩屬文未之有

劉宣義墓碑（崇福寺）

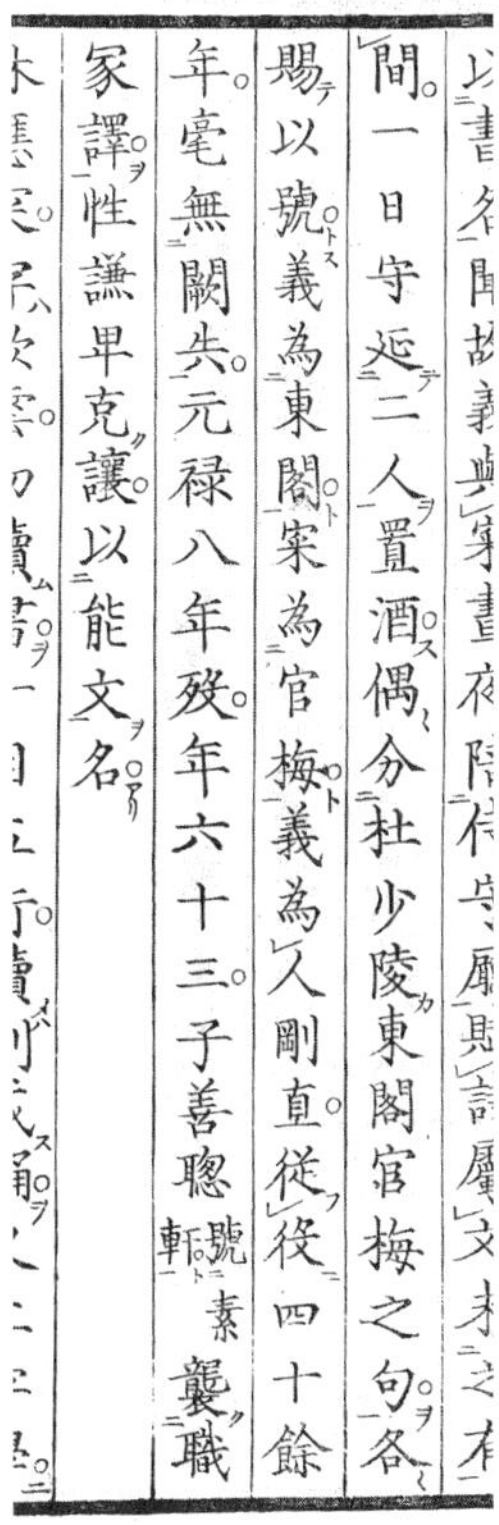
9 間一日守延二人置酒偶分杜少陵東閣官梅之句各
10 賜以號義為東閣宋為官梅義為人剛直從役四十餘
11 年毫無闕失元禄八年歿年六十三子善聰號素軒襲職
12 家譯性謙卑克讓以能文名

校異

1 劉宣義〜閩人也―劉宣義者、其先閩人也。字耀哲（国）
3 擢訳―推訳（国）
4 黄檗隠元禅師―閩僧隠元（国）
4 〔名隆琦〕―ナシ（国）（神）
4 抵京師―徴聘、抵京師（国）
7 藤蔭鎮―鎮台牛込勝登（国）
7 〔名勝登。牛込氏〕―ナシ（国）
8 陪侍―侍従（国）、従事（神）
9 一日、守延二人置酒―一日、守延二人置酒高会（国）
11 子善聡〜以能文名―ナシ（国）
11 〔号素軒〕―ナシ（神）
12 以能文名―以善文名（神）

2 林応宋〔林道栄〕

書き下し文

林応宋(1)、字は欸雲、幼くして書を読む。一目五行、読めば則ち誦を成す。又た字学に工みなり。凡そ真・草・行・隷、能くせざる所無し。著はす所の詩文、構思を務めず、筆を下せば立ろに就る。

万治中、鎮台妻木氏(2)に従つて江戸に之く。乃ち祝髪し、自ら道栄と号す。名声大いに振ひ、挙な与に比する無し。遂に衆の為に忌まれ、殆ど将に之れを害せんとす。故に亡走して崎に回る。

寛文癸卯(3)、官挙げて以て訳に備ふ。時に年二十四。英特を以て称せらる。延貞の際(4)、宋の書名、天下に顕はる。遠近争ひ求む。啻だ珍宝のみならず、王公貴人、厚幣して之れを購致す。是時、高玄岱(5)も亦た書を善くす。時人、称して二妙と為す。

宋、嘗つて大村侯(6)に寵せらる。侯、乃ち之れに雄浦(7)〔鎮南に在り。沿江、大村に属す〕の地数十歩を賜ひ、以て僑居の所と為す(8)。藤使君(9)も亦た之れと善し。官暇延請して消遣す(10)。偶たま宋に賜ふに官梅の号を以てす(11)。是れに由つて子孫相襲ひて官梅氏を姓とす。

元禄中、清国の進士周勒山(12)〔名、銘〕、崎に游ぶ。応接宴会、酬唱泉湧、勒山も亦た之れを奇とす。此の時に当りて大いに才名を擅にする者、宋一人のみ。

十六年癸未、芝有り署に茁す(13)。江守(14)〔名、直圃。永井氏。讃岐守に任ず〕、命じて之れが記を為らしむ(15)。其の辞、頗る工みにして、奕世に伝頌す。

宝永五年、宋、年六十九、冬十月二十二日、訳に終る。宋、曾つて蘿山と号す。又た墨癡と号す。而して、道栄の号、一時に伝播すと云ふ。

注

（1）林応寀　林道栄。長崎大通事。先名市兵衛、字欵雲、号墨癡・蘿山、諱応寀または応宰。寛永十七年（一六四〇）生、宝永五年（一七〇八）十月二十二日没、六十九歳。肖像については口絵参照。

（2）鎮台妻木氏　妻木頼熊。長崎奉行。慶長九年（一六〇四）生、天和三年（一六八三）三月二十七日没、八十歳。

（3）寛文癸卯　寛文三年（一六六三）。

（4）延貞の際　延宝から貞享の間（一六七三〜一六八七）。

（5）高玄岱　深見玄岱。『先民伝』巻上・3参照。

（6）大村侯　大村純長。肥前大村藩第四代藩主。寛永十三年（一六三六）八月二十一日生、宝永三年（一七〇六）八月二十一日、七十一歳。

（7）雄浦　現在の長崎市大浦町。

（8）僑居の所と為す　『林氏家譜』に元禄十三年（一七〇〇）のこととして挙がるが、『寛宝日記』の記事により、延宝四年（一六七六）以前には既に下賜されていたかという説もある（林陸朗『長崎唐通事〈増補版〉』〈長崎文献社、二〇一〇年〉九〇頁〜九二頁）。

（9）藤使君　牛込忠左衛門。『先民伝』巻上・1・注8参照。

（10）消遣　気晴らし。

（11）偶たま〜を以てす　『先民伝』巻上・1・注11参照。

（12）周勒山　『先哲叢談続編』巻四・林道栄の条に、「浙江の人。蓋し落第して家居す。尤も詩詞を善くす」とあり。

（13）茁す　芽ぐむ。

（14）江守　永井直允。長崎奉行。延宝元年（一六七三）生、享保二年（一七一七）六月二十八日没、四十五歳。

（15）之れが記　「長崎官署産霊芝記」（『長崎名勝図絵』巻二下所掲）。

参考文献

宮田安『唐通事家系論攷』（長崎文献社、一九七九年）

本文

林應寀字欵雲幼讀書一目五行讀則成誦又工字學
凡真草行隷無所不能所著詩文不務構思下筆立就
萬治中從鎮臺妻木氏之江戸乃祝髮自號道榮名聲
大振舉無與比遂為衆忌殆將害之故亡走回崎寛文
癸卯官舉以備譯時年二十四以英特稱延貞之際寀
之書名顯于天下遠近爭求不啻珍寶王公貴人厚幣
購致之是時高玄岱亦善書時人稱為二妙矣寀嘗見
寵大村侯侯乃賜之雄浦在鎮南沿江屬大村地數十歩以為僑

林応寀墓碑（皓台寺）

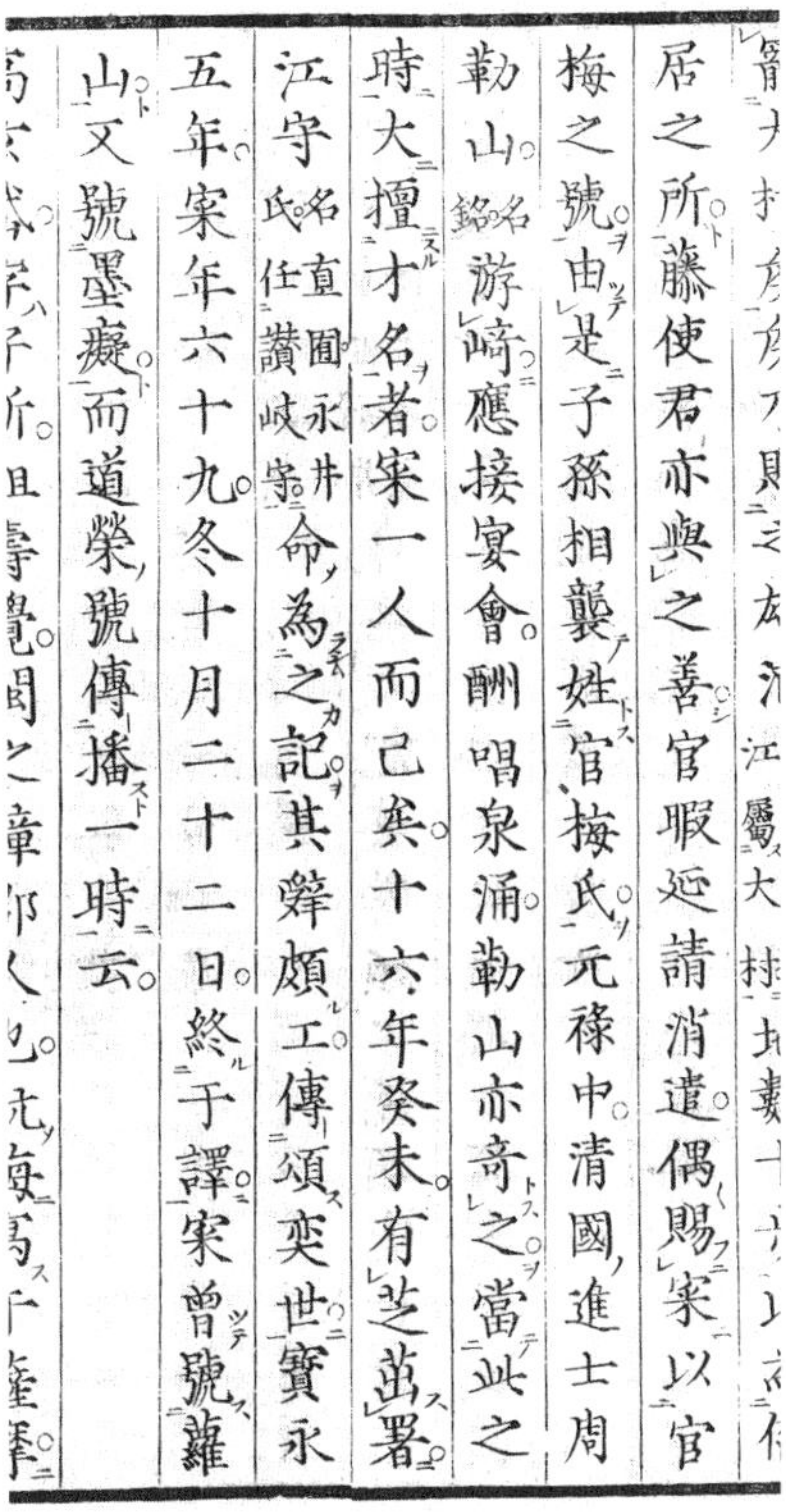
居之所藤使君亦與之善官暇延請消遣偶賜案以官
梅之號由是子孫相襲姓官梅氏元祿中清國進士周
勒山名銘游崎應接宴會酬唱泉涌勒山亦奇之當此之
時大擅才名者案一人而已矣十六年癸未有芝茁署
江守名直圓永井氏任讃岐守命為之記其辭頗工傳頌奕世實永
五年案年六十九冬十月二十二日終于譯案曾號蘿
山又號墨癡而道榮號傳播一時云

校異

1 字欵雲―字欵雲。其先閩人也。父某乃寓東崎。案（国）
1 幼読書―幼好読書（国）（神）
1 一目五行―ナシ（国）
3 万治中―万治年中（国）
5 時年二十四―時年二十余（国）
5 称延貞之際―著延貞之際（国）、称延貞之間（神）
8 〔在鎮南、沿江属大村〕―〔在鎮西南沿海〕（国）、〔在鎮西南沿江〕（神）
9 藤使君亦与之善。官暇延請消遣―家甚饒富、鐘鳴鼎食可比百里之君。遂至家訳。鎮台牛込氏与之善。花朝月夕延之酌酒賦詩、以消旅寂（国）
10～12 元禄中～而已矣―ナシ（国）
11 〔名、銘〕―ナシ（神）
12 十六年―元禄十六年（国）
12 有芝茁署―永井直圃在鎮之日、有芝茁署（国）
13 江守―守（国）
13 〔名直圃、永井氏。任讃岐守〕―ナシ（国）、〔名直圃（ママ）、永井氏〕（神）
13 宝永五年―後宝永五年（国）
14 終于訳―以病終于訳（国）

3 高玄岱〔深見玄岱〕

書き下し文

高玄岱(1)、字は子新。祖、寿覚(2)、閩の漳郡の人なり。海に航して薩摩に寓す。父、名は超方(3)〔字は応科〕、年十六、西して斉・魯・燕・趙の間に遊ぶこと、凡そ十有二年。忽ち東帰を思ひ、乃ち商船に乗し、直ちに長崎に抵り、遂に移居を謀る。居ること何もなく、会たま訳士某死す。官、超方を召して闕を補す。因つて家す。玄岱は其の仲子なり。

幼より淑質有り(4)。邑の岩永宗故(5)に従ひ学ぶ。年舞勺(6)、復た杭人(7)戴曼公(8)〔名、笠〕に事ふ。即ち僧独立なり。曼、書を善くす。兼ねて医学に精し。岱、兼ねて其の藝に通ず。

延宝中、乃ち京師に入る。参議風早卿(9)〔名、実種〕、善く之れを遇す。遂に太上皇に達し、養生保命の道を問ふ。岱、『養生編』(10)一巻を呈して、以て乙夜の覧(11)に備ふ。天貞の際(12)、医を以て禄を薩摩に食む。久しふして之れ病免す。復た崎に帰る。

岱、人と為り磊落にして、阿諛を好まず。崎の富豪、与に礼を為すを屑しとせず。凡そ士の貧窮にして学を好む者、輒ち敬愛を加ふ。故に肉食の者(13)、往往之れを忌む。

岱、文章を能くし、気節を尚ぶ。嘗つて曰く、「大丈夫の世に処るや、志を青雲に騁せざるべからず。何ぞ必ずしも人に因つて碌碌として里巷に相徴逐せんや」[14]と。

元禄癸未[15]、年五十五、是の歳八月五日[16]、西湖の医士陸文斎[17]来る。江〔名は直囿〕・源〔名は常治、別所氏。播磨守に任ず〕二尹[18]、之れを府署に会し、討論講議す。声音宏亮[19]、善訳の者、与に抗衡[20]する能はず。

後、文学を以て徴に江府に応ず。実に宝永六年なり。岱、江府に在るの時に方(あた)つて、文を以て白石[21]〔姓は源、名は璵〕、鳩巣[22]〔姓は室、名は直清〕等と名を斉(ひとし)うす。

正徳中、韓使来聘[23]し、宴を賜ふの日、白石・鳩巣諸儒と即席に詩を賦し、文を属す。岱の著、『和韓唱和集』[24]有りて、世に行はる。

享保辛丑[25]、老を以て致仕す。越(こゆる)に七年壬寅八月十日[26]、病卒す。年七十四。生平の著述詩文、家に蔵す。

注

（1）**高玄岱** 高天漪。漢学者。深見氏。名玄岱・元泰、字子新・斗膽、通称新兵衛・新右衛門、号婺山。慶安元年（一六四八）生、享保七年（一七二二）八月八日没、七十四歳。

（2）**寿覚** 号贊胡・六官。福建省漳郡の人。慶長初年に薩摩に渡来、のち帰国。

（3）**超方** 旧姓鎌田。字応科・超方、号大誦。慶長七年（一六〇二）十二月二十八日（一説、慶長八年十二月二十九日）生、寛文六年（一六六六）七月四日没、六十五歳。

（4）**淑質** 善良な心根。

（5）**岩永宗故** 岩永知新。『先民伝』巻下・103参照。

（6）**舞勺** 十三歳。昔、未成年者が習った舞の一種だったことによる。

（7）**杭人** 中国の浙江省杭州市。

（8）**戴曼公** 独立性易。黄檗僧。万暦二十四年（一六〇〇）二月十九日生、寛文十二年（一六七二）十一月六日没、七十七歳。浙江省杭州府仁和県の人。承応二年（一六五三）に長崎に来る。

（9）**風早卿** 寛永九年（一六三二）八月十七日生、宝永七年（一七一〇）十二月二十四日没、七十九歳。

（10）**『養生編』** 延宝八年（一六八〇）序。写本一冊。

（11）**乙夜の覧** 天子の読書。

（12）**天貞の際** 天和・貞享（一六八一～一六八七）の交。

（13）**肉食** 美食・飽食。

（14）**徴逐** 親しく行き来する。

（15）**元禄癸未** 元禄十六年（一七〇三）。

（16）**八月五日** 『唐通事会所日録』六にて確かめられる。ただし『瓊浦通』には、八月四日とする。

（17）**陸文斎** 清の医者。未詳。人別改め後、十一月二十四日帰唐。

（18）**江源二尹** 長崎奉行の永井直允（元禄十五年～宝永六年在職）と別所常治（元禄十五年～正徳元年在職）。

（19）**宏亮** 大きくて明瞭なこと。

（20）**抗衡** 相むかってはりあう。

（21）**白石** 新井白石。幕儒。明暦三年（一六五七）二月十日生、享保十年（一七二五）五月二十九日没、六十九歳。

（22）**鳩巣** 室鳩巣。幕儒。明暦四年（一六五八）二月二十六日生、享保十九年（一七三四）八月十四日（一説、十二日）没、七十七歳。

（23）**正徳中、韓使来聘** 正徳元年（一七一一）の朝鮮通信使来日。

（24）**『和韓唱和集』** 『七家唱和集』のうち『正徳和韓集』（正徳元年成・刊、二巻）。

（25）**享保辛丑** 享保六年（一七二一）。

（26）**八月十日** 八月八日の誤り。

参考文献

石村喜英『深見玄岱の研究』（雄山閣、一九七三年）

原念斎『先哲叢談』（文化十三年〈一八一六〉刊）巻五・深見玄岱

徐興慶『天間老人獨立性易全集』上下（臺大出版中心、二〇一五年）

本文

高玄岱字子新。祖壽覺閩之漳郡人也。航海寓于薩摩。父名超方。（字応科）年十六。西遊於齊魯燕趙之間。凡十有二年。忽思東歸。乃乗商舶直抵長崎。遂謀移居。居無何。會譯士某死。官召超方補闕。曰家焉。玄岱者其仲子也。幼有淑質。從邑之岩永宗故學。年舞勺。復事杭人戴曼公（名笠）。即僧獨立也。曼善書兼精醫學。岱兼通其藝。延寶中。乃入京師。参議風早卿（名實種）善遇之。遂達　太上皇聞。養生保命之道。岱呈養生編一卷。以備乙夜之覽。天貞際。以醫食祿于薩摩。久之病免。復歸於崎。岱為人磊落。不好阿諛。崎之富豪。不屑與為禮。凡士之貧窮好學者。輙加敬愛焉。故肉食者往往忌之。岱能文章。尚氣節。嘗曰。大丈夫之處世也。不可不騁志於青雲。何必曰人祿祿里巷相徵逐乎。元祿癸未年五十五。是歳八月五日。西湖醫士陸文齋来江（名直面）源（名常治別所氏任播磨守）二尹。會之府署。討論講議。聲音宏亮。善譯者不能與抗衡。後以文學應徵江府。實寶永六年也。方岱在江府時。以文與白石（姓源名璵）鳩巣（姓室名直清）菁齊名。正徳中。韓使来聘。賜宴之日。與白石鳩巣諸儒。即席賦詩屬文。岱著有和韓唱和集。行世。享保辛丑。以老致仕。越七年壬寅。八月十日。病卒。年七十四。生平著述詩文藏于家。

校異

1 字子新―字斗瞻（国）（神）
2 父名超方―父名大誦（国）（神）
2 〔字応科〕―ナシ（国）（神）
3 直抵長崎―直抵崎陽（国）（神）
4 官召超方補闕―官召大誦補闕（国）（神）
4 玄岱者其仲子也―玄岱者大誦之仲子也（国）
5 従邑之岩永宗故―従邑之岩永知新（国）（神）
6 〔名笠〕―〔名笠、曼公其字〕（神）
6 曼、善書―戴、善書（国）
7 〔名実種〕―〔名実種〕聞岱善医能文、因（国）、〔姓藤、名実種〕（神）
7 太上皇―太上皇〔御諱識仁〕（国）
8 天貞際―天貞間（国）（神）
9 以医食禄于薩摩―以医食禄于薩州（国）（神）
13 年五十五―岱年五十三（国）、岱年五十五（神）
14 江―鎮台江直面（国）
14 〔名直面〕―〔任讃岐守〕（国）、〔名在前〕（神）
14 源―源常治（国）
14 〔名常治、別所氏。任播磨守〕―〔任播磨守〕（国）、〔名常治、別所氏〕（神）
14 二尹―ナシ（国）
14 会之府署―会之官署（国）（神）
15 後以文学、応徴江府―台廷〔文昭院〕以文学徴（国）、台廷以文学徴（神）
16 宝永六年也―宝永六年冬十有二月十有一日也（国）
16 方岱在江府―方岱在江武（国）（神）
17 韓使来聘―朝鮮国使来聘（国）（神）
20 生平著述詩文蔵于家―生平著述詩文蔵于家。二子但賢倫庸但賢縄（国）

4 高順麟〔深見順麟〕

書き下し文

高順麟(1)、字は子春、玄岱の弟なり。幼き自り、文・史に博覧し、才気出群す。詞賦に長じ、医技に兼通す。人と為り廉正、読書朝夕倦まず。一時称して、学行兼優の士と為すと云ふ。

注

（1）高順麟　深見氏。儒医。元禄八年（一六九五）十二月二十五日没。息子の頤斎は玄岱の養子となった。

参考文献

石村喜英『深見玄岱の研究』（雄山閣、一九七三年）

本文

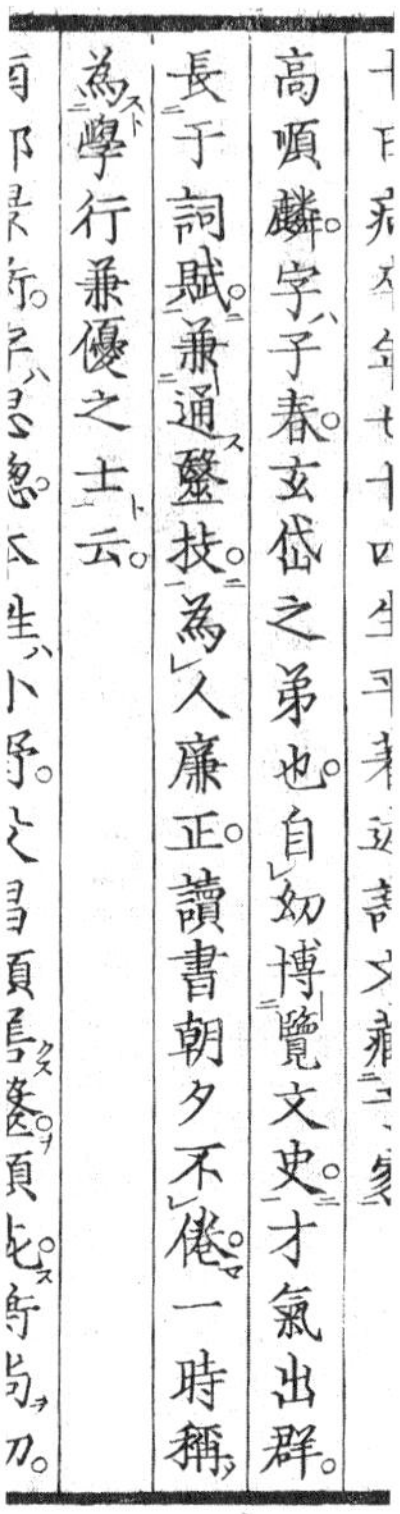
1 高順麟字子春玄岱之弟也自幼博覧文史才氣出群
2 長于詞賦兼通醫技為人廉正讀書朝夕不倦一時稱
3 為學行兼優之士云

校異

1 高順麟〔字子春〕―高順麟者（国）

2 兼通医技―兼通医（国）

3 為学行兼優之士云―為学行兼優之士。元禄七年、鎮台山岡景如〔任対馬守〕領東天台法親王命下、令于郷使文士賦菊。麟以能詩暨兄岱倶与焉。其明年乙亥冬、十有二月病卒。（国）

5 南部景衡〔南部南山〕

書き下し文

南部景衡(1)、字は思聡。本姓は小野。父昌碩(2)、医を善くす。碩、死す。衡、尚を幼し。母氏も亦た改醮す(3)。卒に怙恃を失ふ(4)。是より先き、碩、曽つて盧荘(5)、曁び小林謙貞(6)と友とし善し。故を以て衡、煢煢孑立(7)。荘と貞と、之れを家に養ふ。長ずるに及んで邑医角長有(8)に事へ使む。衡、此れに従事するを屑とせず、復た盧氏に帰り、謝〔名は叔且〕・黄〔名は公溥〕(9)二子に従つて詩を学ぶ。二子は乃ち華人なり。寛文壬子(10)、南部草寿(11)、京自り来る。藤使君(12)、方に庠序を興す(13)。寿に命じて其の事を董さしむ。望、益ます重し。荘も亦た、寿と善し。衡をして寿に事へしむ。衡、諸弟中に於いて最と称す。寿、深く之れを器とす。姓を南部に更たむ。

寿、崎に在ること八年、復た京に帰る。因つて命じて筑の安東省菴(14)に従はしむ。越の菅侯(15)〔名、正甫〕、寿を聘して学を掌しめ、百五十石を賜ふ。未だ幾ならずして卒す。其の子新八〔名、某〕、先ち死す。父業を承くるに及ばず。

衡、学既に富み、以て寿の祧を承く(16)。菅侯、肯て衡を用ひざるに縁つて、乃ち江府に之き、順菴木学士(17)〔名は槙幹〕に師事す。居ること三年、菅侯、屢しば衡を召して、以て寿の後に復さしむ。

正徳中、朝鮮、使をして来聘せしめ、宴を江府に賜ふ。是の日、弘文院林学士(18)（名は信篤）已下の諸儒、相ひ集つて文を属し、詩を賦す。衡が才名有るを以て、邀へ至つて同会す。未だ席に莅むに及ばざるに、病を発して卒す。乃ち正徳壬辰春三月なり(19)。享年五十五。人と為り温恭。『左氏』に精通し、最も文材に贍る。著はす所の詩文、『喚起漫草』(20)八巻有り。

子三人。皆、時に名有り。其の長は則ち景春(21)、字は国華、幼にして穎悟。詩と書画とを能くす。年甫十三、父に従ひ江府に之き、「東天台に登る詩」（五言古風）二百句を賦す。世の為に称せらる。十八歳にして衡、死す。菅侯、之れを挙げて職を襲はしむ。菅侯、寵遇甚はだ渥し。乃ち稍食を加へ、二百石を拝す。奉職三年、母を喪ひ、弟を失ふ。毀病(22)に勝へず、享保丁酉夏四月を以て歿す(23)。年二十三。子亡し。踰月(24)、季弟直次も亦た死す。南部氏絶す。

注

（1）**南部景衡**　名景衡・景行、字思聡、通称昌輔、号南山・環翠園。万治元年（一六五八）生、正徳二年（一七一二）三月七日（一説、二十四日）没、五十五歳。なおこの条、東条琴台『先哲叢談後編』（文政十三年〈一八三〇〉刊）巻三・南南山に参照される。

（2）**父昌碩**　小野昌碩。『先民伝』巻上・16参照。

（3）**改醮**　再婚。

（4）**怙恃**　たよりにするもの。

（5）**盧荘**　盧庄左衛門か。元和八年（一六二二）生、貞享三年（一六八六）没、六十五歳。

（6）**小林謙貞**　小林義信。『先民伝』巻上・15参照。

（7）**煢煢子立**　ひとりぼっち。

（8）**角長有**　未詳。

（9）**謝黄二子**　未詳。

（10）**寛文壬子**　寛文十二年（一六七二）。

（11）**南部草寿**　『先民伝』巻下・85参照。

（12）**藤使君**　牛込忠左衛門。『先民伝』巻上・1・注8参照。

（13）**庠序**　学校。

（14）**安東省菴**　『先民伝』巻下・84参照。

（15）**菅侯**　前田正甫。富山藩第二代藩主。慶安二年（一六四九）八月二日生、宝永三年（一七〇六）四月十九日没、五十八歳。

（16）**祧**　みたまや。遠い先祖の廟。

（17）**順菴木学士**　木下順庵。幕儒。元和七年（一六二一）六月四日生、元禄十一年（一六九八）十二月二十三日没、七十八歳。

（18）**弘文院林学士**　林鳳岡。幕儒。寛永二十一年（一六四四）十二月十四日生、享保十七年（一七三二）六月一日没、八十九歳。

（19）**正徳壬辰**　正徳二年（一七一二）。

（20）**『喚起漫草』**　八巻、宝永六年（一七〇九）序。写本。

（21）**景春**　南部景春。富山藩儒。元禄八年（一六九五）生、享保二年（一七一七）四月二十二日（一説、二十一日・二十四日）没、二十三歳。

（22）**毀病**　わずらい痩せる。

（23）**享保丁酉**　享保二年（一七一七）。

（24）**踰月**　翌月。

参考文献

宮田安『唐通事家系論攷』（長崎文献社、一九七九年）

本文

續學術義傳之十二
南部景衡。字思聰。本姓小野。父昌碩善醫。碩死。衡尚幼。
母氏亦改醮。卒失怙恃。先是碩曾與盧莊暨小林謙貞
友善。以故衡煢煢子立。莊與貞養之於家。及長使事邑
醫角長有。衡不屑從事於此。復歸盧氏。從謝（名ハ叔明）黄（名ハ公）
溥二子學詩。二子乃華人也。寛文壬子南部州壽自京
来。藤使君方興庠序。命壽董其事。望益重。莊亦與壽善。
遣衡事壽。衡於諸弟中稱最焉。壽深器之。更姓南部。壽
在崎八年。復歸京。因命從筑之安東省菴越菅侯（名正甫）
聘。壽掌學。賜百五十石。未幾卒。其子新八（名某）先死。不及
承父業。衡學既富。可以承壽之祧。緑菅侯不肯用衡。乃
之江府。師事順菴木學士（名楨幹）。居三年。菅侯屢召衡。以
復壽之後。正德中。朝鮮遣使来聘。賜宴江府。是日也。
弘文院林學士（名信篤）已下諸儒相集。屬文賦詩。以衡有
才名。邀至同會。未及莅席。婁病而卒。乃正德壬辰春三
月也。享年五十五。為人温恭。精通左氏。最贍文材。所著
詩文。有喚起漫草八巻。子三人。皆有名于時。其長則景
春。字國華。幼而頴悟。能詩與書画。年甫十三。從父之江
府。賦登東天台詩（五言古風）二百句。為世所稱。十八歳而衡
死。菅侯舉之襲職。菅侯寵遇甚渥。乃加稍食拜二百石。
奉職三年。喪母失弟。不勝毀病。以享保丁酉夏四月歿。
年二十三。亡子。踰月季弟直次亦死。南部氏絶。

校異

2 卒失怙恃—卒失恃怙（国）
2 先是、碩曾与盧莊、暨小林謙貞友善—先是、碩曾与余曾祖庄、暨小林義信友善（国）、先是、碩曾与盧庄、暨小林義信友善（神）
3 莊与貞養之於家—曾祖与信養之於家（国）、庄与信養之於家（神）
4 復帰盧氏—復帰吾家（国）
6 藤使君方興庠序—鎮台牛込勝登方興庠序（国）、藤鎮尹方興庠序（神）
6 望益重—名望益重（国）
6 莊亦与寿善—庄亦与寿善（国）（神）
8 因命従筑之安東省菴—因命従筑之安東守約（国）
8 越菅侯—越富山菅侯（国）
9 賜百五十石—賜俸百五十石（神）
9 其子新八〔名某〕先死—其子熊亦相継死（国）（神）
10 乃之江府—乃之江武（国）
11 師事順菴木学士—師事楨幹木学士（国）
11 〔名楨幹〕—〔号順菴〕（国）、ナシ（神）
12 朝鮮遣使来聘—朝鮮国遣使来聘（国）
12 賜宴江府—台廷〔文昭院〕賜宴（国）、台廷賜宴（神）
13 〔名信篤〕—〔名信篤、字整宇〕（国）
13 以衡有才名—因衡有才名（国）
18 〔五言古風〕—ナシ（国）（神）
20 不勝毀病—不勝毀瘠（国）

6　国熙〔国思靖〕

書き下し文

国熙(1)、字は玄貞。少（わか）ふして杭(2)の僧、澄一(3)〔名は道亮〕に依つて医を肄（なら）ふ。亦た杭の儒、蒋眉山(4)〔名、遊峨〕に従つて経を受く。資性聡敏、過目して誦を成す。性理に精しく、経済に通ず。旁（かたわ）ら方言土語に曁（およ）ぶ。解せざる所無し。故に郷人、推尊して師と為す。生平温純廉正、人を誨（おし）へて倦まず。従者七百人。受けて業を卒（お）ふ。

熙、心を居（しず）め仁慈、昆虫さへ害せず。其の医を行ふや、剤を投ずれば立（たちどこ）ろに験あり。普（あま）ねく貧窮を救ひ、其の幣を受けず。居、常に恬として嗜欲無し。仏老に出入し、拘碍（こうがい）(5)する所無し。葛巾布服(6)、草堂に潜隠す。乃ち扁して「三楽」と曰ふ。詩酒の情を娯しみ、終身、婦を納（い）れず。自ら塵隠熙熙子と号す。

正徳癸巳(7)、熙、病甚し。春正月乙酉(8)、乃ち句を賦して曰く、「貪り看る風月青山の影、若かず遡流帰去来には」と。即日卒す。一郷、之れが為めに涕（なみだ）を流して曰く、「天、良師を喪ふ」と。茶臼山(9)下に葬る。享年五十五(10)。門人、私謚して思靖先生と曰ふ。著はす所の詩文若干篇、『内丹要訣』『酔郷醒語』(11)各一巻有り。

注

（1）国熙　国思靖。国造（くにのみやつこ）塵隠（じんいん）とも。儒医。俗姓上野。寛文元年（一六六一）生、正徳三年（一七一三）一月七日没、五十三歳（『本蓮寺過去帳』）。

（2）杭　中国の浙江省杭州市。

（3）澄一　澄一（ちんい）道亮。興福寺住持。万暦三十六年（一六〇八）生、元禄四年（一六九二）四月八日没、八十四歳。

（4）蒋眉山　東京大学総合図書館蔵『声音対』書入れに、「蒋氏、名述峨、字眉山、杭州海寧人」とあり（石崎又造『近世日本に於ける支那文学史』、弘文堂書房、一九四三年）。

（5）拘碍　かかわりさまだげる。

（6）葛巾布服　葛の頭巾と布製の服。粗末な衣服の意。

（7）正徳癸巳　正徳三年（一七一三）。

（8）正月乙酉　一月七日。

（9）茶臼山　未詳。

（10）享年五十五　（国）（神）は五十三歳とする。なお注1参照。

（11）『内丹要訣』『酔郷醒語』　未詳。

参考文献

若木太一「雨森芳洲小考――唐話の師國思靖――」（『雅俗』第七号、二〇〇〇年）

参考　澄一墓碑（興福寺）

本文

國熙。字玄貞。少依杭僧澄一〔名道亮〕肄醫。亦從杭儒蔣眉
山〔名遊峨〕受經。資性聰敏。過目成誦。精性理。通經濟。旁暨
方言土語。無所不解。故鄉人推尊為師。生平温純廉正。
誨人不倦。從者七百人。受而卒業焉。熙居心仁慈。昆蟲
不害。其行醫也。投劑立驗。普救貧窮。不受其幣。居常恬
無嗜欲。出入佛老。無所拘碍。葛巾布服。潛隱草堂。乃扁
曰三樂。詩酒娯情。終身不納婦。自號塵隱。熙子正德
癸已。熙病甚。春正月乙酉。乃賦句曰。貪看風月青山影。
不若遡流歸去来。即日卒。一鄉為之流涕。曰。天喪良師。
葬茶臼山下。享年五十五。門人私謚曰思靖先生。所著
有詩文若干篇。内丹要訣。醉鄉醒語各一卷。
伊藤春林。其先筑後人也。父元固醫也。以寛永辛巳年。生

校異

1　少依杭僧澄一—其先雲州人也。父正隆抵崎寓居焉、生熙。熙少依杭僧道亮（国）

1　〔名道亮〕—〔字澄一〕（国）、ナシ（神）

1　亦従杭儒蔣眉山〔名、遊峨〕—後又値杭之蔣秀才遊峨〔字眉山〕者来、相従（国）

2　旁暨方言土語—其於声音格調、方言土語（国）

4　受而卒業焉—或儒或医或僧或訳或仕四方掌書記、皆其門弟子云（国）

4　昆虫不害—雖昆虫微物不敢害（国）

5　居常恬無嗜欲—居常恬淡無嗜欲（国）（神）

10　享年五十五—享年五十三（国）（神）

10　所著有詩文若干篇—所著有詩文若干巻（神）

7　伊藤春琳

書き下し文

伊藤春琳(1)、其の先は筑後の人。父、元固は医なり。寛永辛巳(2)の年を以て、琳を崎に生む。琳、少ふして岐嶷(3)、挙止、凡児に異なり、齠齢(4)にして書を読む。業を筑の安東先生(5)に受く。師訓を煩はすこと無く、一覧すれば即ち悟す。五島源侯(6)〔名は盛勝〕、称して神童と為す。極めて之れを鍾愛す。

十四歳、郷に還つて儒と医を兼ね業とす。二十二歳に至つて、参州源侯(7)〔名は忠善、水野氏〕、講読を掌どらしむ。実に寛文二年なり。其の父、元固も亦た医を以て召さる。各おの賜ふに二百石を以てす。厥の後、父子倶に職を辞して去り、京師に之きて寓居す。十有七年、若狭源侯(8)〔酒井氏〕、儒医を以て徴す(9)。明年壬申(10)病卒す(11)。

注

（1）**伊藤春琳**　未詳。

（2）**寛永辛巳**　寛永八年（一六三一）。

（3）**岐嶷**　幼くして秀でぬきんでること。

（4）**齠齢**　歯のぬけかわる年齢。

（5）**安東先生**　安東省菴。『先民伝』巻下・84参照。

（6）**五島源侯**　五島盛勝。肥前福江藩第四代藩主。正保二年（一六四五）生、延宝六年（一六七八）二月二十四日（一説、四月十五日）没、三十四歳。

（7）**参州源侯**　水野忠善。三河岡崎藩初代藩主。慶長十七年（一六一二）生、延宝四年（一六七六）八月二十九日（一説、十月六日）没、六十五歳。

（8）**若狭源侯**　酒井忠囿。若狭小浜藩第四代藩主。寛文十年（一六七〇）十二月一日（一説、翌一月十一日）生、宝永三年（一七〇六）九月八日（一説、十月十四日）没、三十七歳。

（9）**儒医を以て徴す**　若狭の地方史ともいうべき木崎愓窓『拾椎雑話』（宝暦十年〈一七六〇〉跋、福井県郷土叢書・第一集所収）巻五―一一に、「詩作」をよくした人として「元禄の頃、伊東春琳、桑村文之、桑村省耕有」と見える。

（10）**壬申**　元禄五年（一六九二）。

（11）**病卒す**　（国）によれば享年五十四歳。

本文

伊藤春琳。其先筑後人。父元固醫也。以寛永辛巳年生
琳于崎。琳少而岐嶷擧止異凡兒。齠齡讀書受業于筑
之安東先生。無煩師訓。一覽即悟。五島源侯名盛勝稱為
神童極鍾愛之。十四歳還鄕業儒兼醫。至二十二歳。參
州源侯。名忠善水野氏。使掌講讀。實寛文二年也。其父元固亦
以醫召。各賜以二百石。厥後父子俱辭職而去之京師
寓居十有七年。若狹源侯酒井氏以儒醫徵。明年壬申病
卒。

校異

1　伊藤春琳―伊藤春琳者（国）
1　父元固医也―父名元固業医（国）
1　生琳于崎―生琳于長崎（国）
3　五島源侯―九歳時、五島源侯（国）
4　極鍾愛之―極鍾受之（国）
5　〔名忠善、水野氏〕―〔名忠善〕召之（国）
6　厥後、父子倶辞職而去―至忠春君時、父子倶辞職而去（国）
7　若狭源侯―元禄辛未、若狭源侯（神）
7　〔酒井氏〕―ナシ（国）、〔名酒井氏〕（神）
7　以儒医徴―以儒医徴、賜五十口糧（国）
7　明年壬申病卒―明年壬申病卒、年五十四（国）

8　石原学魯

書き下し文

石原学魯(1)、字は貫卿、鼎菴と号す。少くして国玄貞(2)と同じく、杭(3)の僧澄一(4)に従ひ、間、淛(5)の僧心越(6)〔名、興儔〕に事ふ。医に精しく、書に工みなり。

始め仕進に志有り。人、或るいは之れに謂つて曰く、「子が多能を以て、之れを公門に沽るに、豈に八百石に中らざらんや」と。魯、艴然(7)として遂に素志を廃す。此れ自り後、王公君侯、厚礼来り聘すと雖ども、肯て往かず。

壮の比、東遊し、順菴木学士(8)に依る。木君、深く之れを器とす。魯、詩名有り。人と為り俶儻(9)、富勢を喜ばず、官路に趨らず。澹泊、貧に

処りて晏如たり。(10)元禄戊寅の夏、(11)江戸に客死す。時に年四十余。著はす所『拾翠集』(12)、世に行はる。

注

(1) **石原学魯** 漢学者。名魯・学魯、字貫卿、号鼎(晢)庵・梓山。明暦三年(一六五七)生、元禄十一年(一六九八)没、四十二歳(長澤規矩也監修・長澤孝三編『漢文学者総覧』)。

(2) **国玄貞** 国熙。『先民伝』巻上・6参照。

(3) **杭** 中国の浙江省杭州市。

(4) **僧澄一** 『先民伝』巻上・6・注3参照。

(5) **淛** 浙江省の略称。淛は浙に通じる。

(6) **心越** 心越興儔。曹洞宗僧。崇禎十二年(一六三九)八月二十一日生、元禄八年(一六九五)没、五十七歳。延宝五年(一六七七)正月渡来。

(7) **艴然** 怒ること。

(8) **順菴木学士** 木下順庵。『先民伝』巻上・5・注17参照。

(9) **倜儻** 才気が高くすぐれる。

(10) **晏如** 安んじおちつくさま。

(11) **元禄戊寅** 元禄十一年。

(12) **『拾翠集』** 寛政四年版『諸家人物誌』巻上・石貫卿の項に「梓山拾翠集ヲ著ス」とあり。

本文

1 石原學魯字貫卿號禺菴少與國玄貞同從杭僧澄一
2 間事淛僧心越(名興儔)精篆工書媍有志仕進人或謂之
3 曰以子多能沽之公門豈不中八百石耶魯艴然遂麾
4 素志自此之後王公君侯雖厚禮來聘不肯往比壯東
5 遊依順菴木學士木君深器之魯有詩名為人倜儻不
6 喜富勢不趨官路澹泊處貧晏如也元禄戊寅之夏客
7 死于江戸時年四十餘所著拾翠集行世

校異

1 少与国玄貞—少与国熙(国)(神)
1 同従杭僧澄一—同従杭僧道亮(国)
2 間事淛僧心越—間事淛僧興儔(国)
2 (名興儔)—(字心越)(国)、ナシ(神)
3 豈不中八百石—豈其中八百石(国)、豈不其中八百石(神)
5 依順菴木学士—依楨幹木学士(国)
5 不喜富勢—不喜当勢(国)
6 客死于江戸—遥聞、母与女弟為人婢妾泣曰、我恨不卒養使親至于斯、乃伏剣而死(国)、客死于江武(神)

9 貞方之休

書き下し文

貞方之休、(1)人と為り人の短を責めず、己が長を炫らはず。親族に事(2)へて謹、朋友に交はつて信、算術に精し。頗る学を好み、岩永生〔名は知新〕に師事す。趨承(3)の暇、巻を把つて輟まず。家、祠堂を建て木主(4)を設く。朔望節序に論無く、必ず昆弟姉妹(5)、聚つて之れを拝せしむ。子有り、礫(6)〔字は元春〕と曰ふ。幼自り詩文に工み、漸よう長じて、心を経書に潜め、名、郷曲(7)に聞ゆ。之休が庭訓、最も厳し。礫、不幸にして夭す。歎じて曰く、「命なるかな」と。哀みて傷せず。

年、已に老ゆ。家を母弟に譲り、東郭(8)に隠居し、自ら如水と号す。時に経書を講じ、異端を排斥す。問難して至る者有れば、則ち欣然として之れに応ず。影響より速かなり。

其の平居、箏を弾じ書を読み、以て楽と為す。其の居に扁して「楽只軒」と曰ふ。元禄二年春正月十一日、早起して箏を弾ずるも楽しまず。弾じ已めて死す。時に年五十有八。崎の山東に葬る。

其の門人田中三貞(9)、其の墓に題して曰く、「先生の人と為り、正にして固。其の事に処するの卓、苟くもせざるは、山の貞に同じ。人と交はるに城府を設けず、一望汪洋(10)なるは、水の流るゝ如し。因つて私に諡して、同山如水先生と曰ふ」と云ふ。

注

(1) **貞方之休**　漢学者。名之休、字八郎兵衛。元禄二年正月十一日没、五十八歳。先祖は松浦藩士。父仁左衛門は長崎に出て商業を営むが、落髪し泰運先生と称す。その五男二女の嫡子（〔同山如水先生墓表〕〈長崎歴史文化博物館蔵『碑銘墓誌』所収〉）。（国）にも同様の記述あり。

(2) **岩永生**　岩永知新。『先民伝』巻下・103参照。

(3) **趨承**　供奉する。

(4) **木主**　位牌。

(5) **昆弟**　兄弟。

(6) **礫**　未詳。

(7) **郷曲**　郷里。

(8) **東郭**　家屋の東辺。

(9) **田中三貞**　田中周山。『先民伝』巻下・41参照。

(10) **汪洋**　ゆったりとしたさま。

本文

貞方之休為人不責人短不炫己長事親族謹交朋友
信精於箏術頗好學師事岩永生名知新趨承之暇把巻
不輟家建祠堂設木主無論朔望節序必令昆弟姉妹
聚而拝之有子曰礫字元春自幼工詩文漸長潜心經書
名聞郷曲之休庭訓最嚴礫不幸而夭歎曰命矣夫哀
而不傷年已老譲家母弟隠居東郭自號如水時講經
書排斥異端有問難而至者則欣然應之速於影響其
平居彈箏讀書以為樂扁其居曰樂只軒元禄二年春
正月十一日早起彈箏不樂彈已而死時年五十有八
葬崎山東其門人田中三貞題其墓曰先生之為人也
正而固其處事卓乎不苟者同山之貞也與人交不設
城府一望汪洋者如水之流也因私諡曰同山如水先
生云

校異

1 貞方之休―貞方之休者、其先松浦人也。高曾祖食禄于松浦、迄其父泰運失職、始来崎、遂家焉。生五男二女、之休則其長也（国）
2 〔名知新〕―ナシ（国）（神）
3 無論朔望節序―無論節序（神）
4 聚而拝之―群聚而拝之（国）（神）
4 〔字元春〕―ナシ（国）（神）
5 歎曰、命矣夫―歎曰命矣夫、命矣夫（国）（神）
6 譲家母弟―譲職母弟（国）（神）
9 弾已而死―弾已而卒（国）（神）
10 其門人田中三貞―其門人田中貞（国）

10 木村順成

書き下し文

木村順成(1)、幼自り能く誦説(2)、前輩を凌駕す。十八歳、京に走り、偏く師友を訪ふ。此の時に当たり、山崎闇斎(3)〔名は敬義〕、考亭朱子(4)の学を倡明(5)す。士、多く其の門に集まる。故に順成、之れに従つて遊び、早夜砥礪(6)す。

二十二歳に至つて、母の疾を以て郷に回る。遂に母の憂に丁る。哭泣、礼を尽くす。三年服闋り、復た京に之く。闇斎に従ひ、愈いよ益ます恭謹。闇斎、深く其の志を異とし、教誨甚だ切なり。居ること数年、業を卒へて帰る。

人と為り特立抜俗(7)、易筮・洪範(8)、及び伊洛・紫陽(9)の書に精通し、又た医を善くす。則ち向井元升(10)の真伝なり。享保丁未(11)、行年七十六。冬十月(12)卒す。

注

（1）木村順成　未詳。
（2）誦説　経書を読んで解説する。
（3）山崎闇斎　儒学者。元和四年（一六一八）十二月九日生、天和二年（一六八二）九月十六日没、六十五歳。
（4）考亭朱子　中国・宋の儒学者朱熹。考亭はその号。
（5）倡明　となえあきらかにする。
（6）砥礪　みがく。
（7）特立抜俗　世俗の人より高くぬきんでている。
（8）易筮・洪範　易理による占いと、『書経』「洪範」に述べられる政治道徳の学。
（9）伊洛・紫陽　二程子と朱子。
（10）向井元升　『先民伝』巻下・83参照。
（11）享保丁未　享保十二年（一七二七）。
（12）冬十月　（国）に「冬十月二十七日卒」とする。

本文

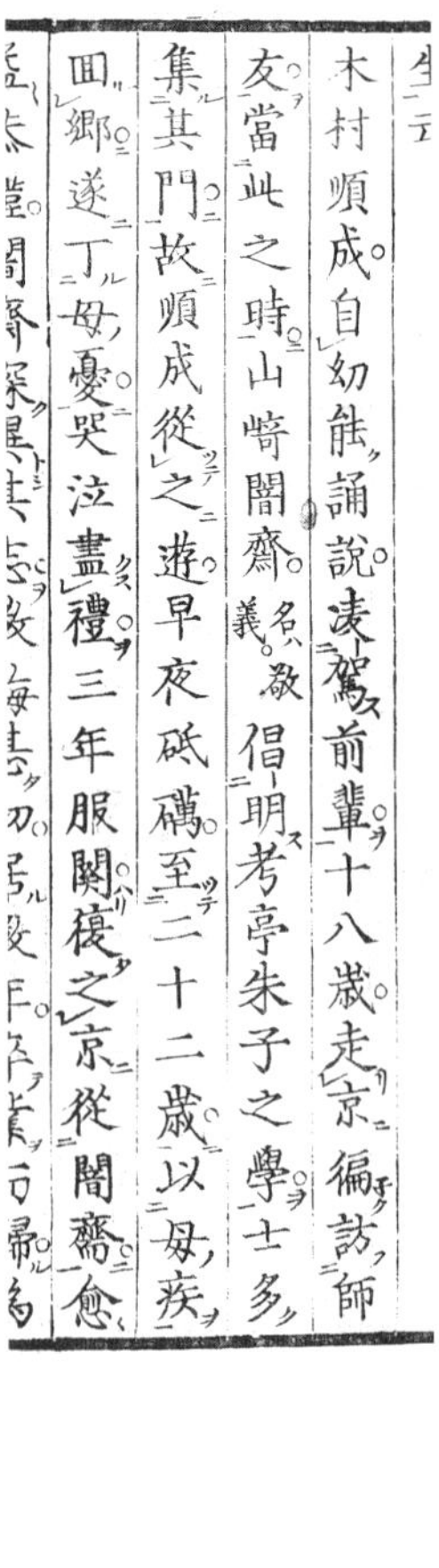
木村順成。自幼能誦説。凌駕前輩。十八歳。走京。偏訪師
友。當此之時。山崎闇齋。名ハ敬義。倡明考亭朱子之學。士多
集其門。故順成從之遊。早夜砥礪。至二十二歳。以母疾
回郷。遂丁母憂。哭泣盡禮。三年服闋。復之京。從闇齋。愈

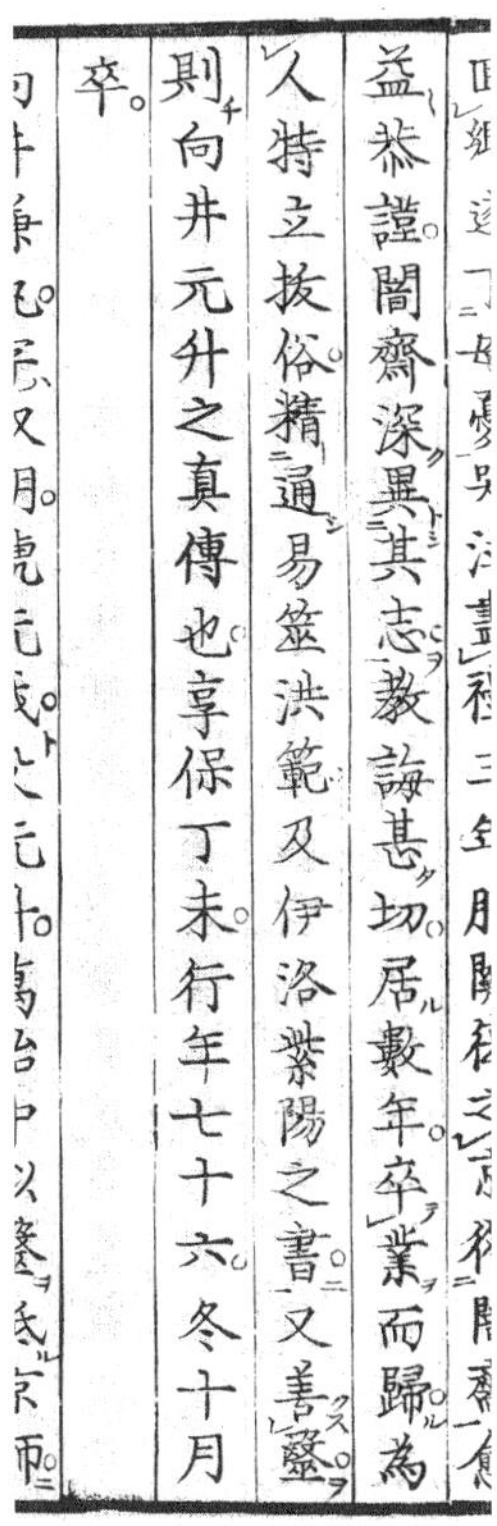

5 益恭謹闇齋深異其志教誨甚切居數年卒業而歸為
6 人特立抜俗精通易筮洪範及伊洛紫陽之書又善醫
7 則向井元升之真傳也享保丁未行年七十六冬十月
8 卒。

校異

1 自幼能誦説―稟資秀悟、自幼能誦説（国）
1 凌駕前輩―屈体前輩（国）（神）
2 山崎闇斎―山崎敬義（国）
2 〔名敬義〕―〔号闇斎〕（国）、ナシ（神）
3 以母疾回郷―以母病謝師回郷（国）
4 従闇斎―従敬義（国）
5 闇斎深異其志―義翁深異其志（国）
6 又善医―於是乎問字者常満。順成又通医（国）
7 則向井元升之真伝也―則向井以順之直伝也（国）
7 冬十月卒―冬十月二十七日卒、生平不務著書、雖倡明濂洛性命之学、唯演師説以弘其道云（国）

11 向井兼丸〔向井元成〕

書き下し文

向井兼丸、(1)字は叔明、元成と号す。父、元升、万治中、医を以て京師に抵る。(2)兼丸、生まれて三歳、京に入る。後、二十四年、延宝己未、(3)崎に帰る。其の先人廬墓(4)の在る所を以てなり。時に年二十七。

南部草寿、(5)方に職を辞して京に回る。官、兼丸を以て立山の祭酒(6)に補す。又た本邑の掌書司監(7)と為す。又た医曁び数術を以て名あり。(8)

宝永辛卯、(9)官、立山堂舎狭隘を以て、資を委ねて役を起こし、廟を鋳銭(10)の地に移す。是に於いて闔郷の人、土を負ひ石を担ひ、趨走して先を争ふ。不日、成を告ぐ。旧地に十倍す。

享保戊戌、(11)官、特に帑を発し、(12)民田を買ひ、之れを廟に帰し、(13)兼ねて廩餼(14)を生徒に賜ふ。聖学を厲し、風化を賛くる所以なり。兼丸、役に従ふこと四十余年。数鎮君(15)に於て合はざる者無し。老に至つて致仕(16)し、業を児孫に襲はしむ。享保丁未卒す。

向井元成墓碑（晧台寺）

注

（1）**向井兼丸**　漢学者。名元成・兼丸、字叔明、号魯町・鳳梧など。明暦二年（一六五六）十月十五日生、享保十二年（一七二七）二月九日没、七十二歳。

（2）**万治中〜京師に抵る**　『向井氏系譜』に「万治元戊戌年、随父、赴山城州洛陽」とあり。

（3）**延宝己未**　延宝七年（一六七九）。ただし渡辺庫輔は、「元成は庚申（延宝八年）の春に長崎に帰ったと推する」という（参考文献）。

（4）**廬墓**　廬舎（墓の側に建てて喪に服する屋舎）と墳墓。

（5）**南部草寿**　『先民伝』巻下・85参照。

（6）**立山の祭酒**　立山（現在の長崎市上町）にあった聖堂の長。『向井氏系譜』に、「同（延宝）八庚申年二月十五日、見鎮台牛込氏、同三月十八日、牛込氏欲為聖廟教主、先生固辞、牛込氏再告」とあり。

（7）**本邑の掌書司監**　幕府の書物改（あらため）役。輸入書籍の吟味・検閲を行った。

（8）**数術を以て名あり**　（国）にはこの後、兼丸が伊東固庵の門に入ったこと、宝永七年（一七一〇）八月上丁に初めて釈菜の儀を執り行ったことなどの記事あり。

（9）**宝永辛卯**　宝永八年（一七一一）。

（10）**鋳銭**　旧鋳銭所跡（現在の長崎市伊勢町、中島川の沿岸）。中島聖堂とも言われた。

（11）**享保戊戌**　享保三年（一七一八）。

（12）**帑を発し**　国財を支出して。

（13）**民田を〜廟に帰し**　『戌五月向井元仲書上覚書』に、「享保三戊戌年、石河土佐守様・日下部丹波様御在勤之節、元成江御銀拝借被仰付、聖廟之後、北方に田地七百弐拾壱坪半買調置候、是は追而廟堂を奥江引直し、壮大に御再興被遊度、御寄附之思召に御座候由被仰聞候」とあり。

（14）**廩餼**　扶持米。

（15）**数鎮君**　数代の長崎奉行。

（16）**享保丁未**　享保十二年（一七二七）。（国）にはさらに、二月九日、七十二歳で卒したとする。

参考文献

渡辺庫輔「去来とその一族」（『向井去来』、去来顕彰会、一九五四年）
藪田貫・若木太一編『長崎聖堂祭主日記』（関西大学東西学術研究書、二〇一〇年）

本文

向井兼丸。字叔明。號元成。父元升。萬治中以鑿抵京師。兼丸生三歳入京。後二十四年。延寶己未歸崎。以其先人廬墓之所在也。時年二十七。南部艸壽方辭職田京。官以兼丸補立山祭酒。又爲本邑掌書司監。又以鑿暦數術名。寶永辛卯。官以立山堂舍狹隘委資起役移廟於鑄錢之地。於是乎闔郷之人。負土擔石趨走爭先不日告成。十倍舊地。享保戊戌。官特發帑買民田歸之廟。兼賜廩餼于生徒。所以厲聖學賛風化也。兼丸從役四十餘年。於數鎮君無不合者。至老致仕。襲業于兒孫。享保丁未卒。

校異

※（神）に、この条なし。

1　父元升—父以順（国）

2 延宝己未帰崎―延宝己未帰（国）
3 南部草寿―南部先生（国）
4 又為本邑掌書司監―越明年又為検書、名望愈著。即命令告諭、亦出其手矣（国）
4 又以医暨数術名―又通医道、其在京則伊東固庵之門人也。更精数術、参究周髀勾股諸書、而得其指焉。宝永七年八月上丁、始行釈菜礼于立山廟、是日源常治・平信就倶来謁聖、威儀大備（国）
5 宝永辛卯―其明年（国）
5 官以立山堂舎狭隘―兼丸以立山堂舎狭隘（国）
5 委資起役―乃請之四鎮台〔源常信(ママ)・平信就・藤政方・菅定持〕（国）
7 官特発帑買民田―源政郷・日博貞特発帑買民田（国）
9 至老致仕―至老而多病、因致仕（国）
9 享保丁未卒―享保丁未、年七十二、春二月九日卒（国）

12 陳厳正・陳道光

書き下し文

陳厳正(1)、字は雅昶。父茂猷(2)、訳士たり。厳正、少くして父の職を承ぎ、訳士に任ず。未だ幾ばくもあらずして、病を以て辞免す。人と為り、魁奇(3)高邁(4)、知識、人に過ぐ。経史を渉猟し、古今に淹貫(5)す。本邦の典故に於て究覧せざる靡し。家に蔵書多く、数万巻に至る。一書閣を構へ、扁して「立習」(6)と曰ふ。内に二酉(7)の書を蓄ふ。並びに古器古画を納む。或いは、人有りて賞鑑す。即ち欣然として出し示す。桓玄(8)が、客の画を汚すに因つて寒具を設けざるが若くならざるなり(9)。世、称して「陳書閣」と曰ふ。閣の左に鎧山(10)有り。松竹鬱茂して、奇石偃蹇(11)たり。厳正、間に乗じて二三の同志を携へ、登眺して觴を挙げ、詩を賦し歌を咏じ、以て意を暢ぶるのみ。乃ち徧ねく諸邦を歴て、名山古蹟を探り、其の風土物産を考ふ。

其の京に在れば、則ち禁門に出入す。公卿・大臣、倶に之れを寵愛す。疑義有れば則ち厳正に就きて質問す。栄と謂ひつべし。

久しふして之れ郷に回る。官、厳正が能く閩語(12)に通じ、博く古今を識るを以て、仍て冢訳に擢す。時に年四十余(13)、其の職に在るや、勢を挾まず、才に矜らず、恭倹(14)衆に下る。享保癸卯(15)秋八月、訳に終はる。

弟、道光(16)、亦た性、学を好む。経史百氏自り、以て周・程・張・朱の書に至るまで、深く究めざる無し。乃ち聖学を弘めて、以て異端を斥す。其の人と為り、苟しくも言笑せず、進取を上ばず、飲食を節し、嗜慾を遠ざく。造次顚沛(17)、必ず礼に於てす。謂ひつべし、端凝(18)なる者と。享保癸卯(19)春、京に游学して病に染る。閏月(20)起きず、夏六月(21)長逝す。時に年三十六。

注

（1）**陳厳正**　潁川四郎左衛門。長崎大通事。字雅昶・道樹、号厳正。寛文九年（一六六九）生、享保八年（一七二三）八月八日没、五十五歳。潁川藤左衛門の養子となる。養父の跡を継ぎ、唐通事の各職を務めた。

（2）**茂猷**　潁川藤左衛門。長崎大通事。姓葉、字茂猷、通称藤左衛門・藤右衛門。生年未詳、元禄十年（一六九七）四月五日没。

（3）**魁奇**　すぐれていて普通と異なる。

（4）**高邁**　衆人より高くすぐれている。

（5）**淹貫**　深くひろく通じる。

（6）扁　横額を掲げる。
（7）二酉　書籍が多いこと。
（8）桓玄　東晋の政治家・軍人。温の子。字敬道、一名霊宝。安帝から帝位を奪ったが、のち劉裕・劉毅らに敗れ殺された。
（9）桓玄が～ならざるなり　『続晋陽秋』の「桓霊宝、法書・名画を蓄うるを好む。客至りて、嘗て出して観るに、客寒具を食し、油其画を汚す。後、遂に寒具を設けず」の故事を指す。
（10）鏜山　『長崎名勝図絵』に「鏜山は陳氏〈穎川と称す訳士なり〉の家園なり。即ち観善寺の南下なり」とあり。
（11）偃蹇　高くそびえるさま。
（12）閩語　中国福建省のことば。
（13）冢訳に擢す。時に年四十余　『訳司統譜』穎川四郎左衛門の条（『長崎県史』史料編4）に「正徳三巳年閏五月廿三日被召出、大通事格ニ被仰付置、為合力七万両之内ヨリ七貫目被仰附候」とあり、正徳三年（一七一三）厳正四十五歳の折に大通事に任ぜられたことが明らかである。
（14）恭倹　人に対してはうやうやしく、自分の身はひかえ目にすること。
（15）享保癸卯　享保八年（一七二三）。
（16）道光　未詳。
（17）造次顚沛　わずかな時間のたとえ。
（18）端凝　正しくて確実なこと。
（19）享保癸卯　注15参照。
（20）閲月　ひと月。
（21）夏六月　（国）は六月十四日の死没とする。

参考文献

宮田安『唐通事家系論攷』（長崎文献社、一九七九年）

陳厳正墓碑（福済寺）

本文

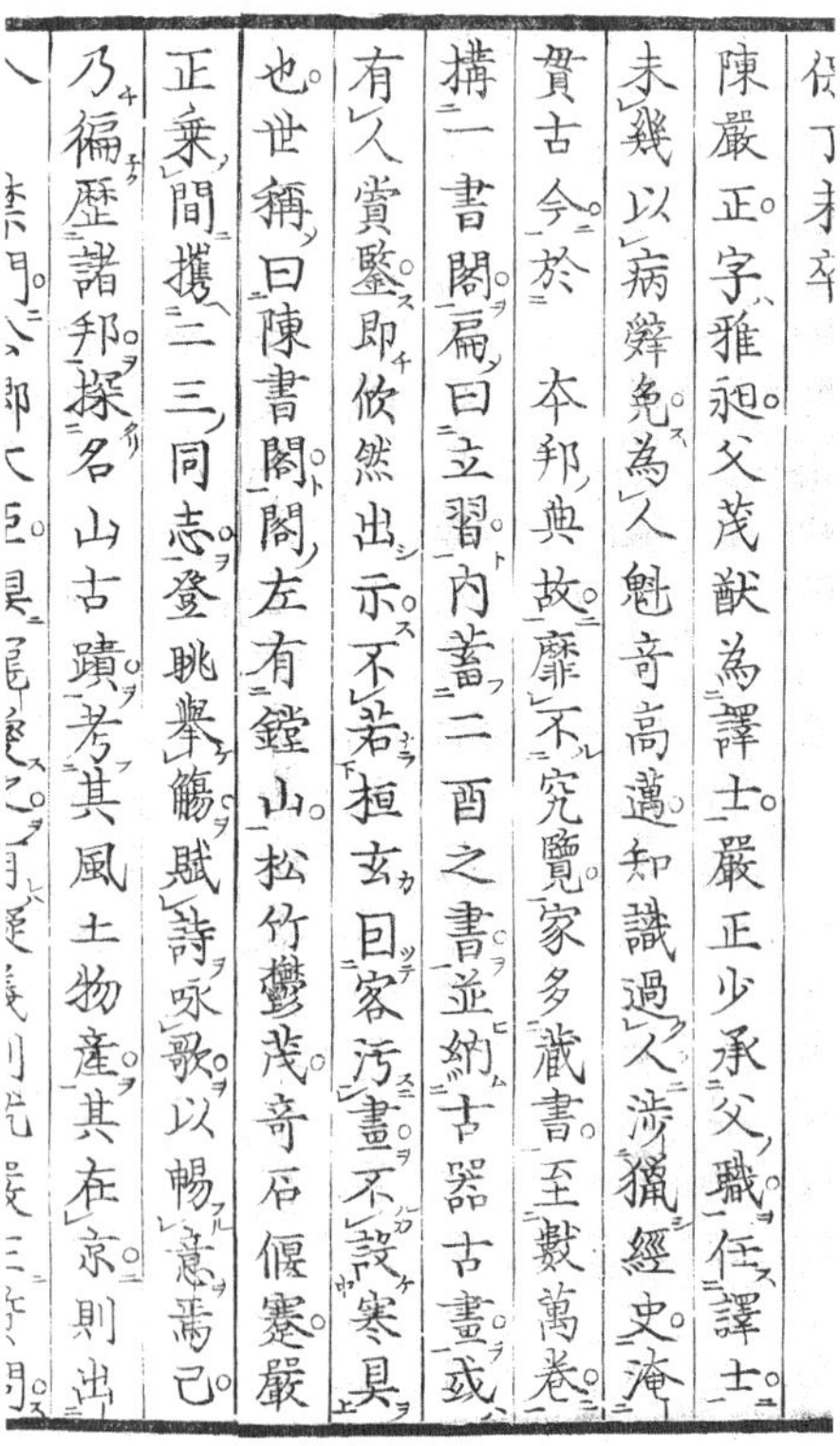

陳嚴正字雅昶父茂猷為譯士嚴正少承父職任譯士
未幾以病辭免為人魁奇高邁知識過人涉獵經史淹
貫古今於本邦典故靡不究覽家多藏書至數萬卷
搆一書閣扁曰立習內蓄二酉之書並納古器古畫或
有人賞鑒即欣然出示不若桓玄目客汚畫不設寒具
也世稱曰陳書閣閣左有鏜山松竹鬱茂奇石偃蹇嚴
正秉間攜二三同志登眺舉觴賦詩咏歌以暢意焉已
乃徧歷諸邦探名山古蹟考其風土物產其在京則出

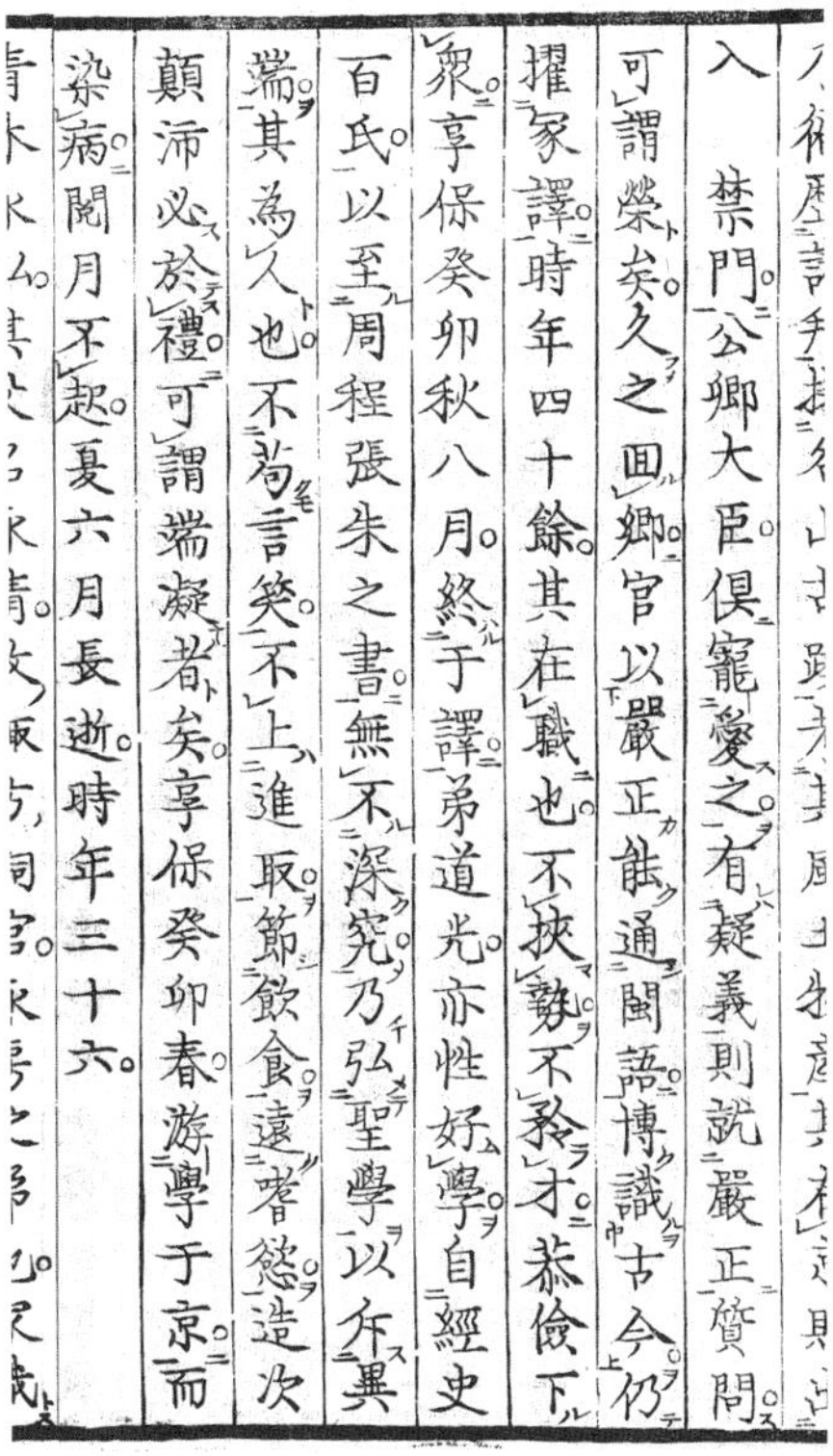
入　禁門公卿大臣俱寵愛之有疑義則就嚴正質問
可謂榮矣久之囘鄉官以嚴正能通閩語博識古今仍
擢家譯時年四十餘其在職也不挾勢不矜才恭儉下
衆享保癸卯秋八月終于譯弟道光亦性好學自經史
百氏以至周程張朱之書無不深究乃弘聖學以斥異
端其為人也不苟言笑不上進取節飲食遠嗜慾造次
顛沛必於禮可謂端凝者矣享保癸卯春游學于京而
染病閲月不起夏六月長逝時年三十六

校異

2　知識過人—智識過人（国）（神）
9　公卿大臣—公卿大家（国）
10　官以厳正能通閩語—官以厳正能閩呉語（国）（神）
11　不挟勢、不矜才—不挟勢、不務才（国）
12　享保癸卯秋八月—享保癸卯秋八月八日（国）
12　終于訳—終于訳、年五十五（国）
15　享保癸卯春—享保辛卯春（国）
16　夏六月長逝—夏六月十四日長逝（国）

13　青木永弘

書き下し文

青木永弘[1]、其の父、名は永清[2]。故(もと)の諏方[3]の祠官、永房[4]の弟なり。家、祭祀の礼を職とす。永弘、幼にして聡慧、学を好む。長ずるに及んで、四方に遨遊[5]す。老宿多聞[6]の士に於て、神道を討論す。性、石癖有り。乃ち名山に登り、古跡を探る。奇石有るに遇(あ)はば、之れを採つて以て帰る。

厥(そ)の後、京に之(ゆ)く。卜部某の卿[7]、久しく其の才を重んず。遂に天聴に達す。主計頭(かぞえのかみ)に特任せられ、正六位下に叙す。宸翰一字[8]を特賜す。永弘、奇石有れば、即ち以て之れを献ず。永弘、賚(らい)[9]を邑の諏方祠に奉ずと云ふ。享保九年、年六十九[10]、病を以て、京に卒す。卜卿、乃ち諡(おくりな)を賜ふて、石亀霊社[11]と曰ふ。

注

（1）**青木永弘**　神道家。本姓藤原、字永弘・長広、通称長次、主計頭と称す。明暦二年（一六五六）生、享保九年（一七二四）一月十日没、六十九歳。青木長清の長男。祖父賢清が長崎諏訪神社を再興し、以後青木家は代々宮司を務める。

（2）**永清**　青木長清。諏訪神社祀官。元和六年（一六二〇）生、元禄九年（一六九六）九月二十二日没、七十七歳。青木賢清の三男。

（3）**諏方**　現在の長崎諏訪神社。

（4）**永房**　青木永房。諏訪神社祠官。明暦元年（一六五五）生、没年未詳。青木永忠の次男。

（5）**遨遊**　遊ぶ。往き来をする。

（6）**老宿**　高僧。

（7）**卜部某の卿**　未詳。

（8）**宸翰一字**　元禄六年（一六九三）、霊元天皇の宸翰「神」の一字を永弘が下賜された。

（9）**賚**　下されもの。

（10）**六十九**　（国）に「六十六」、（神）に「六十余」とあることから、当初永弘の享年は確定していなかったことが知られる。

（11）**石亀霊社**　『国書人名辞典』を始めとする諸辞典類には「亀石霊社」と記載されるも、『先民伝』（稿本も含む）には「石亀霊社」とある。京都吉田芝墓の永弘墓石には神号が記されておらず、いずれが事実であるか詳らかにし得ない。

参考文献

長崎歴史文化博物館所蔵『諏訪社青木氏系譜』（渡辺庫輔写、整理番号一三一三四六）

本文

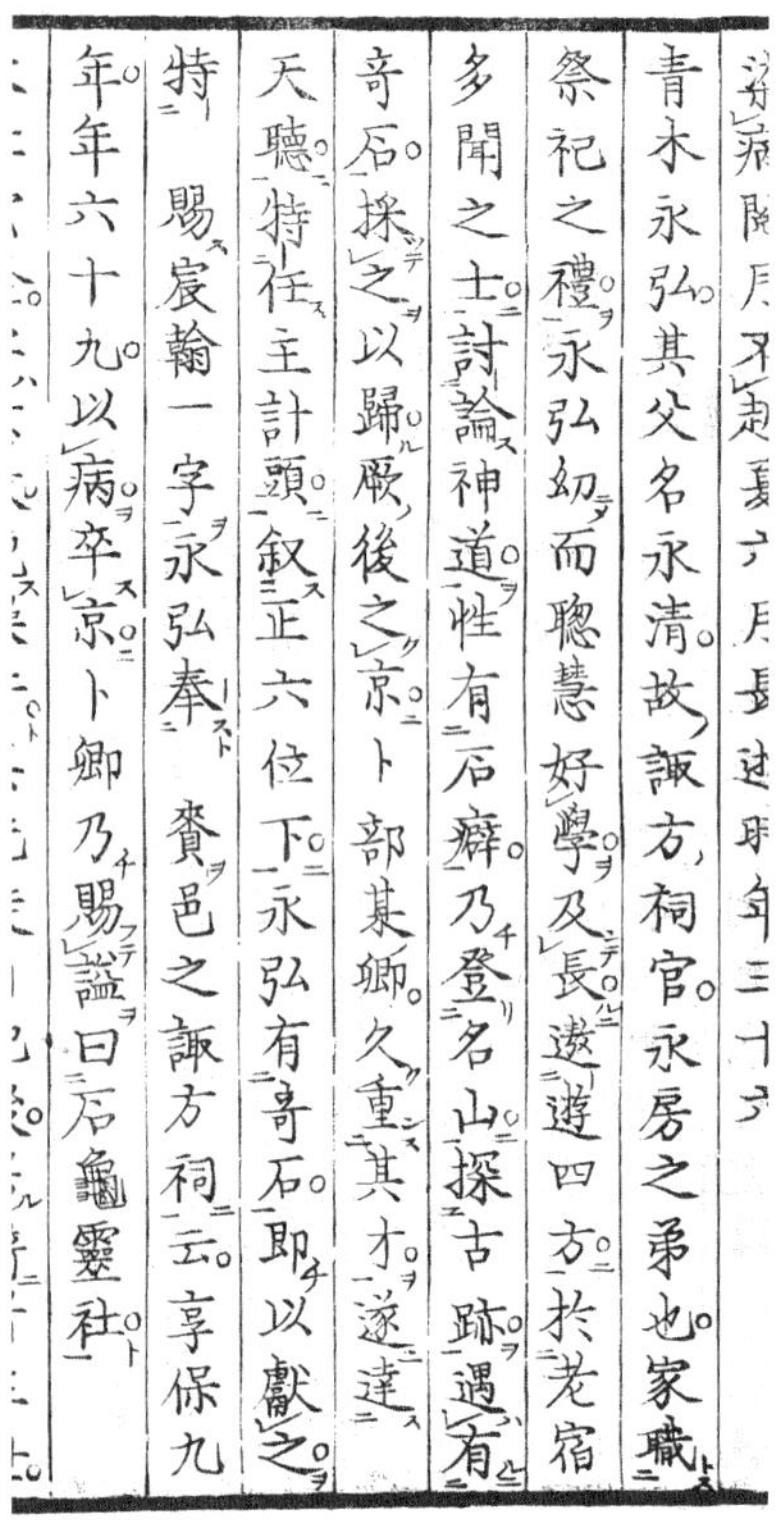
1 青木永弘其父名永清故諏方祠官永房之弟也家職
2 祭祀之禮永弘幼而聰慧好學及長遨遊四方於老宿
3 多聞之士討論神道性有石癖乃登名山探古跡遇有
4 奇石採之以歸厥後之京卜部某卿久重其才遂達
5 天聽特任主計頭叙正六位下永弘有奇石即以獻之
6 特賜宸翰一字永弘奉賚邑之諏方祠云享保九
7 年年六十九以病卒京卜卿乃賜謚曰石龜靈社

校異

1 青木永弘―青木永弘者（国）
2 永弘幼而聡慧、好学―弘幼而聡慧、好学（国）
2 遨遊四方―遨游四方（国）（神）
4 厥後之京―元禄中永弘之京（国）、厥後永弘之京（神）
5 特任主計頭―特任金部郎中（国）、特任金部郎中（神）
5 叙正六位下―叙承議郎（国）（神）
5 永弘有奇石―弘有奇石（国）
6 特賜宸翰一字―乃賜宸翰一字（神）
6 永弘奉賚邑之諏方祠云―弘奉賚邑之諏方祠云（国）
7 年六十九―弘年六十六（国）、永弘年六十余（神）
7 卜卿乃賜謚、曰石亀霊社―卜卿特賜謚、曰石亀霊社（国）（神）

14　大江宏隆

書き下し文

大江宏隆、(1)字は意敬、操軒と号す。其の先、肥後自り徙る。崎に居ること三世なり。

隆、少ふして読書を好み、精思研誦す。夜を以て日に継ぎ、本邦の典故に潜心す。長ずるに及んで、乃ち固陋を以て恥と為し、師を尋ね、友を訪ふ。徧ねく四方を歴て、遂に東し、京師に入る。黄門風早卿(2)〔名は実種〕に謁し、国雅〔即ち和歌〕曁び典故を学ぶ。卿、其の志を多とし、備に大旨を陳ず。隆、豁然として、夢の斯に覚むるが如くして崎に帰る。

隆、人と為り剛毅耿直(3)。嘗つて人の過を面折す。己れに合ふ者は善く之れを遇し、合はざる者は並せて之れを見るを屑とせず。人亦た此を以て、不満として謗議す。隆、少くも屈せず。嘗つて曰く、「天、人の寒を悪むが為めに、其の冬を輟めず、地、人の険を悪むが為めに其の広を輟めず。君子、小人の匈匈(4)たるが為めに、其の行ひを易へず。書に云はざるや、『礼義愆たず。何ぞ人言を恤へん』(5)と。

後、薩摩に之く。僑居十五年にして帰る。家、徒だ壁立す。隆、復た神学に精し、曾つて卜部定親(6)と云ふ者に従ひ、尽く奥旨を伝わる。『神令鈔』(7)を著す。其の神道の秘に於けるや、知らざる所無し。闔郷(8)の祀官と雖も、其の右に出る無し。

晩年自ら道観(9)を田上(10)〔鎮正(11)の南に在り〕に構へ、真武廟(12)を建て、修煉を以て事と為す。享保丙午(13)、高学士但賢(14)〔字は松年〕、事を奉じて崎に在り。其の観を顔して「崇玄」(15)と曰ふ。鎮台日下部博貞(16)〔字は文如。丹波守に任ず〕、親ら「崇玄観」三字を書し、以て賜ふ。後三年、己酉病卒す(17)。時に年六十一。

注

（1）**大江宏隆**　国学者。名宏隆、字意敬、号操軒・多節斎。寛文九年（一六六九）生、享保十四年（一七二九）五月没、六十一歳。

（2）**黄門風早卿**　『先民伝』巻上・3・注9参照。

（3）**耿直**　正しい。

（4）**匈匈**　乱れ騒ぐさま。

（5）**礼義愆たず。何ぞ人言を恤へん**　『春秋左氏伝』の「詩に曰く、礼儀愆たずんば、何ぞ人言を恤へん」を踏まえたもの。

（6）**卜部定親**　『先民伝』巻下・91参照。

（7）**『神令鈔』**　一冊、成立年未詳、写。

（8）**闔郷**　村中残らず。

（9）**道観**　道教の寺院。道士のいる建物。

（10）**田上**　現長崎市田上。

（11）**鎮正**　立山にあった長崎奉行所。

（12）**真武**　玄武に同じ。北方の神。

（13）**享保丙午**　享保十一年（一七二六）。

（14）**但賢**　深見有隣。幕臣・漢学者。本姓高、名初め但賢、のち有隣、字松年、号右翁、法号尚義院仁岳道薫居士。元禄四年（一六九一）十一月五日生、安永二年（一七七三）二月十五日没、八十三歳。

（15）**崇玄**　唐代の道教の学校「崇玄館」に因んだ名称か。

（16）**日下部博貞**　長崎奉行。万治元年（一六五八）生、享保十九年（一七三四）三月二十日没、七十七歳。

（17）**己酉病卒す**　（国）の記述から、享保十四年（一七二九）五月壬寅の没であることが見て取れる。ただし、同年五月前後の壬寅の日は四月二十八日である。

参考文献

若木太一「『長崎先民伝人物誌――大江宏隆と『和歌連歌てにをは』――」（『活水日文』第一五号、一九八六年）

本文

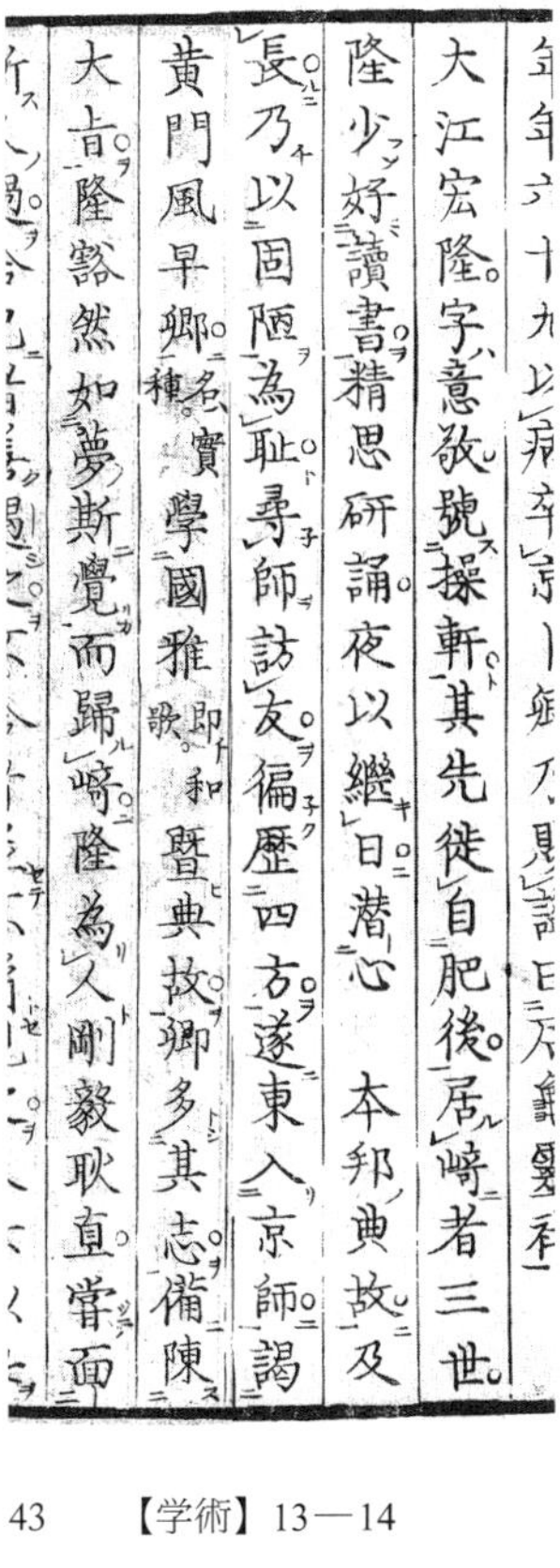
大江宏隆字意敬號操軒其先徙自肥後居崎者三世
隆少好讀書精思研誦夜以繼日潛心本邦典故及
長乃以固陋為耻尋師訪友徧歷四方遂東入京師謁
黄門風早卿名實學國雅即和歌暨典故卿多其志備陳
大言隆豁然如夢斯覺而歸崎隆為人剛毅耿直常面

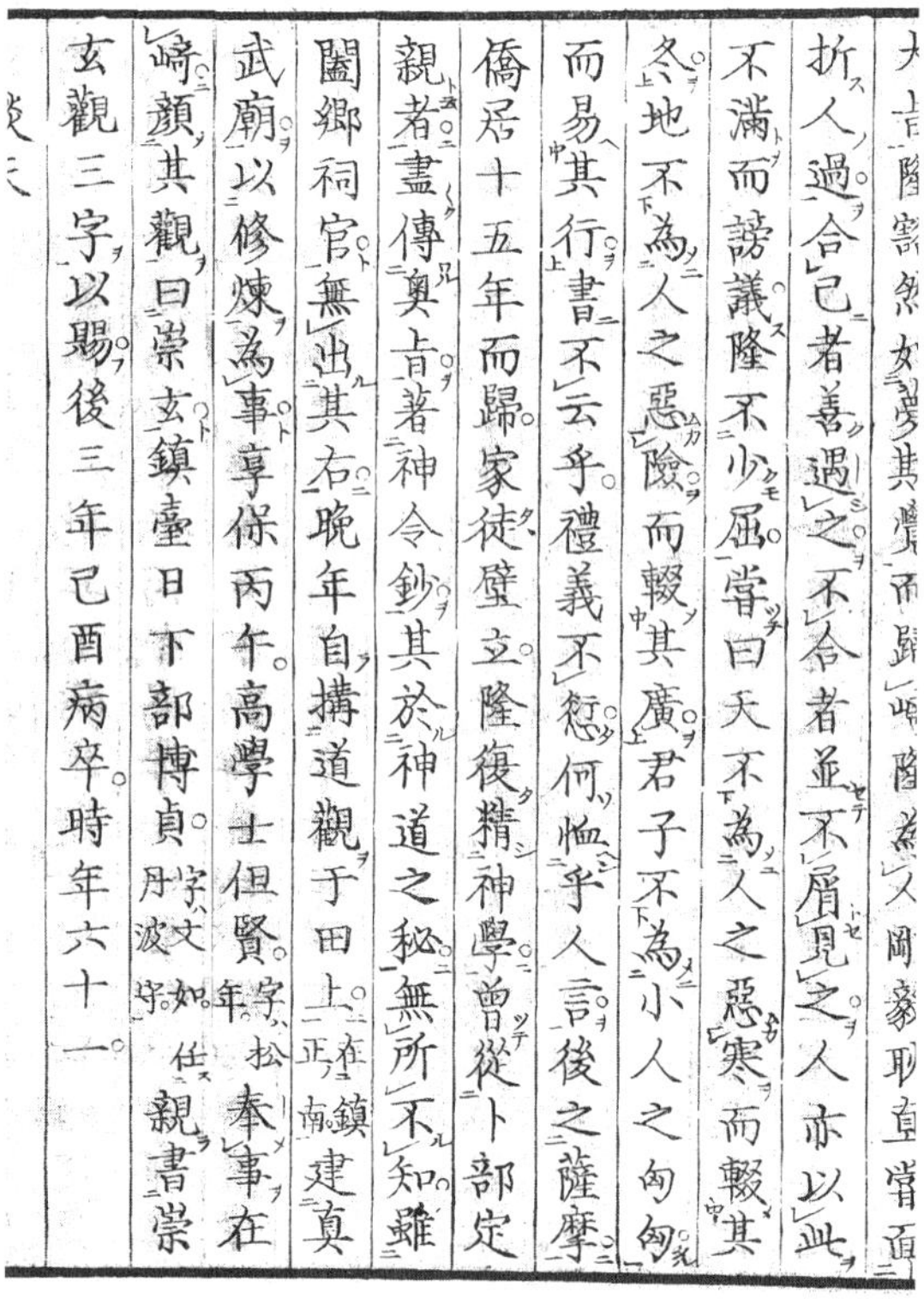
折人過合己者善遇之不合者並不屑見之人亦以此
不滿而謗議隆不少屈嘗曰天不為人之惡寒而輟其
冬地不為人之惡險而輟其廣君子不為小人之匈匈
而易其行書不云乎禮義不愆何恤乎人言後之薩摩
僑居十五年而歸家徒壁立隆復精神學曾從卜部定
親者盡傳奥旨著神令鈔其於神道之秘無所不知雖
闔郷祠官無出其右晩年自搆道觀于田上（在鎮正南）建真
武廟以修煉為事享保丙午高學士但賢（字松年）奉事在
崎顔其觀曰崇玄鎮臺日下部博貞（字文如任丹波守）親書崇
玄觀三字以賜後三年己酉病卒時年六十一

校異

1 号操軒―号橾軒（国）
2 研誦―斫誦（国）
4 〔即和歌〕―ナシ（国）（神）
5 隆豁然、如夢斯覚而帰崎―隆豁然、如夢斯覚及帰崎。与近藤重明・余父草拙、交甚洽称益友焉（国）
8 匈匈―匈々（国）（神）
9 書不云乎―詩不云乎（神）
9 後之薩摩―後之薩州（国）（神）
10 僑居十五年而帰―僑居十三年而帰（国）
10 曾従占部定親者、尽伝奥旨―曾従占部兼、隆者尽伝奥旨（国）
11 神道之秘―神之情状（国）（神）
12 〔在鎮正南〕―〔在鎮南〕（神）
13 〔字松年〕―ナシ（国）（神）
14 鎮台日下部博貞―鎮台日博貞（国）
14 〔字文如、任丹波守〕―ナシ（神）（国）
15 後三年、己酉病卒―後三年、己酉五月壬寅、以病卒（国）

【談天】

書き下し文

談天(1)

天地を俯仰し、二五(2)を明察するは、王者の重んずる所なり。夫れ崎は元亀自り以来、自ら高遠に達し、居ながら千歳を致す者、疇昔に倍するほど多し。其の尤も精専の者を録して、以て談天を志す。

注

(1) 談天　天の星の運行を語る。天文学の意にも用いる。
(2) 二五　陰陽五行。

本文

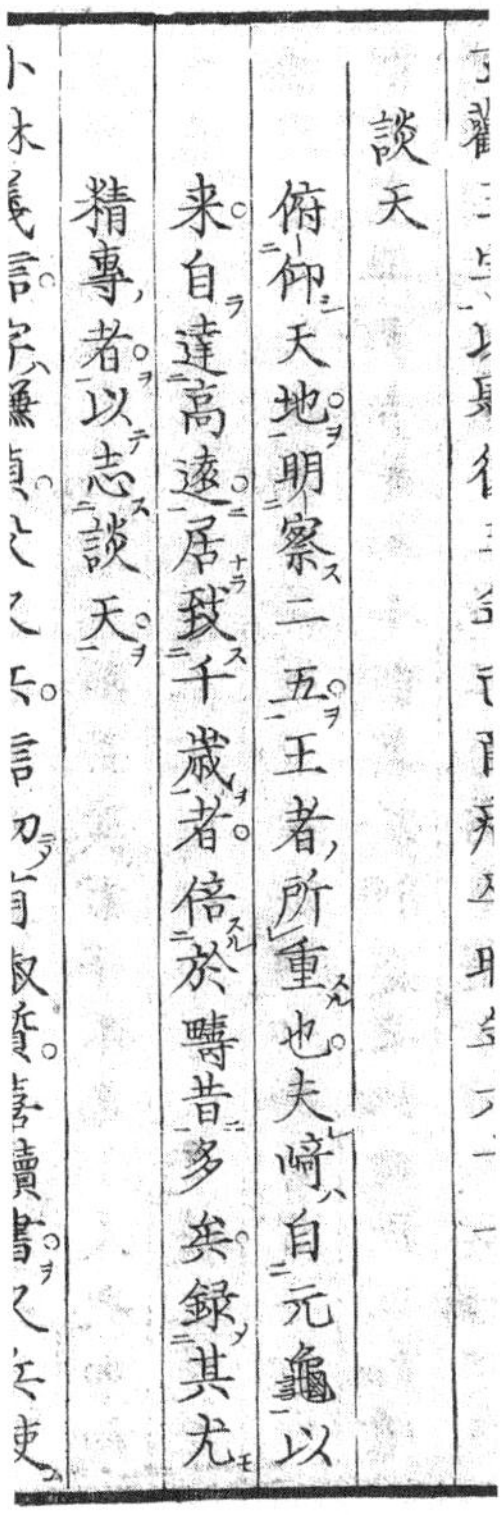
談天
俯仰天地明察二五王者所重也夫崎自元亀以
来自達高遠居致千歳者倍於疇昔多矣録其尤
精専者以志談天

校異

1　談天—象緯（国）
※　以下、（国）は本文なし。

15　小林義信〔小林謙貞〕

書き下し文

小林義信(1)、字は謙貞。父、久兵(2)。信、幼にして、淑質(3)有り。読書を喜ぶ。久兵、郷の林先生(4)〔称して吉左と呼ぶ〕に学ばしむ。林、天文地理・星宿歴法の学に精通す。国禁に係はるに因つて、身を容るる所無し。久兵、窃かに之れを家に養ひ、以て信の師と為す。日夜孜孜(5)として問難・決疑し、以て其の指を究はむ。頃あつて禁解く。先生、郷に講授す。弟子、稍いよ多し。

寛永己卯(6)、井上筑後守(7)、崎を監め、天主教の徒を駆る。生が名、党籍に列す。正保三年、林生、刑に就く。官、党籍を按ずるに、信の名、第一に在り。連座し獄に下る。時に年四十六。幸ひに恩赦に遇ふ。然れども、已に其の身を禁錮し、居ること二十一年、寛文丁未(8)、始めて免す。而して信、已に六十七。

越へて十一年辛亥、藤使君(9)〔名は勝豊〕来たる。素と信が名を聞き、乃ち之れを寵遇す。弟子、業を請ふ者、甚だ夥し。時に南部草寿(10)有り。京師従り来つて、経を講ず。弟子亦た復た少なからず。信、雅と寿と相愛し、之れを使君に薦む。召見を甚だ驩び、是に於て寿と信と府署に出入す。使君、常に客礼を以て之れを待す。遠近の人士、笈を負ひ簦を担ふて至る者、寿に趨れば則ち兼ねて信に従ふ。信に帰せば、且つ寿に依る。二子、各自、其の業を究はむ。而して、相与に莫逆通家の如しと云ふ。

天和三年癸亥冬、暦、月食を謬まる。是の歳春、信、盧荘(11)に書を与へて曰く、「今茲十一月、暦、月食を記す。予を以て之れを推さば非なり」と。既にして十一月壬午、(12)食無し。果たして信の言の如し。其の年十二月二十四日卒す。

注

(1) 小林義信　小林謙貞。天文家。姓はじめ樋口、のち小林。慶長六年（一六〇一）生、天和三年（一六八三）十二月二十四日没、八十三歳。長崎歴史文化博物館蔵の『犯科帳』には、糸屋八郎右衛門宗勝により謙貞が殺害されたとする記述がある。

(2) 久兵　樋口九兵衛。少年時には謙貞を名乗る。細井広沢編『測量秘言』（享保十一年成立、一冊）に九兵衛に関する記述がある。

(3) 淑質　持って生まれた良い性質。

(4) 林先生　林吉左衛門。天文家。正しくは吉右衛門とも。生年未詳、正保三年（一六四六）四月六日没。長崎天文学の祖。平岡隆二によれば、東北大学岡本文庫本・同狩野文庫本『測量秘言』には「林先生」の名が記され、その傍らに「シンスサイ」の読みが施されているという（参考文献）。

(5) 孜孜　おこたらずつとめるさま。

(6) 寛永己卯　寛永十六年（一六三九）。ただし注7により、十六年は誤りと推定される。

(7) 井上筑後守　井上政重。幕臣。通称清兵衛。天正十三年（一五八五）生、寛文元年（一六六一）没、七十七歳。島原の乱後の寛永十七年（一六四〇）に長崎に赴き、外国商船の取締りとキリスト教の禁圧を行った。

(8) 寛文丁未　寛文七年（一六六七）。

(9) 藤使君　牛込忠左衛門。『先民伝』巻上・1・注8参照。

(10) 南部草寿　『先民伝』巻下・85参照。

(11) 盧荘　『先民伝』巻上・5・注5参照。

(12) 十一月壬午　十一月十五日。

参考文献

古賀十二郎『長崎洋学史』（長崎文献社、一九六六年）
平岡隆二「『測量秘言』の写本について」（『長崎歴史文化博物館 研究紀要』第六号、二〇一二年）

本文

小林義信字謙貞父久兵信如有淑質喜讀書久兵使
學于郷之林先生諱吉林精通天文地理星宿歴法之
學曰係國禁無所容身久兵竊養之於家以為信師
日夜孜孜問難決疑以究其指頃之禁解先生講授于
郷弟子稍多寛永己卯井上筑後守監崎驅天主教之
徒生名列黨籍正保三年林生就刑官按黨籍信名在
第一連坐下獄時年四十六幸遇恩赦然已禁錮其身
矣居二十一年寛文丁未始免而信已六十七越十一
年辛亥藤使君豊名勝来素聞信名乃寵遇之弟子請業
者甚夥時有南部艸壽從京師来講經弟子亦役不少
信雅與壽相愛薦之使君召見甚驩於是壽與信出入
府署使君常以客禮待之遠近人士負笈擔簦而至者
趨壽則兼從信歸信且依壽二子各自究其業而相與
莫逆如通家云天和三年癸亥冬暦謬月食是歳春信
與盧莊書曰今茲十一月暦記月食以予推之非也既
而十一月壬午無食果如信言其年十二月二十四日
卒

17

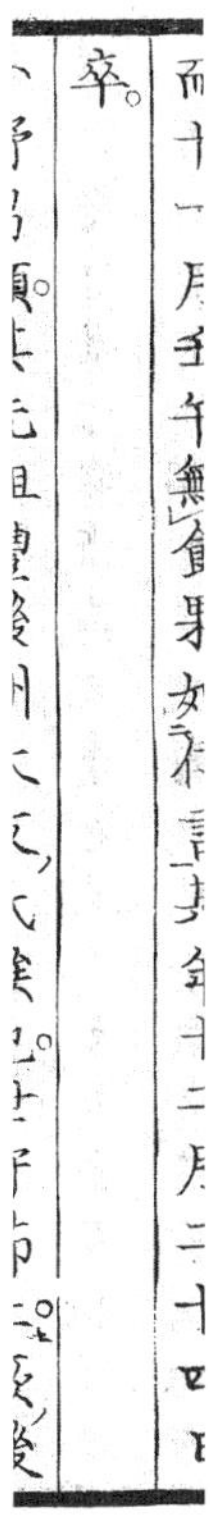

校異

1 父久兵―父久兵衛（国）
1 信幼有淑質―信幼有奇質（国）
2 〔称呼吉左〕―〔称呼吉右〕（神）（国）
2 精通天文地理星宿歴法之学―精通天文地理星宿暦法之学（国）（神）
4 日夜孜孜問難決疑―信日夜孜々問難決疑（国）（神）
4 以究其指―以究其精（国）
4 先生講授于郷―林先生講授于郷（国）
5 監崎駆天主教之徒―監崎駆天主邪教之徒（国）
6 林生就刑―林生典刑（国）（神）
7 連座下獄―遠坐下獄（国）
9 藤使君―鎮尹牛込氏（国）
9 〔名勝豊〕―ナシ（国）、〔名勝登〕（神）
9 素聞信名―牛守素聞信名（国）
11 薦之使君―薦之守（国）
12 使君常以客礼待之―守常以客礼待之（国）
13 趨寿則兼従信―趨草寿則兼従義信（国）
13 帰信且依寿―帰義信且依草寿（国）
14 信与盧荘書曰―信与余曾祖書曰（国）、信与盧庄書曰（神）
15 今茲十一月―今茲十有一月（国）

16 小野昌碩

書き下し文

小野昌碩（1）、其の先祖、豊後州大友の氏族なり。世よ茆土（2）を守り、厥の後、降つて庶人（3）と為る。子孫徙つて、崎に居る者有り。碩を生む。

碩、幼にして孤となり、母に事へて甚だ孝なり。家貧乏にして、米を売つて、自ら給す。碩、性、読書を好み、経営の暇、手に巻を捨てず。更に、林生（4）と云ふ者に依つて、天文象緯（5）の学を受く。

正保三年、四月六日、林生、刑死す。因つて肥後に之き、西玄理（6）に医を習ふ。既にして反る。医道、大に行はる。寛文丁未（7）、家に終はる。年五十七。

注

（1）**小野昌碩**　天文家・医師。慶長十五年（一六一〇）生、寛文七年（一六六七）六月十九日没、五十八歳（『本蓮寺過去帳』）。
（2）**茆土**　領土。
（3）**庶人**　平民。
（4）**林生**　『先民伝』巻上・15・注4参照。
（5）**象緯**　日月五星のことをいう。
（6）**西玄理**　未詳。
（7）**寛文丁未**　寛文七年（一六六七）。（国）には六月十九日とある。

参考文献

古賀十二郎『長崎洋学史』（長崎文献社、一九六六年）

本文

小野昌碩其先祖豊後州大友氏族也世守茆土厥後
降為庶人有子孫徙居于崎者生碩碩幼孤事母甚孝
家貧乏賣米自給碩性好讀書經營之暇手不捨巻更
依林生者受天文象緯之學正保三年四月六日林生
刑死因之肥後習西玄理醫既反醫道大行寛文丁未
終于家年五十七
吉村長蔵漆工也性好學乃從林氏專天文運氣之説

校異

1 小野昌碩—小野昌碩者（国）
3 売米自給—売米自（国）
3 碩性好読書—顧性喜読書（国）（神）
5 寛文丁未、終于家—寛文丁未夏六月十九日、終于家（国）
6 年五十七—行年六十七（国）

17 吉村長蔵

書き下し文

吉村長蔵[1]、漆工なり。性、学を好み、乃ち林氏[2]に従つて、天文運気の説を伝はる。林、刑に就く時に当つて、官、党籍を按ず。蔵、其の後に在り。故を以て、脱することを得る。

人と為り、荘重敦実[3]。他に嗜む所無し。唯だ読書を好み、其の古人の言行に於るを、恒に取りて以て則と為す。嘗て士大夫の、利俗に陸沈[4]するを憫れみ、慨然として歎じて曰く「天、直きこと矢の如し。人、曲がること弓の如し。懼れざるべけんや」と。

寛文の末、藤鎮君[5]、其の名を聞き、之れを見んと欲す。予じめ里正に属して、之れを諭す。蔵曰く、「五工民なり。日夜生計に汲汲たり。何の暇あつて大人を見ん。且つ窮閻[6]幣衣[7]、貧を安んずる素有り。敢へて見ざるなり」と。里正曰く、「詩に云はずや。普く天の下、王土に匪ざる莫し。率土の浜、王臣に匪ざる莫し[8]。此に由りて之れを言へば、一壌の土、皆守の庇なり。一介の士、皆守の民なり。子之れを知るや」と。蔵曰く、「然り。洵に汝の言の如し。吾れ其れ往かん。但だ審ならず。召して奚にを為す」と。曰く「子姑らく問はず。但だ守の民を以て往く。可なるか」と。已むを得ず之れに謁見す。鎮君、与に語るを甚だ歓び、時を移して退く。

明日魚酒を賜ふ。謝して曰く「吾、漆工なり。君の漆器の若きは則ち吾が常なり。今、徴召を蒙る。草沢の鄙人[9]、辞するを得ずして之れに謁す。何ぞ魚酒に有らんや」と。固辞して受けず。平居敦直[10]にして士行[11]有り。絶へて流俗に同じからず。延宝己丑[12]、卒す。

注

（1）**吉村長蔵**　未詳。
（2）**林氏**　『先民伝』巻上・15・注4参照。
（3）**敦実**　人情に厚く誠実なさま。
（4）**陸沈**　滅亡すること。
（5）**藤鎮君**　牛込忠左衛門。『先民伝』巻上・1・注8参照。

（6）**窮閻**　むさくるしい里。
（7）**幣衣**　やぶれた着物。
（8）**普く天の下〜王臣に匪ざる莫し**　『詩経』北山の「普く天の下、王土にあらざるなし、率土の浜、王臣にあらざるなし」を指す。
（9）**草沢**　民間。
（10）**平居**　つね日頃。
（11）**敦直**　性格が敦厚にして正直なこと。
（12）**延宝己丑**　延宝年間に己丑なる干支は存在しない。延宝癸丑の誤りか。延宝癸丑は同元年（一六七三）にあたる。

参考文献
古賀十二郎『長崎洋学史』（長崎文献社、一九六六年）

本文

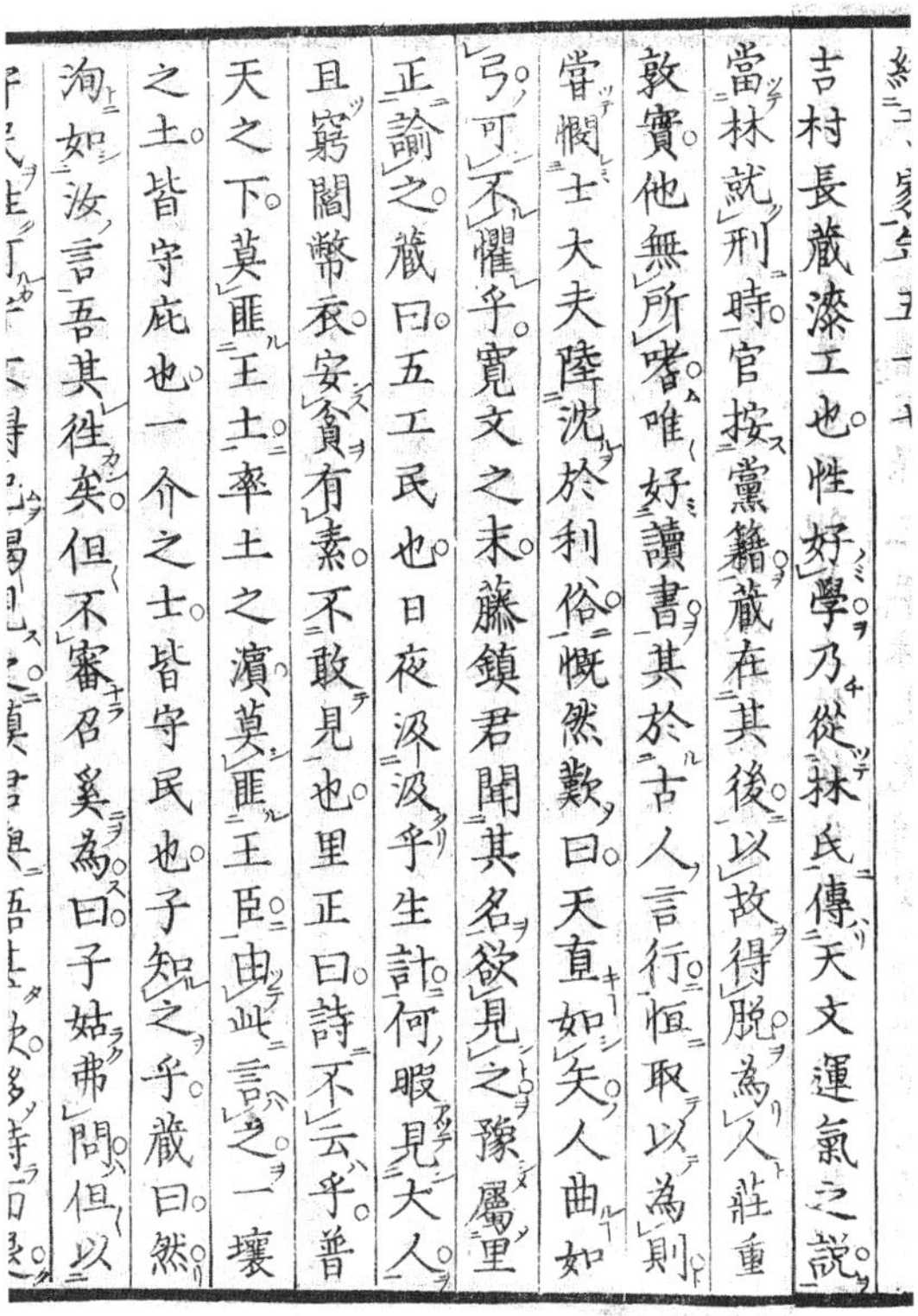
吉村長藏漆工也性好學乃從林氏傳天文運氣之説
當林就刑時官按黨籍藏在其後以故得脱為人莊重
敦實他無所嗜唯好讀書其於古人言行恒取以為則
甞慨士大夫陸沈於利俗慨然歎曰天直如矢人曲如
弓可不懼乎寛文之末藤鎮君聞其名欲見之豫屬里
正諭之藏曰五工民也日夜汲汲乎生計何暇見大人
且窮閻幣衣安貧有素不敢見也里正曰詩不云乎普
天之下莫匪王土率土之濱莫匪王臣由此言之一壤
之土皆守庇也一介之士皆守民也子知之乎藏曰然
洵如汝言吾其往矣但不審召奚為曰子姑弗問但以

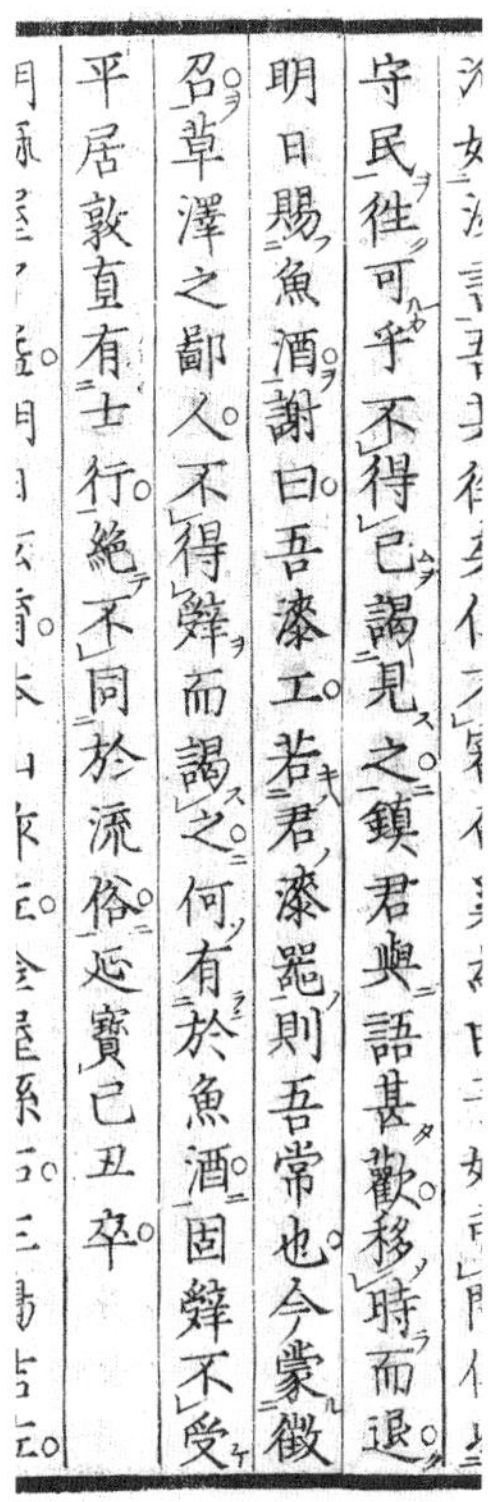
守民往可乎不得已謁見之鎮君與語甚歡移時而退
明日賜魚酒謝曰吾漆工若君漆器則吾常也今蒙徴
召草澤之鄙人不得辭而謁之何有於魚酒固辭不受
平居敦直有士行絶不同於流俗延寳已丑卒

校異
1　吉村長蔵漆工也—吉村長蔵者漆工也（国）
1　性好学—性好学書（国）
2　官按党籍—官按名籍（国）
3　唯好読書—唯喜読書（国）
4　慨然歎曰—慨然嘆曰（国）
5　可不懼乎—可不懼哉（国）（神）
5　藤鎮君、聞其名、欲見之—牛込氏、聞其名、欲見之（国）
5　予属里正諭之—予属里正藤某諭之（国）
6　五工民也—吾工民也（国）
6　日夜汲汲乎生計—日夜汲々乎生計（国）（神）
7　且窮閻幣衣—且窮閻弊衣（神）（国）
10　但不審召奚為—但不審召吾奚為（国）
11　鎮君与語甚歓—牛守与語甚歓（国）
12　若君漆器則吾常也—若守漆器則吾常也（国）
13　固辞不受平居敦直有士行—固辞不受平凥敦直有士行（国）

18 胡麻屋了益・朝日玄育・本山作左・金屋孫右・三島吉左

書き下し文

胡麻屋了益(1)・朝日玄育(2)・本山作左(3)・金屋孫右(4)・三島吉左(5)、小林義信(6)等と倶に林生(7)に事へ、象緯(8)の学を伝ふ。当時同門の徒、多からずと為さず。僅かに其の門戸を闚ふに過ぎず。此の数子の如き者は、薫陶浹洽(9)たり。堂に升り、又た室に入る。

林、刑死の後、各おの能く生を給す。素より学輟めず。愈いよ益ます刻厲す。唯、信のみ林が獄に連坐し、幸ひに免ず。作、亦た人に陥れられ、獄に下ること十有八年(10)。後、恩赦に遇ふ。育、性、酒を使て豪放、世を弄し生を軽んず。蓋し世の所謂る任侠なる者か。益・孫・吉、其の跡著はれずと雖も、気を負ふこと剛厲(11)なり。亦た彼の庸常(12)の比に匪ず。信と碩・蔵と、事蹟、較や多し。故に、別に為めに伝を立つ。

注

(1) 胡麻屋了益　未詳。

(2) 朝日玄育　未詳。

(3) 本山作左　本山作左衛門。生没年未詳。小林謙貞が林吉右衛門の罪に連座した際、ともに獄に繋がれるが、のちに恩赦にあったといわれる。

(4) 金屋孫右　金屋孫右衛門。経歴未詳。

(5) 三島吉左　三島吉左衛門。経歴未詳。

(6) 小林義信　『先民伝』巻上・15参照。

(7) 林生　『先民伝』巻上・15・注4参照。

(8) 象緯　日月五星のことをいう。

(9) 浹洽　あまねくいきわたる。

(10) 十有八年　(国)(神)には「十有七年」とある。

(11) 剛厲　つよくはげしいさま。

(12) 庸常　尋常。

参考文献

古賀十二郎『長崎洋学史』(長崎文献社、一九六六年)

本文

1 胡麻屋了益朝日玄育本山作左金屋孫右三島吉左
2 與小林義信等倶事林生傳象緯學當時同門之徒不
3 爲不多不過僅闚其門戸如此數子者薫陶浹洽升堂
4 又入室焉林刑死後各能給生素學不輟愈益刻厲唯
5 信連坐于林獄幸免作亦被人陷下獄十有八年後遇
6 恩赦育性使酒豪放弄世輕生蓋世所謂任俠者邪益
7 孫吉雖其跡不著而負氣剛厲亦匪彼庸常之比矣信
8 與碩藏事跡較多故別爲立傳

校異

1 本山作左—高原作左(国)

4 唯、信連座于林獄—唯、作曁信連坐于林而下獄(国)、唯、作曁信連坐于林獄(神)

5　幸免―幸被恩赦（国）（神）

5　作亦被人陥下獄十有八年、後遇恩赦―而作之出、又後信十有七年（国）（神）

19　関荘三郎

書き下し文

関荘三郎(1)、長老の阿媽港(2)・呂宋(3)に遊ぶ者に従つて、西蕃(4)天文の学を伝ふ。未だ嘗て書を読まずと雖も、然れども理に於て通ぜざる所無し。弟子、相従つて業を肄ふ者、之れに命じ側に坐し、書を読ましむ。黙して之れを識る。読むこと未だ畢はらざるに、直ちに其の是非を言ふ。卒に未だ嘗て軽がるしく授受せず。故に其の門に游ぶ者、僅かに二三人のみ。

関、既に専ら天文に精し。斯の時に当たつて、謙貞(5)の名、時に顕はる。関、因つて贄(6)を執つて、之れに見ゆ。始め以為らく、謙貞、己れに如かずと。初めて相見え、窺ふに星尺(7)を問ふ。謙貞曰く、「此れ須らく自ら工夫を用ふべし。何ぞ人に問ふを為さん」と。相語らひ、閫奥(8)に及ぶ。是に於て始めて、其の学の己れに過ぐるを知るなり。遂に趨承(9)して業を請ふ。相従ふの晩きを恨む。

寛文中、藤使君(10)来たり。謙貞、関の名を薦む。使君、召見し、寵恵(11)を加ふ。藤使君の去るに及んで、以後の鎮台、肯て用ひず。関、亦た往きて、見ゆるを欲せず。家に老ひ、書伝・図象、諸を蔵して亦た復た出ず。

注

（1）関荘三郎　生年未詳、正徳元年（一七一一）没。（国）の「享年七十九」の記述によれば、寛永十年（一六三三）生ということになる。
（2）阿媽港　旧ポルトガル領マカオの古称。
（3）呂宋　フィリピンの古称。
（4）西蕃　西域。
（5）謙貞　小林義信。『先民伝』巻上・15参照。
（6）贄　てみやげ。はじめて見える時の礼物。
（7）星尺　星を測るための器具。
（8）閫奥　学問の奥深いところ。
（9）趨承　供奉する。
（10）藤使君　牛込忠左衛門。『先民伝』巻上・1・注8参照。
（11）寵恵　可愛がり、恵み与えること。

本文

10　9　8　7　6　5　4　3　2　1

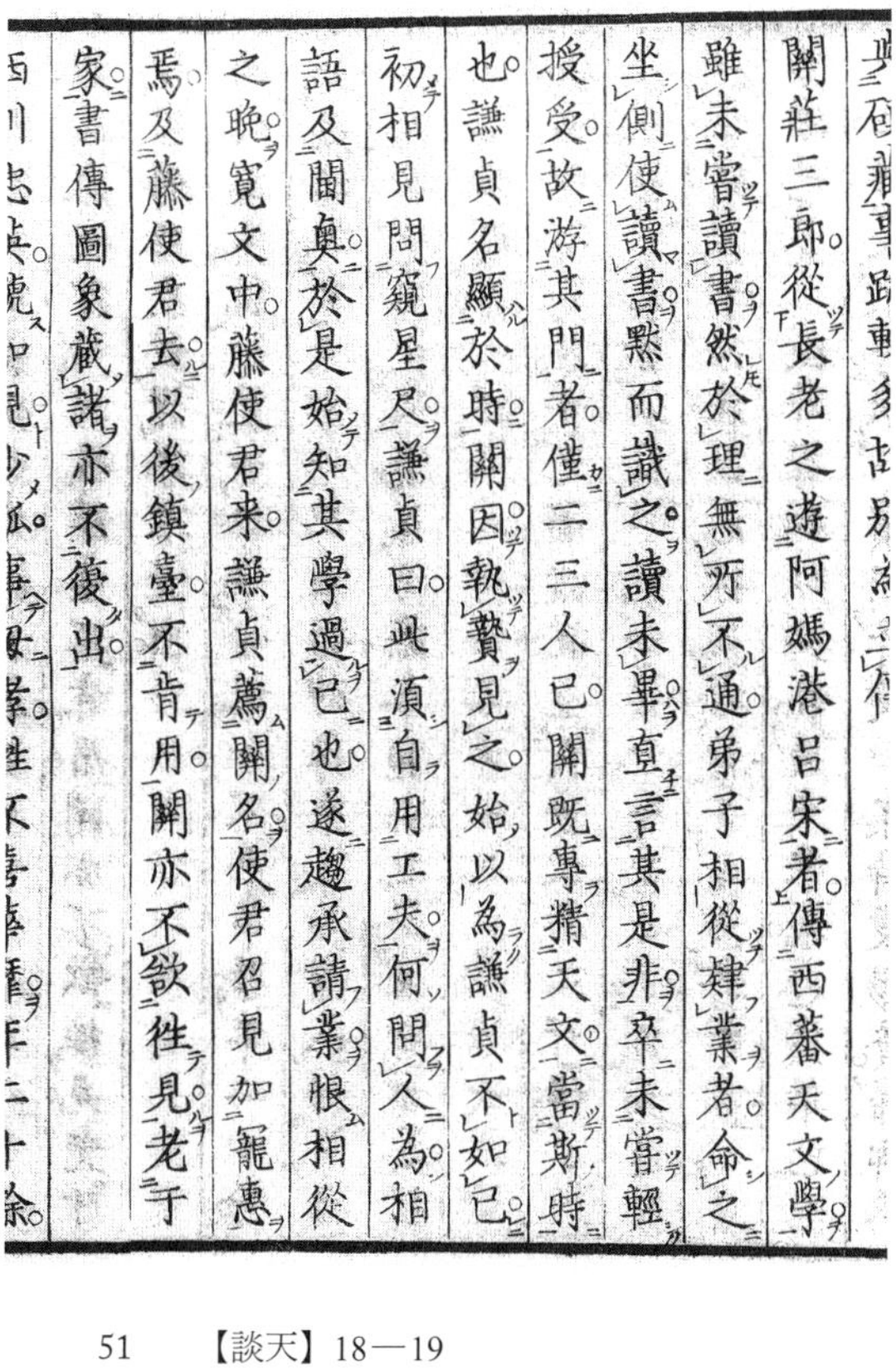

關荘三郎。從長老之遊阿媽港呂宋者。傳西蕃天文學
雖未嘗讀書然於理無所不通。弟子相從肄業者。命之
坐側使讀書。黙而識之。讀未畢。直言其是非。卒未嘗輕
授受。故游其門者。僅二三人已。關既專精天文。當斯時
也。謙貞名顯於時。關因執贄見之。始以為謙貞不如已。
初相見問窺星尺。謙貞曰。此須自用工夫。何問人為。相
語及閫奥。於是始知其學過已也。遂趨承請業。恨相從
之晩。寛文中。藤使君来。謙貞薦關名。使君召見加寵恵
焉。及藤使君去。以後鎮臺不肯用。關亦不欲往見。老于
家。書傳圖象藏諸。亦不復出。

校異

1 関荘三郎―関庄三郎（国）（神）
1 伝西蕃天文学―伝西番天文学（国）（神）
4 故游其門者―故遊其門者（神）
4 関既専精天文―関既専精天文学（国）（神）
5 謙貞名顕於時―義信名顕於時（国）
5 関因執贄見之―関関因執贄見之（国）
5 始以為謙貞不如己―始以為信不如己（国）
6 謙貞曰―信曰（国）
7 恨相従之晩―恨相従之晩、関亦能瘍医、乃之芸州食医（国）
8 藤使君来―牛込氏来（国）
8 謙貞薦関名―信薦関名（国）
8 使君召見、加寵恵焉―守特召見、加寵恵焉（国）
9 及藤使君去―及牛守去（国）
9 関亦不欲往見―関亦不欲往見之（国）（神）
9 老于家―老于家、正徳元年歿、享年七十九（国）
10 書伝図象蔵諸、亦不復出―書伝図象蔵于家、亦不復出（国）

20 西川忠英（西川如見）

書き下し文

西川忠英[1]、如見と号す。少（わか）くして孤となり、母に事（つか）へて孝なり。性、華靡を喜ばず。年二十余、始めて学に志す。

寛文十二年、南部草寿[2]、此（ここ）に来たり。諸生を招き、書を立山[3]に読む。時に忠英、之れに従つて遊ぶ。篤く濂洛関閩（れんらくかんびん）の学[4]を信じ、並びに其の行事を仰希[5]して歩趨[6]す。人、其の文行兼優に服するは、此れを以てなり。又た天文暦数を講じ、古聖賢の書、曁（およ）び先儒の諸説に由り、戎蛮[7]故老の伝ふる所を並（なら）ばせ、発明する所多し。之れを筆して書と為し、以て家に蔵す。

年五十、業を長子に属し、自ら退隠の計を為す。別業を山荘に営み、志を林泉に娯（たの）しむ。殆（ほと）んど将（まさ）に老ひんとす。然れども、学に於て少（しば）らくも廃せず。

享保己亥[8]、徴辟、加ふる有り。其の天文学に能きを以てなり。忠英、年已（すで）に七十二、乃ち東府に至り、顧問を承くる者数十条、特に賜賚[9]を蒙る。帰郷して旨を奉じ、著す所の天文地理の書を録呈す。厥（そ）の後、五年、甲辰[10]秋九月を以て卒す[11]。

著す所、『両儀集説』[12]九本、『怪異類纂』[13]二本、『右旋有無論』[14]『幹枝数原』[15]『天人五行解』[16]『運世年卦考』[17]『気運盛衰論』[18]各一本、家に蔵す。其の余、天文議論等の書の如きは、又た十二部有りて、世に行はる。

注

（1）**西川忠英**　西川如見。天文家・暦算家。本姓源、名忠英、字如見（恕見）、号求林斎・渕梅軒・釣潮子、法号金梅院。慶安元年（一六四八）生、享保九年（一七二四）八月十九日没、七十七歳。西川忠益の男。

（2）**南部草寿**　『先民伝』巻下・85参照。

（3）**立山**　現長崎市立山。延宝元年（一六七三）に長崎奉行所の立山役所が築かれた場所。

（4）**濂洛関閩の学**　周敦頤・程顥・程頤・張載・朱熹の学。いわゆる宋学。

（5）**仰希**　仰企（あおぎしたう意）の誤りか。

（6）**歩趨**　人の後ろに就いてゆく。

（7）**戎蛮**　南方の国。
（8）**享保己亥**　享保四年（一七一九）。
（9）**賜賚**　ものを賜ること。
（10）**甲辰**　享保九年（一七二四）。
（11）**秋九月を以て卒す**　（国）では、九月十九日の没とする。
（12）『**両儀集説**』　八巻九冊、正徳四年（一七一四）序、写。
（13）『**怪異類纂**』　『怪異弁断』か。八巻八冊、正徳四・五年刊。
（14）『**右旋有無論**』　『右旋弁論』か。一冊、元禄十二年（一六九九）成立、写。
（15）『**幹枝数原**』　二巻、成立年未詳。参考文献に掲げた『長崎洋学史』に如見の著述としてその名が記されているが、現在その行方を特定し得ない。
（16）『**天人五行解**』　一冊、成立年未詳、写。
（17）『**運世年卦考**』　一巻、成立年未詳。参考文献に掲げた『長崎洋学史』に如見の著述としてその名が記されているが、現在その行方を特定し得ない。
（18）『**気運盛衰論**』　『和漢運気暦説』か。一冊、享保十一年（一七二六）刊。

西川如見墓碑（長照寺）

参考文献

古賀十二郎『長崎洋学史』（長崎文献社、一九六六年）

本文

1 西川忠英號如見少孤事母孝性不喜華靡年二十餘
2 始志于學寛文十二年南部艸壽来此招諸生讀書立
3 山於時忠英從之遊篤信濂洛關閩之學並仰希其行
4 事而步趨焉人服其文行兼優者以此又講於天文暦
5 數由古聖賢書暨先儒諸說並戎蠻故老之所傳多所
6 發明筆之為書以蔵于家年五十屬業長子自為退隠
7 計營別業于山莊娯志林泉殆將老矣然於學不少廢
8 享保己亥徵辟有加以其能天文學也忠英年已七
9 十二乃至東府承顧問者數十條特蒙賜賚歸郷奉
10 旨録呈所著天文地理之書厥後五年以甲辰秋九
11 月卒所著兩儀集説九本怪異類纂二本右旋有無論
12 幹枝數原天人五行解運世年卦考氣運盛衰論各一
13 本蔵家其餘如天文議論等書又有十二部行世

校異

3　於時忠英従之遊―於時英従之遊（国）
3　並仰希其行事―幷仰希其行事（国）（神）
5　並戎蛮古老之所伝―幷戎蛮故老之所伝（国）（神）
5　多所発明―博採其精、乃自作図器、以考日月五星之運行、察古今之同異、正推歩詳歳差、発先覚之所未発（国）、「発明」の下数行を墨線にて抹消（神）
6　以蔵于家―以蔵于家、常語人曰、学問之道、無他日用当然之理也、何為他求（国）
7　営別業于山荘―営別業于山庄（国）（神）
8　忠英年已七十二―英年已七十二（国）
9　承顧問者数十条―承顧問者数十条、一一登答持（国）
10　録呈所著天文地理之書―録呈所著天文地理書共十三本（国）
10　以甲辰秋九月―以甲辰秋九月十九日（国）

【善者】

書き下し文

善者(1)

言に訥（とつ）して行に敏たり。(2)君子の事（わざ）は、道を楽しみ義を好む。善人の常として、吁（ああ）人望の一方に重く、善名の後世に揚がるは、真に難中の難と為す。誌する所の者は、汎（ひろ）く愛して施しを喜び、節に臨んで義を思ひ、終身の善行、以て国家の瑞と為す。善者を志（しる）す。

注

（1）善者　善行が知られ、人々に仰ぎ慕われている老人。

（2）言に訥して行に敏たり　いうことは遅くても実行は早いこと。

本文

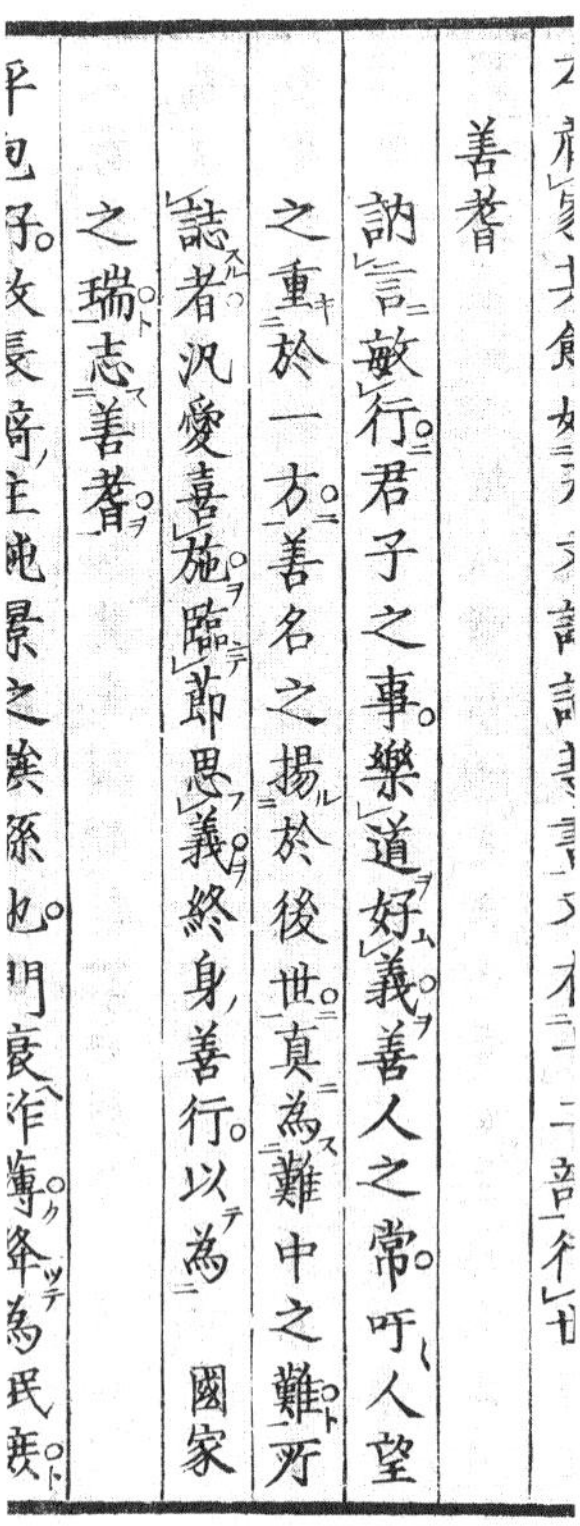

善者
訥言敏行。君子之事。樂道好義。善人之常。吁人望
之重於一方。善名之揚於後世。真為難中之難。所
誌者汎愛喜施。臨節思義。終身善行。以為　國家
之瑞。志善者。

校異

1　善者―耆旧（国）

※　以下、（国）は本文なし。

21　平包好〔長崎包好〕

書き下し文

平包好(1)、故長崎の主、純景(2)の族孫なり。門衰へ祚薄く、降つて氓庶(3)と為る。少くして孤となり、母氏に鞠養せらる。

十二三の時、官、故有つて崎民を覈す(4)。各、自ら出づる所を挙げ、審らかならざるは罰す。包好、其の先を知らず。対問するに辞無し。幾んど罪を獲る。人、或いは之れを知り、為めに其の先、世世邑に君たるを言ふ。守、喟然として曰く、「彼をして今に至りて盛んならしめば、我と抗衡(5)ならざらんや」と。既に長じて、剛毅、人に邁る。艱を忍び、急に周す。且つ知計有り。平居(6)して、妄りに言動せず。動に必ず則有り。言に必ず法有り。嚮時(7)、官政、便宜を失ふ。包好、策を作つて署に投ず。政、此れが為めに改まる。故に人、嘖嘖として(8)之れを称す。

包好、嘗つて邑の丞、末次茂朝(9)に寵隆せらる。延宝丙辰(10)、茂朝、事に坐して放流す。衆、罪を懼れて、敢へて近づかず。戚友睥睨し、知らざる者の如し。包好、特に之れを郊外に送り、一時以て難と為す。其の義の為めに、危を忘るること此の如し。

晩年、豪気少しく殺ぎしも、厳恪(11)衰へず。其の理に非ざれば、一介も取らず。日夜汲汲として、人を立つるの計を為す。謂ひつべし、端重(12)と。又た仏教を信事し、嘗つて海雲(13)に詣つて与に利事を計る。玄光禅師(14)、屢口に善と称す。今に至つて固に金湯の如しと云ふ(15)。

子、当満(16)、字、吟水。人と為り、温順克譲なり(17)。生平家事、未だ父(18)の命を受けざれば、敢へて自ら為さず。清介たる節操、倬として父の風有り。乃ち君舒(19)の父なり。

注

(1) 平包好　長崎包好。生年未詳。延享三年（一七四六）六月十八日没。南都東大寺龍松院に勤めたが還俗し、長崎へ来て長崎君舒と改名。旧名は寂亨、字慧通、俗姓長崎藍田という。釈元亨の名で『長崎図志』の著がある（『長崎古今集覧』巻五）。

(2) 純景　長崎純景。武将。名純景・頼純。通称甚左衛門。天文十七年（一五四八）生、元和七年（一六二一）没、七十四歳。

(3) 氓庶　移住民。

(4) 覈す　調べる。

(5) 抗衡　対抗する。

(6) 平居　つね日頃。

(7) 嚮時　むかし。

(8) 嘖嘖として　口々にほめそやすさま。

(9) 末次茂朝　長崎代官。名茂朝。通称平蔵。生年未詳。父茂房の跡を継ぎ、長崎代官となるも、密貿易に荷担した廉により、一家断絶。延宝四年（一六七六）壱岐に流され斬罪に処せられた（『犯科帳』一、および『郷土歴史人物事典　長崎』第一法規出版、一九七九年）。

(10) 延宝丙辰　延宝四年（一六七六）。

(11) 厳恪　厳格か。

(12) 端重　正しく重々しい。

(13) 海雲　晧台寺の山号。長崎市寺町にある曹洞宗の寺。

(14) 玄光禅師　独庵玄光。僧侶・漢詩人。法諱玄光、道号蒙山、号睡庵・独庵。寛永七年（一六三〇）生、元禄十一年（一六九八）没。六十九歳。墓、摂津大道寺。肥前佐賀の人。佐賀高伝寺の天国につき、出家。のち、長崎晧台寺に赴き、住持となる。

(15) 金湯　未詳。

(16) 当満　未詳。

(17) 克譲　よく謙り譲る。

(18) 倬として　明らかに。

(19) 君舒　平君舒。生没年未詳。桜井元茂『草庵集難註』に享保十五年十月の序を寄せる。著述に『紀元式』『茶亭図式』『萍遊詩巻』がある。

本文

平包好。故長嵜主純景之族孫也。門衰祚薄、降為民庶。
少孤。鞠養母氏。十二三時、官有故、覈嵜民、各挙所自出。
不審者罰。包好不知其先。對問無辭、幾獲罪。人或知之。
為言其先世世君邑矣。守喟然曰、使彼至今、盛不興我
抗衡邪。既長、剛毅邁人。忍艱周急。且有知計。平居不妄
言動。動必有則。言必有法。嚮時官政失便宜。包好作策
投署。政為此改。故人嘖嘖稱之。包好嘗被邑丞末次茂
朝寵隆。延寶丙辰、茂朝坐事放流。衆懼罪不敢近。戚友
睥睨、如不知者。包好特送之郊外。一時以為難。其為義
忘危、如此。晩年豪氣少殺、嚴恪不衰。非其理、一介不取

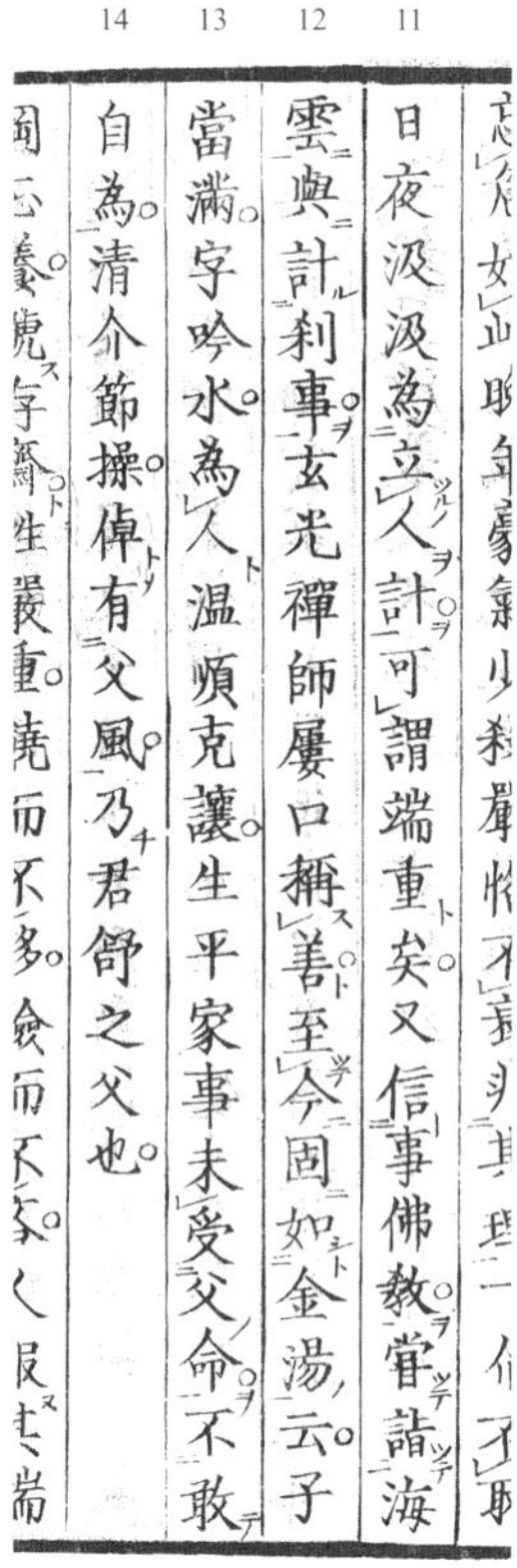

日夜汲汲、為立人計。可謂端重矣。又信事佛教、嘗詣海
雲。與計刹事。玄光禪師屢口稱善。至今固如金湯云。子
當滿、字吟水。為人温順克讓。生平家事、未受父命不敢
自為。清介節操、倬有父風。乃君舒之父也。

校異

1　平包好—平包好者（国）
3　包好、不知其先—好、不知其先（国）
4　為言其先、世世君邑矣—為言其先、世々君邑矣（国）（神）
5　且有知計—且有智計（国）（神）
5　平居不妄言動。動必有則—平居不忘言動。々必有則（国）、平居不妄言動。々必有則（神）
6　包好、作策投署—好、作策投之署（国）
7　故人、嘖嘖称之—故人、嘖々称之（国）（神）
7　包好、嘗被邑丞末次茂朝寵隆—包好、嘗被小吏末次茂朝賞愛寵隆（国）
8　延宝丙辰—延宝中（国）（神）
8　茂朝、座事放流—茂朝、縁坐事放流岐国（国）
9　包好、特送之郊外—好、特送之郊門外（国）
11　日夜汲汲、為立人計—日夜汲々、為立人計（国）（神）
12　玄光禅師、屢口称—累功無算（国）
12〜14　子当満〜乃君舒之父也—ナシ（国）

22　岡正養

書き下し文

岡正養(1)、存斎と号す。性、厳重、饒(ゆた)かにして侈(おご)らず。倹(つづま)やかにして吝(お)しまず。人、其の端荘に服す。

其の子某(なにがし)、曽(か)つて盧草拙(2)に従つて天文を学ぶ。一日、渾天儀を出して、七曜の政を問ふ。正養、偶(たま)たま来つて傍観す。乃ち襟を正しふし、拝伏して曰く、「是れ天体なり。豈(あ)に敬せざらんや。其れ彝(い)(3)を秉(と)るなり」と。大概、此の如し。

二子、正敏(4)・正恒(5)、人と為り廉謹にして、善を喜ぶ。正敏、資を委ねて役を起こし、第三橋(6)を加ふ。正恒、第五橋(7)を加ふと云ふ。

本文

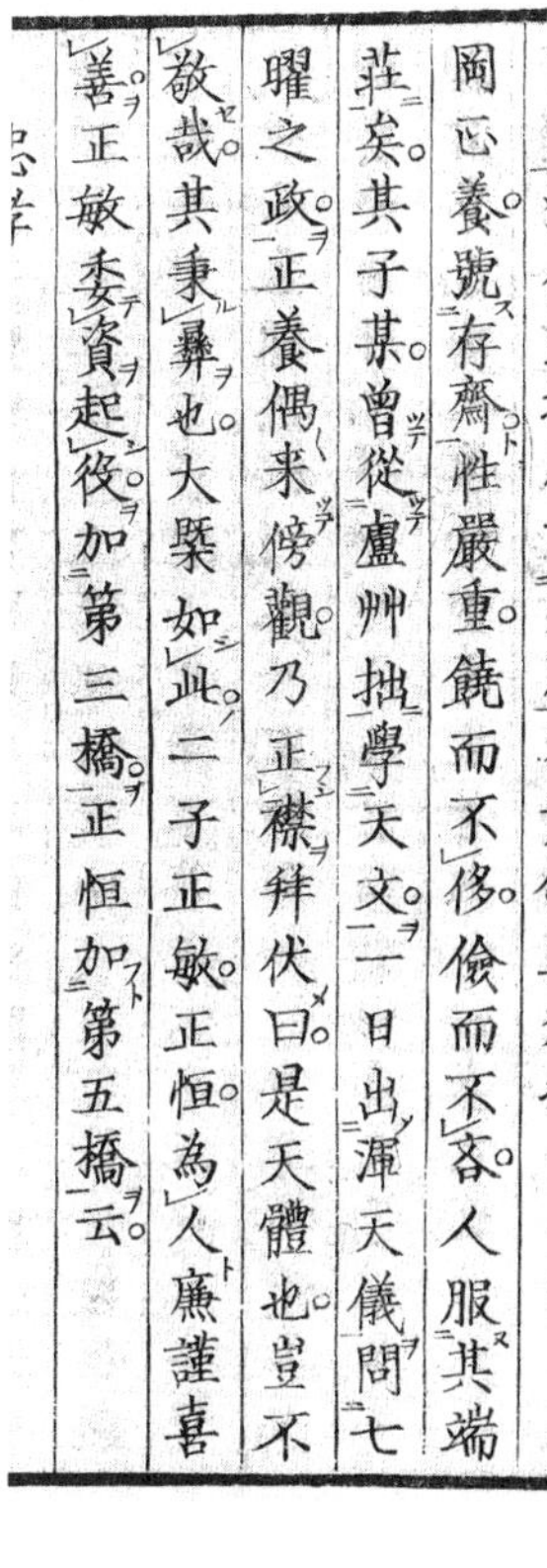
1 岡正養號存齋性嚴重饒而不侈儉而不吝人服其端
2 莊矣其子某曽從盧艸拙學天文一日出渾天儀問七
3 曜之政正養偶来傍觀乃正襟拜伏曰是天體也豈不
4 敬哉其秉彜也大槩如此二子正敏正恒為人廉謹喜
5 善正敏委資起役加第三橋正恒加第五橋云

校異

※（国）に、この条なし。
5　加第三橋―架第三橋（神）
5　正恒、加第五橋云―正恒、架第五橋云（神）

注

（1）**岡正養**　未詳。
（2）**盧草拙**　先民伝序（竹田定直）・注5参照。
（3）**彝**　人の守るべき不変の道。
（4）**正敏**　未詳。
（5）**正恒**　未詳。名は六郎兵衛（『高子観游記』）。
（6）**第三橋**　中島川にかかる大井出橋のこと。岡正敏が元禄十一年（一六九八）に寄進した。
（7）**第五橋**　同じく中島川にかかる魚市橋のこと。岡正恒が元禄十二年（一六九九）に寄進。現存しない。

参考文献

石田保『長崎県郷土史事典』（昌平社、一九八〇年）

【忠孝】

書き下し文

忠孝

忠孝の至、天地に達し、神明に通じ、日月を貫き、四表[1]に光る。彝(い)倫(りん)[2]の異、以て聖賢と比類すべし。若しくは貴、若しくは賤。百世を亘(わた)ると雖(いえど)も、泯没す[3]べからず。特(ただ)、昭(あき)らかに其の事蹟を存す。忠孝を志(しる)し、併せて義士を附す。

注

（1）四表　天下。
（2）彝倫　人の常に守るべき道。
（3）泯没す　滅ぶ。

本文

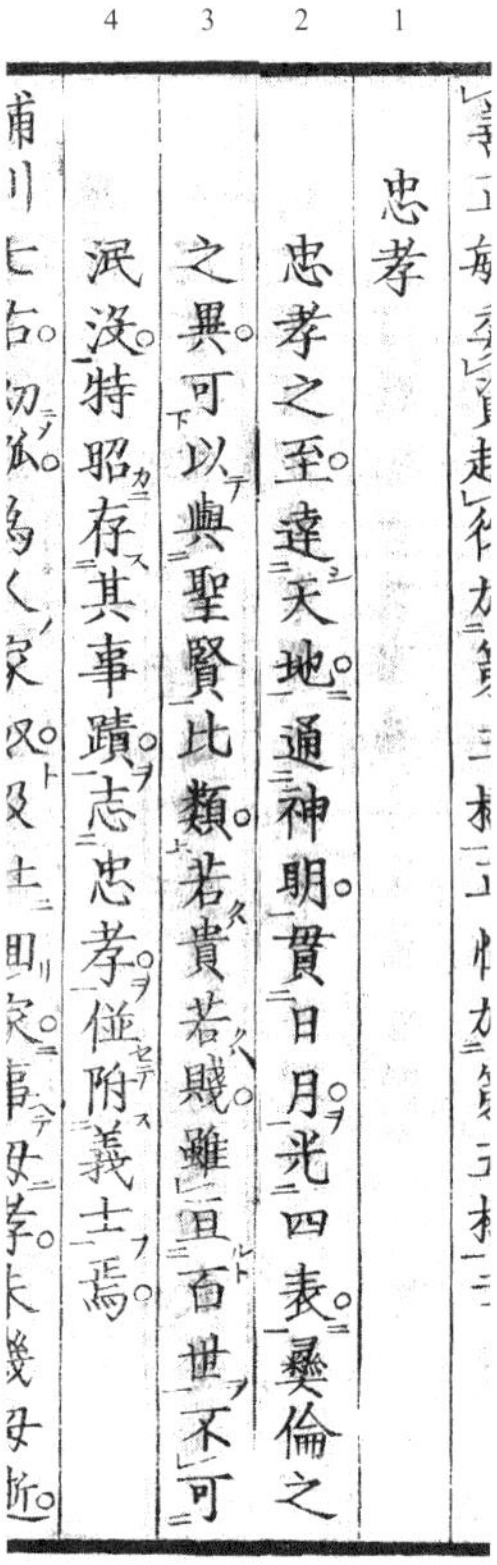
忠孝
忠孝之至達天地通神明貫日月光四表彝倫之
之異可以與聖賢比類若貴若賤雖亘百世不可
泯沒特昭存其事蹟志忠孝併附義士焉

校異

1　忠孝―忠義（国）
※（国）は本部立てを「孝順」と「忠義」とに分けて記す。部立てを解説する本文はなし。

23　浦川七右

書き下し文

浦川七右[1]、幼にして孤[2]となり、人の家奴と為る。壮に及び、家に回(かえ)り、母に事(つか)へて孝たり。未だ幾(いくばく)ならずして母逝く。哀毀礼に過ぐ[3]。居常、貨殖を業と為す。甚だ饒(じょう)ならざると雖(いえど)も、亦(ま)た以て自ら給するに足る。其の嚮日の主人[4]、落魄無状、因(よ)つて家に養ひ、数年一日の如し。死に迨(およ)んで殯葬闕無し。

蔭鎮河野氏[5]〔名、通定〕、其の名を聞き、召して歎きて曰く、「人の子と為りて、其の親を愛するは孝なり。人の僕と為りて、其の主を愛するは忠なり。叔季の世[6]、吾れ未だ之れを聞くこと有らず。今、爾(なんじ)に於いて之れを見る。士は則ち傚(こう)する所[7]を知らざるべけんや」と。乃ち銀十版を賞し、命じて諏方祠事を監しめ、里正を累任す[8]。享年七十、寛文癸丑卒(しゅっ)[9]す。

注

（1）浦川七右　（国）によれば、浦川七右衛門。文禄元年（一五九二）生、寛文元年（一六六一）没、七十歳。「河野通定先生言行録」『長

崎夜話草』『長崎港草』では浦川七左衛門。『長崎夜話草』に「寛文の頃、本紺屋町といふに、浦川七左衛門と聞へしおのこあり」とある。

（2）**孤**　父を亡くす。

（3）**哀毀礼に過ぐ**　喪に際し、悲しみのあまり体がやせ衰える様子が通り一遍の儀礼を越えている。

（4）**嚮日の主人**　以前奉公した家の主人。

（5）**蔭鎮河野氏**　河野通定。長崎奉行。元和六年（一六二〇）生、元禄四年（一六九一）十一月二十九日没、七十二歳。鈴木康子「長崎奉行河野権右衛門通定の「言行録」」（参考文献）及び、同「長崎奉行河野権右衛門通定と寛文期の長崎」（『花園大学文学部研究紀要』第四二号、二〇一〇年）に紹介が備わる。

（6）**叔季の世**　末世。

（7）**傚する**　手本にする。

（8）**諏方祠事を監しめ、里正を累任す**　諏訪神社の神職に任命し、重ねて乙名に任じた。「河野通定先生言行録」に「長崎氏神之社神職ニ被仰付候、其後又七左衛門居町之乙名相果申候に、其跡七左衛門江被仰付、乙名役神職役相兼勤申候」とあり。

（9）**寛文癸丑**　寛文辛丑（元年、一六六一）の誤。

参考文献

「河野通定先生言行録」第一八条（鈴木康子「長崎奉行河野権右衛門通定の「言行録」」『花園史学』第三〇号、二〇〇九年）
西川如見『長崎夜話草』巻四「長崎忠夫一人」（岩波文庫、一九四二年）
熊野正紹『長崎港草』巻一四・孝子良民伝「浦川七左衛門」（長崎文献社、一九七三年）

本文

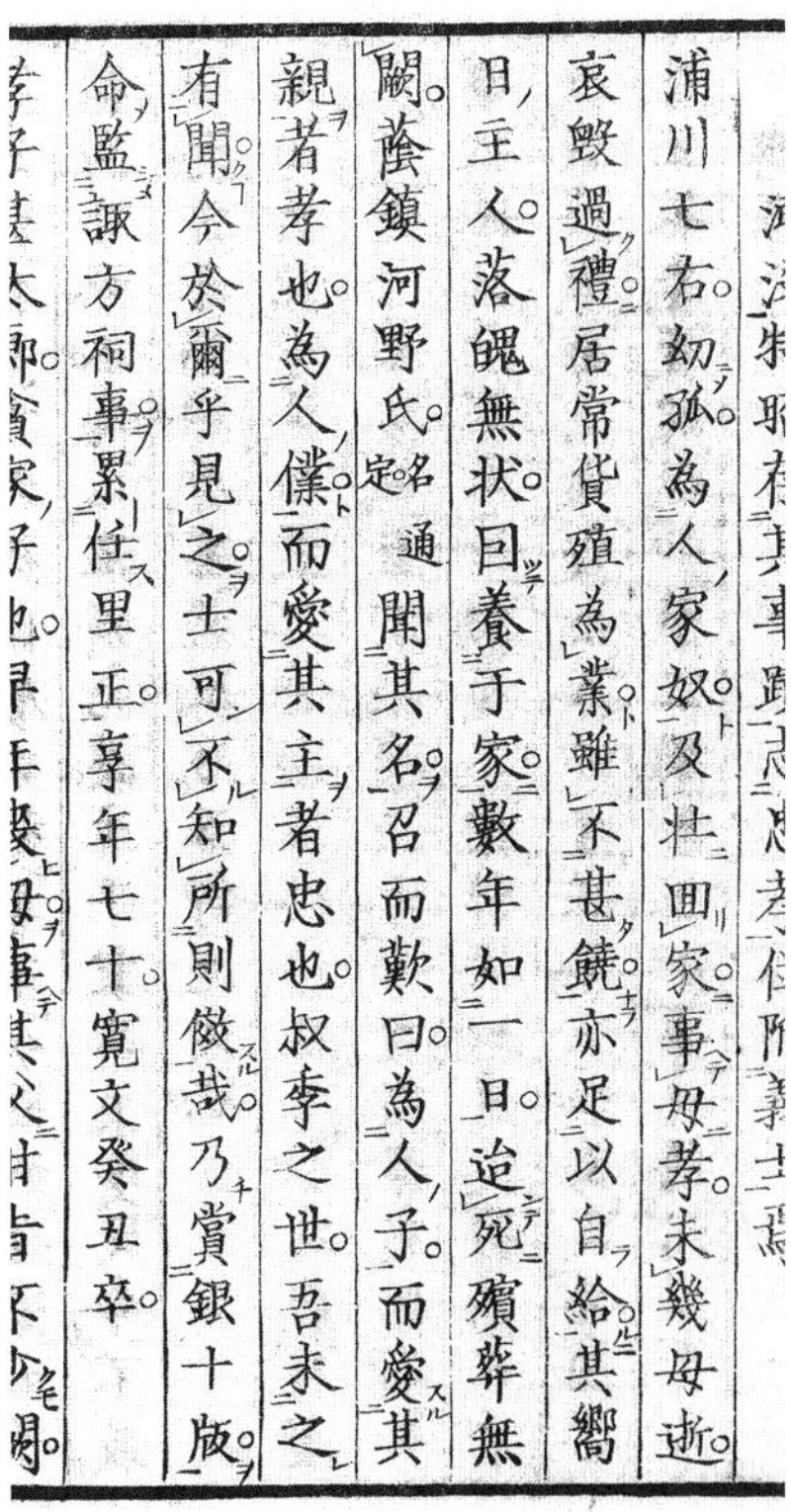
1 浦川七右。幼孤。為人家奴。及壮。田家事。母孝。未幾母逝。
2 哀毀過禮。居常貨殖為業。雖不甚饒。亦足以自給。其嚮
3 日主人。落魄無状。曰養于家。數年如一日。迨死殯葬無
4 闕。蔭鎮河野氏（名通定）聞其名。召而歎曰。為人子。而愛其
5 親者孝也。為人僕。而愛其主者忠也。叔季之世。吾未之
6 有聞。今於爾乎見之。士可不知所則傚哉。乃賞銀十版。
7 命監諏方祠事。累任里正。享年七十。寛文癸丑卒。

校異

※（国）では「忠義」の部に立項される。
1 浦川七右―浦川七右衛門（国）
3 迨死殯葬無闕―迨死殯葬無闕失（国）
4 蔭鎮河野氏（名通定）―鎮台河野通定（国）
4 （名通定）―ナシ（神）
5 而愛其主者忠也―而愛其主者義也（国）
6 士可不知所則傚哉―士大夫可不知所則傚哉（国）（神）
6 乃賞銀十版―乃賞銀四十三両（国）

24　甚太郎

書き下し文

孝子甚太郎(1)、貧家の子なり。早年母を喪ひ、其の父に事へて、甘旨少なくも闕かず。冬温夏凊、怡然として、其の労を知らざるなり。久ふして之の父狂ひ、且つ瞽を病む。溺遺淋漓、褌褕汚穢(2)、甚太窃かに親ら之れを浣濯す。父をして知らしめず。事有り、門を出づれば則ち先ず飯羹を炊し、之れに所在を告げ、乃ち去る。父、狂すれば則ち甚太を思ひ、閭に倚つて(3)頻りに呼ぶ。観る者之れを憫れみ、走つて甚太に告ぐ。甚太、急に帰す。崎人、皆称して、真の孝子と為す。寛文中、河野君(4)之れを召し、賜ふに十緡(5)を以てす。

時に郷に平野屋某(6)と云ふ者有り。父子、官に争訟す。官、甚太を召し、訟者に指視し曰く、「爾ぢ、其の人を知るか」と。対へて曰く、「知らず」と。乃ち復た歎きて曰く、「此の人の孝、一郷に聞ゆ。婦竪(7)、皆知る。而して、爾ぢ等独り知らず。亦た恥ずべきことの甚だしきにあらずや。夫れ父子、訟獄する者、禽獣なり。我、理正(8)に任ず。責、人を治るに在り。禽獣の獄に終わるを忍ばざるなり」と。乃ち嫚罵(9)して之れを斥す。訟者慚愧して、首を叩き、罪を謝して去る。諸吏、其の事を聞き、各おの孝子に遺るに月糧を以てす。官、又た銀六百両を賜ふて、以て其の閭に旌す(10)と云ふ。

注

（1）**甚太郎**　生没年未詳。『長崎夜話草』に「寛文の頃かとよ。長崎今紺屋町といふに、甚太郎とかや、身賎しくその家甚だ貧き者ひとりの父を養ひて孝なり」とある。

（2）**溺遺淋漓、褌褕汚穢**　排泄物によって下着が汚れる。

（3）**閭に倚つて**　里の門によりかかって。

（4）**河野君**　河野通定。『先民伝』巻上・23・注5参照。

（5）**十緡**　千文。緡は百文の異称。

（6）**平野屋某**　未詳。

（7）**婦竪**　女と子ども。

（8）**理正**　刑部省の判事の唐名。ここでは長崎奉行。

（9）**嫚罵**　あなどりののしる。

（10）**閭に旌す**　里の門に旗を立てて顕彰する。

参考文献

「河野通定先生言行録」第一七条（鈴木康子「長崎奉行河野権右衛門通定の『言行録』」『花園史学』第三〇号、二〇〇九年）
西川如見『長崎夜話草』巻四「長崎孝子六人」（岩波文庫、一九四二年）
熊野正紹『長崎港草』巻一四・孝子良民伝「紺屋甚太郎」（長崎文献社、一九七三年）

本文

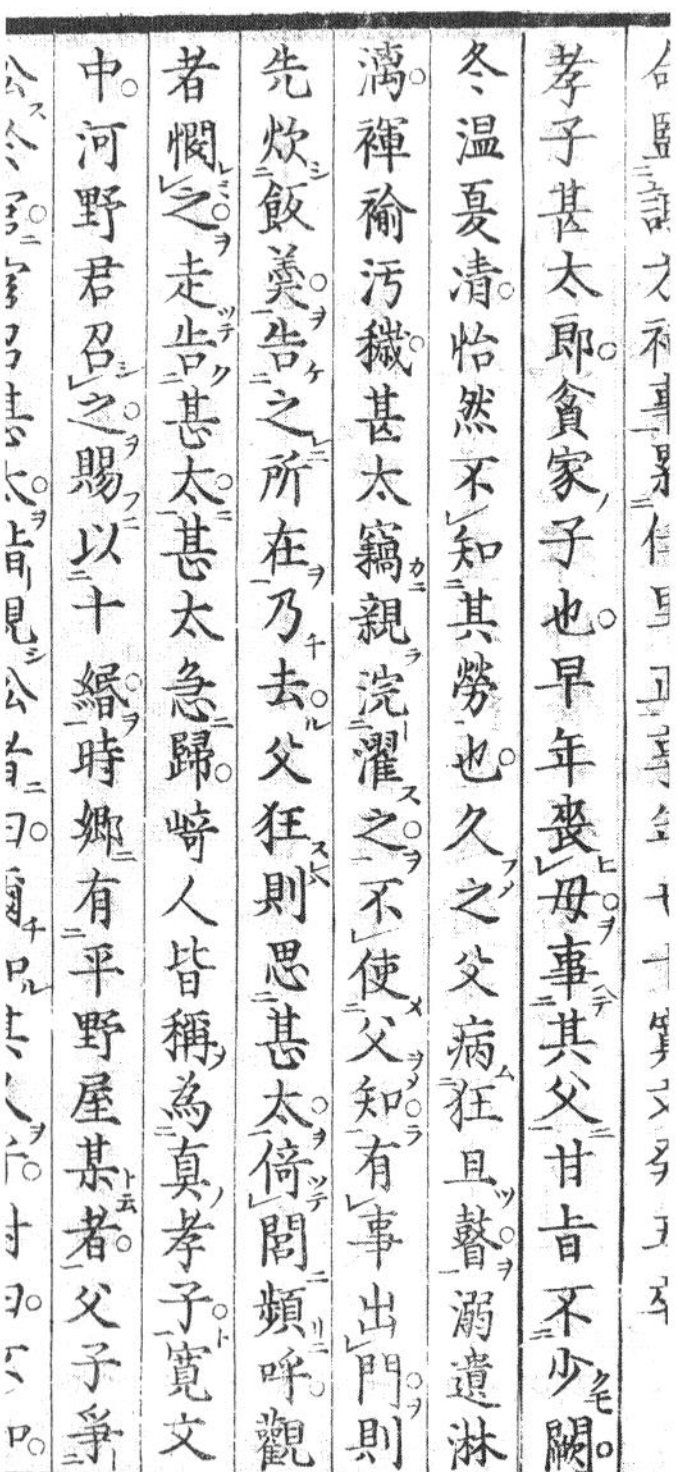
1 孝子甚太郎貧家子也早年喪母事其父甘旨不少闕
2 冬温夏凊怡然不知其勞也久之父病狂且瞽溺遺淋
3 漓褌褕汚穢甚太竊親浣濯之不使父知有事出門則
4 先炊飯羹告之所在乃去父狂則思甚太倚閭頻呼觀
5 者憫之走告甚太甚太急歸嵜人皆稱為真孝子寛文
6 中河野君召之賜以十緡時郷有平野屋某者父子爭

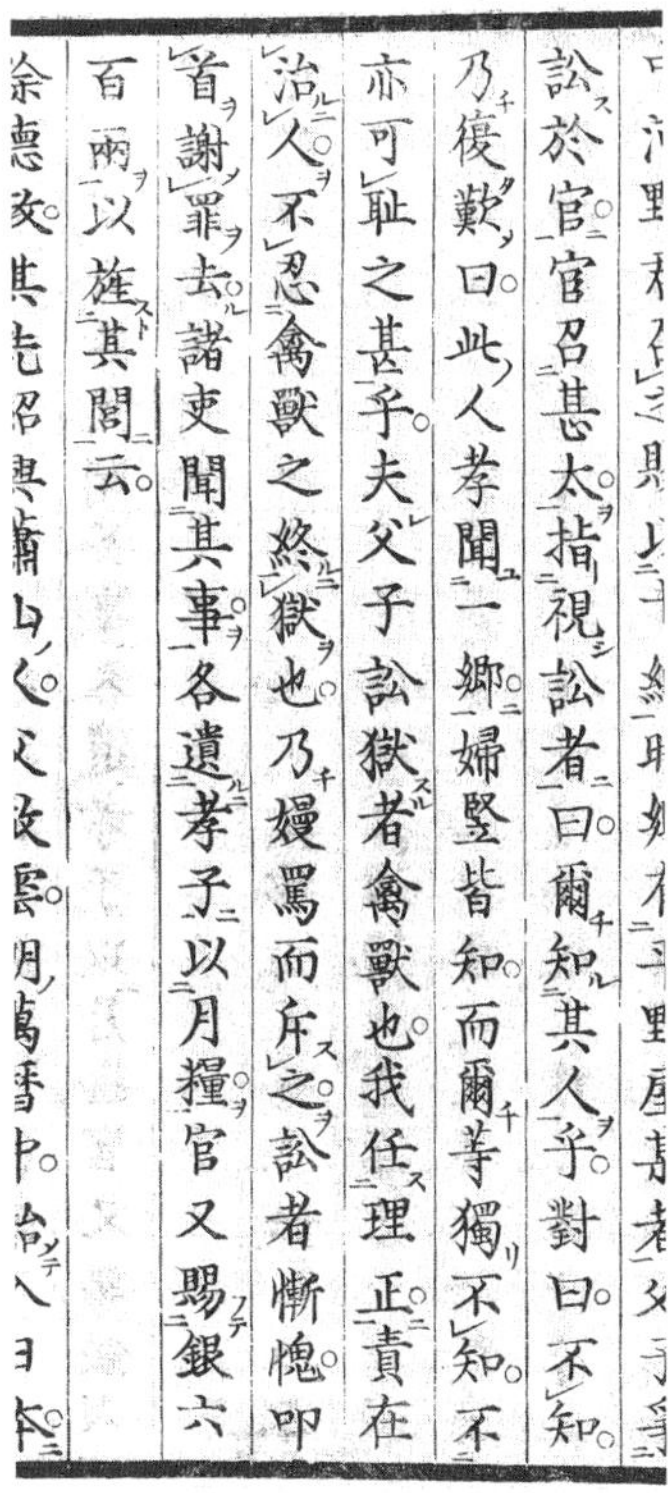

訟於官。官召甚太指視訟者曰、爾知其人乎。對曰、不知。
乃復歎曰、此人孝聞一郷。婦豎皆知、而爾等獨不知。不
亦可恥之甚乎。夫父子訟獄者禽獸也。我任理正責在
治人。不忍禽獸之終獄也。乃嫚罵而斥之。訟者慚愧叩
首謝罪去。諸吏聞其事、各遺孝子以月糧。官又賜銀六
百兩以旌其閭云。

校異

※（国）では「孝順」の部に立項される。
6　河野君召之―鎮台河野通定聞其名、召之（国）
6　時郷有平野屋某者―時郷有平某者（国）（神）
10　不忍禽獣之終獄也―不忍禽獣之終訟也（国）（神）

25　徐徳政〔東海徳左衛門〕

書き下し文

徐徳政（1）、其の先、紹興蕭山（2）の人なり。父、敬雲（3）、明の万暦中（4）、始めて日本に入る。子女各おの二を生む。徳政、其の伯（5）なり。少くして捷材有り。閩語（6）に通ず。官、華種（7）を以て、挙げて訳部に属す。

性、至つて孝順。慶安己丑（8）、父没す。又た九年にして母没す（9）。徳政、喪に居り、哀を尽くし、墳を築き、祠を建つ（10）。資を庀役（11）に委ね、雕石鏤玉、百堵（12）皆新しくし、美を尽くし善を尽くして、時日祭を修む。死に事ふること生けるが如く、終身怠らず。此の時に当たり、冢樹皆変白す。世以て孝感の致す所と為すと云ふ。

注

（1）徐徳政　東海徳左衛門。号方山。唐通事目附。生年未詳、正徳四年（一七一四）六月六日没。寛文元年（一六六一）九月、小通事就任。元禄十二年（一六九九）八月二十七日、目附役就任。

東海家墓域（春徳寺）

(2) **紹興蕭山**　浙江省紹興府蕭山縣遊化郷。
(3) **敬雲**　徐敬雲。東海家の始祖。万暦二十一年（一五九三）五月二十八日生、慶安二年（一六四九）十一月二十九日没、五十七歳。
(4) **万暦中**　具体的には万暦四十五年（一六一七、元和三年）。
(5) **伯**　長男。
(6) **閩語**　閩（福建省）の方言。
(7) **華種**　中国出身。
(8) **慶安己丑**　慶安二年（一六四九）。
(9) **又た九年にして母没す**　母菅氏は大村の人。慶長五年（一六〇〇）五月十八日生、万治元年（一六五八）十月二日没、五十九歳。春徳寺に存する墓碑には上のごとく万治元年没とあるが、『晧台寺過去帳』には「明暦三年十月二日／一酒屋町徐徳左衛門母死土葬　鉄〆存　妙隆信女」とあり、一年早い。
(10) **墳を築き、祠を建つ**　華嶽山春徳寺（現長崎市夫婦川町）東海家の墓。『長崎聞見録』巻二「東海之墓」に「東海墓之図」が載る。
(11) **庀役**　工匠。
(12) **百堵**　長大な垣。

参考文献

宮田安『唐通事家系論攷』（長崎文献社、一九七九年）
林陸朗『長崎唐通事〔増補版〕』（長崎文献社、二〇一〇年）
東海安興「東海の墓について」（『長崎文化』第六五号、二〇〇七年）

本文

1 徐徳政其先紹興蕭山人父敬雲明萬暦中始入日本
2 生子女各二徳政其伯也少有捷材通閩語官以華種
3 舉属譯部性至孝順慶安己丑父歿又九年而母歿徳
4 政居喪盡哀築墳建祠委資庀役雕石鏤玉百堵皆新
5 盡美盡善時日修祭事死如生終身不怠當此之時家
6 樹皆變白世以為孝感所致云

校異

※（国）では「孝順」の部に立項される。
2 徳政其伯也—政其伯也（国）
2 通閩語—通呉閩語（国）（神）
3 徳政居喪—政居喪（国）

26 三孝子

書き下し文

三孝子は二男一女なり。(1) 伯、名は吉兵。仲、名は久兵。季女、名は福。終身母に事ふ。野口氏に借居す。(2) 同爨積年、(3) 家に担石無きも、(4) 菽水、歓を尽くす。(5) 伯・仲、緡席を以て業と為す。(6) 昼は則ち通衢に経歴し、(7) 昏は則ち帰来す。母子相対し、和順違ふこと無し。

其の戸に当たつて寺有り。永光寺と曰ふ。(8) 母氏、平日杖に扶けられて詣る。兄弟三人、先後相従ふ。或いは風雨に逢はば、則ち母を負ひて寺に詣る。伯・仲両人、終身娶らず。季女、卒に嫁せず。家室の累を以て、母氏の歓を失ふを恐るるなり。謂ひつべし、至孝なる者と。店主野口氏と片言の忤無し[9]。或いは店主家を挙げて出遊す。則ち伯氏に托して家を守らしむ。晨より夕に及び、座再び遷さず。目、他を顧ず。隣保[10]、其の真慤[11]に服す。

元禄末、母氏天年を以て終わる。兄妹喪に居り、甚だ謹む。未だ幾ならずして、伯・仲相継ぎて逝く。行年各おの六十を踰ゆ。季女独り存す。宝永三年、鎮台平信就[12]〔佐久間氏、安芸守に任ず〕、恵賜最も厚し。孝行を褒異して、以て四方を風励すと云ふ。

注

(1) **三孝子**　吉兵衛・久兵衛・福。『長崎夜話草』によれば、吉兵衛は享年七十三歳、久兵衛は享年六十余歳。
(2) **野口氏**　未詳。
(3) **同爨**　同居して食事をともにする。
(4) **担石**　わずかな貯え。
(5) **菽水、歓を尽くす**　貧苦にめげず親に孝養を尽くす。『礼記』檀弓下「孔子曰、啜菽飲水、尽其歓、斯之謂孝」による。
(6) **縉席**　『長崎夜話草』に「畳さしぬふわざをいとなめる」とあり。
(7) **通衢**　四方に通じる大通り。
(8) **永光寺**　(国)(神)には光永寺とある。『長崎夜話草』に「桶屋町といふに、畳さしぬふわざをいとなめる人、はらから三人住侍りぬ」とあるため、現長崎市桶屋町の向陽山光永寺が正しい。
(9) **片言の忤無し**　すこしも逆らうことがない。
(10) **隣保**　隣近所の人々。
(11) **真慤**　厳かで慎む様。
(12) **鎮台平信就**　佐久間信就。長崎奉行。正保三年(一六四六)生、享保十年(一七二五)五月十二日没、八十歳。

参考文献

西川如見『長崎夜話草』巻四「長崎孝子六人」(岩波文庫、一九四二年)
熊野正紹『長崎港草』巻一四・孝子良民伝「桶屋町三孝子」(長崎文献社、一九七三年)

本文

三孝子者。二男一女也。伯名吉兵。仲名久兵。季女名福。
終身事母。借居野口氏。同爨積年。家無擔石。菽水盡歡。
伯仲以縉席為業。晝則經歷通衢。昏則歸来。母子相對。
和順無違。當其戸有寺。曰永光寺。母氏平日扶杖詣焉。
兄弟三人先後相從。或逢風雨。則負母而詣寺。伯仲兩
人終身不娶。季女卒不嫁。恐以家室之累失母氏之歡
也。可謂至孝者矣。與店主野口氏無片言之忤。或店主
舉家出遊。則托伯氏守家。自晨及夕。座不再遷。目不他
顧。隣保服其真慤。元禄末。母氏以天年終。兄妹居喪。甚
謹。未幾伯仲相繼逝。行年各踰六十。而季女獨存。寶永
三年。鎮臺平信就（佐久間氏任安藝守）惠賜最厚。褒異孝行。以風
勵四方云。

校異

※ (国)では「孝順」の部に立項される。
1　三孝子者―三孝者(国)(神)

4　曰永光寺―曰光永寺（国）（神）
6　失母氏之歓也―失母氏歓也（神）
11　〔佐久間氏。任安芸守〕―ナシ（神）

27　千布仙右

書き下し文

千布仙右(1)、及び其の妹、母に事へ、孝を以て聞こゆ。家貧しく奴婢無し。兄妹同炊し、供養を失ふこと無し。仙、年二毛を過ぐ(2)。人、其の独居を憐れみ、之れに婦を納るることを勧む。辞して曰く、「吾が母、堂に在り。正に喜懼交並するの時、且つ妹有り。未だ嫁せず。籍令婦を納るれば、一に不順に有り。反つて奉養の初心に違ふ。古云はく、『孝順の衰は妻子有るに始まる』(3)と。吾れ為すこと忍びざるなり」と。聞く者、歎異せざるは無し。

既にして母の憂ひに遇ひ、苫に寝し、塊に枕らし、号泣輟まず。昼夜香花追薦し、誠を輸して怠らず。夜夢めむ、其の母、手を執つて言ひて曰く、「我が生、憂ひ無し。死して亦た苦を忘る。快よく善所に登る。汝の誠愨に縁る」と。妹亦た夢有り相合す。益ます悲慕に勝へず。乃ち崇福寺(4)に詣り、千呆禅師(5)〔名は性侒〕に求め、斎を設け経を諷し、以て冥福を薦むと云ふ。

注

（1）千布仙右　千布仙右衛門。生没年未詳。『長崎夜話草』に「延宝の頃かとよ、清水寺前なる町に、千布仙右衛門といへるおのこあり」とある。

（2）年二毛を過ぐ　頭が白髪交じりとなる歳を過ぎる。

（3）孝順の衰は妻子有るに始まる　未詳。

（4）崇福寺　黄檗宗。寛永六年（一六二九）、渡来僧超然が開基。福州寺とも号した。

（5）千呆禅師　千呆性侒。黄檗僧。崇禎九年（一六三六）生、宝永二年（一七〇五）二月一日没、七十歳。明暦三年（一六五七）に渡来。

参考文献

西川如見『長崎夜話草』巻四「長崎孝子六人」（岩波文庫、一九四二年）

熊野正紹『長崎港草』巻一四・孝子良民伝「千布仙右衛門」（長崎文献社、一九七三年）

本文

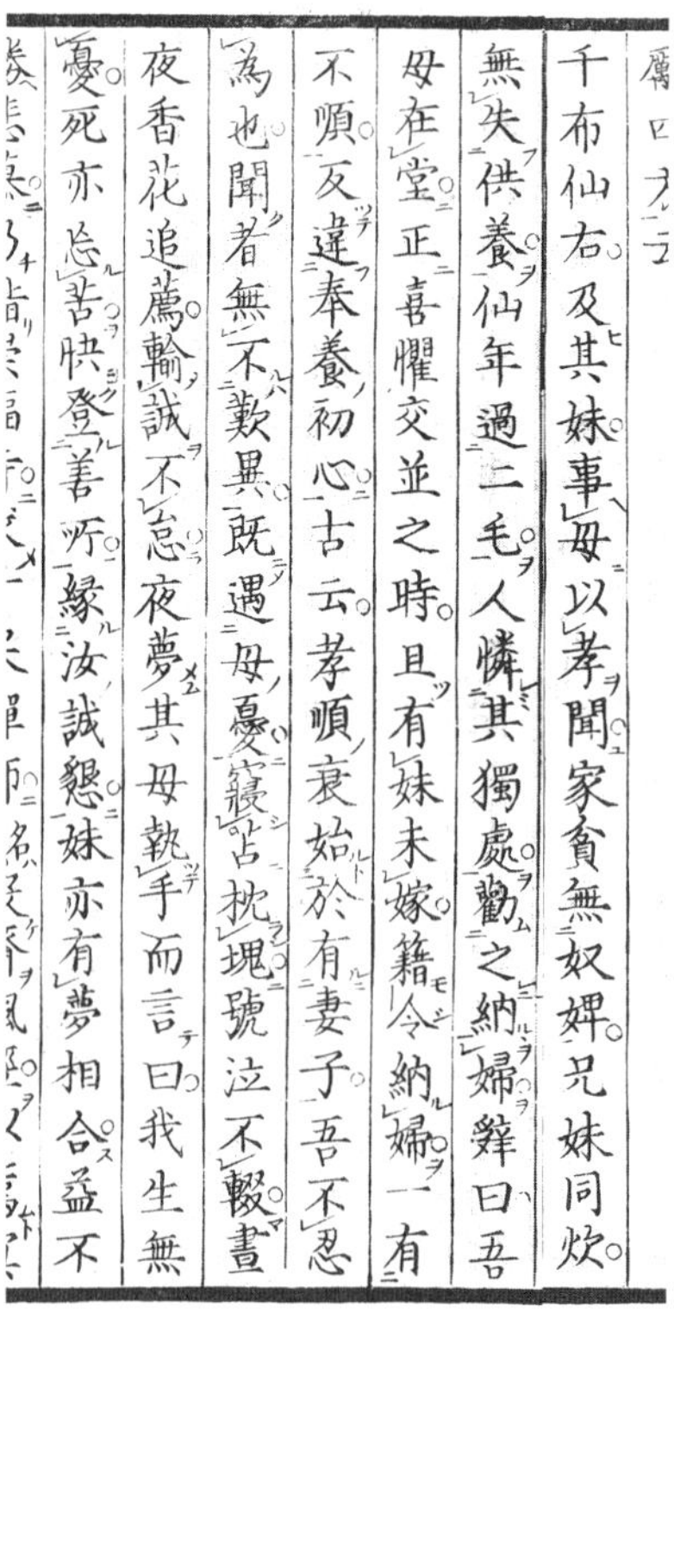
1　千布仙右及其妹事母以孝聞家貧無奴婢兄妹同炊
2　無失供養仙年過二毛人憐其獨處勸之納婦辭曰吾
3　母在堂正喜懼交並之時且有妹未嫁籍令納婦一有
4　不順反違奉養初心古云孝順衰始於有妻子吾不忍
5　為也聞者無不歎異既遇母憂寢苫枕塊號泣不輟晝
6　夜香花追薦輸誠不怠夜夢其母執手而言曰我生無
7　憂死亦忘苦快登善所縁汝誠愨妹亦有夢相合益不

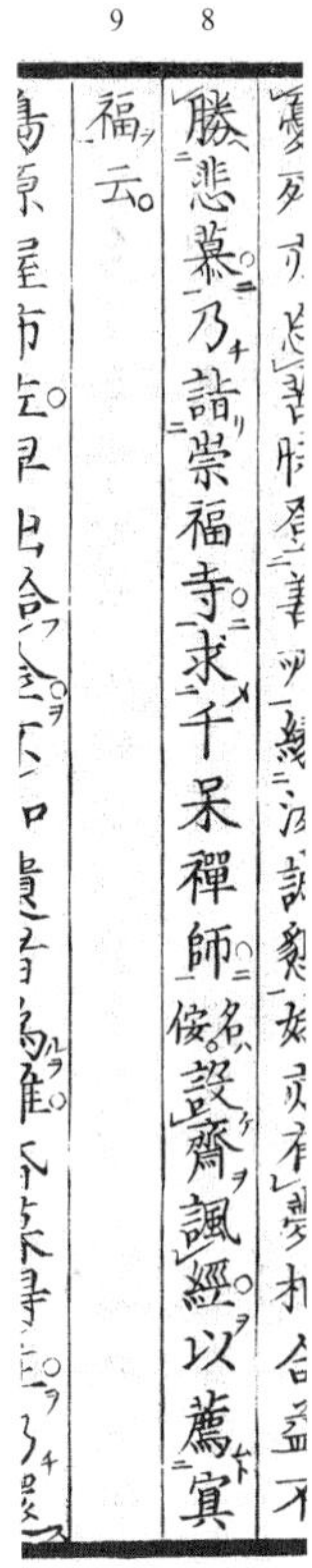

勝悲慕乃詣崇福寺求千呆禪師名俊設齋諷經以薦冥
福云。

校異

※　（国）では「孝順」の部に立項される。

1　千布仙右―千布仙右衛門（国）

7　縁汝誠懇―汝誠懇（神）

7　妹亦有夢相―殊亦有夢相（国）

8　詣崇福寺―請崇福寺（国）

8　〔名俊〕―ナシ（国）（神）

28　島原屋市左

書き下し文

島原屋市左(1)、早出して金を拾ふ。遺す者、誰為るを知らず。昏暮、主を得、乃ち其の金を還す。遺す者、謝して曰く、「余は薩州の商なり。人の為めに金を齎らし、今之れを遺す。若し君の賜に非ざれば、死且つ保たず。請ふ、酬ひるに半ばを以てせん」と。市左曰く、「難を恤れみ、災を救ふは情なり。遺を拾ひ、金を返すは理なり。何ぞ報有らんや」と。竟に去つて顧ず。是れに由りて、世、其の義を高しとす。

厥の後、孫子相承け、家尤も富饒し、世以て陰功の報ひと為すと云ふ。

注

（1）島原屋市左　島原屋市左衛門。生没年未詳。『海上物語』に「肥前の長崎にすあひの市左衛門と云もの、過ぬる承応二年の大雪ふりに、かしばたにて壱貫五百匁入の金袋を拾ひ」とある。また『長崎夜話草』に「明暦の頃かとよ、濱の町といふに、島原や市左衛門とかやいひし者あり」とある。

参考文献

慧中『海上物語』巻上（『海表叢書』巻五、更生閣書店、一九二八年）

西川如見『長崎夜話草』巻四「長崎直民三人」（岩波文庫、一九四二年）

熊野正紹『長崎港草』巻一四・孝子良民伝「島原屋市左衛門」（長崎文献社、一九七三年）

本文

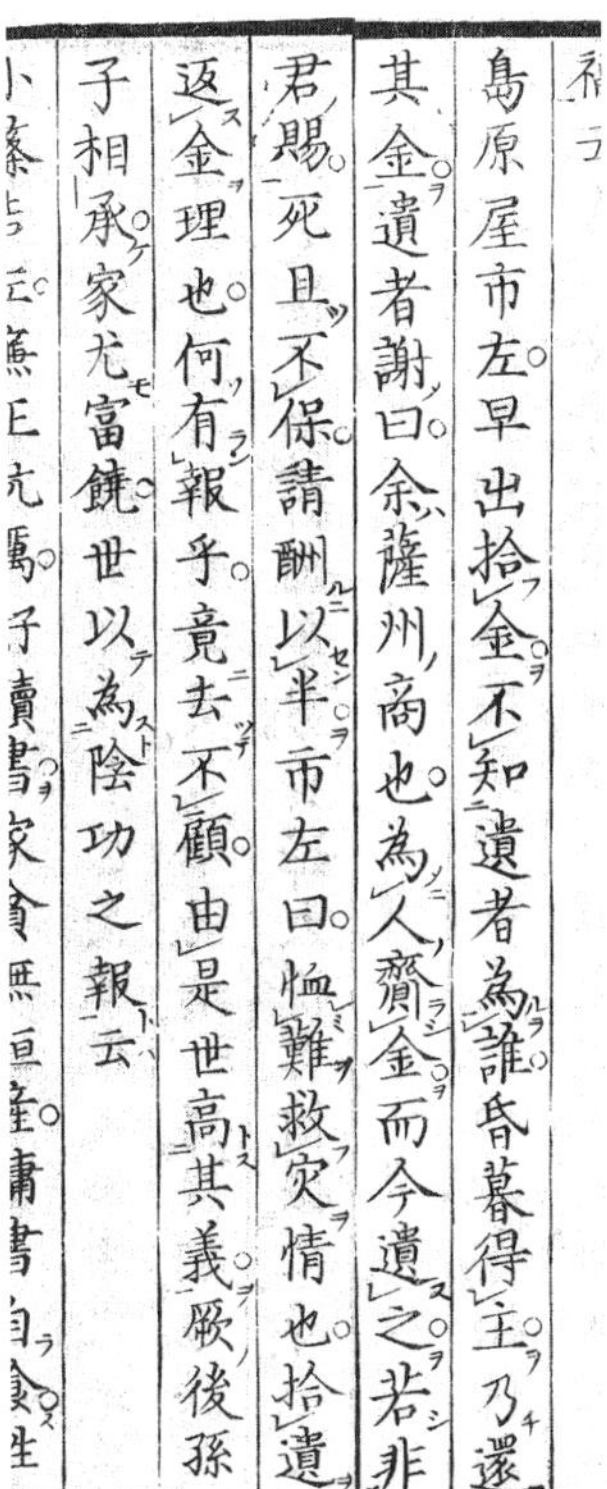

島原屋市左早出拾金不知遺者為誰昏暮得主乃還
其金遺者謝曰余薩州商也為人齎金而今遺之若非
君賜死且不保請酬以半市左曰恤難救災情也拾遺
返金理也何有報乎竟去不顧由是世高其義厥後孫
子相承家尤富饒世以為陰功之報云

校異

※　（国）では「忠義」の部に立項される。

1 島原屋市左―島原屋市左衛門。直民也（国）
1 昏暮得主―昏暮得之（国）（神）
2 為人齎金―為人斎金（国）
3 市左曰―市曰（神）
3 拾遺返金理也―拾遺返主理也（国）

29 小篠吉左

書き下し文

小篠吉左(1)、廉正伉厲(2)、読書を好む。家貧しく恒産無し。傭書(3)して自ら食す。性、酒を嗜み、自ら酉水軒と号す。郷人、之れを目して淵明(4)と曰ふ。其の貧窶(5)に当つて、有れば則ち食し、無ければ則ち已む。晏然として憂を忘る。

延宝中、崎邑大いに饑す。老羸(6)溝壑に転ず(7)。時に崇福寺(8)の千呆禅師(9)、粥を煮て以て餉す(10)。吉の餓、尤も甚だし。顧て其の言に曰く、「古人三旬(11)九食、我甘んじて飢を忍ぶ。義、乞丐を恥づ」と。独り往かず。邑の豪傑、憐れんで之れに金を遺つて曰く、「聞く、子、急なりと。子が為に衣食す」と。謝して曰く、「余聞く、其の食を食む者は其の事に死す。今吾れ老たり。恐らくは以て報ずること無し」と。

寧ぞ惟だ是れのみならず。即ち友朋の餽(12)に至りて、亦た毫末も取る所無し。晩年、節操愈いよ厲たり(13)。数日食さず、且に死なんとす。乃ち端座して『近思録』(14)を読み、溘然(15)として案下に死す。於戯難ひかな。

注

（1）**小篠吉左**　小篠吉左衛門。号酉水軒。生没年未詳。
（2）**伉厲**　強くて厳しい。
（3）**傭書**　人に雇われて文字を書く。筆耕。
（4）**淵明**　陶淵明。
（5）**貧窶**　貧しく行きづまる。
（6）**老羸**　年をとって弱る。
（7）**溝壑に転ず**　溝にはまり、のたれ死にする。
（8）**崇福寺**　『先民伝』巻上・27・注4参照。
（9）**千呆禅師**　『先民伝』巻上・27・注5参照。
（10）**粥を煮て以て餉す**　延宝三年五月から七月にかけて施粥。崇福寺に粥を煮た釜が現存。
（11）**三旬**　一ヶ月。
（12）**餽**　物を送る。
（13）**厲たり**　激しい。
（14）**『近思録』**　中国の儒学書。一四巻。宋の朱子・呂祖謙撰。
（15）**溘然**　急逝の形容。

参考文献

西川如見『長崎夜話草』巻四「長崎義夫二人」（岩波文庫、一九四二年）
熊野正紹『長崎港草』巻一四・孝子良民伝「小篠吉左衛門」（長崎文献社、一九七三年）

本文

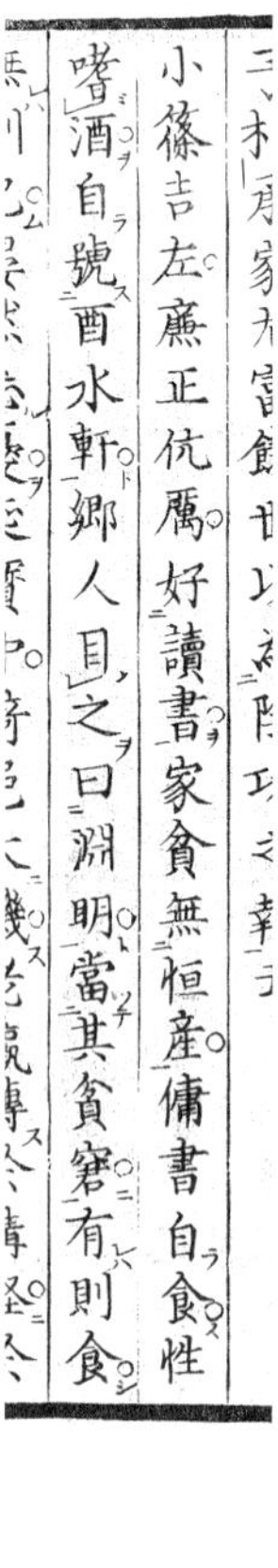
1 小篠吉左廉正伉厲好讀書家貧無恒産傭書自食性
2 嗜酒自號酉水軒郷人目之曰淵明當其貧窶有則食

無則已晏然忘憂延賓中嵜邑大饑老羸轉於溝壑於
時崇福寺千呆禪師煮粥以餉吉之餓尤甚顧其言曰
古人三旬九食我甘忍飢義耻乞丐獨不徃邑之豪傑
憐而遺之金曰聞子急爲子衣食謝曰余聞食其食者
死其事今吾老矣恐無以報不寧惟是即至友朋之餽
亦毫末無所取晩年節操愈厲數日不食退死乃端坐
讀近思録溘然死於案下於戯難矣哉

校異

※（国）では「忠義」の部に立項される。

1 小篠吉左—小篠吉左衛門（国）

3 於時崇福寺千呆禪師—於時崇福寺僧千呆（国）

【貞烈】

書き下し文

貞烈

貞烈の正なること、金鉄より堅く、霜雪より威(たけ)し。嗚呼(ああ)、世の士大夫の抗顔高論、苟(いや)しくも内行を顧れば此れと霄壌(しょうじょう)たり。(1) 則ち女婦と雖(いえど)も、忠臣義士を以て、並び伝ふべし。故に之れを表して時俗を風励し、貞烈を志(しる)す。

注

（1）霄壌　天と地のように非常に隔りがある。

本文

貞烈
貞烈之正堅於金鐵威於霜雪嗚乎世之士大夫
抗顔高論苟顧内行與此霄壤矣雖則女婦可以
忠臣義士並傳故表之風勵時俗志貞烈

校異

2〜4 貞烈之〜志貞烈—ナシ（国）

30　婦浄智

書き下し文

貞婦浄智、(1)少くして友田氏(2)に帰し、一女を生む。厥の後、男無し。会たま友田の母弟死す。二孤煢然、(3)貞婦以て己が子と為す。已に長じて類せず。友田之れを棄つ。時を逾て貞婦、友田に謂ひて曰く、「今、君老ひて、子亡し。尚くは一婦を納れて、嗣を設けよ」と。乃ち新婦を誘致す。交接、尤も親し。新婦男を産す。貞婦大いに悦び、自らこれを拊懐す。尋ひで二子を生む。貞婦、新婦を以て家事を掌しめ、遂に友田に請ひて、剃髪し尼と為る。刹に詣つて仏を奉じ、正静　邪無し。正徳元年死す。時年蓋し七十なり。

注

(1)　浄智　寛永十九年（一六四二）生、正徳元年（一七一一）没、七十歳。『長崎夜話草』に「浄智尼は長崎築町の産なり」とある。

(2)　友田氏　『長崎夜話草』に「若き年、眼鏡屋友田氏なる者の妻となりぬ」とある。

(3)　煢然　孤独で寂しい様子。

参考文献

西川如見『長崎夜話草』巻四「長崎貞婦一人」（岩波文庫、一九四二年）

熊野正紹『長崎港草』巻一四・孝子良民伝「尼浄智」（長崎文献社、一九七三年）

本文

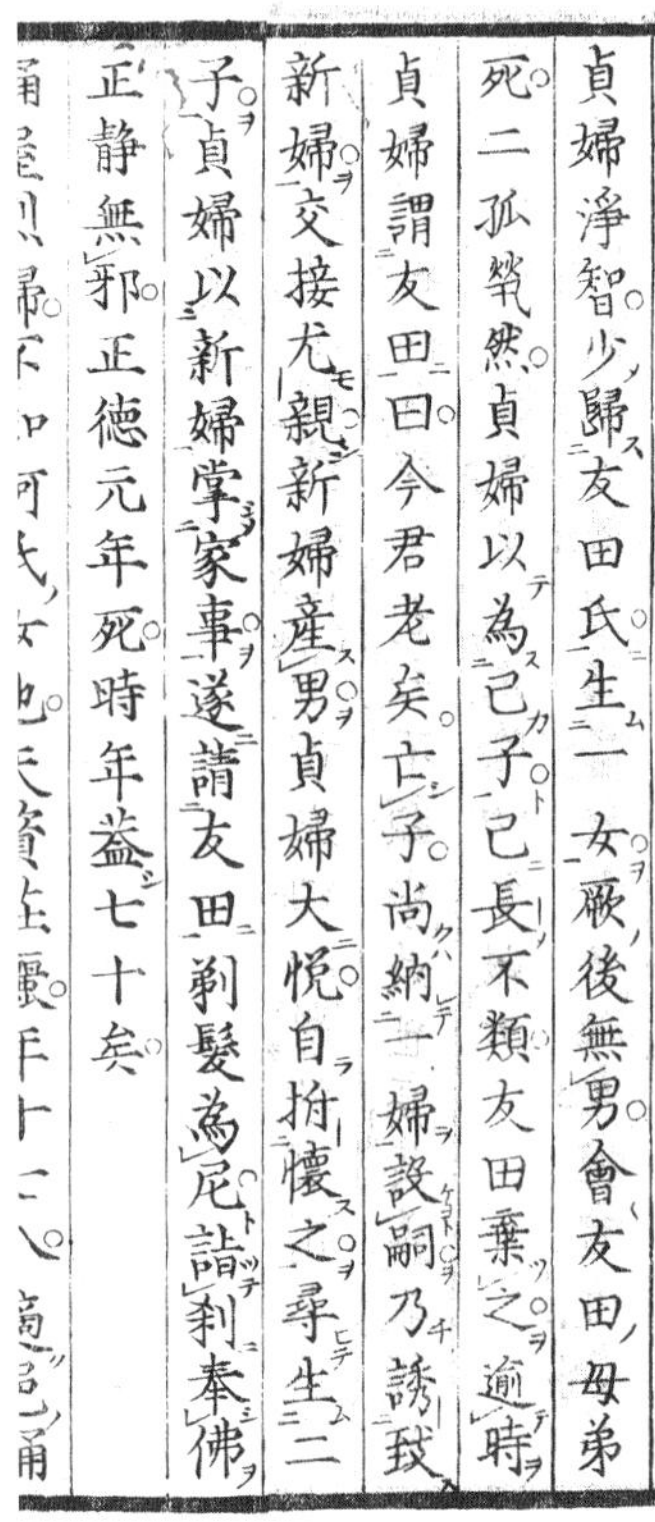
1 貞婦浄智少歸友田氏生一女厥後無男會友田母弟
2 死二孤煢然貞婦以為己子已長不類友田棄之逾時
3 貞婦謂友田曰今君老矣亡子尚納一婦設嗣乃誘致
4 新婦交接尤親新婦産男貞婦大悦自拊懷之尋生二
5 子貞婦以新婦掌家事遂請友田剃髪為尼詣刹奉佛
6 正静無邪正徳元年死時年蓋七十矣

校異

1　生一女—主一女（国）

4　自拊懐之—自拊懐成（国）

5　貞婦以新婦掌家事—貞婦以為婦掌家事（国）（神）

31　桶屋婦

書き下し文

桶屋烈婦、(1)何氏の女なるかを知らざるなり。天資荘麗、年十七八、邑の桶屋氏に適く。二子を生む。舅、之れに私せんと欲す。婦心鉄石の如く、姑らく拒むに礼を以てし、夫をして知らしめず。荏苒数年、(2)二十五歳に至つて、舅、慾益ます熾し。之れに迫ること、弥いよ甚だし。烈婦が計、復た之くこと無し。乃ち其の舅、夫と他に出るを承け、喉を刺して斃る。其の死を得ると謂はざるべけんや。

注

（1）桶屋烈婦　『長崎夜話草』に「元禄の頃、桶屋某といふ者の妻、年廿四五ばかり、貌ち能貞実なり」とある。

（2）荏苒　歳月が過ぎる。

参考文献

西川如見『長崎夜話草』巻四「長崎烈女一人」（岩波文庫、一九四二年）

熊野正紹『長崎港草』巻一四・孝子良民伝「桶屋烈婦」（長崎文献社、一九七三年）

本文

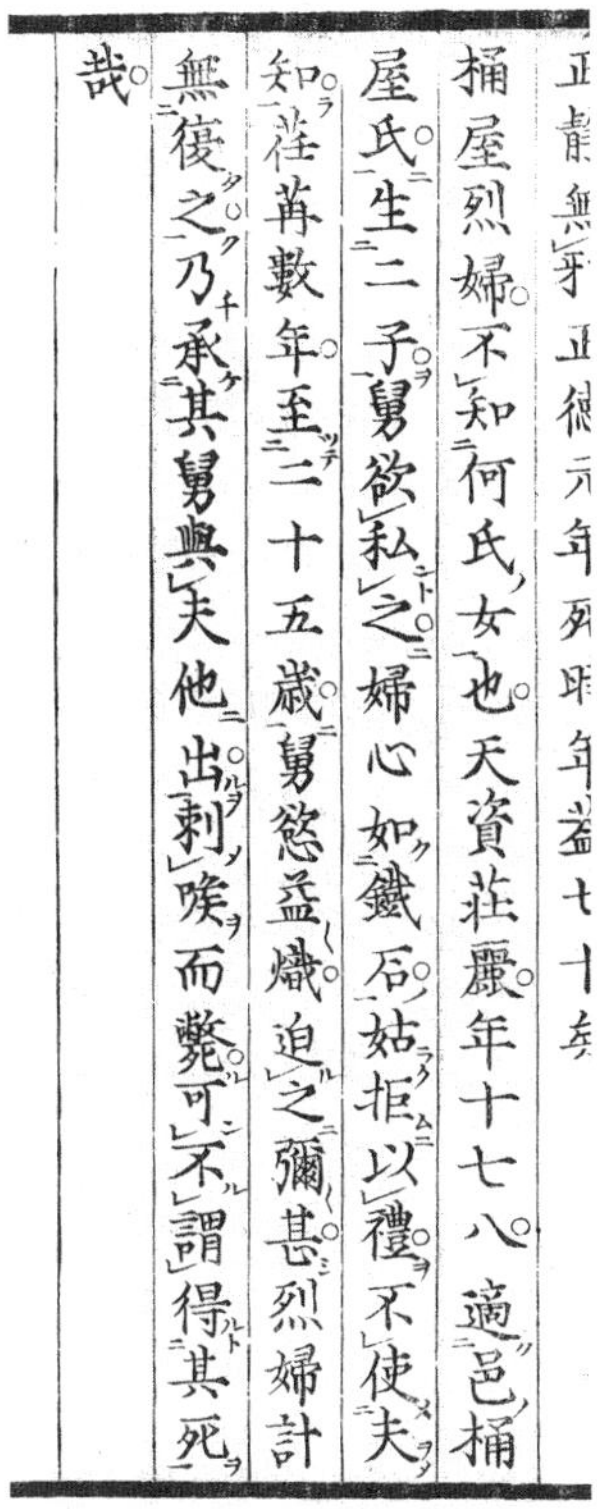

桶屋烈婦不知何氏女也天資荘厳年十七八適邑桶
屋氏生二子舅欲私之婦心如鐵石姑拒以禮不使夫
知荏苒數年至二十五歳舅慾益熾迫之彌甚烈婦計
無復之乃承其舅與夫他出刺喉而斃可不謂得其死
哉

校異

1　桶屋烈婦—桶屋烈婦者（国）

3　迫之弥甚—逈之弥甚（国）

先民伝巻之下

後学　盧驥著

本文

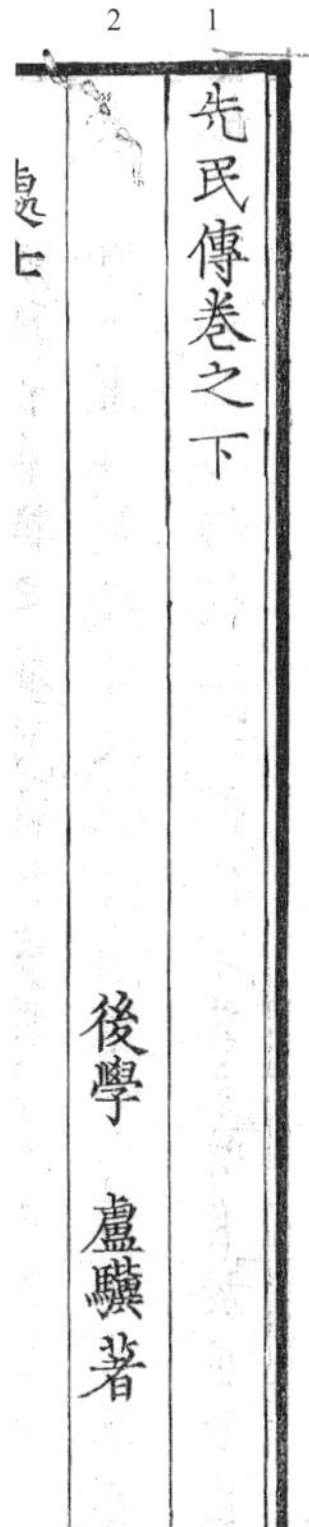

先民傳巻之下

後學　盧驥著

校異

1　先民伝巻之下—長崎先民伝稿巻之下（国）、長崎先民伝稿巻下（神）

2　後学　盧驥著—蘭圃盧驥元驥甫著（国）

【処士】

書き下し文

処士

伝に曰く、天地の性、人を貴しと為す。(1) 其の二五の精を鍾めて、(2) 以て生ずるを以ての故なり。士の世に在るや、清に処し潔を甘んじ、富貴に覊らず、貧賤に詘せず。其の出世の士と、行実更に高きこと一等なり。惜しいかな旧記放失し、伝記に由し無し。今、之の人を得る。

因つて顚末を備へて以て処士を志す。

注
（1）天地の性、人を貴しと為す　『孝経』聖治の一節。
（2）二五の精　陰陽と五行の精、すなわち気。

本文

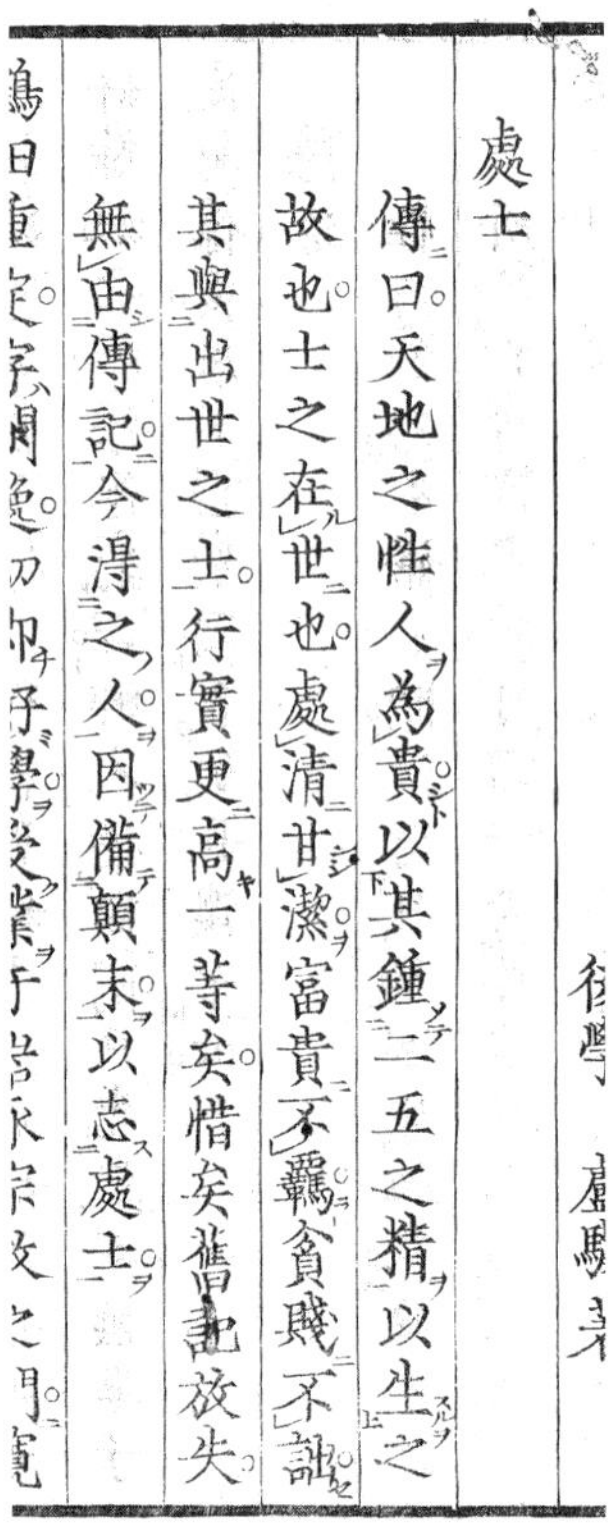
處士　後學 盧駿著
傳曰。天地之性人為貴。以其鍾二五之精以生之
故也。士之在世也。處清甘潔。富貴不羈。貧賤不詘
其與出世之士。行實更高一等矣。惜矣。舊記放失
無由傳記。今得之人。因備顚末以志處士
鶴田重定。字閑逸。幼即好學受業于岩永宗故之門。寛

校異
5　無由伝記—無由伝紀（神）
※（国）は三行目以降、異同が甚しいため全文を以下に示す。

処士

伝曰。天地之性人為貴。以其鍾二五之精以生之故也。崎僻処海陬秀発異人。不乏于時元亀已来。自講経倡学崇化庇民。庸徳是行庸言是謹。足以風示来禩者。既皆別為之伝。其他守厳于一介而不変。或抱器而与時浮沈。有其人而未伝其事。有其事而未得其詳。又将湮没無聞驥。甚病之因。自千葉固（ママ）栄而下得八人。僅録名性繋以処士。亦顕微闡幽之一助也。作処士伝。

○千葉因栄
○青貝屋長兵衛
○熊本重道
○村岡安鼎
○前園噌武
○吉雄寿三
○岡存斎
○藤瀬利政

32　鶴田重定〔鶴田長渓〕

書き下し文

鶴田重定（1）、字は閑逸。幼くして即ち学を好み、業を岩永宗故（2）の門に受く。寛文五年、水戸の源侯（3）、朱楚璵（4）〔名は之瑜。浙江の人〕を礼聘し、尊して師と為し、舜水先生と号す。待遇甚だ隆し。重定、笈を負ふて相従ふ。未だ幾（いくばく）ならずして謝し去り、伊藤仁斎（5）〔名は維楨〕に依り、京師に於いて経籍を研究す。昕夕倦まず。仁斎、甚だ之れを異とす。

已（すで）にして崎に帰り、家塾に退居す。賓客を謝絶し、閉戸して書を読み、論説を務めず、専ら践履（6）を主とす。端荘凝重（7）、礼に非ずんば行はず。富貴利達を視（み）て、猶（な）ほ泊如たり（8）。暮年尤も余姚の学（9）を好み、深思して理を窮（きわ）む。郷人称して閉戸先生と曰ふ。室に妻子無く、庭に僕従無し。居を檀楽園と名（なつ）け、自ら長渓子と号すと云ふ。

注

（1）**鶴田重定**　鶴田長渓。漢学者。名重定、通称重之、字閑逸、号長渓子・檀楽居。生没年未詳。

（2）**岩永宗故**　岩永知新。『先民伝』巻下・103参照。

（3）**水戸の源侯**　徳川光圀。水戸藩二代目藩主。寛永五年（一六二八）六月十日生、元禄十三年（一七〇〇）十二月六日没、七十三歳。

（4）**朱楚璵**　朱舜水。漢学者。万暦二十八年（一六〇〇）十月十二日生、天和二年（一六八二）四月十四日没、八十三歳。

（5）**伊藤仁斎**　漢学者。寛永四年（一六二七）七月二十日生、宝永二年（一七〇五）三月十二日没、七十九歳。

（6）**践履**　実践。

（7）**端荘凝重**　心正しく重々しい。

（8）**泊如**　心静かに無欲なさま。

（9）**余姚の学**　陽明学。

本文

鶴田重定字閑逸幼即好學受業于岩永宗故之門寛文五年水戸源侯禮聘朱楚璵〔名之瑜浙江人〕尊為師號舜水先生待遇甚隆重定負笈相從未幾謝去依伊藤仁齋〔名維楨〕於京師研究經籍昕夕不倦仁齋甚異之已而歸崎退居家塾謝絶賓客閉戸讀書不務論説專主踐履端荘凝重非禮不行而視富貴利達猶泊如也暮年尤好餘姚之學深思窮理郷人稱曰閉戸先生室無妻子庭無僕從居名檀樂園自號長溪子云

校異

※（国）では「学術」の部に立項される。

1　岩永宗故之門─岩永知新之門（国）

2　水戸源侯─水戸源侯〔名光國〕（国）

2　礼聘朱楚璵〔名之瑜。浙江人〕─以礼聘朱魯璵（国）、礼聘朱魯璵〔名之瑜□〔空白〕浙江人〕（神）

3　重定─定（国）

3　未幾謝去─未幾謝朱君而去（国）

3　伊藤仁斎〔名維楨〕─伊藤維楨〔号仁斎〕（国）

4　仁斎─維翁（国）

5　閉戸読書─ナシ（国）

5　専主践履─専立践履（国）

6　而視─其視（国）

6　猶泊如也─泊如也（国）

7　深思窮理─閉戸読書（国）

【隠逸】

書き下し文

隠逸

性、無為に遊び、名、無聞を嬉（たの）しむ。跡を凡卑に混じ、身を陋巷に潜（ひそ）む。唯（た）だ意の往く所、貪欲の煩ひ亡（な）し。謂ひつべし、行ひ清に当たる者なりと。隠逸を志（しる）す。

本文

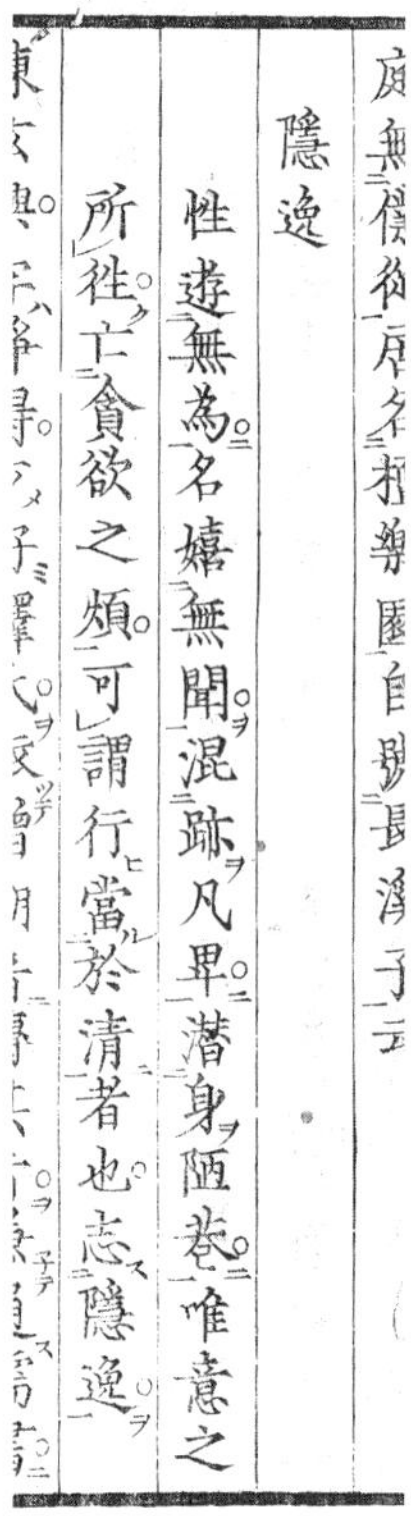

校異

※（国）に、この部立てなし。

33 陳玄興

書き下し文

陳玄興、(1)字は浄得。少（わか）くして釈氏を好み、僧潮音(2)に依つて、其の旨を伝ふ。兼ねて儒書に通ず。詩を能くし、画を工（たくみ）にす。又た剣術に善し。人と為り倜儻不羈（てきとうふき）、(3)未だ嘗て世に售（う）らず。淡泊に甘処す。時人称して市隠と為す。

元禄癸未、(4)玄興病す。曾（か）つて紙帳を垂れ、其の中に起臥す。自ら帳上に署するに、「坐臥白雲間」の五字を以てす。三月十六日、病、将に簀を易（かえ）んとす。(5)自ら寂斎居士と号す。乃ち児孫に命じ、石に勒（ろく）す。(6)時年五十六。著す所、『詩苑余草』(7)世に行はる。

注

（1）**陳玄興**　渡来人。字浄得、号寂斎居士。順治五年（一六四八）生、元禄十六年（一七〇三）三月十五日（『皓台寺過去帳』）没、五十六歳。

（2）**僧潮音**　潮音道海。黄檗僧。寛永五年（一六二八）十一月十日生、元禄八年（一六九五）八月二十四日没、六十八歳（井上敏幸編『黄檗僧と鍋島家の人々　小城の潮音・梅嶺の活躍』佐賀大学地域学歴史文化研究センター、二〇〇八年）。

（3）**倜儻不羈**　独立して拘束されないさま。

（4）**元禄癸未**　元禄十六年（一七〇三）。

（5）**簀を易**　易簀。学識の高い人の死。

（6）**勒す**　彫りつける。

（7）**『詩苑余草』**　未詳。

本文

隠士輔字潜渓少姓羅氏依僧潮音伝其旨兼通儒書
能詩工画又善劍術為人倜儻不羈未嘗售於世甘處
淡泊時人稱為市隠矣元禄癸未玄輿病曽垂紙帳起
臥其中自署帳上以坐臥白雲間五字三月十六日病
将易簀自號寂齋居士乃命兒孫勤石時年五十六所
著詩苑餘草行世

校異

※（国）では「学術」の部に立項される。

1 依僧潮音、伝其旨。兼通儒書―帰依于僧潮音、執弟子礼。資性聡達、淡冷財欲、既而去仏帰儒（国）

2 又善剣術〜時人称為市隠―逍遥自得（国）

4 自署帳上―自書帳上（国）

【任侠】

書き下し文

任侠

史に称す、任侠は其の気節を尚（とうと）ぶを以てなり。士為さざれば則ち已（や）みぬ。為せば則ち必ず大成す。鴻鵠何ぞ燕雀に伴はんや。(1) 任侠を志（しる）す。

注

（1）鴻鵠何ぞ燕雀に伴はんや　『史記』「陳渉世家」の「燕雀安んぞ鴻鵠の志を知らんや」による。「鴻鵠」は大鳥のこと。英雄豪傑にたとえられる。

本文

任侠
史稱任侠其以尚氣節也士不為則已為則必大
成鴻鵠何伴燕雀哉志任侠

校異

2 史称任〜志任侠―ナシ（国）

34　浜田弥兵衛

書き下し文

浜田弥兵衛[1]、人と為り勇力、気を好み任侠、曾つて東寧[2]に入り、戎黄毛[3]を撃つて功有り。始め黄毛、東寧に借居し、城[4]を築き池を穿ち、卒に其の土を攘奪す。[5]暴戻恣睢、為さざる所無し。東寧の人、之れを患ひて、奈何とも無し。此の時に当たつて、本邦人、異域に通商す。凡て経過せざるは無し。

寛永の初め、邑丞[6]末次茂房[7]の商船、彭湖[8]（嶼[9]、福建泉州海中に在り）に行歴す。時に黄毛人数十、我を要して其の貨財を刧取す。茂房大いに怒り、以て之れに報ぜんことを図る。乃ち壮士を招募すること衆きなり。

弥兵は素と茂房に愛せられ、勇為の義有り。乃ち其の弟小左、子新蔵[10]と、偕に茂房に属し、同じく崎の士兵七百人を将ひ、則ち軍具芻糧を載せ、船を崎港に発す。

其の親戚朋友、相与に弥兵に謂つて曰く、「吾子、雅と武事に食む者に非ず。何為れぞ衆に先つや。強なるかな、是の行。事成るとも以て栄と為すに足らず。事敗るれば則ち骸を異域に暴さん。其の気に任じ、生を軽んずるよりは、如かず、退きて身を全んには」と。弥兵、扼腕して答へて曰く、「嗟乎、燕雀安んぞ鴻鵠の志を知らんや。[11]大丈夫、寧ろ玉砕為るも瓦全を為す毋かれ。吾、国の為に恥を雪ぐこと能はず。安んぞ敢へて国に入んや」と。則ち勃然衆を励し、艤[12]して以て行く。実に寛永五年三月三日なり。

十七日を経て、始めて東寧に至る。是に於いて黄毛の西長、哈唎吐唩嗚唲[13]等、船百余を発す。数重囲住し、我をして進むことを得ざらしむ。時に黄毛商各苦夷[14]なる者、向きに平戸に在るを以て、窃かに崎人兵を発して来たりて報讐するを知る。故に我に先じて船を装ひ、来たり俟て港口に在り。乃ち其の徒十数人をして来たりて之れを譎めしめて曰く、「而ぢ船人を観るに、烏ぞ其の夥しきかな。貿易を為すに非ず。必ず謀る所有り。若し実を以て対せずんば、而ぢ将に免れざらんとす」と。即ち逼つて其の佩刀若しくは鎗戟等を奪はしむ。然る後三日、稍や船を進むを許す。船を進むを許すと雖も、未だ城下に入るを許さず。衆、皆手を束ね、計、出る所無し。

六月朔日、弥兵、小左・新蔵と、徒二十人を率ひ、突出し城に入る。時に吐唩嗚唲等、城楼に宴す。乃ち黄毛三十人、剣を持して備ふ。弥兵、衆を率ひて直に楼に登る。吐唩嗚唲、大いに驚き、且つ之れを罵る。弥兵、小左・新蔵と同じく、吐唩嗚唲を殺さんと欲す。諸侍衛[15]なる者、剣を抜ひて弥兵を撃たんと欲す。弥兵・小左・新蔵、与に其の勇を奮ひ、諸侍衛を屠ふる。戎徒大いに敗る。此の時に当たつて、弥兵父子の勢ひ、一を以つて千に当たる。弥兵之れを責めて曰く、「爾等豺狼、昔し我が貨財を掠む。将に我を不命に陥んとす。今爾ぢ肯て降りず。則ち当に汝を孥戮すべし。子遺[16]有る靡れ」と。吐唩嗚唲等、追悔して則ち降り、首を叩ひて罪を謝す。東寧の民、踊躍して大いに喜ぶ。

是に於いて弥兵、遂に乃ち其の奪ふ所の器械、及び向きに掠せらるゝ貨財を取り、衆兵七百人を率ひて、東帰す。吐唩嗚唲、其の子某[17]をして弥兵に質たらしめ、又た戎徒黄毛四十三人をして、与に共に之れに従ひて去らしむ。

弥兵等、各東海に艤し、凡そ十有五日にして崎港に至る。崎の衆父兄妻子、壺漿(こしょう)、[18]相迎へ、歓声天を動かす。浜田氏の国に於けるや、其の功績此の如し。豈(あ)に勅せざるべけんや。後復(ま)た有馬の役、[19]弥兵の軍功、算無し。子新蔵も亦(ま)た武勇を以て細河侯[20]に仕へ、五百石を拝す。

注

(1) **浜田弥兵衛**　朱印船船長。末次平蔵政直の配下。生没年未詳。『長崎夜話草』巻五・附録「長崎土産物」の「眼鏡細工」項に「長崎住人浜田弥兵衛といふもの、壮年の頃蛮国へ渡り、眼鏡造り様を習ひ伝へ来りて、生島藤七といふ者に教へて造らしめたるより今にその伝なり。此弥兵衛は武芸の達者、細工の上手なりし」とある。
(2) **東寧**　台湾。
(3) **黄毛**　紅毛。オランダ人。
(4) **城**　ゼーランディア城。
(5) **攘奪す**　盗み奪う。
(6) **邑丞**　長崎代官。
(7) **末次茂房**　末次平蔵茂房。長崎代官。実際にタイオワン事件に関わったのは末次平蔵政直であり、末次平蔵茂房はその孫。
(8) **彭湖**　台湾西方の彭湖諸島。
(9) **嶼**　群島。
(10) **弟小左、子新蔵**　浜田小左衛門と浜田新蔵。『長崎夜話草』巻三「塔伽沙谷(たかさご)之事幷国姓爺物語」には、「浪人浜田弥兵衛、同新蔵兄弟」と新蔵を弟とする。また同書巻五・附録「長崎土産物」の「眼鏡細工」項に「弟を浜田新蔵といふ。共に蛮船に乗て世界を周覧せし折節、日本の東南海なる大人国に到りて見たる者也。両人共に台湾にて武勇の働ありしに依て、諸国より高禄にて招かれしか共、志の事ありて仕官もせで有しが、其後兄の弥兵衛死して、弟新蔵肥後へ五百石にて行しなり」とある。
(11) **嗟乎、燕雀安んぞ鴻鵠の志を知らんや**　『先民伝』巻下・「任侠」条・注1参照。
(12) **艤して**　出航の準備をする。
(13) **哈喇吐嘜嗚哯**　『平戸オランダ商館の日記』に基づけば、オランダのタイオワン長官ピーテル・ノイツ。(神)に「コベトヲウル」とルビあり。
(14) **各苦夷**　『平戸オランダ商館の日記』に基づけば、商務員ピーテル・ムイゼル。(神)に「コクイ」とルビあり。
(15) **侍衛**　護衛。
(16) **子遺**　少しの残り。
(17) **其の子某**　ピーテル・ノイツの息子ラウレンス・ノイツ。
(18) **壺漿**　壺に入れた飲み物。
(19) **有馬の役**　島原の乱。
(20) **細河侯**　肥後細川家。

参考文献

永積洋子訳『平戸オランダ商館の日記』一・二（岩波書店、一九六九年）
永積洋子『平戸オランダ商館日記』（講談社学術文庫、二〇〇〇年）
西川如見『長崎夜話草』巻三「塔伽沙谷(たかさご)之事幷国姓爺物語」（岩波文庫、一九四二年）
熊野正紹『長崎港草』巻一「浜田擒ニス紅毛ヲ」（長崎文献社、一九七三年）
森島中良『万国新話』巻四「浜田兄弟智勇の事幷図」（四巻目録一巻五冊、寛政元年刊）

本文

1

濱田彌兵衛為リ人勇力。好ム氣ヲ任俠。曾テ入リ東寧ニ擊ツ戎黄毛ヲ

濱田彌兵衛為人勇力好氣任俠嘗之東寧擊武黄毛
有功始黄毛借居東寧築城穿池卒攘奪其土暴戾恣
睢無所不為東寧人患之而無奈何當此時本邦人
通商異域凡無不經過寛永初邑丞末次茂房之商舩
行歷於彭湖（嶼在福建泉州海中）時黄毛人數十要我劫取其貨
財茂房大怒圖以報之乃招募壯士衆也彌兵者素被
茂房愛有勇為之義乃與其弟小左子新藏偕屬茂房
同將﨑土兵七百人則載軍具芻糧裝舩于﨑港其親
戚朋友相與謂彌兵曰吾子雅非食武事者何為先衆
也強哉是行也事成不足以為榮事敗則暴骸於異域
與其任氣輕生不如退而全身彌兵扼腕而答曰嗟乎
燕雀安知鴻鵠之志哉大丈夫寧為玉碎毋為瓦全吾
不能為國蜚恥安敢入國也則勃然勵衆檥以行寛
永五年三月三日也經十七日始至東寧於是黄毛酋
長咯別吐嘜鳴兜等裝舩百餘數重圍任使我不得進
時黄毛商各苦夷者以向在平戶竊知﨑人發兵而来
報讎故先我裝舩来佚在港口乃使其徒十數人来議
之曰觀而舩人烏其夥矣非為貿易必有所謀若不以
實對而將不免即使逼奪其佩刀若鎗戟等然後三日
稍許進舩而雖許進舩未許入城下衆皆束手計無所
出六月朔日彌兵與小左新藏率徒二十人突出入城
時吐嘜鳴兜等宴于城樓乃黄毛三十人持劍而備焉
彌兵率衆直登樓吐嘜鳴兜大驚且罵之彌兵同小左

時吐嘜鳴兜等宴于城樓乃黄毛三十人持劍而備
彌兵率衆直登樓吐嘜鳴兜大驚且罵之彌兵同小左
新藏欲殺吐嘜鳴兜諸侍衛者拔劍欲擊彌兵彌兵小
左新藏與奮其勇屠諸侍衛戎徒大敗矣當此時彌兵
父子之勢一以當千彌兵責之曰爾等豺狼昔掠我貨
財將陷我于不命今爾不肯降則當孥戮汝靡有子遺
吐嘜鳴兜等追悔則降叩首謝罪東寧民踊躍太喜於
是彌兵遂乃取其所奪器械及向所掠貨財率衆兵七
百人而東歸吐嘜鳴兜遣其子某質于彌兵又使戎徒
黄毛四十三人與共從之去彌兵等各檥東海凡十有
五日而至﨑港﨑衆父兄妻子壺漿相迎歡聲動天濱
田氏之於國也其功績如此豈可不勒哉後彼有馬之
役彌兵軍功無算子新藏亦以武勇仕細河矦拜五百
石

遂行

校異

1 浜田弥兵衛為人勇力―浜田弥兵衛者為人勇力（国）
1 好気任俠―ナシ（国）（神）
2 築城穿池―已而築城穿池（国）（神）
2 卒攘奪其土―攘奪其土（国）
3 而無奈何―無可如何（国）
4 凡無不経過―ナシ（国）（神）
4～14 寛永初～三日也―弥兵時在東寧。其人民乃請弥兵曰。黄毛性貪戻。

奪財殺人不止。居民幾無生理。若得仮兵。貴国以除後患。願以国従。弥兵憫之。与其民二十人私載来崎。事在旧記中。厥後小吏末次茂房。乃倡崎民七百人。載軍具芻糧。使弥兵及弟小左衛門子新蔵将之。寛永五年三月三日。発船崎港（国）

4～14 寛永初～三日也―弥兵時容東寧。其民素知本邦之人習武事。乃依弥兵請本邦兵。除害若許之則願以国従。弥兵憫之。率其民二十人。与俱私載而来崎。事在旧籍中。邑丞末次茂房。乃倡崎民七百人。載軍具芻糧。使弥兵及弟小左子新蔵将之。寛永五年三月三日。発船崎港（神）

14～21 経十七日～無所出―経十七日始至。弥兵使使報于東寧城。々主黄毛谷別吐倭烏児。発船百余。囲我七八匝不使入港。先是東寧酋谷苦夷者。来在平戸。事頗漏泄。故至于此乃使黄毛十数人来曰。汝人衆物寡。豈為貿易。恐有別搆。若不以実対汝将不免矣。因逼奪其佩刀及鎗戟等。三日後方許入港。仍禁止城下不容出入。於時衆皆束手計無所出越（国）

14～21 経十七日～無所出―経十七日始至東寧。於是城主黄毛哈咧吐唩嗚唲（コベトラウル）。発船百余。数重囲住。使我進船無由。黄毛酋哈苦咦（コクイ）者。郷在平戸。窃知崎人発兵。而来救東寧。故先発船来在城中。乃使其徒十数人来謫之曰。観而船人何其多矣。非為貿易。必有所謀。若不以実対而将不免矣。即使逼奪其佩刀及鎗戟等。而後三日方許進船。然不許城下来往。衆皆束手計無所出（神）

21～31 六月朔～従之去―六月朔日。弥兵暨小左新蔵率徒二十人突然入城。谷別吐倭烏児方宴于城楼。黄毛三十人持剣而侍。弥兵率衆登楼。谷別吐倭烏児大驚。弥兵目小左衛新蔵使刺谷別吐倭烏児。侍衛者抜剣以搏。弥兵小左新蔵奮其神勇尽斬侍衛。諸人衆不敢逼。当此時弥兵父子之勢一以当千。乃遣数百人入城。取向所奪剣戟以返。遂発東寧。谷別吐倭烏児乃使黄毛四十三人従其子以質于弥兵衛。父子号泣而別（国）

21～31 六月朔～従之去―六月朔日。弥兵暨小左新蔵率徒二十人突然入城。吐唩嗚唲方宴于城楼。黄毛三十人持剣而備。弥兵率衆登楼。吐唩嗚唲大驚而罵。弥兵目小左新蔵使殺吐唩嗚唲。諸侍衛者抜剣欲撃。弥兵則小左新蔵与奮其勇屠諸侍衛。戎徒大敗矣。当此時弥兵父子之勢一以当千。遂復尽取其所奪剣戟。吐唩嗚唲追悔降之。東寧民鼓舞大喜。於之弥兵等率衆兵将東帰。吐唩嗚唲遣其子質于弥兵。又使戎徒黄毛四十三人従而去之（神）

31～35 弥兵等～五百石―遂浮東海。十有五日回崎。衆呼万歳。天下無不称頌功徳。後島原之役。弥兵軍功無算。已而子新蔵以武勇仕肥後。拝二百石云（国）

31～35 弥兵等～五百石―弥兵等遂艤東海。十有五日至崎。崎衆父兄妻子壺漿相迎。歓声動天。其功名之於国也不亦勤哉。後復島原〔肥前属隷〕之役。弥兵軍功無算。子新蔵以武勇仕肥後。拝二百石云（神）

【医術】

書き下し文

医術

医、世用に於いて其の功大なり。古、良相(1)と並べ言ふ。豈に徒然(2)ならんや。崎、医を業とする者、指を屈するに勝へず。然れども、死を起こし、骨に肉する(3)は、什にして一二なり(4)。其の効、世に顕はるる者を択び、医術を志す。

注

（1）良相　すぐれた宰相。
（2）徒然　根拠のないこと。
（3）骨に肉する　骨に肉をつける。更生させること。
（4）什にして一二なり　十人中一人、二人ほどである。

本文

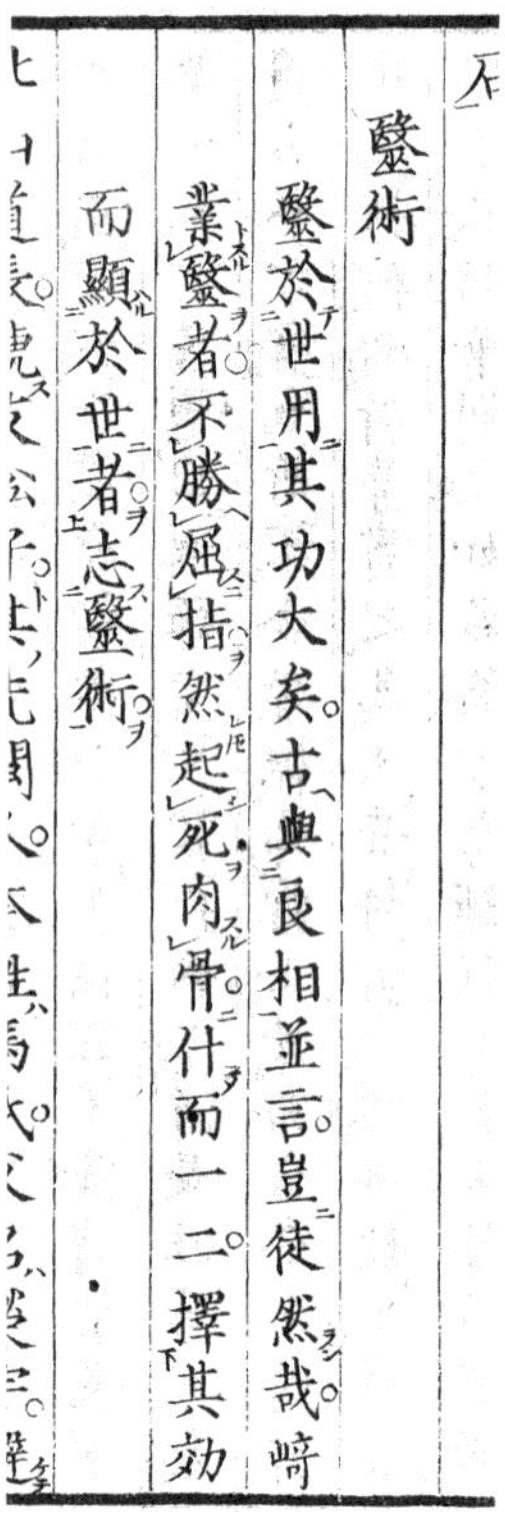
1 醫術
2 醫於世用其功大矣古與良相並言豈徒然哉崎
3 業醫者不勝屈指然起死肉骨什而一二擇其効
4 而顯於世者志醫術

校異

1　医術─医術瘍医附（国）。
※　以下、（国）は本文なし。

35　北山道長

書き下し文

北山道長(1)、友松子と号す。其の先、閩人なり。本姓は馬氏。父、名は栄宇。明の乱を避けて、長崎に居ること年有り。道長、少くして閩語を善くす。華僧化林(2)・独立(3)の二氏に就きて、医を肄ひ、方外の方、法外の法を伝ふ(4)。旁、素難(5)の諸書を読み、発明する所多し。壮なる比、自ら以為らく、「崎は小邑なれば、功を成すに足らず」と。乃ち、四方に遊び、家務を以つて意に介さず。

将に摂阪に之かんとし、道に豊の小倉を過ぎる。小倉源侯(6)、道長が訳事(7)に通ずるを以て、賜ふに餼稟(8)を以てし、二十口に充てんと欲す。道長受けずして辞去す。直ちに大阪に抵る。大阪は天下の大都会なり。其の俗、饒裕(9)にして、四方の豪俊の士、奔り赴く。道長、此に寓居し、技業大いに行はる。病者延請し、奇中(10)せざる無し。老宿(11)と雖も、其の右に出る無し。王侯礼を厚くして、徴辟(12)すること多きに居れども、固辞して就かず。時に道長が家、巨万を累ぬ。居る所、題して「逃禅堂」と曰ひ、又「仁寿菴」と号す。

道長、芸文を能くす。古今の方書(13)を読む毎に、或は合はざる所の者、輒ち為に訂正す。嘗て曰く、「古今の方書、汗牛充棟なり。何ぞ必ずしも新なる著書、之れ為さんや。古人の謬を糾し、後生の惑ひを解くに若かず。吾、安んぞ能くせざらんや。因りて之を筆削せん」と。『名医方考縄愆』(14)等の如きは是れなり。余に著す所の『増広口訣』(15)等の書、倶に世に行はる。道長、大阪に卒す。子有れども、先ちて死す。門人某、(16)業を襲ぐと云ふ。

注

（1）**北山道長** 生年未詳、元禄十四年（一七〇一）没。寿安と号す。明末の国乱をさけて長崎に来た明人馬栄宇の男。母は長崎の歌妓樋口氏。著に『纂言方考評議』（延宝七年刊、五巻三冊）など。

（2）**化林** 化林性偀。黄檗僧。明の万暦二十四年（一五九六）生、寛文七年（一六六七）没、七十一歳。福建省福州府三山の人。寛文元年に長崎に来て、即非如一に侍した。諸芸に秀で、独立性易とならび称される。

（3）**独立** 独立性易。『先民伝』巻上・3・注8参照。

（4）**方外の方、法外の法** 世俗・常法を超越した方術。底本とおおむね同じ北山道長伝を載せる『近世畸人伝』正編（寛政二年刊）巻五、『近世叢語』（文政十一年刊）巻三では、「…性、仏乗を好み、癖、活人を嗜む。是をもて鼎湖の神書を閩の浮屠に授り、長沙の心法を淅の異人につたへ、…」（『畸人伝』）、「…帰化僧の化林・独立の二人に就きて、医を肄ひ、鼎湖の神書を受け、又た長沙の心法を淅の異人に受く。…」（『叢語』、原漢文）と、この「方外の方」「法外の法」に対応するものとして、「鼎湖の神書」（道教の神仙の書）と「長沙の心法」（漢の張仲景〈長沙太守、『傷寒論』の編者〉の方術ほどの意か）の語がある。

（5）**素難** 医学。

（6）**小倉源侯** 小笠原忠雄。正保四年（一六四七）生、享保十年（一七二五）没、七十九歳。

（7）**訳事** 通訳の業。

（8）**餼稟** 扶持米。

（9）**饒裕** ゆたかなこと。

（10）**奇中** 不思議にあたること。

（11）**老宿** 年を重ねて経験を積んだもの。ここでは経験豊かな医者を言う。

（12）**徴辟** 召し抱えること。

（13）**方書** 医学の書。

（14）**『名医方考縄愆』**『医方考縄愆』（元禄十年刊、九冊）。

（15）**『増広口訣』** 北山寿安頭書『増広医方口訣集』（延宝九年刊、三巻）のことか。

（16）**門人某** 北山元昌（もと和田氏）。北山橘庵（享保十六年—寛政三年）の父。

参考文献

伴蒿蹊『近世畸人伝』正編巻五
角田九華『近世叢語』巻三

本文

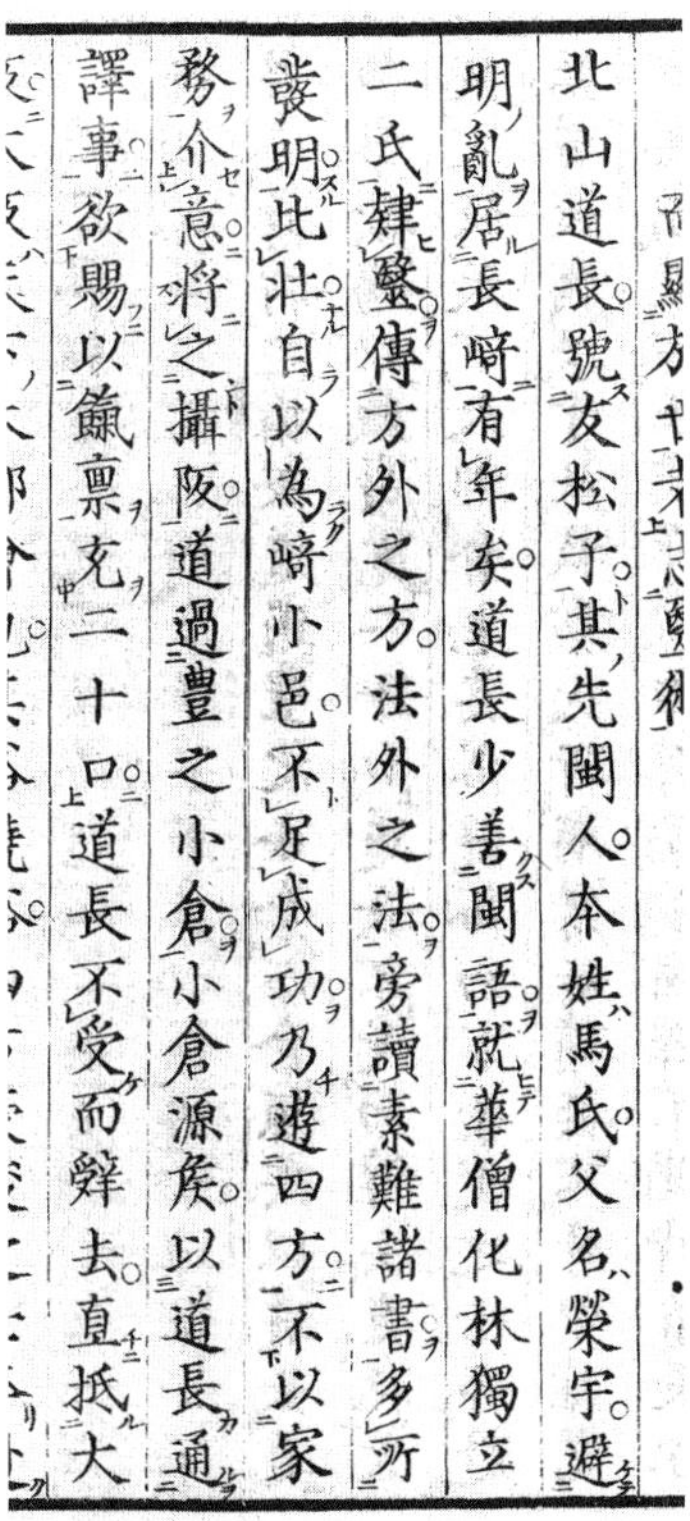
北山道長。號友松子。其先閩人。本姓馬氏。父名榮宇。避
明亂。居長崎。有年矣。道長少善閩語。就華僧化林獨立
二氏。肄醫。傳方外之方。法外之法。旁讀素難諸書。多所
發明。比壮自以為崎小邑。不足成功。乃遊四方。不以家
務介意。將之攝阪。道過豊之小倉。小倉源侯以道長通
譯事。欲賜以餼稟。充二十口。道長不受而辭去。直抵大

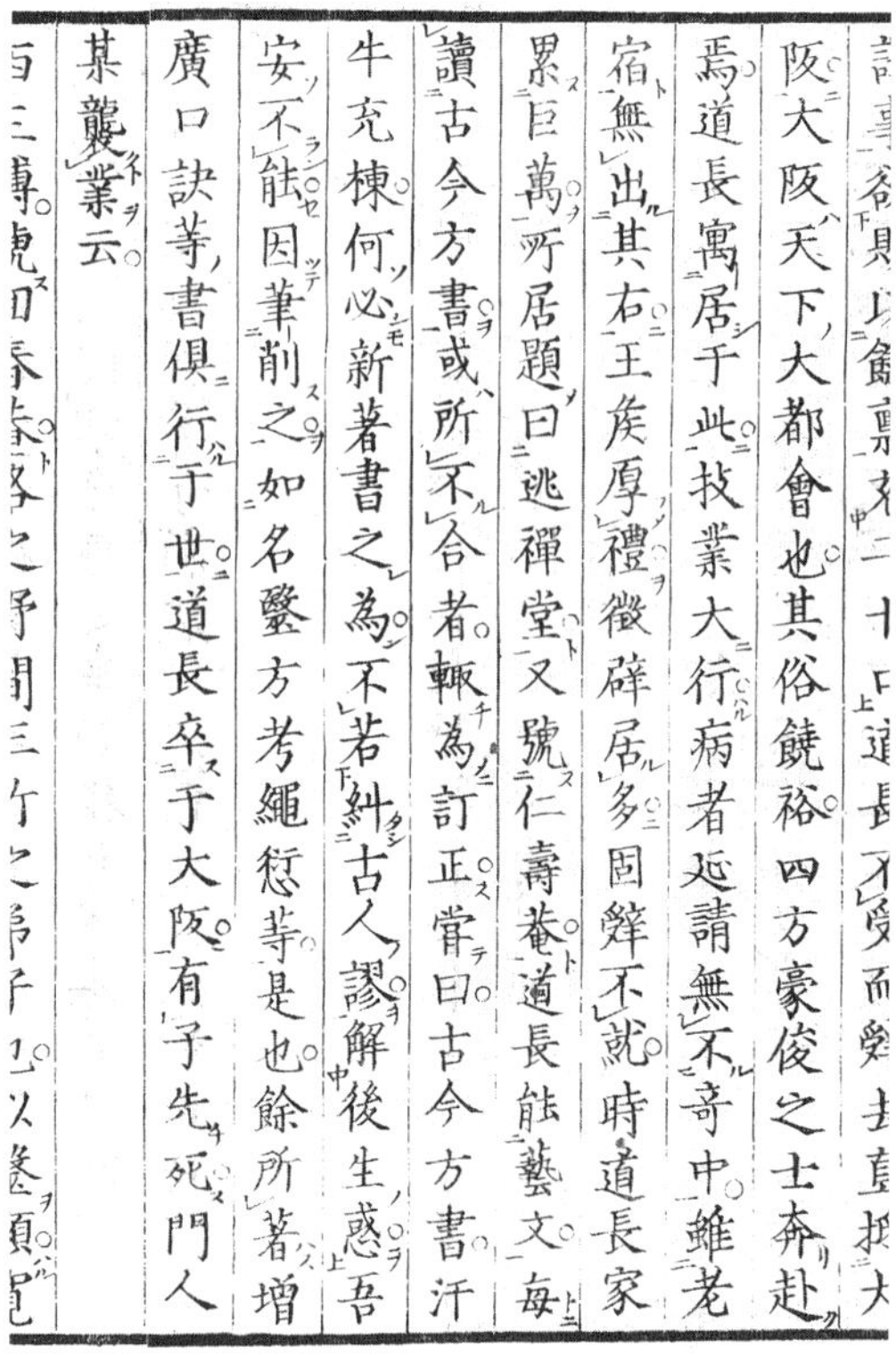

訖事名則以餽稟充二十口道長不受而辭去直抵大
阪大阪天下大都會也其俗饒裕四方豪俊之士奔赴
焉道長寓居于此技業大行病者延請無不奇中雖老
宿無出其右王侯厚禮徵辟居多固辭不就時道長家
累巨萬所居題曰逃禪堂又號仁壽菴道長能藝文每
讀古今方書或所不合者輙為訂正嘗曰古今方書汗
牛充棟何必新著書之為不若糾古人謬解後生惑吾
安不能因筆削之如名醫方考繩愆等是也餘所著增
廣口訣等書俱行于世道長卒于大阪有子先死門人
某襲業云
西三博號回春菴洛之野間三竹之弟子也以醫顯

校異

3　多所発明—多所発覚（国）
4　自以為—自以（国）
4　乃遊四方—乃行遊四方（国）
4　不以家務介意—不以家務為念（国）
5　将之摂阪—将之摂（国）
6　欲賜以餼稟充二十口—欲賜以二十口糧（国）（神）
6　不受而辞去—少之辞去（国）、不屑而辞去（神）
6　直抵大阪—直抵摂之大坂（国）
7　大阪天下大都会也—大坂一都会也（国）
8　無不奇中—莫不奇中（国）
9　時—当此之時（国）
11　所不合者—有所不合者（国）
12　何必新著～解後生惑—何必新著書之為。不若糾古人謬、以解後生惑（国）、何必為新著書之不若、糾古人謬、解後生惑（神）
12　吾安不能—ナシ（国）
14　卒于大阪—卒葬大坂（国）
14　先死—光死（国）

36　西三博

書き下し文

西三博(1)、回春菴と号す。洛の野間三竹(2)の弟子なり。医を以て顕はる。寛文元年、三博を勅詔して、侍医の員に備へ、位を法眼(3)に転じ、眷顧(4)殊に厚し。元禄庚辰(5)、三博年八十八にして、精力益ます強し。

春月元日、嘗て詩を作りて曰く、「朝来指を屈して齢算を推せば、八十八年霜髪新たなり。見に見る南山の高大の象。傾かず動かず天真を養ふ(6)」と。又米字を書して〔国俗、八十八歳に米字を書して自から祝ふ。蓋し、米字を以て分けて八十八と作す〕自から祝ふ。公卿・大臣咸く酬和して寿を為す。後、宝永五年、官に終はる。行年九十六なり。

注

（1）西三博　慶長十八年（一六一三）生、宝永五年（一七〇八）没、九十六歳。

（2）野間三竹　慶長十三年（一六〇八）生、延宝四年（一六七六）没、六十九歳。禁裏に伺候し、しばしば江戸に出仕した。業余、古今の書を読み、それらを雑纂して多く刊行した。

（3）**法眼**　中世以後、僧侶に準じて、医師、仏師、絵師、連歌師など法体の者に授けられた称号のひとつ。法印、法眼、法橋の順に位が高い。

（4）**眷顧**　情をかけて顧みること。

（5）**元禄庚辰**　元禄十三年（一七〇〇）。

（6）**天真**　天から与えられた純粋の性。

本文

某龍ノ第云

西三博號田春菴洛之野間三竹之弟子也以毉顯寛文元年。勅詔三博備侍毉員位轉法眼眷顧殊厚元祿庚辰三博年八十八精力益強春月元日嘗作詩曰朝来屈指推齡筭八十八年霜髪新見見南山高大象不傾不動養天真又書米字（國俗八十八歳書米字自祝蓋以米字分作八十八卜）自祝公卿大臣咸酬和為壽後實永五年終于官行年九十六。

向井元端字履言號仁焉子少從父元升入京家素業

校異

1　西三博～之弟子也—西三博者、洛之野間三竹之弟子也。号回春菴（国）

2　位転法眼—叙法眼位（国）

3　嘗作詩—常作詩（国）

5　又書—遂書（国）

5　〔自祝〕—ナシ（国）

6　自祝—以自祝（国）

6　公卿大臣～為寿—於是、公卿大臣咸酬和篇章以為老人寿（国）

37　向井元端

書き下し文

向井元端（1）、字は履信、仁焉子と号す。小（わか）くして父元升（2）に従ひて京に入る。家、素（もと）と医を業とす。幼きより勤苦（3）して書を読み、精を家業に専らにし、良工（4）を以て称せらる。大臣一条某公、其の才を多とし、寵遇優渥す。特に闕廷（5）に達し、詔して侍医に備員し、法印の位に叙し、号を益寿院と賜ふ。名誉、都鄙に遍（あまね）し。

注

（1）**向井元端**　慶安二年（一六四九）生、正徳二年（一七一二）没。字は履信、震軒、仁焉子と号す（若木太一「京都向井家墓碑考——文人向井元升の家系——」『長崎大学教養部紀要人文学科篇』第三三号、一九九三年）。

（2）**父元升**　向井元升。なお、元升の京都移住は、万治元年（一六五八）のこと（貝原益軒「向井氏霊蘭先生碑銘幷序」）。

（3）**勤苦**　ほねおり苦しむこと。

（4）**良工**　名医。

（5）**闕廷**　朝廷。

本文

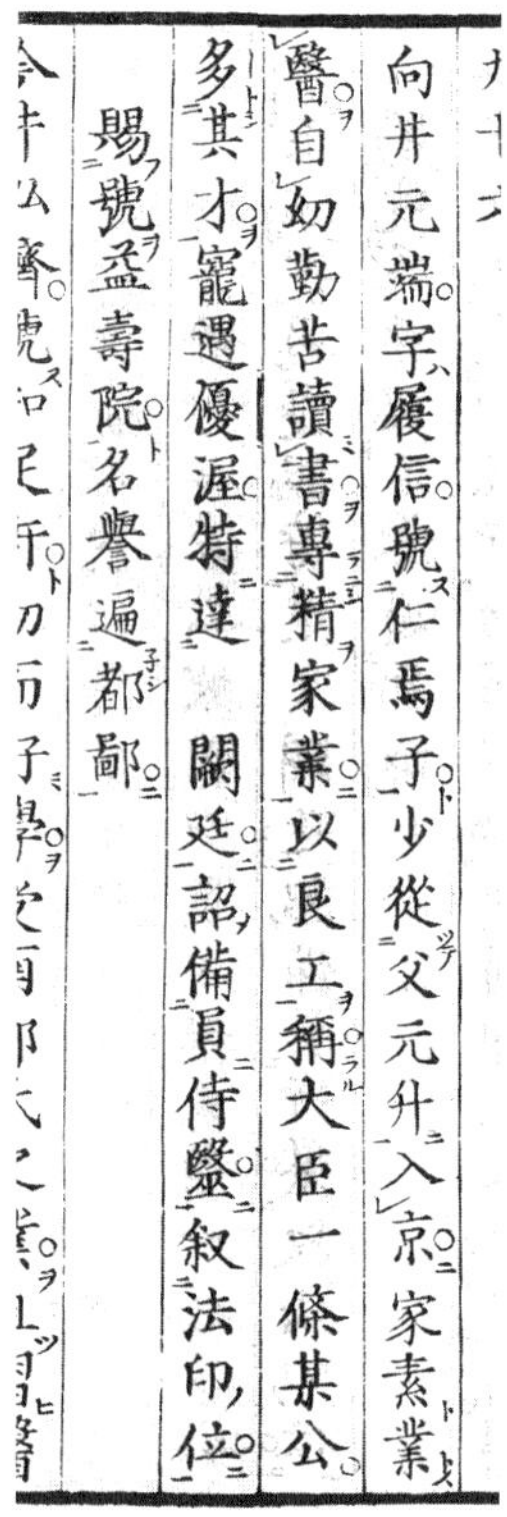

1 向井元端字履信號仁焉子少從父元升入京家素業
2 醫自幼勤苦讀書專精家業以良工稱大臣一條其公
3 多其才寵遇優渥特達闕廷詔備員侍醫叙法印位
4 賜號益壽院名譽遍都鄙

校異

1 向井元端～号仁焉子―向井元端、号仁焉子（国）
1 従父元升入京―従父以順入京（国）
2 以良工称―以良工顕（国）
3 達闕廷、詔備員侍医―達天聴、詔備侍医員（国）

38 今井弘済〔／今井順斎〕

書き下し文

今井弘済(ママ)(1)、知足軒と号す。幼くして学を好み、南部氏(2)の業を受く。且つ医技を僧澄一(3)に習ひ、尽く其の秘を得。延宝中、水戸の源侯、徴して医官に署す。弘済、詩賦を能くす。風韻誦すべし。居ること数年、辟(もとめ)に東府に就き、侍医に擢(ぬきん)でられ、賜寵せられて栄を為す。享保戊戌(4)八月卒す。

注

（1）今井弘済　水戸藩の医師今井順斎の誤り。万治元年（一六五八）生、享保三年（一七一八）八月没、六十一歳。ここでは、水戸藩儒臣今井弘済（承応元年―元禄二年、兄に同じく水戸藩儒臣の今井桐軒〈名は順、または有順〉がある）と混同して記述される。
（2）南部氏　南部草寿。『先民伝』巻下・85参照。
（3）僧澄一　澄一道亮。底本は誤って「一澄」に作る。『先民伝』巻上・6・注3参照。
（4）享保戊戌　享保三年（一七一八）。底本は「京保」。

参考文献

中井敬所『日本印人伝』（一九一五年）

本文

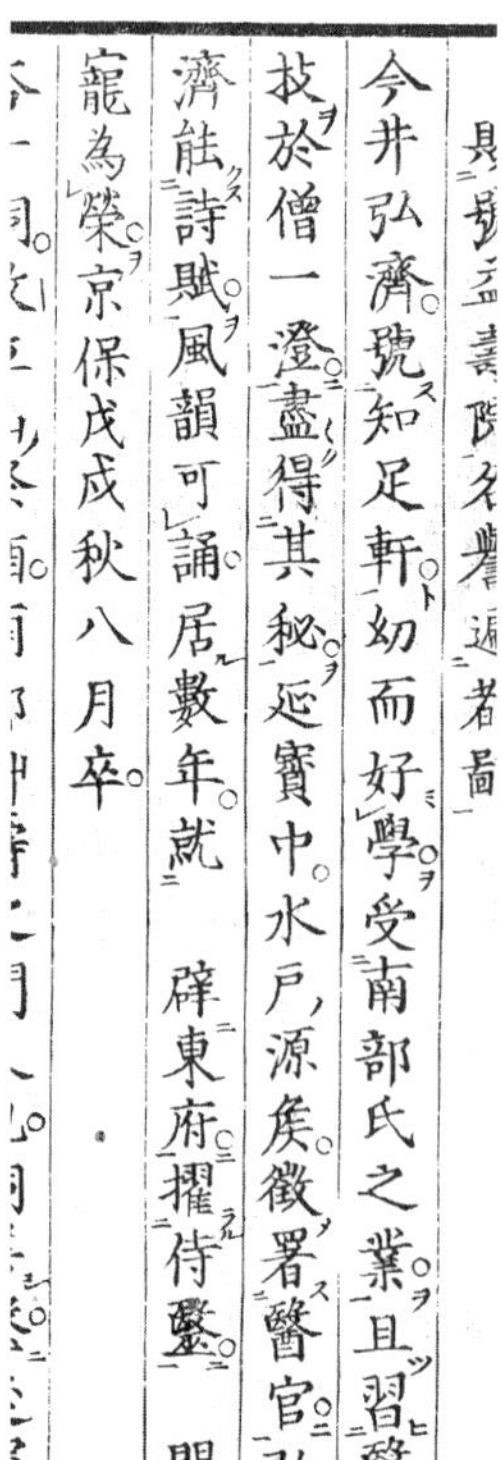

1 今井弘濟號知足軒幼而好學受南部氏之業且習醫
2 技於僧一澄盡得其秘延寶中水戸源侯徵署醫官弘
3 濟能詩賦風韻可誦居數年就 辟東府擢侍醫 賜
4 寵為榮京保戊戌秋八月卒

校異

1 今井弘済、号知足軒―今井健、字元剛（国）
1 受南部氏之業―受業于南部氏之門（国）
2 僧一澄―僧道亮（国）、僧澄一（神）
2 水戸源侯、徴署医官―水戸侯、徴置医官（国）、弘済能詩賦―健有芸文能詩賦（国）

3　就辟東府、擢侍医—台廷抜擢侍医（国）、台廷擢侍医（神）
4　京保戊戌秋八月卒—享保戊戌秋八月卒。行年六十一（国）、享保戊戌秋八月卒（神）

39　杏一洞

書き下し文

杏一洞（1）、故立山（2）の祭酒にして、南部草寿（3）の門人なり。洞、医に善し。延宝中、医を以て越菅侯（4）に于き、二百石を拝す。是の時、南部先生、職を辞して京に去る。菅侯、方に儒術を好み、学術・材芸の士を引く。洞、其の師草寿を進む。菅侯、草寿を迎へて師と為し、庠序の事（5）を掌らしむ。嗣後、升沢、養栄の徒（6）、相ひ続ぎて至る。皆、杏氏より始まる。洞、崎に在りて、林道栄（7）の書を学び、能書の名有り。乃ち、手帖二本を著す。題して『杏林堂法帖』と曰ひ、世に行はる。

注

（1）**杏一洞**　生年未詳、元禄十四年（一七〇一）没。初め村田氏。通称は輸心子、号橘軒。医術は西玄甫に学ぶ。

（2）**立山**　正保四年（一六四七）、向井元升の進言により、長崎の立山役所前の東上町に建てられた第二次立山聖堂。立山書院とも。寛文三年（一六六三）三月八日の大火により焼失（藪田貫・若木太一編『長崎聖堂祭酒日記』〈二〇一〇年刊、関西大学出版部〉所収、若木太一「長崎聖堂略史年表」）。

（3）**南部草寿**　巻下・85参照。

（4）**越菅侯**　富山藩主前田正甫。『先民伝』巻上・5・注15参照。正甫に召し抱えられたのは、延宝八年（一六八〇）のこと（『長崎県人物伝』）。

（5）**庠序の事**　庠序は郷校、すなわち富山藩の教育の意。

（6）**升沢、養栄の徒**　茂升沢、広中養栄。『先民伝』巻下・51に後出。

（7）**林道栄**　林応寀。『先民伝』巻上・2参照。

本文

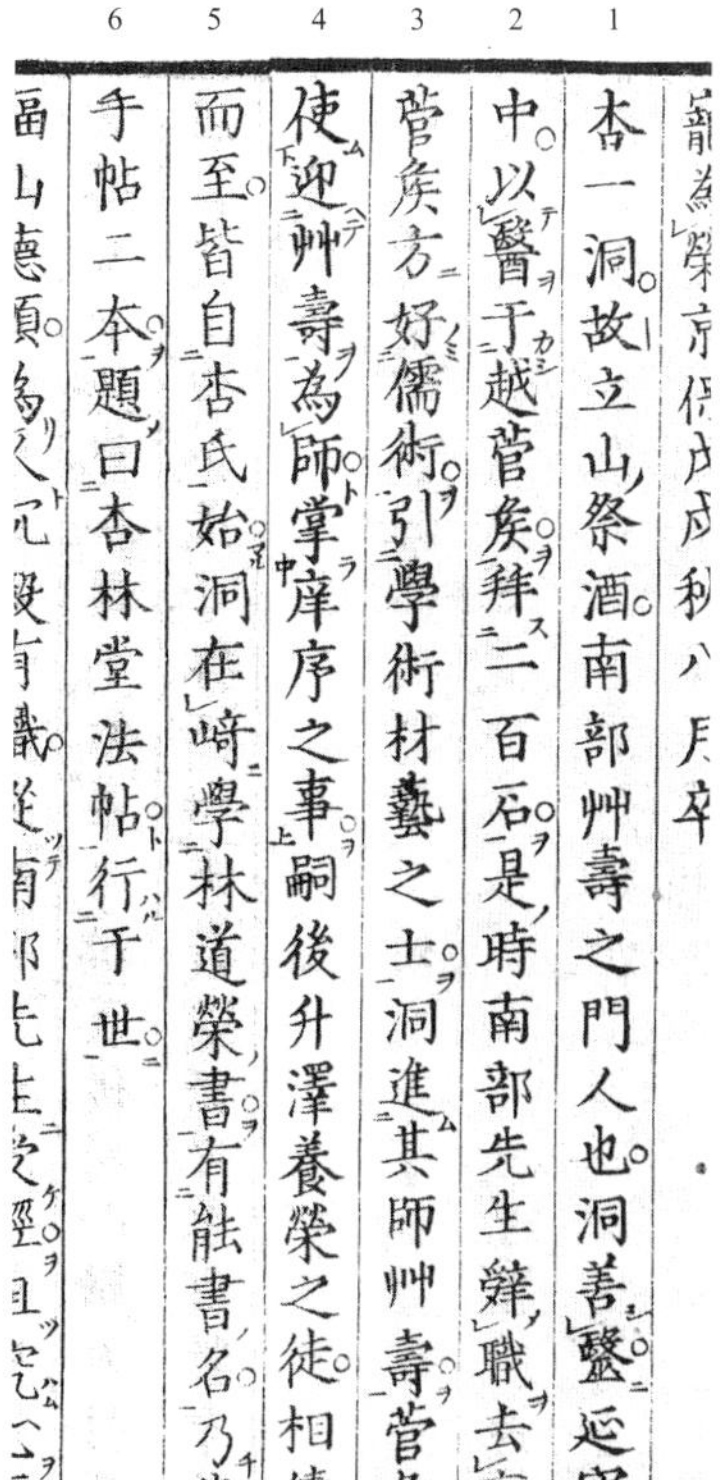

寵為榮京保戊戌秋八月卒
杏一洞。故立山祭酒。南部艸壽之門人也。洞善醫。延寶
中。以醫于越菅侯。拜二百石。是時南部先生辭職去京。
菅侯方好儒術。引學術材藝之士。洞進其師艸壽。菅侯
使迎艸壽為師。掌庠序之事。嗣後升澤養榮之徒相續
而至。皆自杏氏始。洞在崎。學林道榮書。有能書名。乃著
手帖二本。題曰杏林堂法帖。行于世。

校異

1　杏一洞～門人也—杏一洞者、故立山祭酒、南部草寿之門人也。本姓村田氏。初名玄意、一号輸心子（国）
1　洞善医—業医（国）
2　以医于越菅侯、拝二百石—以医于越菅侯、乃更姓名杏一洞（国）
2　是時、南部先生—是時、南部君（国）
3　学術材芸之士—文学材芸之士（国）
3　洞—一洞（国）
3　菅侯使迎草寿為師、掌庠序之事—於是、菅侯使使迎草寿立為師、掌庠序

之事（国）、菅侯使迎草寿為師、掌庠序之事（神）
4 升沢養栄之徒—升沢養栄之従（国）
5 洞—一洞（国）
5 林道栄—林応寀（国）
6 杏林堂法帖—杏林堂方帖（国）（神）

40 福山徳順

書き下し文

福山徳順(1)、人と為り沈毅(2)にして識有り。南部先生に従ひて経を受け、且つ心を本草に究む。是れより先、本国、本草に通ずる者無し。唯だ盧草碩(3)、是の書を考究し、『薬性集要』(4)を作るのみ。徳順、請ひ従ひて之れに学ぶ。乃ち、其の伝を得。延宝中、移りて摂水(5)に業(なりわ)ひす。専ら其の学を倡(とな)へ、名は当代に著はる。弟子の従ひて業を講(なら)ふ者、日に多し。而して賀州の稲若水(6)、之れに学びて最と称す。此れよりして後、世に本草薬性を伝ふるは、皆、福山氏に本づく。

注

（1）**福山徳順**　未詳。「徳潤」とも。（国）は、元禄年間に壱岐に流罪となったことを言う。
（2）**沈毅**　落ち着いて強いこと。
（3）**盧草碩**　盧草拙の父。通称徳兵衛、名玄琢、号葆庵。正保四年（一六四七）生、元禄元年（一六八八）七月二十八日没、四十二歳。「元禄元年／七月廿八日／一薬王院草碩　内中町盧草碩　歳四拾二寺内江送」（『本連寺過去帳』）。万治元年（一六五八）、幼児に岩永宗故に初学につき、万治元年に小野昌碩に医を学び、延宝元年（一六七三）、上京して桂草叔の門に入り、帰国後小林謙貞に天文・輿地を学ぶ（『先民伝』巻下・自叙〈盧千里〉）。本草書『薬用集要』の著がある（古賀十二郎『長崎洋学史』上巻）。
（4）**『薬性集要』**　未詳。
（5）**摂水**　京都。
（6）**稲若水**　稲生若水。明暦元年（一六五五）生、正徳五年（一七一五）没、六十一歳。本草学者、儒学者。加賀藩に儒をもって仕えた。

本文

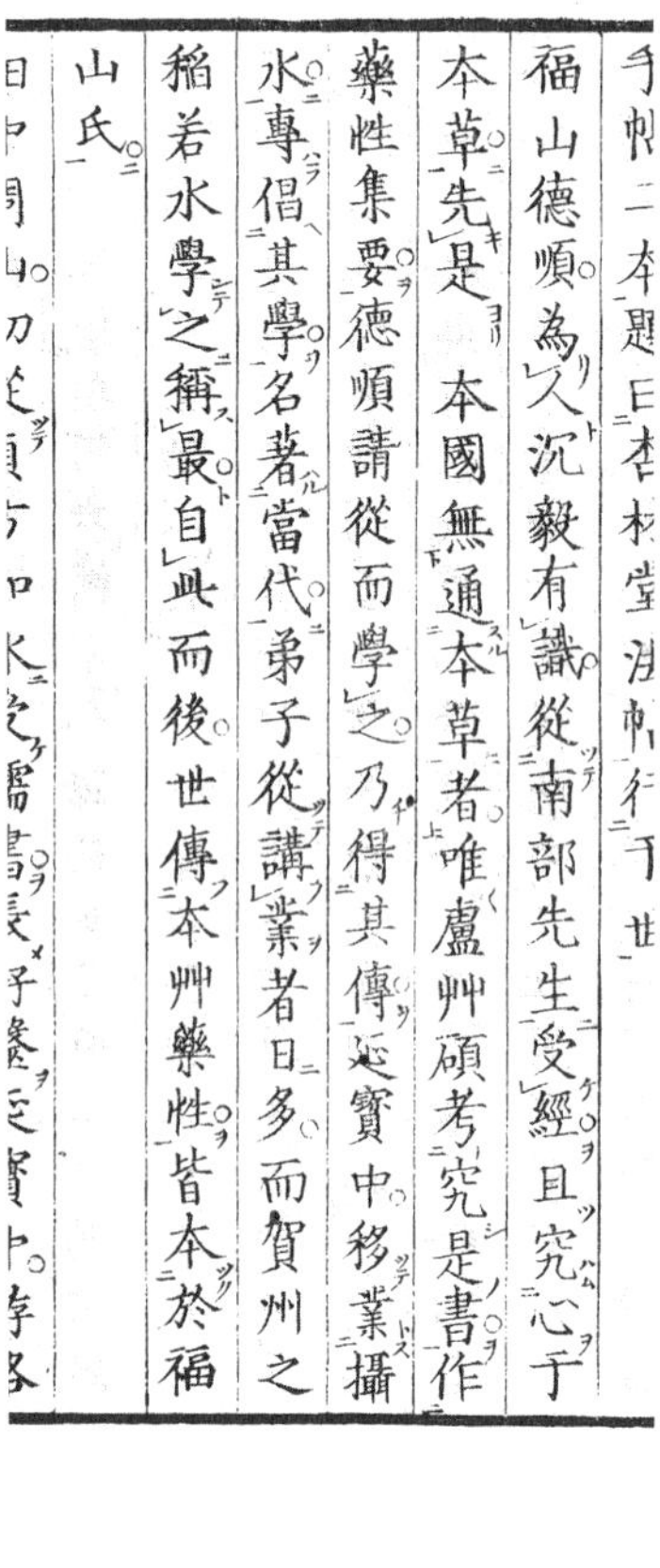
1 福山徳順為人沈毅有識從南部先生受經且究心于
2 本草先是本國無通本草者唯盧艸碩考究是書作
3 藥性集要徳順請從而學之乃得其傳延寶中移業攝
4 水專倡其學名著當代弟子從講業者日多而賀州之
5 稻若水學之稱最自此而後世傳本艸藥性皆本於福
6 山氏

校異

1 福山徳順—福山徳順者、本姓正阿弥氏、初称彦左（国）、且究心于本草—究心于本草（国）
2 盧草碩—余祖玄琢
3 徳順請従～得其伝—彦左委贄請為弟子、覃思苦学、尽得其伝（国）

3　移業摂水―移業摂水。時年三十余、乃更姓名、為福山徳順（国）
4　賀州之稲若水、学之称最―賀藩之稲若水、称最（国）
5　自此而後、世伝本草薬性―自此之後、世伝本草（国）
5　皆本於福山氏―皆本於福山氏。元禄年中、順繫事、放一岐島（国）

41　田中周山

書き下し文

田中周山(1)、幼きより貞方如水(2)に従ひて儒書を受け、長じて医を好む。延宝中、洛陽に游び(3)、西三博(4)の門に依り、因りて三貞と名づく。是の歳の庚申(5)、会たま皇太后の不予(6)に三博を召して之れを治せしむ。三博、効あらず。三貞を薦めて薬を奉らしむ。三貞、薬を奉りて験有り。皇太后の病、立どころに愈ゆ。是に於いてか、朝廷、其の能を嘉し、位、法橋を賜ふ。時に年二十五なり。

居ること何も無く、博と合はず。郷に帰して名を周山と更む。薬を用いること、古方に泥まず、時に随ひて宜を制す(7)。効、踵を旋らさず。大村藤侯(8)、周山の名を聞き、召して客礼を以てして相ひ待つ。是の時、公子重員(9)、江戸に在り。聾を患ふ。衆医、治すること能はず。藤侯、周山をして往きて治せしむ。未だ幾くならずして差ゆ。又、防州岩国吉川氏、痾を病む。周山、聘に応じて往く。即ち効有り。

凡そ周山の病に於いて、治する所、活きざること無し。治を許さざる者、必ず斃る。元禄中、年四十余にして、藤侯に従ひて江府に在り。大医官杉浦玄徳(10)、七十余にして、曾て周山を扣きて弟子の礼を執る。厥の後、周山、大村に帰して色荒山(11)に隠居す。宝永戊子(12)、摂州に移り、未だ幾くならずして還た復た東府に之く。数年の間、奔走して暇あらず。正徳乙未(13)冬十一月、東府に客死す。行年五十九と云ふ。

注

（1）**田中周山**　明暦三年（一六五七）生、正徳五年（一七一五）没、五十九歳。元禄年間、周防岩国領主吉川氏に従い江戸に出た。
（2）**貞方如水**　貞方之休。『先民伝』巻上・9参照。
（3）**延宝中、洛陽に游び**　周山が京都に上ったのは、延宝二年（一六七四）、十八歳のこと（『長崎県人物伝』）。
（4）**西三博**　『先民伝』巻下・36参照。
（5）**庚申**　延宝八年（一六八〇）。
（6）**不予**　天子などの病気を言う。
（7）**宜を制す**　柔軟にする。
（8）**大村藤侯**　肥前大村藩主大村純長。寛永十三年（一六三六）生、宝永三年（一七〇六）没、七十一歳。
（9）**重員**　大村重員。延宝元年（一六七三）生、寛保元年（一七四一）没、六十九歳。
（10）**杉浦玄徳**　明暦三年（一六五七）生、享保十八年（一七三三）没、七十七歳。
（11）**色荒山**　（国）（神）は「包荒山」に作る。
（12）**宝永戊子**　宝永五年（一七〇八）。
（13）**正徳乙未**　正徳五年（一七一五）。

本文

1

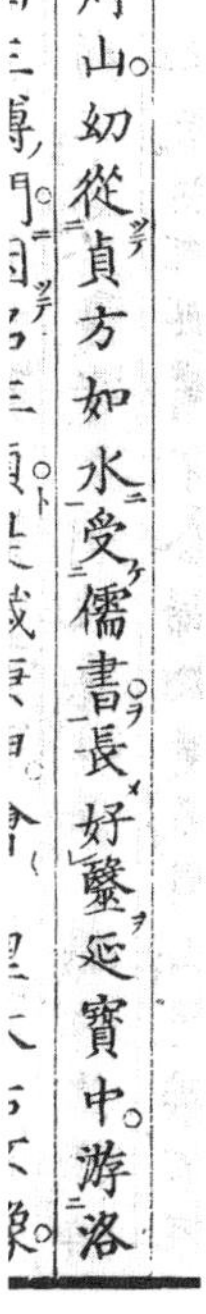
田中周山幼従貞方如水受儒書長好醫延寶中游洛

田中周山如彼貞右好水受儒書長好醫延寶中游洛
陽依西三博門因名三貞是歳庚申會皇太后不豫
召三博治之三博不効薦三貞奉藥三貞奉藥有驗
皇太后病立愈於是乎　朝廷嘉其能賜位法橋時
年二十五居無何與博不合歸郷更名周山用藥不泥
古方随時制宜効不旋踵大村藤侯聞周山名召以客
禮相待是時公子重員在江戸患聾衆醫不能治藤侯
令周山往治未幾而差又防州岩國吉川氏病痾周山
應聘而往即有効凡周山於病所治無不活不許治者
必斃矣元禄中年四十餘従藤侯在江府大醫官杉浦
玄徳七十餘曽扣周山執弟子禮厥後周山歸大村隠
居色荒山寳永戊子移攝州未幾還復之東府數年之
間奔走不暇正徳乙未冬十一月客死于東府行年五
十九云

久我宗悦號克菴十四喪父事母以孝聞以醫為業

校異

1　田中周山―田中周山者（国）
1　長好医―漸長篤好医（国）
1　游洛陽―乃入洛陽（国）
2　是歳庚申―今茲庚申（国）
3　召三博治之〜皇太后病立愈―三博療之不治。薦言三貞。三貞奉薬立愈（国）
4　嘉其能、賜位法橋―喜其能、叙法橋位（国）
5　更名周山〜不泥古方―改名周山。業益進、用薬不泥致方（国）
6　大村藤侯―大村藤侯〔名純長〕（国）
6　召以客礼―召致以客礼（国）
7　患聾―病聾（国）
8　令周山往治―令周山往来（国）
8　未幾而差―未幾而愈（国）
8　吉川氏病痾―菊河侯痾（国）、菊河氏病痾（神）
8　周山応聘而往。即有効―周山能起之（国）
10　在江府―在江武（国）
11　七十余―年七十余（国）（神）
12　色荒山―包荒之山（国）、包荒山（神）
12　宝永戊子、移摂州―宝永丁亥冬捐資庀役、建三皇廟、明年戊子、周山移摂州（国）
12　未幾還復之東府―未幾還以純尹藤侯〔純長之子〕疾、之東武（国）
13　正徳乙未〜客死于東府―正徳乙未冬十一月十四日、客死于江戸（国）

42　久我宗悦

書き下し文

久我宗悦、(1)克菴と号す。十四歳にして父を喪ひ、母に事へて孝を以て聞こゆ。医を以て業と為す。年、二十四にして、芸州源侯(2)〔名は綱長、浅野氏〕の東府に述職するに従事し、旅次、官舎、日に士庶を招(3)き、経を講じ史を読む。居ること二年にして崎に帰す。是の時、母氏已に老いたり。悦、定省して怠らず。(4)

元禄甲戌(5)の春、母氏、腰痛を患ふ。療治効あらず。悦、乃ち母氏に御めて小浜(6)に至り、温泉に浴せしむ。〔小浜の地、島原に属す。海に沿ひて湯泉有り。能く諸病を治す〕母の病、日ならずして愈ゆ。悦、欣然として顔を解き、直ちに温泉山(7)に抵り、乃ち詩若干首を賦し、並せて温泉紀行を作る。

宝永丙戌(8)、悦、家族を率ゐて将に摂阪に移らんとし、船を買ひて大硯海(9)を過る。十月十八日、稍く呼子(10)に至る。〔港の名。唐津に在り〕夜半、失火す。暴風太だ急にして、之れを救ふに縁無し。母子倶に中流(11)に堕つ。哀れなるかな。

注

（1）**久我宗悦**　未詳。

（2）**芸州源侯**　広島藩主浅野綱長。万治二年（一六五九）生、宝永五年（一七〇八）没、五十歳。

（3）**士庶**　一般の人々。

（4）**定省**　昏定晨省の略。晩には親の寝具を整え、朝にはその安否を省み問うこと。親に懇ろにつかえる意。

（5）**元禄甲戌**　元禄七年（一六九四）。

（6）**小浜**　長崎県島原半島の西岸にある温泉地。

（7）**温泉山**　雲仙岳。

（8）**宝永丙戌**　宝永三年（一七〇六）。

（9）**大硯海**　西海編『大硯』（延宝六年刊）では、博多周辺の海を「大硯海」と呼ぶ。

（10）**呼子**　現在の佐賀県唐津市呼子町。

（11）**中流**　海の真んなか。

本文

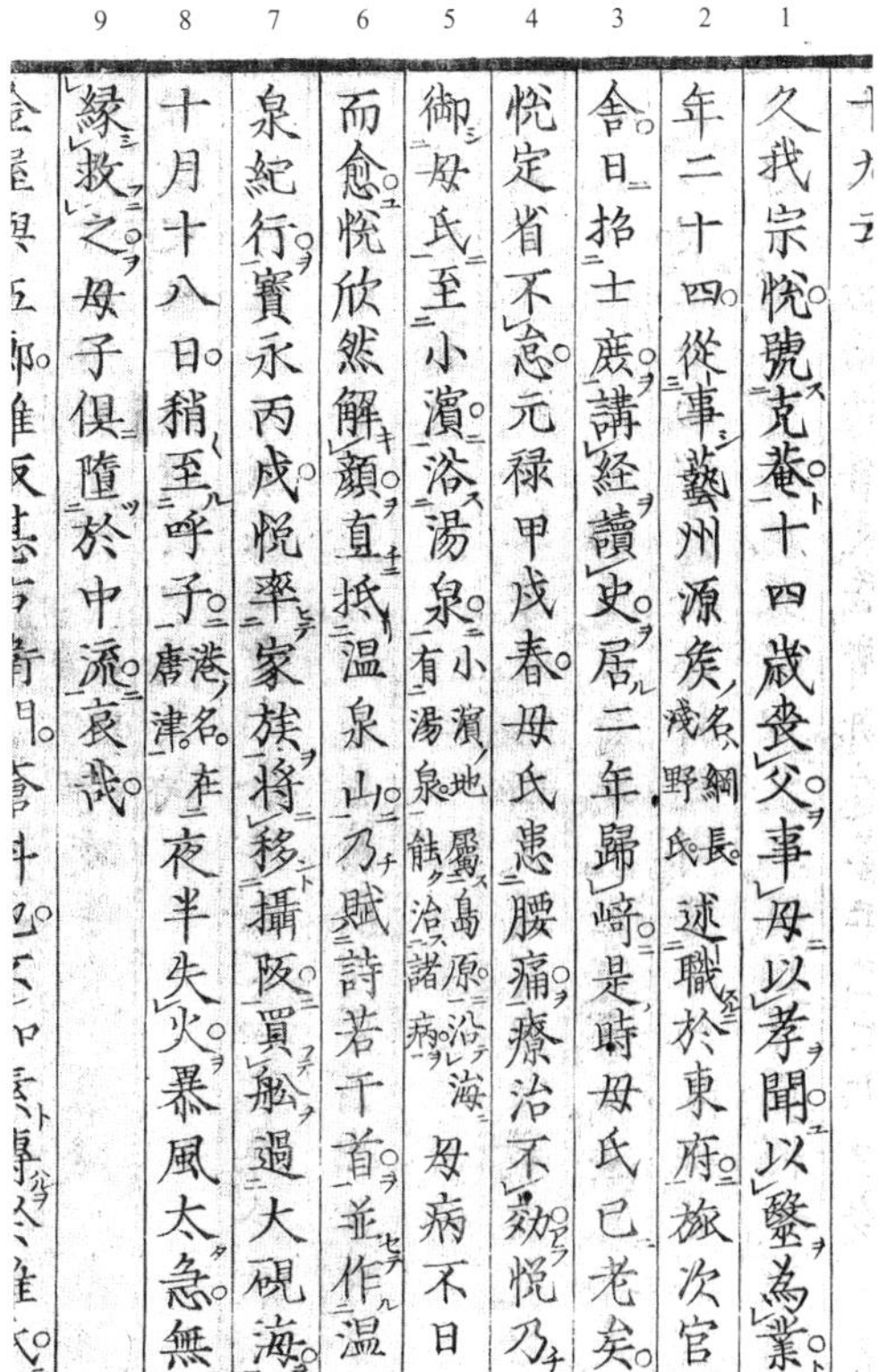
久我宗悦號克菴十四歳喪父事母以孝聞以醫為業
年二十四従事藝州源侯名綱長浅野氏述職於東府旅次官
舎日拾士庶講経讀史居二年歸崎是時母氏已老矣
悦定省不怠元禄甲戌春母氏患腰痛療治不効悦乃
御母氏至小濵浴湯泉小濵地屬島原沿海有湯泉能治諸病母病不日
而愈悦欣然解顔直抵温泉山乃賦詩若干首並作温
泉紀行寳永丙戌悦率家族将移攝阪買船過大硯海
十月十八日稍至呼子港名在唐津夜半失火暴風太急無
縁救之母子倶堕於中流哀哉

校異

1　事母以孝聞―ナシ（国）

1　以医為業―以医為業。少時、読書学文、昕夕不倦（国）

2　〔名綱長、浅野氏〕―〔名綱長〕（国）

2　東府―東武（国）

4　患腰痛―患腰疼（国）

4　悦乃～浴湯泉―於是、偕其母至小浜、浴于湯泉（国）

5　〔小浜地～治諸病〕―〔小浜距崎東隔海十里許。肥前属隷島原之地。湯泉出焉。泉鑒諸病。故病者至此。春秋闐々矣〕（国）、〔小浜地、属島原。沿海有温泉。能治諸病焉〕（神）

5　不日而愈―以湯愈（国）

6　抵温泉山―至温泉山〔在島原地〕

6　並作温泉紀行―作温泉紀行（国）

7　悦率家族—ナシ（国）
7　将移摂阪—将移摂州（国）
7　買船過大硯海—奉母与妻乗舸、浮海（国）
8　稍至呼子〔港名。在唐津〕—船海呼子〔港名。在唐津地〕（国）
8　無縁救之—無従救援（国）

43　金屋与五郎・雉取甚右衛門

書き下し文

金屋与五郎(1)、雉取甚右衛門(2)、瘡科(3)なり。素と誰氏より伝はるかを知らず。或は曰く、蕃医者流(4)に出づと。当時、邑に瘡科無し。二子、首めて出でて伝を立つ。今則ち、伝を失ふ。惜しむべし。

注

(1) 金屋与五郎　未詳。
(2) 雉取甚右衛門　未詳。古賀十二郎『長崎洋学史』（長崎文献社、一九六七年）下巻では、播磨の外科で鷹取流の祖である鷹取甚右衛門を誤り伝えたかと推測する。
(3) 瘡科　皮膚科。
(4) 蕃医者　西洋医学の医者。

本文

1
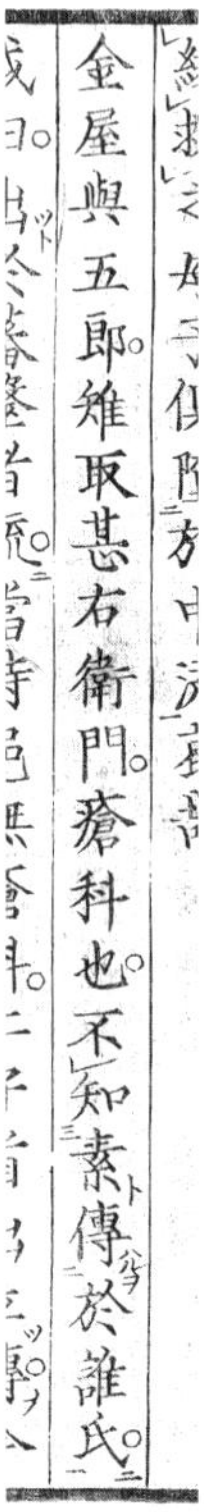
金屋與五郎。雉取甚右衛門。瘡科也。不知素傳於誰氏。

2　3
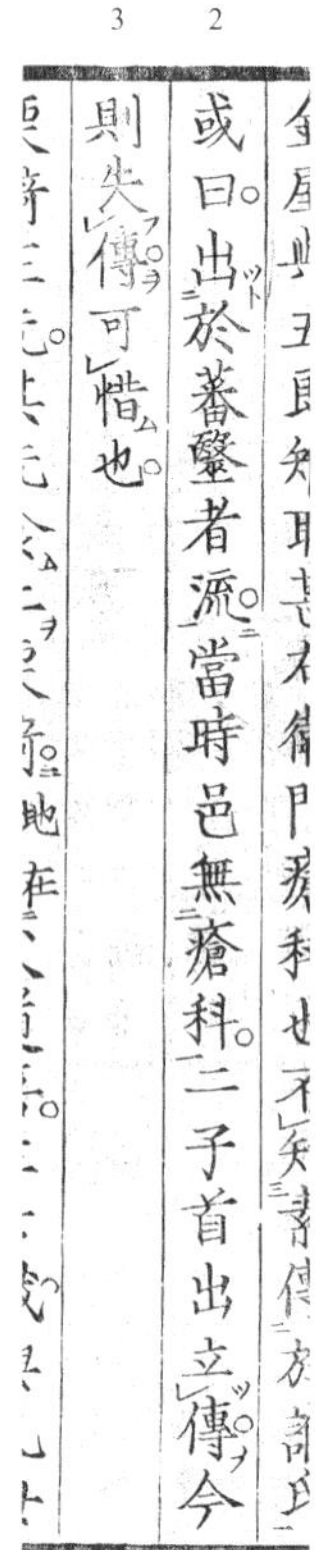
或曰。出於蕃醫者流。當時邑無瘡科。二子首出立傳。今
則失傳可惜也。

校異

1　金屋与五郎、雉取甚右衛門—金屋与五郎、雉取甚右衛門者（国）
1　不知素伝於誰氏—不知伝於誰氏（国）
2　或曰出於蕃医者流—想出於番医者流（国）、或曰出於番医者流（神）

44　栗崎正元

書き下し文

栗崎正元(1)、其の先、土を栗崎(2)〔地は肥後に在り〕に食む。父道喜(3)、生まれて七歳にして、乳母と仇を崎に避く。居ること二年、讐の之れを覓むること急なり。乳母、喜をして窃かに番船(4)に乗せて、遠く呂宋(5)に走らしむ。

年十四にして、意を外科の術に留めて、努力すること八年なり。輒ち其の業に精し。後、東帰を思ひ、賈船(6)に登りて長崎に抵る。良工を以て国に称せらる。仍ち栗崎氏を姓とす。

正元、幼にして雋悟なり(7)。長じて益ます精研なり。道喜、年已に七十なり。口授するに『瘍医要訣』(8)を以てす。正元、乃ち平日、父に聞く所の者を取りて集録し、之れを子孫に貽る。正元の術、益ます熟し、名、益ます著はる。療を求むる者、門に輻輳(9)し、存済(10)甚だ多し。慶安四年卒す。子の正家(11)、亦た名有り。

注

(1) **栗崎正元** 生年未詳、慶安四年(一六五一)十二月晦日没。
(2) **栗崎** 現在の熊本県下益城郡美里町。
(3) **父道喜** 栗崎道喜。天正十年(一五八二)生、寛永六年(一六二九)没、四十七歳。
(4) **番船** 蕃船。外国船。
(5) **呂宋** フィリピンの古称。なお、古賀十二郎は『金瘡本末撰記』の記述により、道喜の渡航先について、呂宋ではなく媽港(マカオ)と推測する(参考文献)。
(6) **賈船** 商船。
(7) **雋悟** すぐれてかしこいこと。
(8) **『瘍医要訣』** 未詳。
(9) **輻輳** あつまりいたること。
(10) **存済** たすけすくうこと。
(11) **正家** 栗崎道有(初代)。生年未詳、延宝九年(一六八一)八月十三日没。

参考文献

古賀十二郎『長崎洋学史』(長崎文献社、一九六七年)下巻

本文

1 栗崎正元。其先食土栗崎。地在肥後。父道喜。生七歳。與乳母
2 避仇于崎居二年。鞴覓之急矣。乳母遣喜竊乗番船遠
3 走呂宋。年十四。留意於外科之術。努力八年。輙精其業。
4 後思東歸。登賈船抵長崎。以良工見稱于國。仍姓栗崎
5 氏。正元幼而雋悟。長益精研。道喜年已七十。口授以瘍
6 醫要訣。正元乃取平日所聞于父者。集録貽之子孫。正
7 元術益熟。名益著。求療者輻輳于門。存濟甚多。慶安四
8 年卒。子正家亦有名。

校異

1 栗崎正元—栗崎正元者(国)
1 〈地在肥後〉—〈在肥後州〉(国)(神)
2 覓之急—構之急(国)
2 遣喜竊乗~走呂宋—竊乗番船遠走呂宋(国)
3 年十四—年十一(国)
3 努力八年—努力十一年(国)、
4 登賈船抵長崎—乃登賈舶直抵崎(国)、登賈舶抵長崎(神)
5 正元—元(国)
5 長益精研—漸長精研家業(国)
5 道喜—喜(国)
6 正元—ナシ(国)
6 集録貽之子孫—以和字貽之子孫(国)
6 正元—元(国)

45　栗崎正羽〔栗崎道有〕

書き下し文

栗崎正羽(1)、字は道有、正家の子なり。人と為り踈濶(2)にして事とする無し。十三歳の時、邑の某氏、刀瘡(3)を以て其の父を延く。父、適ま在らざれば、羽、病家に之き、矯りて語りて曰く、「今は父、酔ひて疾を治すること能はざれば、余をして之れを視せしめよ」と。病家、之れを軽んじて、以て不可と為す。羽、固く請ふ。因りて聴して治せしむ。乃ち、瘡瘢(4)を燀き、針を下すこと十三たび、縫ひて将に畢らんとするに、父、外より来る。其の為す所を視れば、頗る己と合ふ。相ひ率ゐて家に帰して罵りて曰く、「竪児(5)、人を弄すること悪むべし。幾ど鞭斥(6)せんと欲す」と。而れども心に窃かに之れを器(7)とす。

長ずるに及びて、工(8)益ます進む。元禄四年、羽、年二十九なり。夏六月、徴辟され二百石を拝し、医官の員に備ふ。享保九年夏六月、老を告ぐ(9)。明年乙巳冬十月に卒す。

注

（1）**栗崎正羽**　通称は貞悦、のち道仙。生没年に諸説あり。古賀十二郎は『先民伝』における享保十年没とする説を誤謬とし、『金瘡本末撰記』栗崎家五得の第五の記述により、寛文四年（一六六四）生、享保十一年（一七二六）没、六十三歳とする。ただし（国）によれば、寛文三年（一六六三）生、享保十年（一七二五）十月二十日没、六十三歳となる。また『寛政重修諸家譜』によれば、万治三年（一六六〇）生、享保十一年（一七二六）没、六十七歳。元禄四年（一六九一）、幕府医官となり、来日していたドイツ人博物学者ケンペルにも学ぶ。

（2）**踈濶**　おおまかなこと。

（3）**刀瘡**　刀きず。

（4）**瘡瘢**　きずあと。

（5）**竪児**　人を見下げていうことば。こいつ。小僧。

（6）**鞭斥**　むちうって追い払うこと。

（7）**器**　才能があること。

（8）**工**　技術。

（9）**老を告ぐ**　致仕を願い出でる。『寛政重修諸家譜』では、致仕の年を享保十一年四月のこととする。

参考文献

『寛政重修諸家譜』

富士川游『日本医学史』（形成社、一九七四年、初版一九〇四年）

古賀十二郎『長崎洋学史』（長崎文献社、一九六七年）下巻

本文

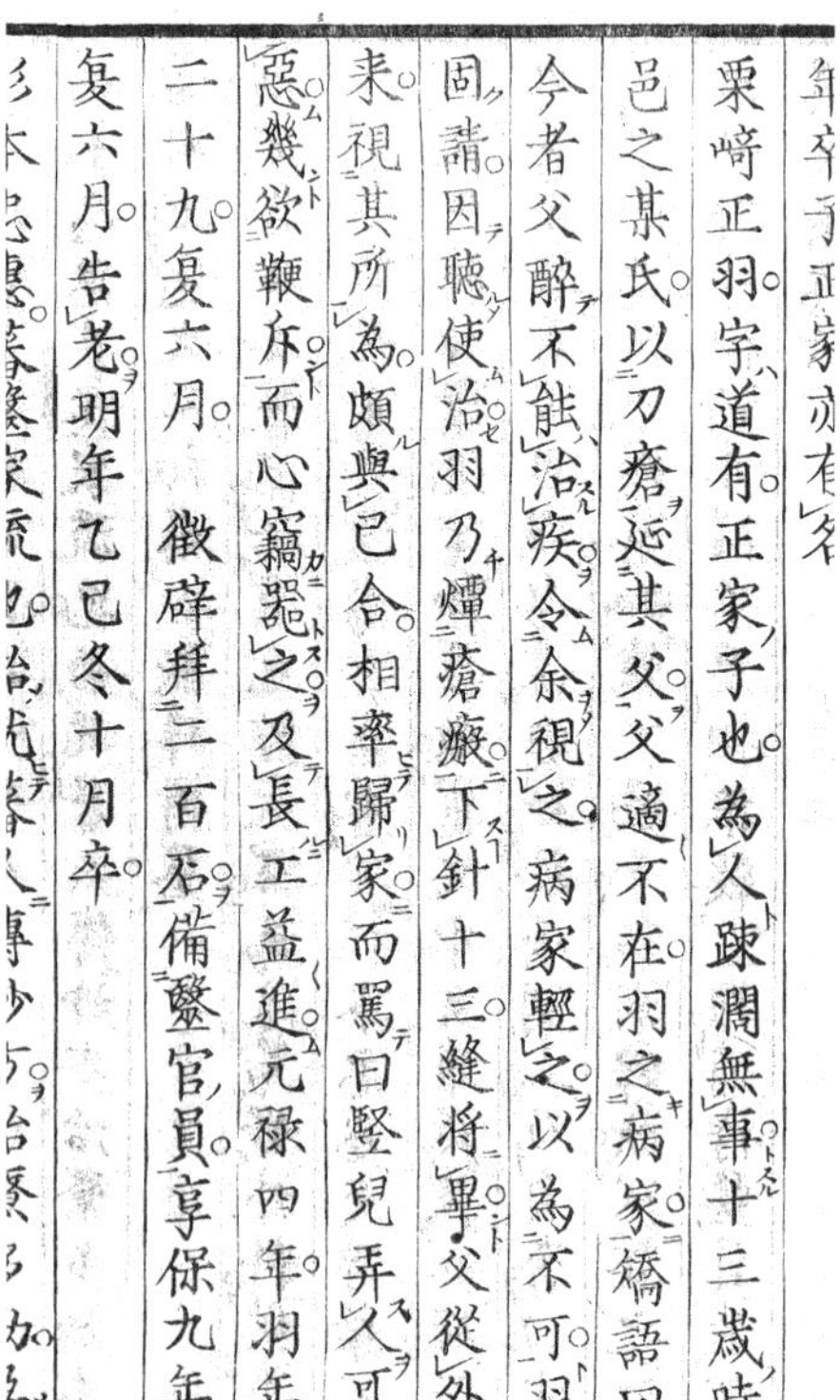

栗崎正羽字道有正家子也為人踈濶無事十三歳時
邑之某氏以刀瘡延其父父適不在羽之病家矯語曰
今者父酔不能治疾令余視之病家軽之以為不可羽
固請因聴使治羽乃燀瘡瘢下針十三縫将畢父従外
来視其所為頗與己合相率帰家而罵曰竪児弄人可
悪幾欲鞭斥而心竊器之及長工益進元禄四年羽年
二十九夏六月徴辟拝二百石備医官員享保九年
夏六月告老明年乙巳冬十月卒

校異
1 栗崎正羽、字道有、正家子也─栗崎正堅者、正元孫也。字道有（国）
1 無事─無所事事（国）、無事事（神）
2 父適不在。羽之病家─父適他出。乃之病家（国）
3 令余視之─以令余視之（国）
3 羽固請～縫将畢─堅固請、乃聴。則為部署、針線縫十三。道将卒事（国）、羽固請、因聴使治。羽乃燀瘡瘢、下針十三、縫事将畢（神）
5 相率帰家而罵曰─因与倶帰罵曰（国）
6 工益進─業大進（国）
6 羽年二十九─堅年廿九（国）
8 告老。明年乙巳冬十月卒─乃老。子某襲職。明年乙巳冬十月二十日卒。年六十三。正堅事、四主無不合。縉紳諸公咸敬服之。奉職前後、三十五年、以名誉終（国）

46 杉本忠恵

書き下し文

杉本忠恵[1]、蕃医家の流なり。始めて蕃人に就きて妙方を伝ふ。治療して効多し。当時の為に重んぜらる。寛文の初[2]、徴に応じて侍医に拝せらる。

注

（1）杉本忠恵　元和四年（一六一八）生、元禄二年（一六八九）没、七十二歳。忠恵は名。また元政とも。沢野忠菴に南蛮外科を学ぶ。寛文十年（一六七〇）、最初の洋方医として幕府に召し抱えられる。

（2）寛文の初　『寛政重修諸家譜』に、「寛文六年十二月朔日はじめて厳有院殿にまみえたてまつり、十年十二月二十五日、廩米二百俵をたまふ」とある。

参考文献

『寛政重修諸家譜』

本文

1 杉本忠恵。蕃醫家流也。始就蕃人傳妙方。治療多効。為
2 當時重。寛文之初、應徴拜侍醫。

校異

1 杉本忠恵─杉本忠意（国）
1 蕃医家流─番医家流（国）（神）
1 蕃人─番人（国）（神）

47 西玄甫

書き下し文

西玄甫[1]、少(わか)くして蕃語[2]を善くし、黄毛館[3]の大訳[4]に任ず。人と為り篤く、外科を好み、蕃人沢野忠菴[5]なる者に従ひて業を受く。玄甫、曾て杉本忠恵[6]と交はりて、弁難[7]すること少(すこし)くも輟(や)まず。生徒の業を肄(なら)ふ者、

其の数を知らず。
　寛文中、玄甫、江府に祇役す。而して忠恵、医官に挙げらる。玄甫、忠恵が台閣(8)の上に委蛇(9)たるを視て、乃ち自から奮ひて曰く、「丈夫、当(まさ)に是(かく)の如くなるべし。何ぞ乃ち跼蹐(きょくせき)(10)して轅下(えんか)の駒(11)の如くならんや」と。病に移して職を辞し、医を以て江府に之(ゆ)く。是の時、井伊・酒井(12)の諸侯、更(こも)ごも相ひ推轂(13)し、擢せられて侍医の員に備へらる。蓋し、其の素志に負(そむ)かずと云ふ。

注
（1）西玄甫　生年未詳、貞享元年（一六八四）没。名新吉、通称吉兵衛、玄庸。阿蘭陀通詞西吉兵衛（初代）の男。沢野忠菴やオランダ商館医に南蛮医術を学ぶ。延宝元年（一六七三）、幕府に召し出され、参勤通詞目付となり、外科医官をかねた。
（2）蕃語　外国語。ここではオランダ語。
（3）黄毛館　オランダ商館。長崎の出島に設置されたオランダ東インド会社の支店。
（4）大訳　大通詞。
（5）沢野忠菴　ポルトガルのキリシタン宣教師。天正八年（一五八〇）生、慶安三年（一六五〇）没、七十一歳（一説に承応元年（一六五二）没、七十三歳）。本名はChristovão Ferreira.
（6）杉本忠恵　『先民伝』巻下・46参照。
（7）弁難　言いたてて相手をやりこめる。
（8）台閣　幕府。
（9）委蛇　ゆったりと落ち着いたさま。
（10）跼蹐　おそれてびくびくすること。
（11）轅下の駒　束縛をうけて自由でないさま。
（12）井伊・酒井　ともに大老の井伊直澄と酒井忠清。
（13）推轂　すぐれた人材を推挙する。

参考文献
富士川游『日本医学史』（形成社、一九七四年、初版一九〇四年）
古賀十二郎『長崎洋学史』（長崎文献社、一九六七年）

本文

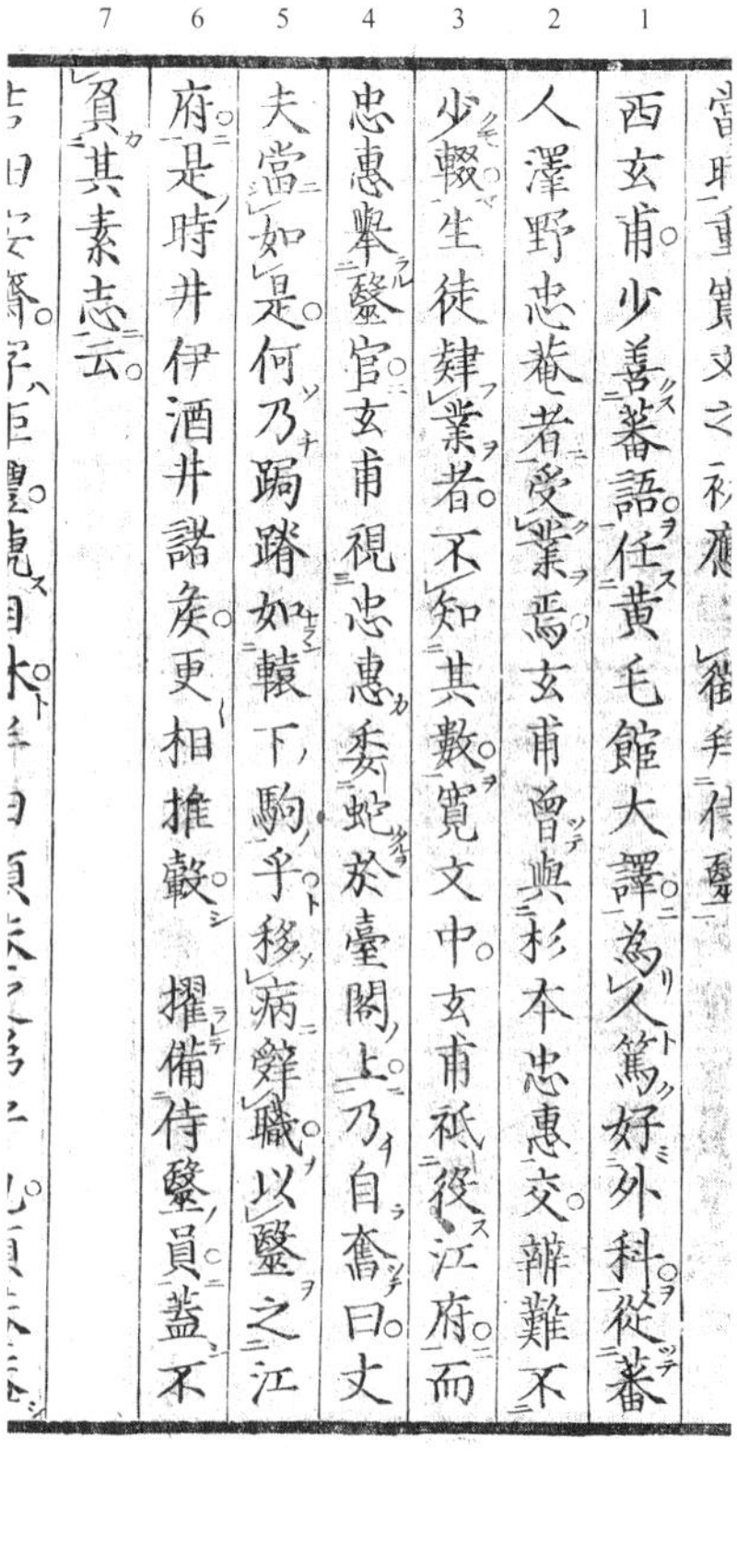
1 西玄甫少善蕃語任黄毛館大譯為人篤好外科従蕃
2 人澤野忠菴者受業焉玄甫曽與杉本忠恵交辨難不
3 少輟生徒肄業者不知其數寛文中玄甫祇役江府而
4 忠恵挙醫官玄甫視忠恵委蛇於臺閣上乃自奮曰丈
5 夫當如是何乃跼蹐如轅下駒乎移病辭職以醫之江
6 府是時井伊酒井諸侯更相推轂擢備侍醫員蓋不
7 負其素志云

校異
1　西玄甫、少善蕃語〜受業焉―西玄甫者、少就番人沢野忠菴、習番語、任荷蘭館大訳。為人謙恭、無嗜慾。篤好外科、従荷蘭之精斯術者受業焉（国）、西玄甫、少善番語、任黄毛館大訳。為人篤好外科、従番人沢野忠菴者受業焉（神）
2　杉本忠恵―杉本忠意（国）
3　江府―江武（国）
4　忠恵挙医官―忠意挙為侍医（国）
4　視忠恵委蛇於台閣上―視忠意委蛇于青雲之上（国）
6　擢備侍医員―居無何擢備侍医員（国）

48　吉田安斎

書き下し文

吉田安斎(1)、字は鋸豊、自休と号す。半田順菴(2)の弟子なり。順菴、蓋し、本邑の産にして、幼きより志を瘡医(3)に篤くす。業を沢野忠菴(4)の門に受く。慶元(5)の間、遠く阿媽港(6)に入り、其の技を潤色す。帰朝の後、名声大きに震ふ。

安斎、壮歳にして、即ち半田氏に師事し、肱を斯道に折り、尽く蘊奥(7)を得。兼ねて軒岐の書(8)を読み、伝ふる所の者と同じきを審らかにし、異なるを弁じ、遂に一家の学を成す。延請する者、虚日無し。其の生を回し、死を起すや、枚挙すべからず。元禄甲戌(9)、家に終はる。

注

（1）吉田安斎　生年未詳、元禄七年（一六九四）没。一説に、慶長十二年（一六〇七）生、貞享三年（一六八六）没。八十歳。
（2）半田順菴　未詳。
（3）瘡医　皮膚科の医者。
（4）沢野忠菴　『先民伝』巻下・47・注5参照。
（5）慶元　慶長（一五九六～一六一五）と元和（一六一五～一六二四）。
（6）阿媽港　中国広東省の地名。マカオ。
（7）蘊奥　奥義。
（8）軒岐の書　医学の書。
（9）元禄甲戌　元禄七年（一六九四）。

参考文献
古賀十二郎『長崎洋学史』（長崎文献社、一九六七年）下巻

本文

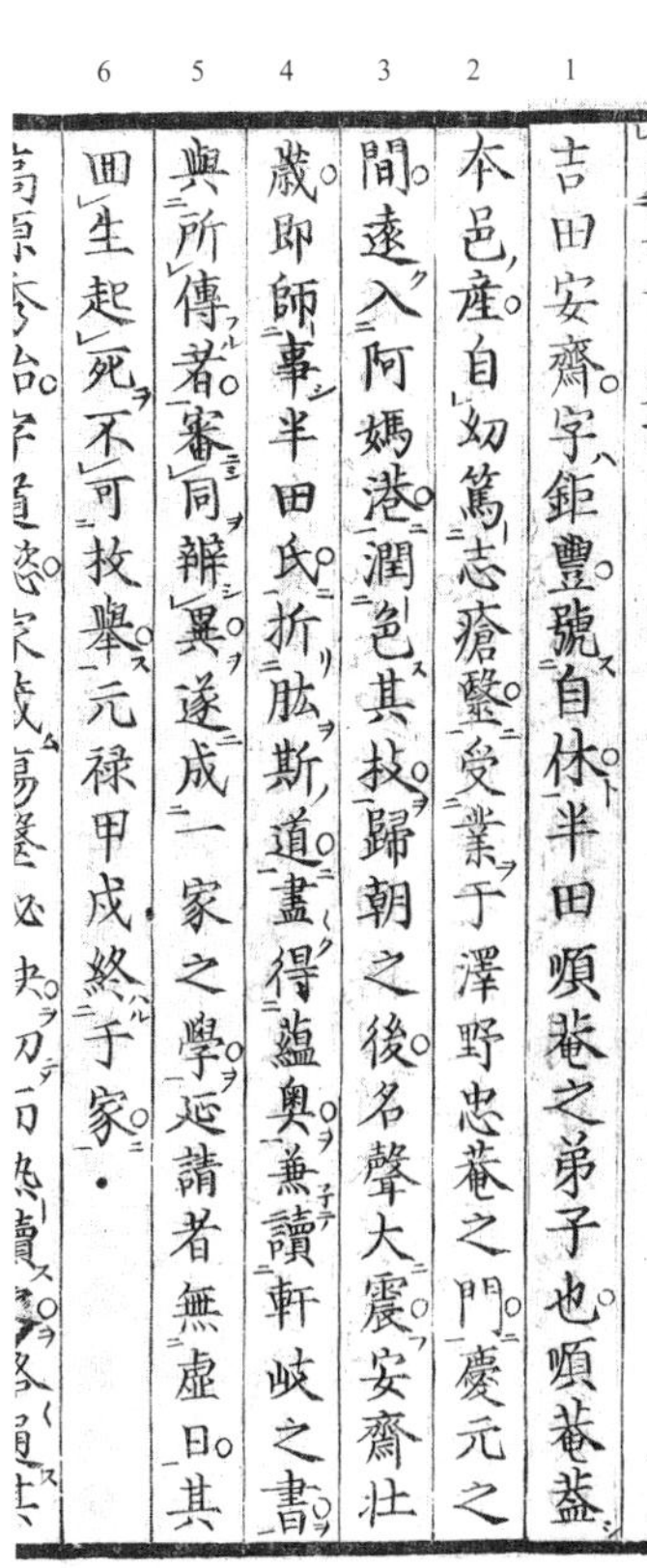
吉田安齋字鉅豐號自休半田順菴之弟子也順菴蓋
本邑産自幼篤志瘡醫受業于澤野忠菴之門慶元之
間遠入阿媽港潤色其技歸朝之後名聲大震安齋壯
歳即師事半田氏折肱斯道盡得蘊奥兼讀軒岐之書
與所傳者審同辨異遂成一家之學延請者無虚日其
回生起死不可枚擧元祿甲戌終于家

校異

1　吉田安斎―吉田自休者（国）
1　字鋸豊、号自休―ナシ（国）
2　篤志瘡医―篤志外科（国）
2　受業于沢野忠菴之門―ナシ（国）
3　潤色其技―伝異方之技（国）
3　安斎―自休（国）
6　元禄甲戌―元禄丙戌（国）（神）

49　高原秀治

書き下し文

高原秀治(1)、字は道懿なり。家に『瘍医秘訣』(2)を蔵む。幼くして之れ

を熟読し、略ぼ其の指に通ず。已に長じて、西玄甫(3)に従ひて、以て其の蘊を究め、遂に一家を起こす。門徒、尤も多し。又、内科に工にして、乃ち西三博(4)の高弟なり。

人と為り剛毅にして、敢へて為す。始め、正保中、其の兄、本山作左(5)、人に誣告せられ(6)、獄に坐す。十有八年、秀治、日として署に詣でて為に言はざること無し。官、之れを斥けども、肯て去らず。殆ど逮繋(7)すること数しばなり。毅然として懼色(8)無し。之れを久しくして官、之れを憐れみて曰く、「兄、罪有りと雖も、弟、是の若し。其れ悌(9)なるかな」と。遂に審らかに覈べ、実を収むれば、其の罪に非ざるなり。乃ち、免じて之れを出す。其の他、事に臨みて撓まざれば、則ち洎ね此れに類すべし。

注

(1) **高原秀治**　未詳。
(2) **『瘍医秘訣』**　未詳。『先民伝』巻下・44参照。
(3) **西玄甫**　『先民伝』巻下・47参照。
(4) **西三博**　『先民伝』巻下・36参照。
(5) **本山作左**　本山作左衛門。生没年未詳。長崎の天文学者林吉右衛門（?―正保三年）の門人。
(6) **人に誣告せられ**　誣告は、人を罪に陥れようとして訴えること。正保三年（一六四六）、師林吉右衛門が吉利支丹の党籍に名を連ねるゆえをもって刑死された際、作左衛門もこれに連座したことをさす。
(7) **逮繋**　とらえてつなぐ。
(8) **懼色**　おそれる様子。
(9) **悌**　弟が兄によく仕えること。

参考文献

古賀十二郎『長崎洋学史』（長崎文献社、一九六七年）

本文

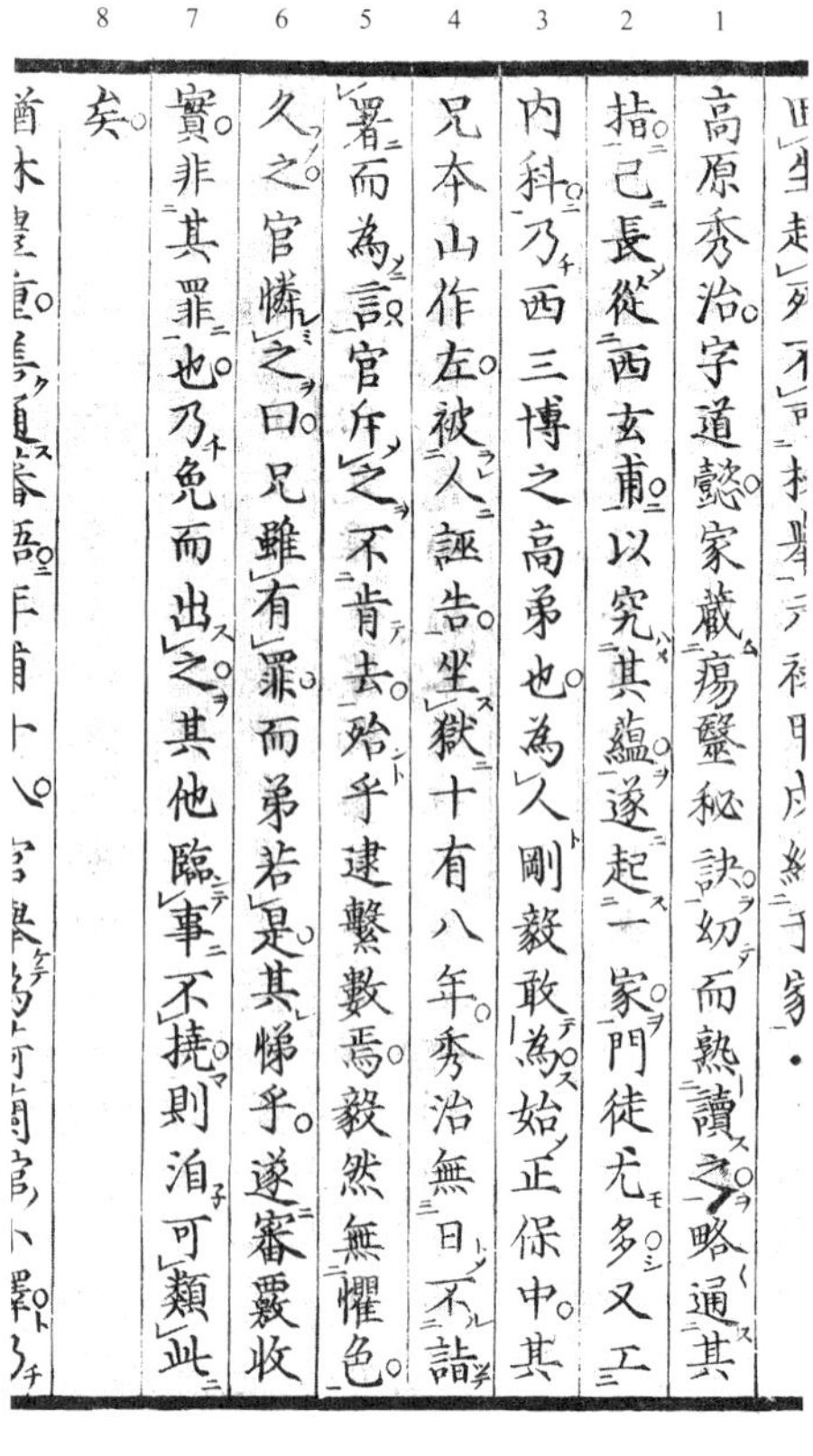
高原秀治字道懿家蔵瘍醫秘訣幼而熟讀之略通其
指已長從西玄甫以究其蘊遂起一家門徒尤多又工
内科乃西三博之高弟也為人剛毅敢為始正保中其
兄本山作左被人誣告坐獄十有八年秀治無日不詣
署而為言官斥之不肯去殆乎逮繫數焉毅然無懼色
久之官憐之曰兄雖有罪而弟若是其悌乎遂審覈收
實非其罪也乃免而出之其他臨事不撓則洎可類此
矣

校異

※　この条、（国）は次の通り甚だしく異なる。
「高原仁右衛門、大浦長兵衛、食瘍医也。其始各有所伝。鍛錬刻苦成一家之言。当其没也、仁則、伝之子弟、以襲其業。如長者、無人伝受、今則亡矣」

1　高原秀治―高原道懿（神）
1　熟読之―執読之（神）
2　門徒尤多。又工内科、乃西三博之高弟也―ナシ（神）
3　敢為―能事（神）
4　被人誣告、坐獄―被連師罪、下獄（神）
4　秀治―道懿（神）

6　遂審覈、収実、非其罪也―ナシ（神）
7　臨事不撓―臨節軽命（神）

50　楢林豊重

書き下し文

楢林豊重(1)、善く蕃語に通ず。年甫めて十八にして、官挙げて荷蘭館(2)の小訳(3)と為す。乃ち、寛文五年なり。居ること二十一年にして、貞享乙丑(4)、大訳に累擢(5)せらる。人と為り温順多能なり。頗る外科の術に精し。蓋し、荷蘭の斯の術を精くする者に従ひて伝ふ。元禄戊寅(6)、年五十一なり。病に移して職を辞し、栄久と称号す。済世を以て楽と為す。治を求むる者必ず往く。而れども貧賤を分たず。況んや、幣を受くるを為さんや。故に名、当時に重し。遠近の士、従ひて業を受くる者、其れ堵の如く然り。相ひ称して楢林家流と曰へりと云ふ。

注

（1）**楢林豊重**　阿蘭陀通詞、医者。名時敏、通称新吾兵衛、号鎮山。慶安元年（一六四八）生、宝永八年（一七一一）四月二十九日没、六十四歳。通詞職のかたわら、オランダ商館の蘭医に医学を学んだ。著述に『外科宗伝』（宝永三年成立、三巻）などがある。
（2）**荷蘭館**　オランダ商館。
（3）**小訳**　小通詞。
（4）**貞享乙丑**　貞享二年（一六八五）。
（5）**累擢**　かさねて用いる。
（6）**元禄戊寅**　元禄十一年（一六九八）。

参考文献

富士川游『日本医学史』（形成社、一九七四年、初版一九〇四年）
古賀十二郎『長崎洋学史』（長崎文献社、一九六七年）

本文

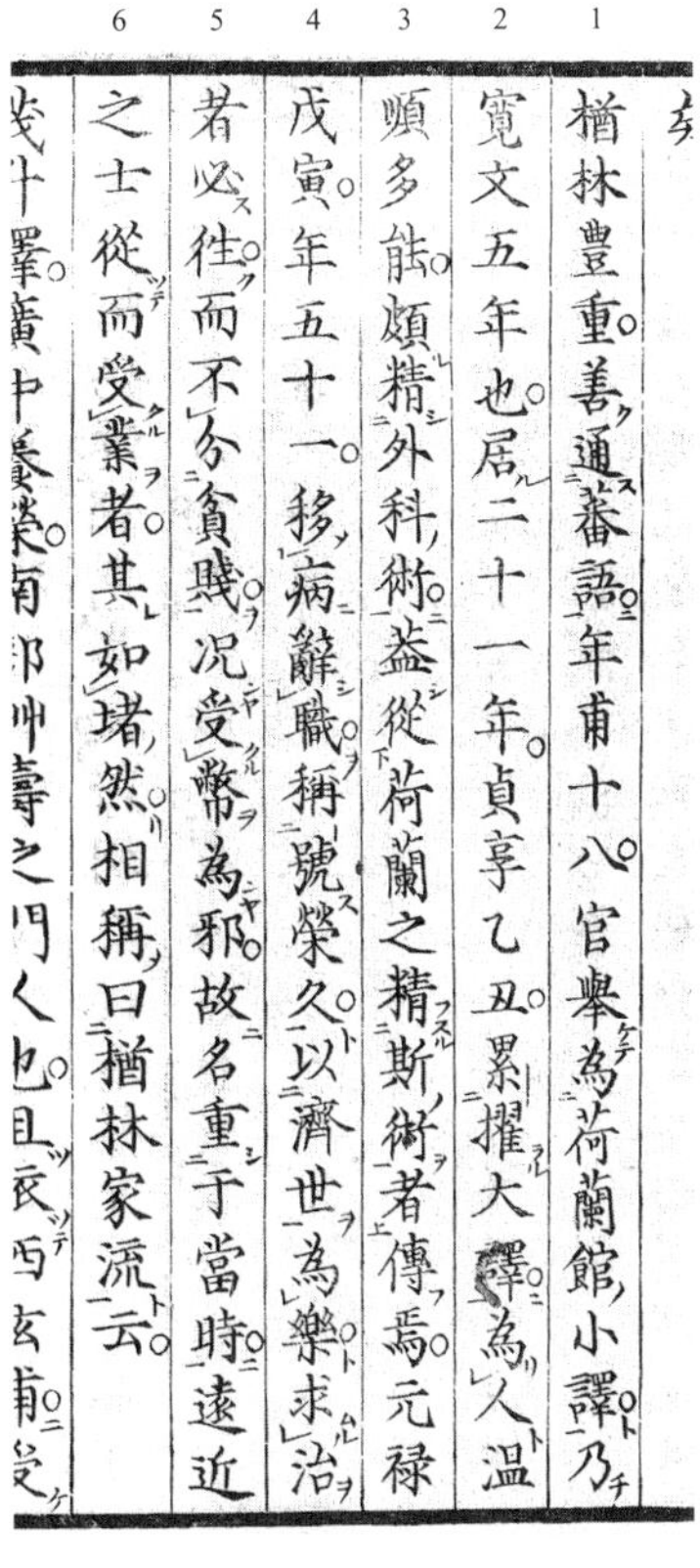
1 楢林豊重。善通蕃語。年甫十八。官挙為荷蘭館小譯。乃
2 寛文五年也。居二十一年。貞享乙丑。累擢大譯。為人温
3 順多能。頗精外科術。蓋従荷蘭之精斯術者傳焉。元禄
4 戊寅。年五十一。移病辭職。称號栄久。以濟世為楽。求治
5 者必往。而不分貧賤。况受幣為耶。故名重于當時。遠近
6 之士従而受業者。其如堵然。相称曰楢林家流云。

校異

1　楢林豊重―楢林豊重者（国）
1　蕃語―番語（国）（神）
1　年甫十八―年十八（国）
3　蓋従荷蘭之精斯術者伝焉―ナシ（国）
4～6　求治者必往。而不分貧賤～其如堵然―求治者、不分貴賤必往。已愈不受幣。善名重当時、遠近士徒、受業者環聚如堵（国）
6　相称曰楢林家流云―相称曰楢林家流。宝永八年夏四月二十九日卒（国）

51　茂升沢・広中養栄

書き下し文

茂升沢(1)・広中養栄(2)、南部草寿(3)の門人なり。且つ西玄甫(4)に依りて瘍医(5)の術を受け、倶に其の術を以て、杏一洞(6)と同じく菅侯(7)に事ふ。

注

（1）茂升沢　（国）に、一庵と号し、はじめ南部草寿、のちに西玄甫に外科医を学び、富山藩主前田正甫に仕えたとある。

（2）広中養栄　（国）に、南部草寿に学び、杏一洞、茂升沢と同じく、富山藩主前田正甫に仕えたとある。

（3）南部草寿　『先民伝』巻下・85参照。

（4）西玄甫　『先民伝』巻下・47参照。

（5）瘍医　外科医。

（6）杏一洞　『先民伝』巻下・39参照。

（7）菅侯　富山藩主前田正甫。『先民伝』巻上・5・注15参照。

本文

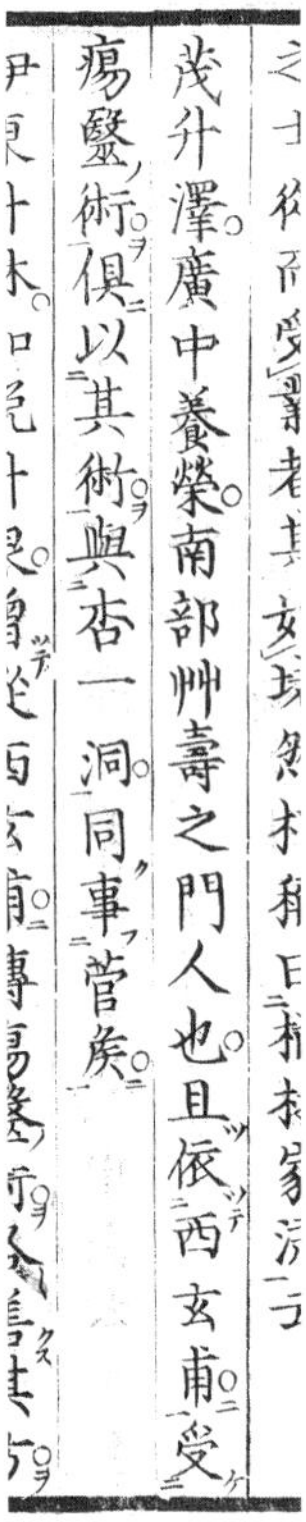
1 茂升澤廣中養榮南部艸壽之門人也且依西玄甫受
2 瘍醫術倶以其術與杏一洞同事菅矦

校異

※　この条、（国）では次の通り、茂升沢と広中養栄を別々に立項する。

茂升沢者、南部草寿之門人也。号一庵。後就西玄甫、受瘍医術。以神奇称。遂以其術、食禄越中。

広中養栄者、南部草寿之門人也。兼通瘍医。与一洞、升沢同事菅侯。

52　伊藤升林・加悦升泉

書き下し文

伊藤升林(1)・加悦升泉(2)。曽て西玄甫(3)に従ひて、瘍医の術を伝へ、各おの其の方を善くす。後、諸侯の徴めに応じて、升林は信州に事へ、升泉は越中に食す。

注

（1）伊藤升林　未詳。

（2）加悦升泉　未詳。

（3）西玄甫　『先民伝』巻下・47参照。

本文

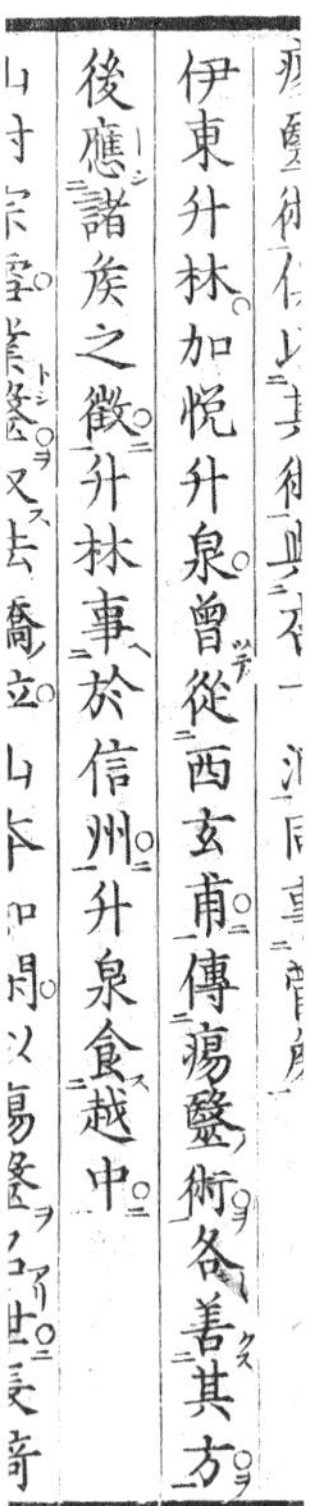
1 伊東升林加悦升泉曽從西玄甫傳瘍醫術各善其方
2 後應諸矦之徵升林事於信州升泉食越中

校異

※（国）では「技芸」の部に次のように記述される。
○山村宗雪　業医至位法橋
○山本如閑　瘍医
○伊藤升林　瘍医西玄甫之弟子、食禄於信州松本
○加悦升泉　瘍医西玄甫之弟子、食禄於越中之富山
○長崎休意　口科

53　山村宗雪・山本如閑・長崎休意・吉雄寿三

書き下し文

山村宗雪[1]、医を業として法橋の位に叙す。山本如閑[2]、瘍医を以て世に名あり。長崎休意[3]、口科を能くす。水戸[4]の吉雄寿三[5]、始め僧と為り、沙弥の業[6]を習ひ、後、還俗して医に食す。且つ芸文有りて時に知らる。

注

（1）山村宗雪　未詳。
（2）山本如閑　未詳。
（3）長崎休意　未詳。
（4）水戸　この前後、（神）の本文は「…長崎休意能口科、遊水戸。吉雄寿三、始為僧…」であり、底本は「遊」字を見落としたもの。吉雄寿三は水戸の人ではない。
（5）吉雄寿三　阿蘭陀通詞。生没年未詳。娘婿の吉雄藤三郎、その子吉雄耕牛と、代々通詞職をつとめ、洋書を考究して、医学においては吉雄流の一派をおこした（古賀十二郎『長崎洋学史』（長崎文献社、一九六七年）下巻）。
（6）沙弥の業　仏道。

本文

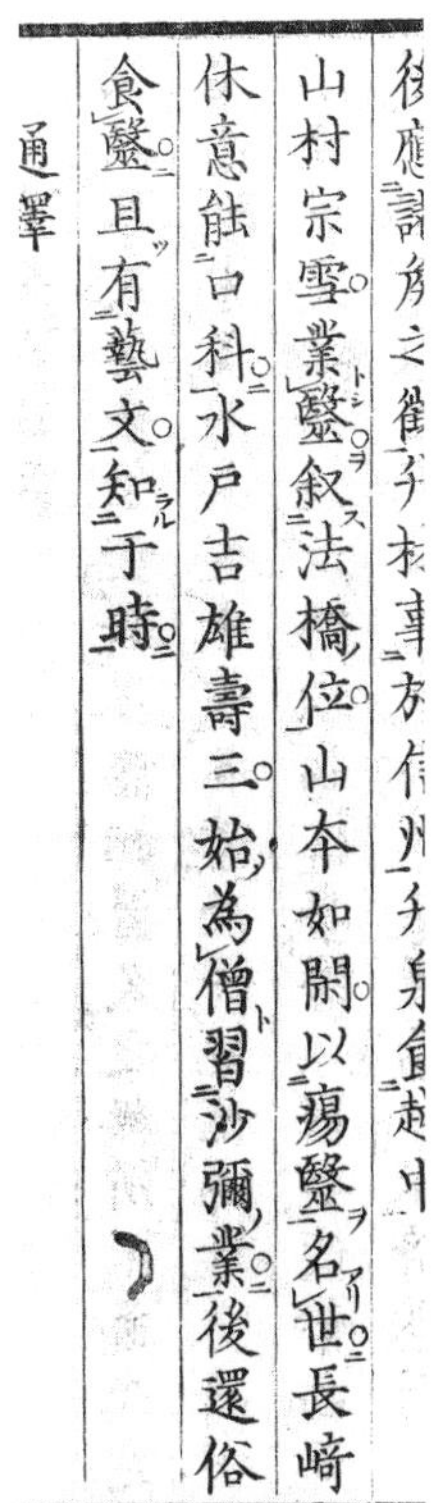
1 山村宗雪。業醫叙法橋位。山本如閑。以瘍醫名世。長崎
2 休意能口科。水戸吉雄壽三。始爲僧。習沙彌業。後還俗
3 食醫。且有藝文。知于時。

通譯

校異

※（国）における山村・山本・長崎の三名の校異については、第52条参照。また吉雄は、（国）では「処士」の部に立項されるが、名前のみで本文なし。

2　水戸―遊水戸（神）

【通訳】

書き下し文

通訳

訳は易なり。有る所ろを以て無き所に易ふるなり。其れ人に伝語するに、古、四方に名あり。今、通して訳と謂ふ。漢の国に通ずるや尚し。仍つて玄蕃寮(1)を置き、鴻臚館を設く。訳士若干員、中古以来、和漢海に航ること稍や少なし。訳名幾んど熄む。慶寛の際(2)、華蕃の賈舶(3)、交ごも崎港に入る。是れに因つて復た大訳(4)・小訳(5)を立て、総べて通事と目く。此に其の精しく方言を諳じ、規制を講じ、法令に達し、繊悉(6)明徹にして、彼此情解し、能く国政を伝へ、其の功載すべき者を択びて、通訳を志す。

注

(1) 玄蕃寮　仏寺や僧尼の名籍、外国使節の接待・送迎をつかさどった役所。
(2) 慶寛の際　慶長から寛永（一五九六～一六四四年）の頃。
(3) 賈舶　商船、あきない船。
(4) 大訳　大通事・大通詞。
(5) 小訳　小通事・小通詞。
(6) 繊悉　細かいところまで行き届くこと。

本文

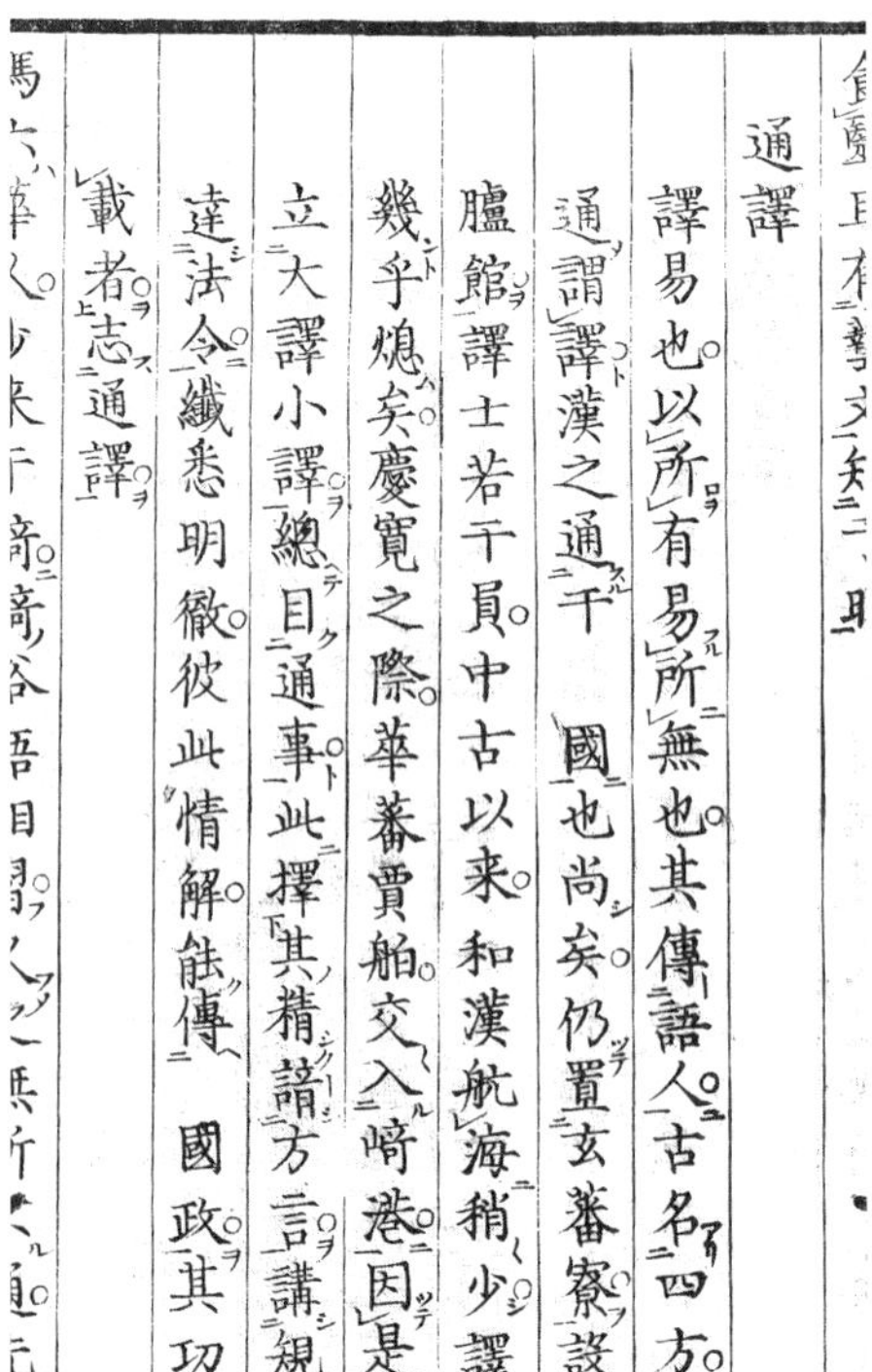
通譯
譯易也以所有易所無也其傳語人古名四方今
通謂譯漢之通于國也尚矣仍置玄蕃寮設鴻
臚館譯士若干員中古以来和漢航海稍少譯名
幾乎熄矣慶寛之際華蕃賈舶交入崎港因是復
立大譯小譯總目通事此擇其精諳方言講規制
達法令纖悉明徹彼此情解能傳國政其功可
載者志通譯

校異

1 通訳―訳士（国）
2 訳易也―記称五方之民言語不通嗜欲不同達其志通其欲東方曰寄北方曰訳々之為言易也（国）
2 其伝語人―其伝語之人（国）
2 古名四方―古有両名（国）
2 今通謂訳―今則通謂之訳也（国）
3 仍置玄蕃寮―朝廷仍置玄蕃寮（国）
4 訳士若干員―訳詞若干員接待来貢所謂翻錦繍背面倶華者是也（国）
4 中古以来―中古以降（国）
4 和漢航海稍少―和之与漢航海頗少（国）
4 訳名幾乎熄矣―訳士之号幾乎熄矣（国）
5 華蕃賈舶―漢土賈舶（国）、漢番賈舶（神）
5 交入崎港―始入崎港（国）

5 因是復立大訳小訳―因是復有大小訳士若干名（国）
6 総目通事―総之目為通事（国）
6 此択其精諳方言―夫訳士之職、能諳方言兼善土音（国）
6 講規制達法令―講規制之條款法令之要約（国）
7 織悉明徹―織悉明徹、繕造巻冊呈報本境当地此之時（国）
7 彼此情解〜志通訳―彼此情意澳然氷解無有窒礙矣（国）

54　馮六・馬田昌入・中山太郎兵・潁川官兵・林仁兵・潁川藤左・彭城仁左・柳屋治左・歐陽総右・何仁右

書き下し文

馮六(1)は華人なり。少くして崎に来り、崎の俗語、相習ふ。久しふして之れ通じざる所無し。是れより先、華商、東に航す。各おの其の便に随ひ、来つて各港に販す。而して崎の地、尤も盛りと為す。崎尹小笠原氏(2)〔号、一菴〕、始めて馮六を以て通事と為し、国令を伝ふ。華商をして互ひに生理(3)を弁ぜしむ。

寛永乙亥、官新に令を下し(4)、華蕃通商を但だ崎港に限り、別港に相ひ接はるを許さず。若し犯せば法に坐す。是れに由つて華船、崎に入る者、日に益ます駢闐(5)し、訳業累然(6)として、日に熾んなり。慶寛の際、官、馬田昌入(7)・中山太郎兵(8)を挙げて、訳士の員に備ふ。

又、潁川官兵(9)と云ふ者有り。紹興(10)の人。本姓は陳氏、始め何の名を知らず。慶長己亥(11)、十九歳、崎に来りて、寓居すること多年、遂に土著を成す。官兵、国体に通達し、寛永初め、官、訳士に挙げ、賜ふに今の名を以て、馮六等と僚を同じふし、列して四人と為す。正保の初め、馬場(12)〔名、利重〕・山崎(13)〔権八と称呼す〕の二尹、甫めて大訳・小訳を建つ。大訳、馮六等四人、是れなり。小訳、林仁兵(14)・潁川藤左(15)、是れなり。

承応中、一大訳士死す。官、随つて補銓し、復た彭城仁左(16)・柳屋治左(17)・歐陽総右(18)・何仁右(19)を以て小訳部に充つ。後、踵を接して家を起こす者、殆んど十数人、尽ごとく載する能はず。因つて数名を録し、以て後に伝ふと云ふ。

注

（1）**馮六**　馮六官。長崎大通事。生年未詳、寛永元年（一六二四）三月二十一日没（光源寺墓碑）。「平野家由緒書」は馮六を「ほうろく」とし、出生は「山西省潞安府始平縣」と記す。慶長八年（一六〇三）、初の唐通事となる（『訳司統譜』）。『訳司統譜』の「慶長十年病死」は、慶長十年まで勤め、のち病死したの意。
（2）**小笠原氏**　小笠原一庵、名為宗。長崎奉行。生没年未詳。
（3）**生理**　なりわい。
（4）**寛永乙亥、官新に令を下し**　寛永十二年（一六三五）の「鎖国令」。
（5）**駢闐**　並び盛んなさま。
（6）**累然**　増えるさま。
（7）**馬田昌入**　長崎大通事。生年未詳、寛永十七年（一六四〇）没。
（8）**中山太郎兵**　中山太郎兵衛。本姓馬。長崎大通事。生年未詳、寛永十八年（一六四一）没。
（9）**潁川官兵**　潁川官兵衛。陳性乾。のち僧独健。長崎大通事。万暦二十年（一五九二）浙江省生、寛文十一年（一六七一）六月八日没、八十歳。なお、底本は「頴川」とあるが、「潁川」に改めた。また（国）は、承応三年（一六五四）隠元禅師が来朝した時に通訳を務め、隠元が独健と命名したこと、通詞辞職後に剃髪したこと、寛文元年に卒し、享年は八十一と記し、親子を混同する。

林仁兵墓碑（崇福寺）

馮六夫妻墓碑（光源寺）

（10）紹興　中国浙江省北東部の都市。

（11）慶長己亥　慶長四年（一五九九）。但し、寛文五年（一六六五）、即非が独健に与えた詩偈中の年齢「七十四」（『即非禅師禅録』巻二一）を基準にした慶長十五年説もあり（『唐通事家系論攷』）。

（12）馬場　馬場三郎左衛門。名利重。長崎奉行。生年未詳、明暦三年（一六五七）没。

（13）山崎　山崎権八郎。名正信。長崎奉行。文禄二年（一五九三）生～慶安三年（一六五〇）十月十七日没、五十八歳。

（14）林仁兵　林仁兵衛。号守壁、字大堂、法名性英、のち僧独振。慶長十五年（一六一〇）十二月九日生、元禄七年（一六九四）五月六日没、八十五歳。寛永十七年（一六四〇）、小通事。翌十八年に潁川藤左衛門と共に大通事。寛文二年（一六六二）御役御免。『訳司統譜』では「寛文二年剃髪改名」とするが、『林氏家系』では、寛文九年とする。

（15）潁川藤左　潁川藤左衛門。陳道隆。延宝三年（一六七五）、吉左衛門と改名。生年未詳（一説に元和三年生）、延宝四年（一六七六）八月十日没。寛永十七年（一六四〇）、小通事。翌年、大通事。なお、底本は「頴川」とあるが、「潁川」に改めた。

（16）彭城仁左　彭城仁左衛門。『先民伝』巻上・1参照。

（17）柳屋治左　柳屋次左衛門。『本蓮寺過去帳』は、俗名石崎友少、元禄十三年（一七〇〇）十二月二日没、七十五歳と記す（墓碑銘では「享年六十二歳」）。万治元年六月（一六五八）小通事、寛文元年（一六六一）九月大通事。

（18）歐陽総右　陽惣右衛門。諱国澗、字惣翁。生年未詳、延宝三年（一六七五）閏四月十二日没。万治元年（一六五八）小通事。寛文二年（一六六二）大通事。（神）は「歐陽雲台」と記す。

（19）何仁右　何仁右衛門。諱兆晋、字可遠、号心声子。生年未詳、貞享三年（一六八六）三月五日没。万治元年（一六五八）小通事。

参考文献

宮田安『唐通事家系論攷』（長崎文献社、一九七九年）
嘉村国男編『長崎事典・歴史編』（長崎文献社、一九八二年）

本文

馮六華人少来于崎崎俗語相習久之無所不通先是
華商航東各随其便来取各港而崎地尤為盛矣崎尹
小笠原氏號一菴始以馮六為通事傳　國令使華商互
辨生理寛永乙亥官新下令華蕃通商但限崎港而不
許別港相接若犯坐法由是華船入崎者日益駢闐譯
業累然日熾矣慶寛之際官舉馬田昌入中山太郎兵
備譯士員又有顓川官兵者紹興人本姓陳氏始不知
何名慶長己亥十九歳来崎寓居多年遂成士著官兵
通達　國體寛永初官舉譯士賜以今名與馮六等同
僚列為四人正保初馬場（名利重）山崎（称呼権八）二尹甫建大
譯小譯大譯馮六等四人是也小譯林仁兵顓川藤左
是也承應中一大譯士死官随補銓復以彭城仁左柳
屋治左歐陽總右何仁右充小譯部後接踵起家者殆
十數人不能盡載因録數名以傳後云

校異

※（国）は、馮六、馬田、中山、穎川、森田を別々に記述する。

1 馮六華人―馮六者華人也（国）、馮六漢人（神）
1 崎俗語相習―耳濡目染於本地土音（国）
1 久之無所不通―無所不通（国）
1 先是華商航東―先是華船航東（国）、先是漢商航東（神）
2 而崎地尤為盛矣―然於崎地較多（国）
2 崎尹小笠原氏（号一庵）―於是鎮台小笠原一庵（国）
3 始以馮六通事伝国令―始以馮六為訳士（国）
3 伝国令使華商互弁生理―専其往来論説、官令旁較生現自此之後、昌入等相襲、為訳与六同職（国）、伝国令使漢商互弁生理（神）
4 令華蕃通商但限崎港―令漢番通商但限崎港（神）
4 寛永乙亥～訳業累然日熾矣―寛文乙亥官禁華船販、則島一至別港、即属私販由、是崎港之華船日増、訳業日熾矣、馮六卒計其在職十余年、皆能弁其繊悉、通其語言者也、故崎之有華訳、始于馮六氏（国）
5 由是華船入崎者―由是漢船入崎者（神）
6 慶寛之際―ナシ（国）
6 官挙馬田昌入―馬田昌入者慶長中、官挙馮六為訳士、嗣後以昌入副之云（国）
6 中山太郎兵備訳士員―中山太郎兵衛者寛永初、鎮台水野久隆櫂為訳是（国）
7 又有穎川官兵者―穎川官兵者（国）
7 紹興人―紹興人也（国）
8 慶長己亥―ナシ（国）
8 遂成土著―絶念于郷国遂成土著云（国）、遂成土著云（神）
9 官挙訳士―蔭鎮竹中重次挙為訳士（国）、官挙訳職（神）
10 列為四人―列為四人、承応三年隠元禅師来朝、官兵以訳侍因帰依焉、師命名独健、後辞職削髪以、焚香誦経以供仏為事、寛文元年卒、享年八十一、四民当在職時（国）
10 （名利重）―利重（国）
10 （称呼権八）―権八（国）
10 二尹甫建大訳小訳～是也―侍豪大訳銜亦置（国）

潁川藤左墓碑（悟真寺）

潁川藤左肖像（『光風蓋宇』より）

11 小訳林仁兵―小訳二名林仁兵衛（国）
11 潁川藤左―潁川藤左衛門（国）
12 官随補銓―黒川甲斐二尹随補其闕（国）
12 彭城仁左―彭城仁兵衛門（国）、彭城宣義（神）
12 柳屋治左―柳屋治左衛門（国）、柳屋宥昌（神）
13 歐陽総右―歐陽総右衛門（国）、歐陽雲台（神）
13 何仁右―何仁右衛門（国）、何可遠（神）

55 森田長助・東京久蔵・中原源六

書き下し文

森田長助(1)、武州の産。寛永丁卯(2)の春、賈舶に乗じて暹羅に至り、王仏(3)に臣事す。王仏は尾張の人。姓は山田、仁左と称す。是れより先、彼れに航して暹羅王に事ふ。功有りて侯王に封ぜられ、一方を拠有し、王仏と称す。長助、郷親を以ての故に、寵遇、殊に優る。後、官、人民の異域に留まるを禁ずるを以て、長助、遂に崎に帰る。乃ち寛文十一年なり。時に年十八、浦上の地に住す。

会たま明暦丙申五月、暹羅、書を奉じて入貢す。書は即ち其の土字なり(4)。訳士、弁ずる莫し。是に於て令を下して旁ねく識者を求む。浦上の長助を薦む。是の時、長助目を患ふ。命に因つて強ひて起ち、其の顚末を晰にし、詳らかに事状を通ず。因つて挙げて暹羅通事と為す。此れ自り西蕃語(5)を学ぶ者、相継ぎて出づ。

東京久蔵(6)、東京通事に任じ、中原源六(7)、嘆唛呪通事(8)に任ず。長助、延宝己未(9)に卒す。

注

(1) **森田長助**　暹羅(シャム)通事。生年未詳、延宝七年（一六七九）没。
(2) **寛永丁卯**　寛永四年（一六二七）。
(3) **王仏**　山田仁左衛門長政。駿河出身。生年未詳、寛永七年（一六三〇）没。慶長十七年（一六一二）頃、シャム（現タイ）に渡り、アユタヤ（バンコク北方の都市）の日本人町頭領となり、同国の内乱を鎮めリゴール（六昆）太守となるが、政争のため毒殺される。
(4) **明暦丙申五月～書即ち其の土字なり**　明暦丙申は明暦二年（一六五六）。『長崎夜話草』に「明暦二年五月、暹羅(せんら)国王の使船一艘、長崎の津に来る。則国王の書翰ある、是を金札(きんさつしゃむ)と号す」とある。
(5) **西蕃語**　シャム語（タイ語）、東京(トンキン)語（ベトナム北部語）、モフル語（ムガール語）など。
(6) **東京久蔵**　生没年未詳。明暦年中、東京通事（『訳司統譜』）。
(7) **中原源六**　生年未詳、正徳三年（一七一三）七月二十六日没。元禄五年（一六九二）、モフル通事（『訳司統譜』）。
(8) **嘆嘜唲通事**　（国）（神）では「回回通事」（中央アジア回教国の言葉に対する通訳）と記す。
(9) **延宝己未**　延宝七年（一六七九）。

参考文献
西川如見「暹羅金札船之事幷暹羅国之沙汰」（『長崎夜話草』巻二、享保五年）
長崎県『長崎県史　対外交渉編』（吉川弘文館、一九八六年）
高山百合子「トンキン通詞魏龍山『訳詞長短話』に見る長崎・対外交渉の軌跡」（若木太一編『長崎東西文化交渉史の舞台』勉誠出版、二〇一三年）

本文

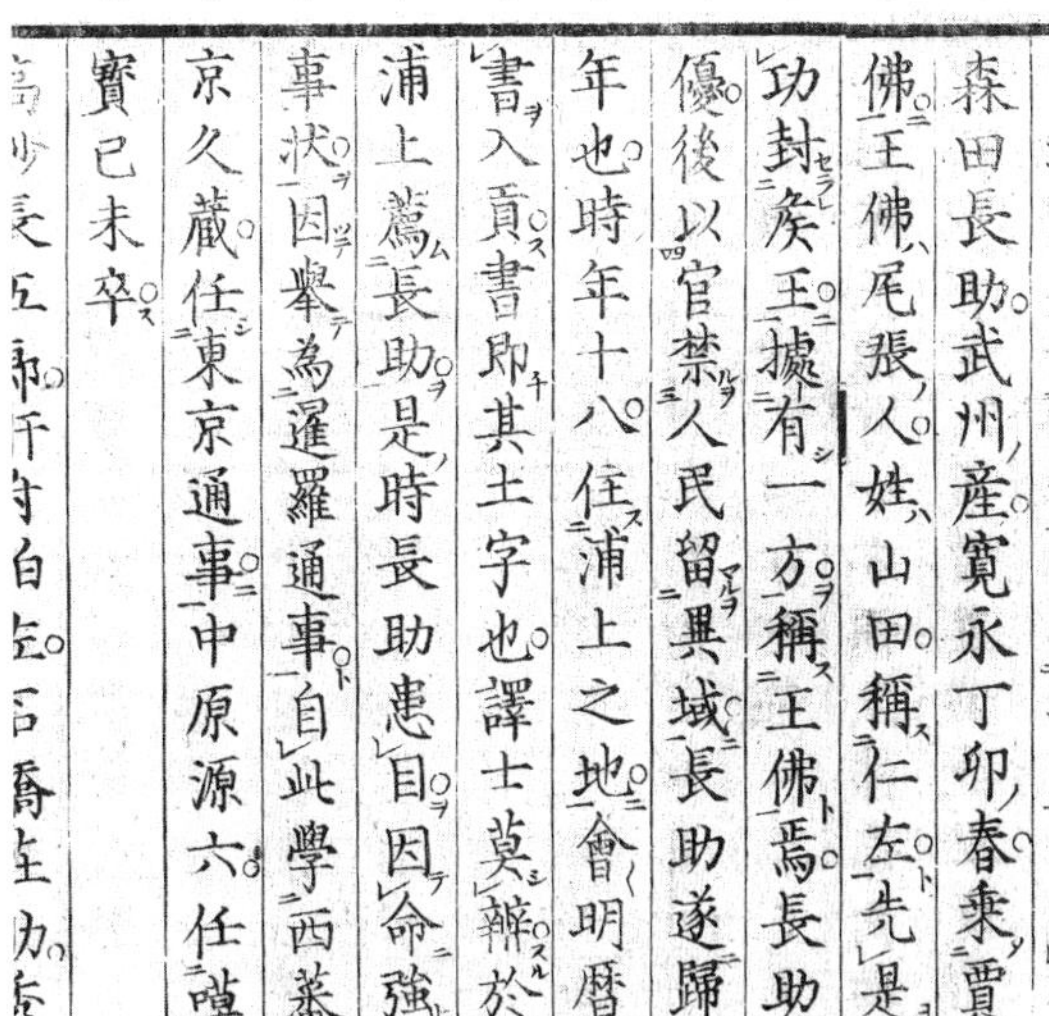
森田長助武州産寛永丁卯春乗賈船至暹羅臣事王佛王佛尾張人姓山田稱仁左先是航彼事暹羅王有功封侯王據有一方稱王佛焉長助以郷親故寵遇殊優後以官禁人民留異域長助遂歸于崎乃寛文十一年也時年十八任浦上之地會明暦丙申五月暹羅奉書入貢書即其土字也譯士莫辨於是下令旁求識者浦上驚長助是時長助患目因命強起斷其顛末詳通事状因舉為暹羅通事自此學西番語者相継而出東京久蔵任東京通事中原源六任嘆嘜唲通事長助延寶己未卒

校異

2　王仏尾張人―王仏原籍尾張人（国）
2　称仁左―名仁左衛門（国）
2　先是航彼事暹羅王―先是航于彼土事暹羅王（国）
2　有功封侯王拠有一方―有功遂封侯王撫有城池（国）
3　長助以郷親故―以郷親故（国）
3　寵遇殊優―雅遇長助特異他人（国）
4　後以官禁人民留異域。長助遂帰于崎―居六年、王仏卒後遙聞、官禁人民留異域、乃復帰于崎主岩永知新氏家（国）
4　乃寛文十一年也―乃寛文十二年乙亥春也（国）
5　時年十八―時年十八知新娶（右上「妻」）以其妹遂（国）

5 暹羅奉書入貢―暹羅国奉書入貢（国）
7 是時長助患目―是時長助目疾（国）
7 詳通事状～相嗣而出―彼此浹洽暹羅再通於　国皆長助力也、因挙為訳是暹羅訳、蓋権輿於是矣、従役二十四年、延宝己未卒、始長助任職時有（国）
8 東京久蔵任東京通事―東京久蔵者任東京訳（国）
9 中原源六―又有中原源六者（国）
9 任嘆唹呪通事―任回々訳倶属華訳云（国）、任回回通事（神）
9 長助延宝己未卒―ナシ（国）

56　高砂長五郎・肝付伯左・石橋荘助・秀島藤左・名村八左

書き下し文

高砂長五郎(1)・肝付伯左(2)・石橋荘助(3)・秀島藤左(4)・名村八左(5)、其の始め平戸に在り。荷蘭の伝語を掌どる。寛永十八年夏四月、官、平戸の荷蘭館(6)を以て崎港に移す。高砂等、亦た訳を以て相従ひて来る。今猶を子孫、其の職を食む者有り、盛ならずと為さず。崎の蕃訳有るは、五氏に始まると云ふ。(7)

注

（1）**高砂長五郎**　生没年未詳。南蛮通詞・阿蘭陀通詞。『長崎記』『長崎雑記』『崎陽群談』等は平戸から長崎に移転した通詞とするが、『オランダ商館日記』にはその名が見えないため、移転と同時に引退（転業）したか（『洋学史事典』）。

（2）**肝付伯左**　肝付伯左衛門。阿蘭陀通詞。生年未詳、慶安四年（一六五一）十一月十五日没。オランダ商館の平戸から長崎への移転に伴い、直ちに大通詞となり晩年まで務めた。

（3）**石橋荘助**　石橋庄助。阿蘭陀通詞。生年未詳、寛文四年（一六六四）没。オランダ商館が平戸在館以来の通詞で、長崎に移転後、通詞に採用され、助左衛門と改名。

（4）**秀島藤左**　秀島藤左衛門。南蛮通事・阿蘭陀通事。生年未詳、正保二年（一六四五）没。『オランダ商館日記』には長崎移転直後の寛永十八年（一六四一）七月十日から名が見えるが、正保二年（一六四五）四月六日の条に「かなりオランダ語を話す有能な通詞藤左衛門が切腹」とあり、キリシタン発覚の累が及び一家死滅の旨を記す。

（5）**名村八左**　名村八左衛門。阿蘭陀通詞。生年未詳、延宝二年（一六七四）七月二十六日没。播州龍野出身。慶長年中、阿蘭陀貿易のため平戸に来る。寛永十七年（一六四〇）、阿蘭陀通詞を任じられ、晩年まで務める。

（6）**平戸の荷蘭館**　平戸オランダ商館。肥前の平戸島に慶長十四年（一六〇九）～寛永十八年（一六四一）に開設。寛永十九年に長崎出島に移り、寛永二十年、一般居留地に編入された。

（7）**崎の蕃訳～始まると云ふ**　『長崎実録大成』（写本、長崎歴史文化博物館蔵）には「西吉兵衛、志筑孫兵衛、横山又兵衛、横山与三右衛門、貞方利右衛門、猪股伝右衛門」と併せて十一名を記す。

参考文献

村上直次郎訳『長崎オランダ商館の日記』（岩波書店、一九五六～五九年）
日蘭学会『洋学史事典』（雄松堂出版、一九八四年）
片桐一男『阿蘭陀通詞の研究』（吉川弘文館、一九八五年）
イサベル・田中・ファン・ダーレン「阿蘭陀通詞系図（V）――名村家――」（『日蘭学会会誌』五五号、二〇〇七年）
原田博二「阿蘭陀通詞名村家本家とその墓地」（『長崎談叢』第九九輯、

本文

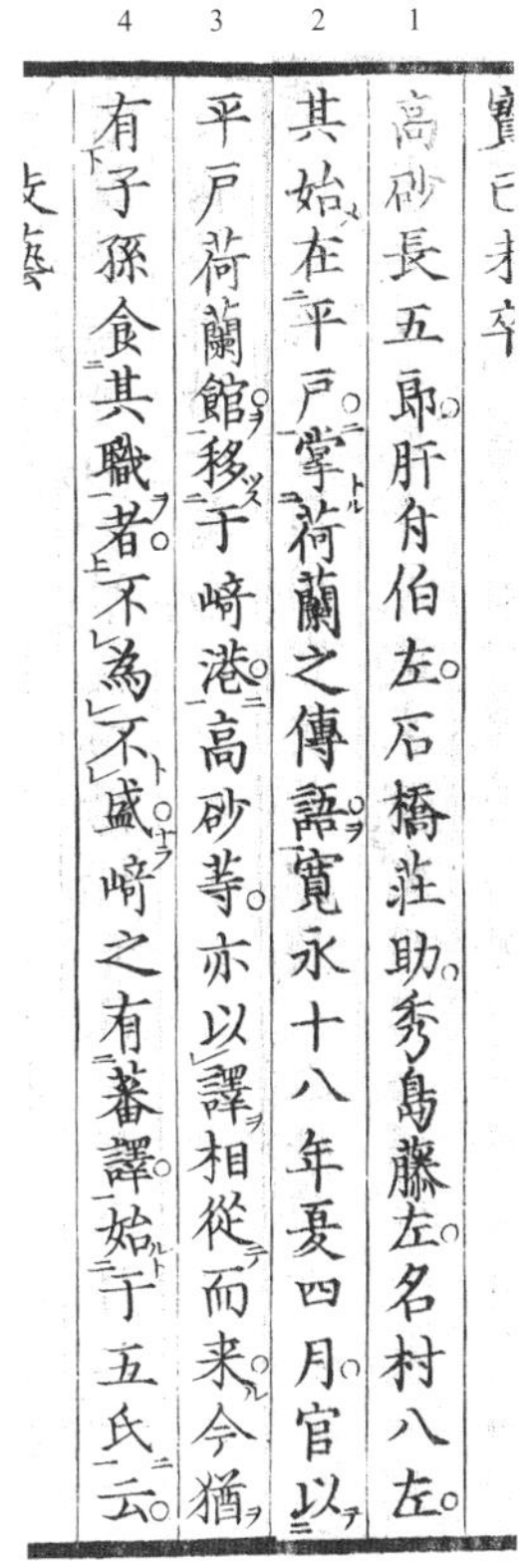
1 高砂長五郎肝付伯左。石橋莊助。秀島藤左。名村八左。
2 其始在平戸。掌荷蘭之傳語。寛永十八年夏四月官以
3 平戸荷蘭館。移于崎港。高砂等。亦以譯相從而来。今猶
4 有子孫食其職者。不為不盛。崎之有蕃譯。始于五氏云。

校異

1　高砂長五郎―荷蘭之有訳也、尚矣驥按旧記曰、慶長十三年、荷蘭始航平戸、請通貿易事、於是太守松浦候遣其首請江戸、官為弁覈事情、特賜符璽、由是荷蘭年々来販、平戸并置荷蘭訳士。寛永十八年夏四月、官禁平戸更通崎港、用是訳士五人召至焉（国）

1　肝付伯左―肝付白左衛門（国）

1　石橋荘助―石橋庄助（国）

1　秀島藤左―秀島藤左衛門（国）

1　名村八左―名村八左衛門是也（国）

2　其始在平戸―其先在平戸（国）

2　掌荷蘭之伝語―掌伝語（国）

2〜4　寛永十八年夏四月〜始于五氏云―是歳入籍于此遂為崎人自此之後里人接踵而起蓋崎之有番訳濫觴于五氏因紀其詳以備五訳士伝云（国）

3　亦以訳相従而来―亦以職相従而来（神）

名村八左墓碑（晧台寺）

【技芸】

書き下し文

技芸

長崎、西海の一隅に在り。昔より方技・異能の士、他郷の及ぶ所に非ず。其の精を殫くし、神を労し、各おの一奇を出して以て民用を全す。亦た云ふに盛んなるかな。古に云ふ「作は為し、述は巧を為す」(1)と。百工・技芸、亦た先聖の廃せざる所なり。技芸を志す。

注

(1) 作は為し、述は巧を為す　(国)(神)は「作者を聖と為し、述者を巧と為す」。「作者之謂聖。述者之謂明。明聖者述作之謂也。」(『礼記』楽記篇)によるものと考えられ、こちらの方が文意が通る。

本文

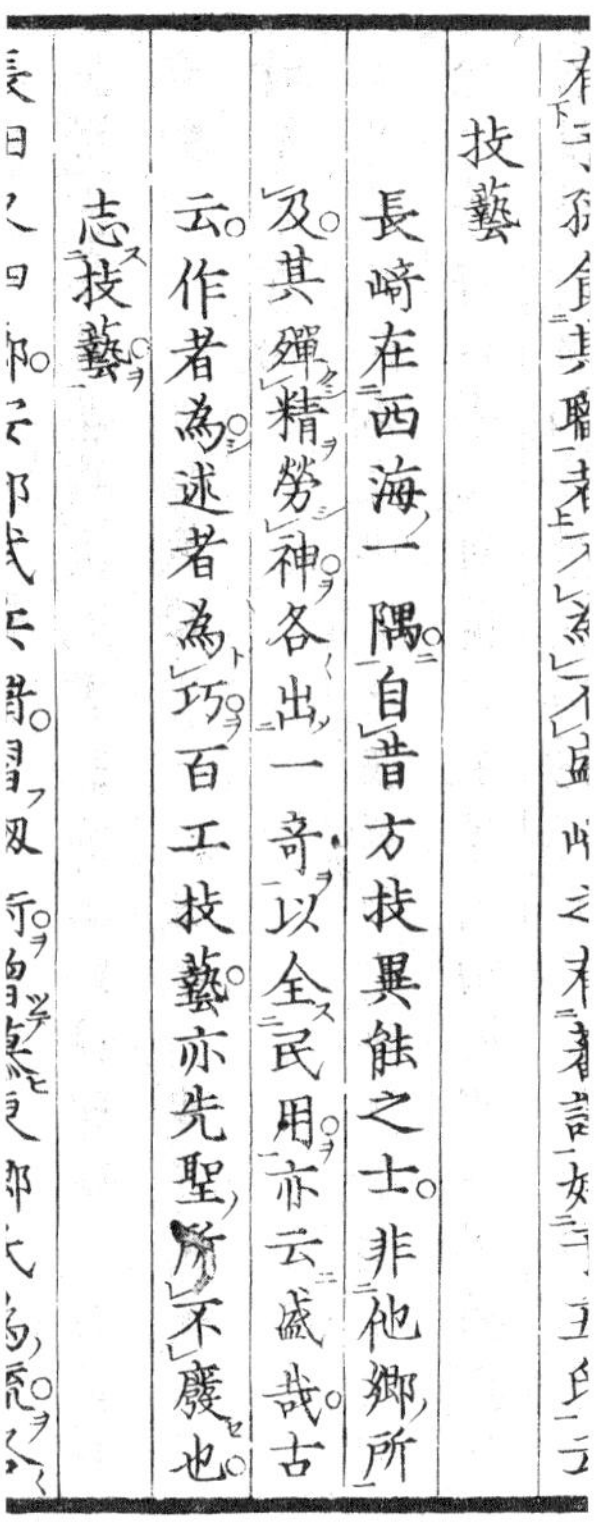
1 技藝
2 長崎在西海一隅自昔方技異能之士非他郷所
3 及其殫精勞神各出一奇以全民用亦云盛哉古
4 云作者為述者為巧百工技藝亦先聖所不廢也
5 志技藝

校異

3 各出一奇以全民用―各出一奇以佐民用（神）
4 作者為、述者為巧―作者為聖、述者巧（国）（神）
5 志技芸―不可不紀因雑録方技工芸之徒以為技芸伝（国）

57 長田又四郎・安部武兵衛

書き下し文

長田又四郎(1)・安部武兵衛(2)、剣術を習ふ。曽て東郷氏為の流(3)を慕ひ、各おの其の門人に淑して秘旨を伝ふ。其の奇、家を為す。崎人従つて学ぶ者亦た衆しと云ふ。

注

(1) 長田又四郎　未詳。
(2) 安部武兵衛　未詳。
(3) 東郷氏為の流　(神)では「慕二東郷氏為レ流一」と訓点を付す。これを参考にすれば、示現流（創始者東郷重位、薩摩藩家臣、永禄四年（一五六一）生～寛永二十年（一六四三）没）か。

本文

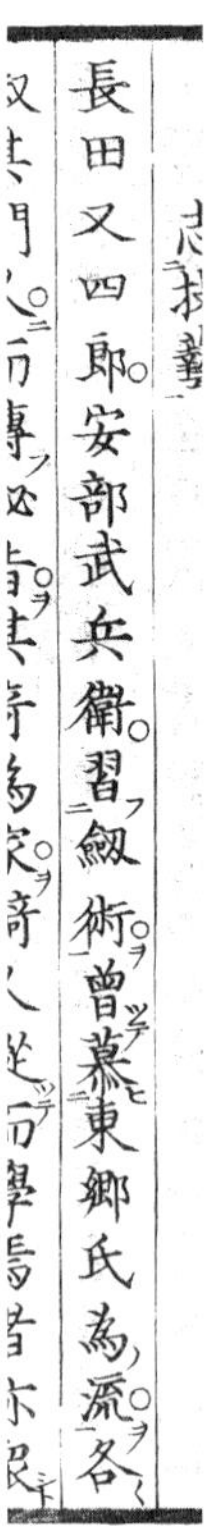
1 長田又四郎安部武兵衛習劔術曽慕東郷氏為流各

2 淑其門人。而傳秘旨。其奇為家。崎人從而學焉者亦衆
3 云。

校異
1 安部武兵衛―ナシ（国）
1 習剣術―剣術（国）
1〜3 曾慕東郷氏為流〜崎人従而学焉者亦衆云―ナシ（国）

58 中村五郎左

書き下し文

中村五郎左、(1) 善騎(2)を以て名あり。後、江戸に抵(いた)り、駆馳を教ふるを以て生を給す。武人、其の伝を受くる者多く有り。

注
(1) 中村五郎左　未詳。
(2) 善騎　馬芸の名手。

本文
1 中村五郎左。以善騎名。後抵江戸。以教驅馳而給生。武
2 人受其傳者多有焉。

校異
1 中村五郎左―中村五郎左衛門（国）、中村五郎右（神）
1 名以善騎―御馬（国）
1 後抵江戸〜武人受其伝者多有焉―ナシ（国）
1 以教駆馳而給生―而教騎法以給生（神）

59 後藤伊勢松

書き下し文

後藤伊勢松、(1) 生(うまれながら)にして書を能くす。年甫(はじ)め十一、江府に之(ゆ)く。其の書、遂に上覧を歴し、寵愛殊に甚し。将(まさ)に擢(あ)げて書記に充(あ)てんとするも、其の幼稚の為に崎に還る。父母をして鞠育せしめ、期するに十五歳を以てす。悲しきかな、慶安□□(二字空白)春三月、遽(にわか)に篤疾に係り夭折す。時に年十有四。

注

（1）後藤伊勢松　未詳。

本文

後藤伊勢松生而能書年甫十一之江府其書遂歴
上覧寵愛殊甚将擢充書記為其幼稚還崎父母使鞠
育期以十五歳悲哉慶安　春三月遘係篤疾夭折
時年十有四。

校異

1　生而能書―幼而善書（国）
1　年甫十一―ナシ（国）、十一歳（神）
1　之江府―至江戸（国）
1　其書遂歴上覧―鳴備上覧（国）
2〜4　寵愛殊甚〜時年有四―ナシ（国）、益名于世（神）

60　向井兼時〔去来〕・内田橋水・舟山橋泉

書き下し文

向井兼時(1)、元端(2)の弟なり。誹諧を善くす。所謂る誹諧は、国雅の緒余なり。兼時、之れを工にするを以て、自ら去来子と号す。内田橋水(3)、亦た誹諧を工にし『筑紫海』(4)を著はす。舟山橋泉(5)、梅楊軒と号す。元禄三年三月二十五日、誹諧一万句を独吟す(6)。

注

（1）向井兼時　幼名慶千代、字元淵、通称喜平次・平次郎、号去来・義焉・大井里睡癖民・落柿舎。俳諧師。慶安四年（一六五一）生〜宝永元年（一七〇四）九月十日没、五十四歳。向井元升の次男。

（2）元端　『先民伝』巻下・37参照。

（3）内田橋水　名英貞、通称次郎左衛門。剃髪後薪休と号すか。俳諧師。生年未詳、貞享四年（一六八七）十一月二十八日没。神崎神社（淵本鉢町）の神官。西山宗因、堺の南元順と交遊があった。

（4）『筑紫海』　橋水編、俳諧撰集。延宝六年（一六七八）刊。

（5）舟山橋泉　未詳。なおこの部分、底本の訓点の誤りを（国）（神）にて正す。

（6）元禄三年〜独吟す　未詳。

参考文献

大内初夫『近世九州俳壇史の研究』（九州大学出版会、一九八三年）

本文

向井兼時元端之弟也善誹諧所謂誹諧者國雅之緒
餘也兼時以工之自號去来子内田橋水亦工誹諧者
書筑紫海舟山橋泉號梅揚軒元禄三年三月二十五
日獨吟誹諧一萬句

校異

※（国）は、向井兼時、内田橋水、舟山橋泉を別々の条に記す。

1 向井兼時—向井平次郎（国）、向井兼時平次郎（神）
1 元瑞之弟也—ナシ（国）
1 国雅之緒余也—国雅之緒余（国）
2 兼時以工之—平特善之（国）、平次以工之（神）
2 自号去来子—名郷人称去来子（国）
2 内田橋水亦工誹諧—内田橋水工誹諧（国）
2 著書筑紫海—著書題曰筑紫海（国）
3 舟山。橋泉—舟山橋泉（国）（神）
4 誹諧一万句—俳諧一万句、又著書目曰西海道（国）

61 僧若芝

書き下し文

僧若芝(1)、画を工にす。僧逸然(2)に学ぶ。逸然は華人なり。海に航して、邑の東明山(3)に住す。画技、妙に入る。若芝、之れに従つて其の秘を得る。崎の画を学ぶ者、多く其の門に出づ。

注

（1） **僧若芝** 河村若芝。寛永六年（一六二九）生、宝永四年（一七〇七）十月一日没、七十九歳。号道光・普声・蘭渓・風雅子。もと龍造寺家の人。のち長崎に移り、逸然に師事した。河村派の祖。

（2） **僧逸然** 逸然性融（いつねんしょうゆう）。道号逸然、法諱性融・性会・独融、俗姓李。万暦二十九年（一六〇一）八月一日生、寛文八年（一六六八）七月

若芝墓碑（晧台寺）

参考　逸然墓碑（興福寺）

十四日没、六十八歳。浙江省杭州府銭塘県出身。興福寺三代住持。『長崎画人伝』は「唐絵」の「開祖」と記す。

（3）**東明山**　『先民伝』巻上・1・注4参照。

参考文献

渡辺秀実『長崎画人伝』（『日本画談大観』所収、目白書院、一九一七年）
大槻幹夫ほか『黄檗文化人名辞典』（思文閣出版、一九八八年）
錦織亮介「黄檗禅林の絵画」（中央公論美術出版、二〇〇六年）

本文

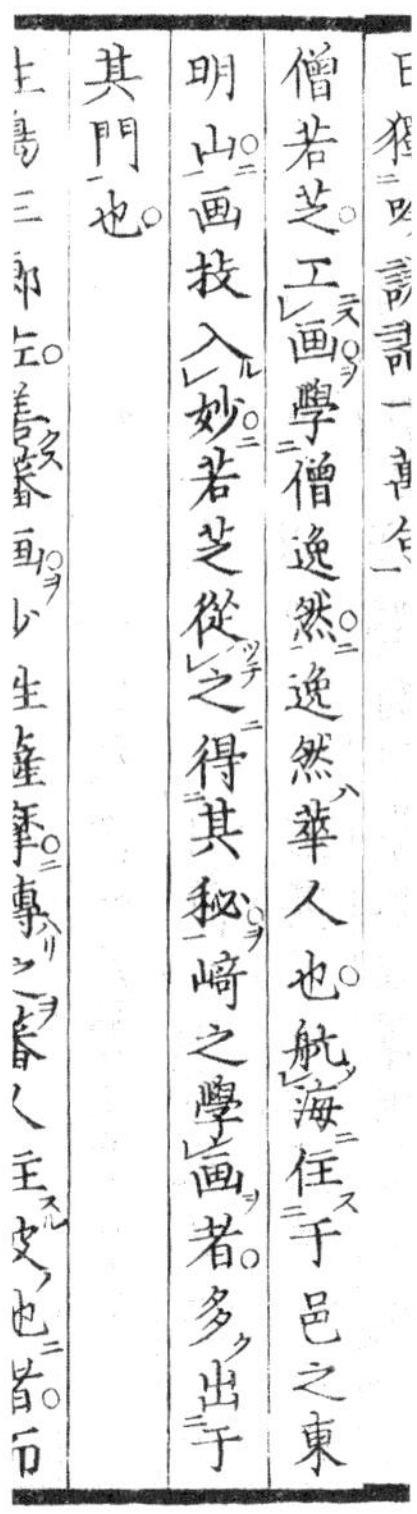
1 僧若芝工画学僧逸然逸然華人也航海住于邑之東
2 明山画技入妙若芝従之得其秘崎之学画者多出于
3 其門也

校異

1　学僧逸然―唐僧逸然伝（国）
1～3　逸然華人也～多出于其門也―ナシ（国）
1　逸然華人也―逸然乃漢人也（神）

62　生島三郎左・生島藤七

書き下し文

生島三郎左、(1)蕃画を善くす。(2)少くして薩摩に往く。之れを蕃人、彼の地に住する者に伝はりて、其の妙を得る。其の弟藤七、(3)能く螺鈿を為し、且つ百技に巧みなり。兄弟倶に名を世に擅にす。

注

（1）**生島三郎左**　未詳。絵師。寛永年間（一六二四～一六四二）に生まれたか。『長崎夜話草』巻五に「(渡辺)周碩、生島殊に異国人直伝にて」「生島は蛮流なりし」とあり。

（2）**蕃画**　洋風画をさすか。

（3）**藤七**　未詳。漆工。『長崎夜話草』巻五「長崎土産物、唐様画師」に「又生島は彫物名人也。今此伝なし」とあり。

参考文献

古賀十二郎『長崎絵画全史』（北光書房、一九四四年）
嘉村国男編『長崎事典・風俗文化編』（長崎文献社、一九八八年）

本文

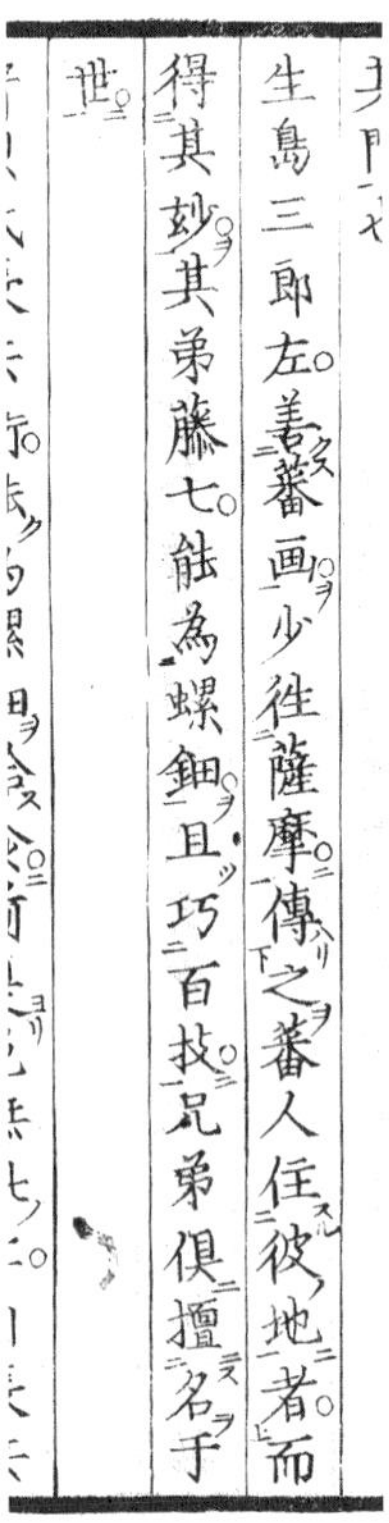
1 生島三郎左善蕃画少往薩摩伝之蕃人住彼地者而
2 得其妙其弟藤七能為螺鈿且巧百技兄弟倶擅名于
3 世

校異

※（国）に、この条なし。但し、生島藤七については、「〇山田藤七彫工」とのみあるのがそれに当たるか。

1　伝之蕃人住彼地者―伝之番人住彼地者（神）

63　青貝長兵衛

書き下し文

青貝氏長兵衛[1]、能く螺鈿を為し、食に給す。是れより前、邑、此の工無し。長兵衛、之れを華人に伝はりしより、後、造るを知る。長兵の人と為り剛介、読書を好む。造工の次と雖も巻を輟めずして之れを読む。土人、以て異と為す。

注

（1）青貝氏長兵衛　未詳。細工師。寛永頃の名匠。唐人から長江以南の特技である青貝嵌装の技術を学んだとされる。

参考文献

嘉村国男編『長崎事典・風俗文化編』（長崎文献社、一九八八年）

本文

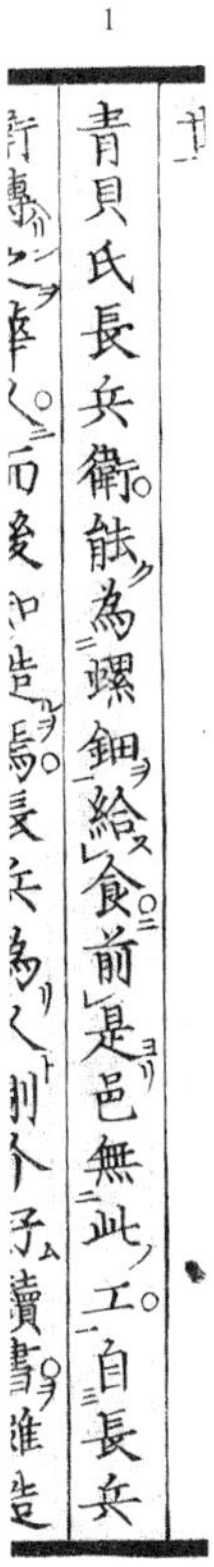
1 青貝氏長兵衛能為螺鈿給食前是邑無此工自長兵

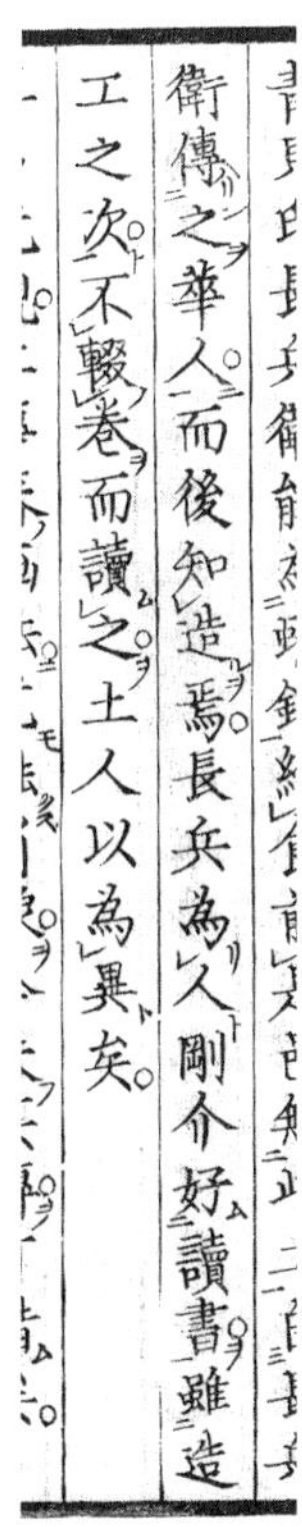
2 衛傳之華人而後知造焉長兵為人剛介好讀書雖造
3 工之次不輟巻而讀之土人以為異矣

校異

※（神）に、この条なし。

1　青貝氏長兵衛―青貝屋長兵衛（国）

1　能為螺鈿給食―本邑螺篆匠（国）

1　前是邑無此工―鼻祖（国）

1〜3　自長兵衛伝之華人〜土人以為異矣―ナシ（国）

64　喜多元規

書き下し文

喜多元規[1]、華蕃の画法に工み、尤も肖像[2]を能くす。今、其の伝を失ふ。惜しむべし。

注

（1）喜多元規　通称長兵衛（『長崎画人伝』）。生没年未詳。父親の喜多長兵衛道矩に画を学び、黄檗僧肖像画の代表的絵師とされる。道矩が没した寛文三年（一六六三）頃から活躍。父と同様、渡来唐僧・日本僧、檀越像等を描き、宝永六年（一七〇九）まで着賛画像が確認されている。自らの落款に「仏弟子元規」と記すため僧籍にあった可能性が指摘されている。

（2）**肖像**　いわゆる「肖像画」。長崎では「お絵像さま」と呼ばれ、単なる鑑賞画ではなく、黄檗寺院の頂像画、民間の先祖崇拝・供養像として中国の風習に倣う画とされる。

参考文献

古賀十二郎『長崎絵画全史』（北光書房、一九四四年）
大槻幹夫ほか『黄檗文化人名辞典』（思文閣出版、一九八八年）
錦織亮介「長崎唐通詞の肖像画」（『研究紀要』第六号、長崎歴史文化博物館、二〇一二年）
錦織亮介「黄檗禅林の書画」（若木太一編『長崎東西文化交渉史の舞台』勉誠出版、二〇一三年）

本文

1

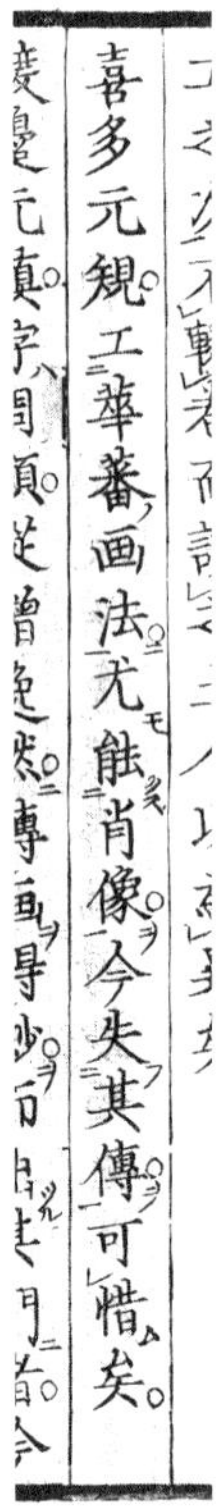
喜多元規工華蕃画法尤能肖像今失其傳可惜矣。

校異

1 喜多元規—喜多元積（国）
1 工華蕃画法—工画紅毛画伝（国）、工漢番画法（神）
1 尤能肖像—妙描肖象（ママ）（国）
1 今失其伝。可惜矣—ナシ（国）

65 渡辺元慎〔渡辺秀石〕

書き下し文

渡辺元慎(1)、字は周碩、僧逸然(2)に従ひ、画を伝へ妙を得る。而して其の門に出づる者、今尚衆（おお）し。

注

（1）**渡辺元慎**　渡辺秀石（秀碩）。元慎の号については未詳。通称甚吉、字元章・元昭、号仁寿斎・嬾道人・烟霞比丘。寛永十六年（一六三九）生、宝永四年（一七〇七）正月十六日没、六十九歳。法号仁寿院元章秀石居士。墓所は深崇寺。肥後菊池秀朝の後裔で後に大村へ移り、父、岩河甚吉の代で長崎に移住。逸然から絵画の手ほどきを受け、宋元名家の筆跡を学んだ。元禄十年（一六九七）、長崎奉行近藤用高が御用絵師兼唐絵目利に任命。子孫がその職を世襲した。『長崎夜話草』巻五に「周碩、生島殊に異国人直伝にて、周碩は唐風」とあり。

（2）**僧逸然**　『先民伝』巻下・61・注2参照。

参考文献

渡辺秀実『長崎画人伝』（『日本画談大観』所収、目白書院、一九一七年）
長崎県立美術博物館編『唐絵目利と同門』（長崎県教育委員会、一九九八年）
嘉村国男編『長崎事典・風俗文化編』（長崎文献社、一九八八年）
古賀十二郎『長崎画史彙伝』（大正堂書店、一九八三年）

本文

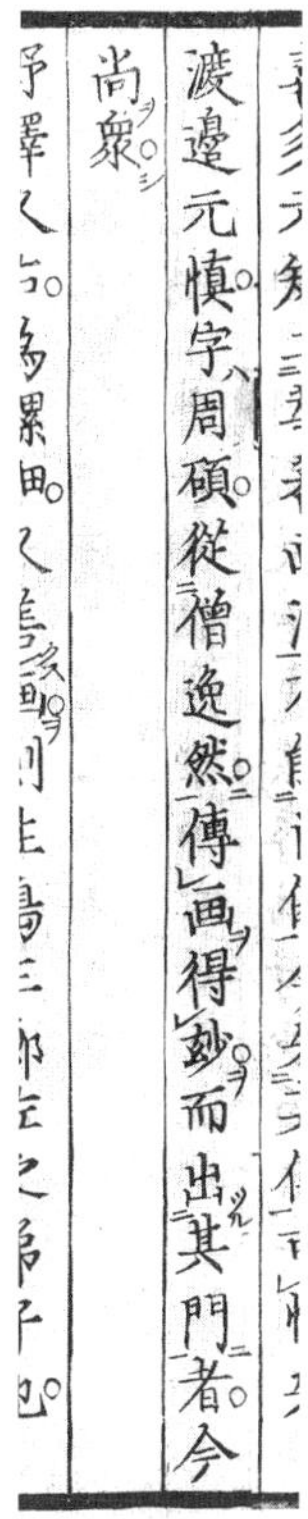

1 渡邊元慎字周碩従僧逸然伝画得妙而出其門者今

2 尚衆

校異

1 渡辺元慎―渡辺元真（国）

1 字周碩―号秀石、工画（国）

1 従僧逸然〜今尚衆―ナシ（国）

渡辺元慎夫妻墓碑（深崇寺）

66 野沢久右

書き下し文

野沢久右、(1)螺鈿を為す。又た画を善くす。則ち生島三郎左(2)の弟子なり。

注

（1）**野沢久右** 野沢久右衛門。生年未詳、正徳四年（一七一四）五月十三日没。

（2）**生島三郎左** 『先民伝』巻下・62参照。

野沢久右夫妻墓碑（晧台寺）

参考文献

古賀十二郎『長崎絵画全史』（北光書房、一九四四年）
宮田安『長崎墓所一覧　風頭山麓編』（長崎文献社、一九八二年）

本文

1
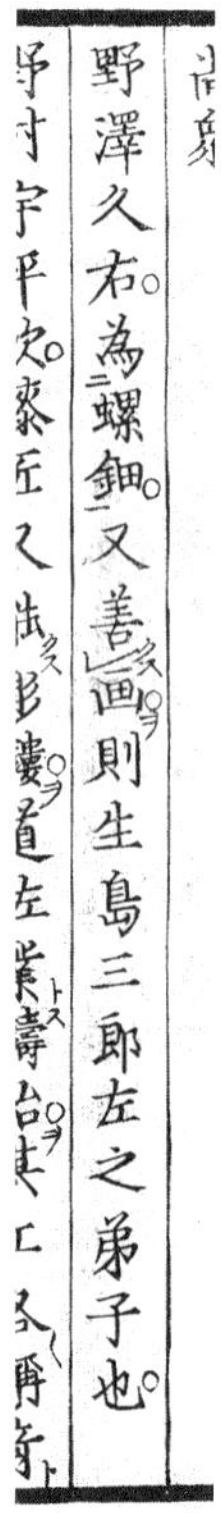
野澤久右。為螺鈿。又善画。則生島三郎左之弟子也。

校異

1　野沢久右―野沢久右衛門（国）
1　為螺鈿―漆工兼螺篆匠（国）、善螺鈿（神）
1　又善画―ナシ（国）
1　則生島三郎左之弟子也―ナシ（国）、乃生島三郎左之弟子也（神）

67　野村宇平次・道佐

書き下し文

野村宇平次、(1) 漆匠、(2) 又た彫鏤(3)を能くす。道佐、(4) 鋳冶(5)を業とす。其の工、各(おの)おの奇と称せらる。

注

（1）野村宇平次　未詳。
（2）漆匠　漆塗りの職人。塗師。『長崎夜話草』巻五「塗物道具」に「堆朱(ついしゅ)　屈輪(ぐり)　沈金(ちんきん)　青貝(あをがい)　色蒔絵(まきゑ)、種々器物皆唐風」とあり。
（3）彫鏤　彫りきざむこと。真鍮細工を指すか。『長崎夜話草』巻五「真鍮細工色々」に「唐様彫物器物の類、或は南蛮紅毛の風俗を似せたる類、金銀細工おほし」とあり。
（4）道佐　未詳。
（5）鋳冶　冶鋳。鉱物をとかしてその中の含有物をそれぞれに分けること。『長崎夜話草』巻五「唐様鋳物」に「花入　卓香炉の類、皆唐風也。根本、道助といふ者、広東国に渡りて習ひ伝へたり」とあり。

本文

1　2
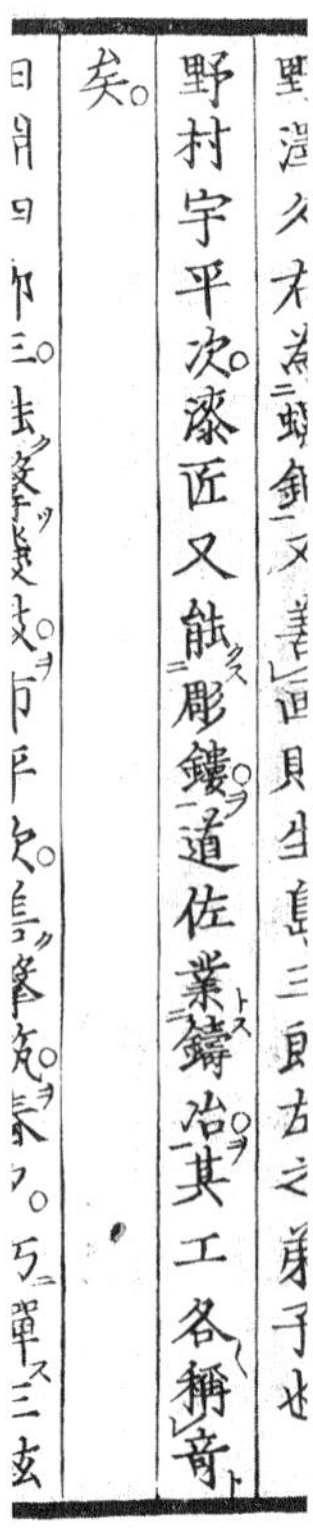
野村宇平次。漆匠又能彫鏤。道佐業鋳冶。其工各称奇
矣。

校異

1　野村宇平次。漆匠又能彫鏤―ナシ（国）
1　道佐業鋳冶―道佐鋳冶（国）
1　其工各称奇矣―ナシ（国）

68　田淵四郎三・市平次・春夕

書き下し文

田淵四郎三、(1)能く鼗鼓（とうこ）(2)を撃つ。市平次、(3)善く筑（ちく）(4)を撃つ。春夕、(5)巧みに三絃線を弾ず。皆、時に名有り。

注

（1）**田淵四郎三**　未詳。

（2）**鼗鼓**　楽器の一種。ふりつづみ。

（3）**市平次**　未詳。

（4）**筑**　楽器の一種。形は琴に似て、左手で首をおさえ、右手で竹を持ち、たたいて鳴らす。

（5）**春夕**　未詳。

本文

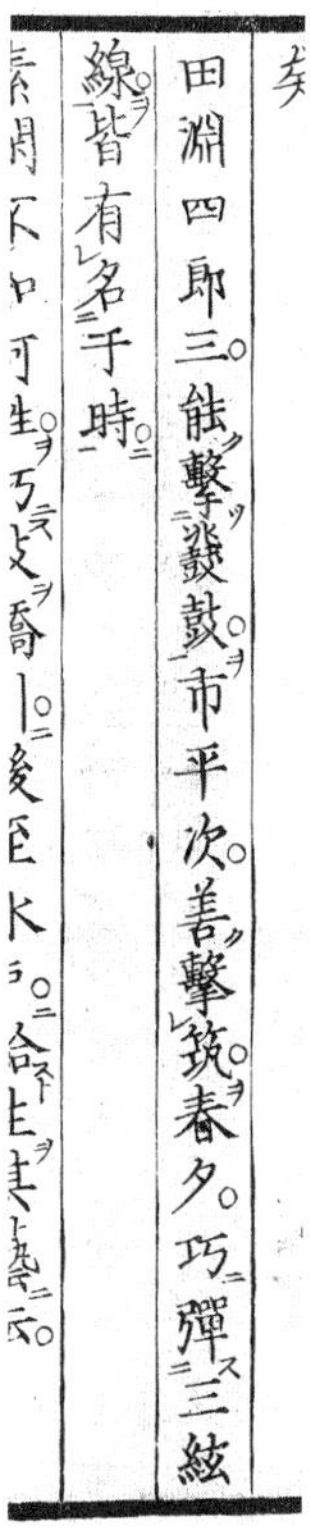

1 田淵四郎三。能撃鼗鼓。市平次。善撃筑。春夕。巧弾三絃

2 線。皆有名于時。

校異

1　田淵四郎三―田淵四郎三郎（国）

1　能撃鼗鼓―伶人（国）

1　市平次。善撃筑―ナシ（国）

1　春夕〜皆有名于時―ナシ（国）

1　巧弾三絃線―巧弾三絃子（神）

69　素閑

書き下し文

素閑、(1)何姓なるかを知らず。技を橋引(2)に巧みにす。後、水戸に至り、生を其の芸に給すと云ふ。

注

（1）**素閑**　未詳。

（2）**橋引**　道家導引の術。身体を按摩して強壮にすること。

本文

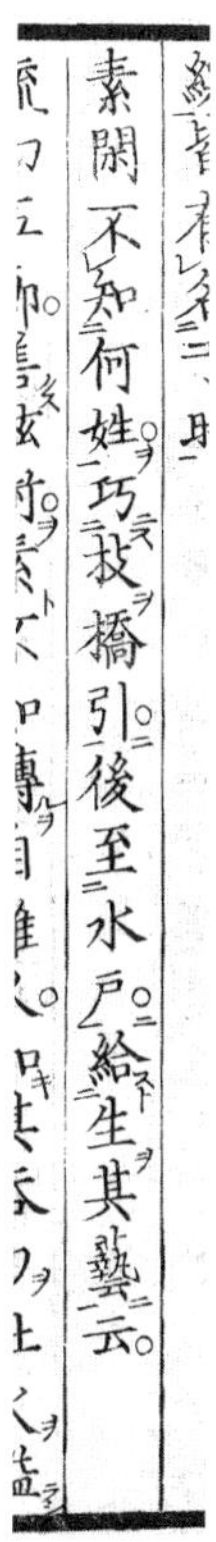

1 素閑不知何姓。巧技橋引。後至水戸。給生其藝云。

校異

1　素閑不知何姓―素閑（国）

1　巧技橋引―善橋引（国）

1　後至水戸。給生其芸云―ナシ（国）

70 流幻五郎・林四郎右

書き下し文

流幻五郎、(1)眩術(2)を善くす。素と誰人自り伝はるを知らず。其の刀を呑み、火を吐き、水を溢らし、地を縮め、人を屠り、馬を截ち、以て人を眩せるが如きは、蓋し其の天性と云ふ。其の徒、林四郎右、(3)相従つて伝を受く。四郎右の死すに、即ち絶ゆ。

注

（1）流幻五郎　未詳。
（2）眩術　幻術。人の目をくらませる妖術。手品。
（3）林四郎右　未詳。

本文

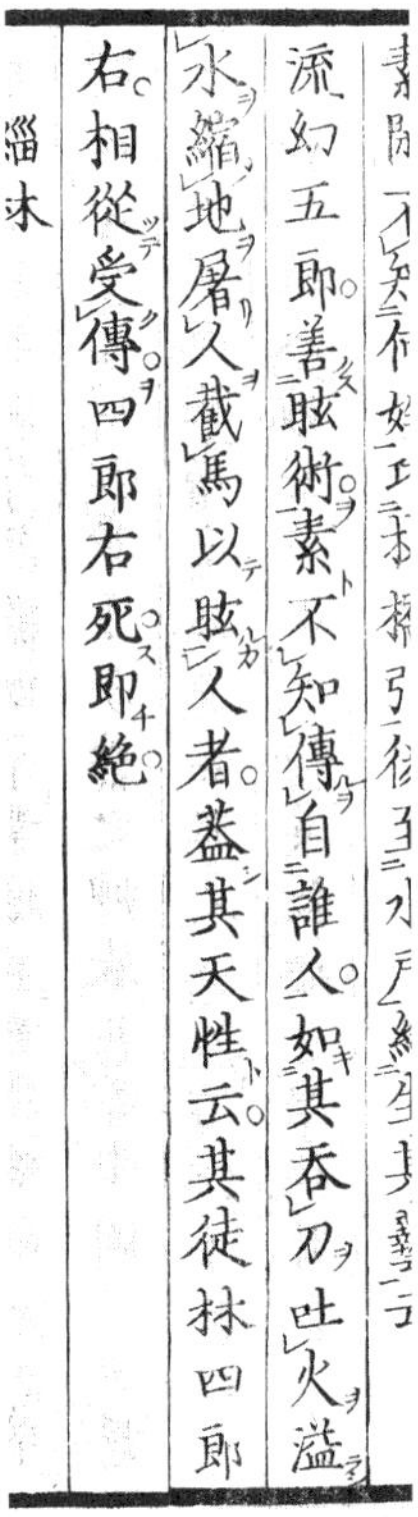

1 流幻五郎善眩術素不知傳自誰人如其吞刀吐火溢
2 水縮地屠人截馬以眩人者蓋其天性云其徒林四郎
3 右相從受傳四郎右死即絶

校異

※（国）に、この条なし。
1 善眩術―善眩（神）
1 素不知伝自誰人―素不知伝自誰人、其術無所不至（神）

【緇林】

書き下し文

緇林

史、緇林(1)を繫す。古今比比、(2)其の邪を闢け、正に帰し、皇化(3)を翼賛(4)するを以てなり。今、其の行蹟を伝ふべき者を采って、以て緇林を志す。

注

（1）緇林　黒い衣を着た僧侶の集まりを林にたとえた語。
（2）比比　物事のつらなるさま。
（3）皇化　天子の徳化。
（4）翼賛　力をそえて、たすけること。

本文

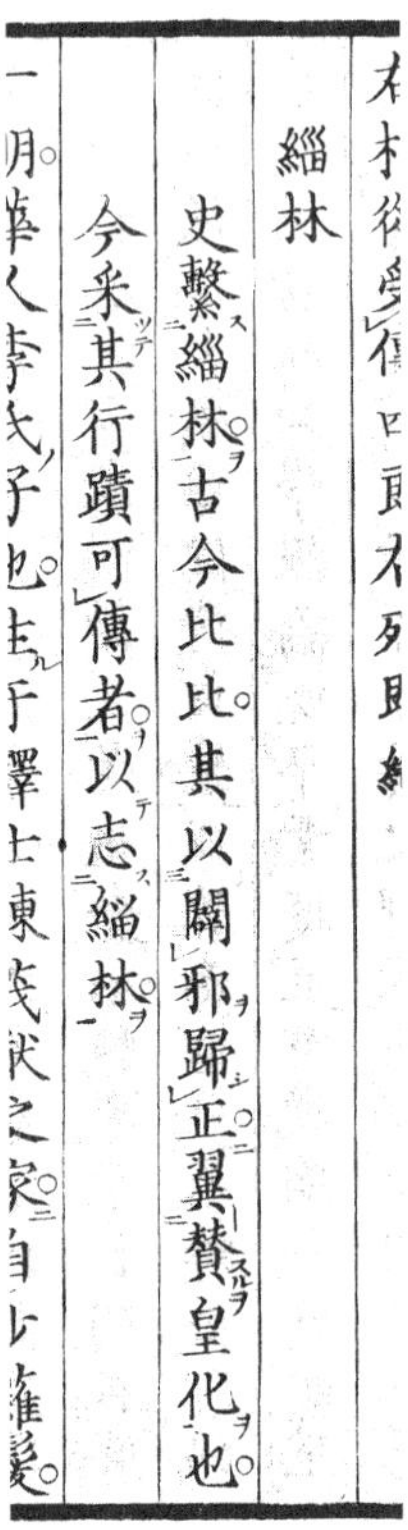

1 緇林
2 史繫緇林古今比比其以闢邪歸正翼贊皇化也
3 今采其行蹟可傳者以志緇林

校異

1 緇林―釈氏（国）
※ 以下、（国）は本文なし。

71　一明〔道源〕

書き下し文

一明[1]、華人李氏の子なり[2]。訳士陳茂猷[3]の家に生まる。少き自り薙髪し、師に従ひ、永昌寺[4]に洞上禅[5]を学ぶ。後、黄檗木菴瑫和尚[6]に参じて旨を領す。遂に其の法を嗣ぐ[7]。瑫、命じて万寿院[8]に尸らしむ。道価、世に重し。

注

（1）**一明**　一明道源。道号一明、法諱道源。寛永十二年（一六三五）四月十二日生、貞享二年（一六八五）二月十七日没、五十一歳。

（2）**華人李氏の子なり**　未詳。

（3）**陳茂猷**　葉茂猷（長崎唐通事・二代頴川藤左衛門）。葉茂猷は生年未詳、元禄十年（一六九七）四月五日没。葉茂猷の義父、陳道隆（初代頴川藤左衛門）については『先民伝』巻下・54参照。

（4）**永昌寺**　瑞光山永昌寺（現長崎市玉園町）。曹洞宗。

（5）**洞上禅**　曹洞禅のこと。

（6）**木菴瑫和尚**　木庵性瑫。道号木庵、法諱性瑫、俗姓呉。福建省泉州府晋江県の人。万暦三十九年（一六一一）二月三日生、貞享元年（一六八四）正月二十日没、七十四歳。

（7）**遂に其の法を嗣ぐ**　福済寺の木庵に参じ黄檗山に掛塔。延宝七年（一六七九）に嗣法。

（8）**万寿院**　延宝三年（一六七五）七月、一明が建立した黄檗山万福寺の塔頭。

参考文献

宮田安『唐通事家系論攷』（長崎文献社、一九七九年）
大槻幹夫ほか『黄檗文化人名辞典』（思文閣出版、一九八八年）
嘉村国男編『長崎大事典・歴史編』（長崎文献社、一九八二年）

本文

1 一明華人李氏子也生于譯士陳茂猷之家自少薙髪
2 從師永昌寺學洞上禪後参黄檗木菴瑫和尚領旨遂
3 嗣其法瑫命尸萬壽院道價重于世

校異

1　一明—一明者（国）
2　学洞上禅—伝洞上旨（国）
2　後参黄檗木菴訪瑫和尚、領旨—後値黄檗木庵瑫和尚、更衣随帰既久（国）
3　道価重于世—世重其道価云（国）

72　道香〔／梅谷道用〕

書き下し文

道香[1]、字は梅谷、姓は中村氏。法を木菴禅師[2]に嗣ぐ。始め永昌寺[3]に出家し、業を洞門に修む。木師の道望を聞き、特に往きて参叩し、済家[4]の旨を受け、尽く玄枢を得る。厥の後、宇治の福清寺[5]に住持し、年有り。和州郡山本多藤侯、(6)肇めて法光寺(7)を創す。道香を招き、之れに居くに、化権鼎さに盛り、衲子、螘聚(8)す。時、歳旱に値ふ。衆、道香に請ふて雨を禱る。因つて寺東三里許、河流に臨んで壇を設け、華厳経を誦すること七日。龍、水上に見はれ、風波沸騰す。大雨数日、衆、大いに感嘆す。遂に此の地に就ひて刹を建て、名づけて王龍(9)と曰ふ。特に道香を延き、開山始祖と為すと云ふ。

注

(1) 道香　梅谷道用か。道号惟照、法諱道用、号梅谷（道号としても使用）。寛永十七年（一六四〇）生、元禄十四年（一七〇一）三月二十日没、六十二歳。一説に十二歳の春、興福寺逸然性融に投じて出家したという。

(2) 木菴禅師　『先民伝』巻下・71・注6参照。

(3) 永昌寺　『先民伝』巻下・71・注4参照。

(4) 済家　臨済宗の異称。

(5) 福清寺　寛文九年（一六六九）秋、宇治郡大鳳寺村の大雲山福清寺の旧蹟を復興し、同十一年五月に落成。隠元から「梅谷侍者建福清寺書示」偈が贈られた。

(6) 本多藤侯　本多忠平。大和郡山藩主。通称庄之助。寛永九年（一六三二）生、元禄八年（一六九五）十月十五日没、六十四歳。

(7) 法光寺　霊松山法光寺（大和添下郡矢田村）。貞享三年（一六八六）、藩主本多忠平に請われ、梅谷は法光寺開山となった。

(8) 螘聚　蟻集。蟻のようにむらがり集まること。

(9) 王龍　海龍山王龍寺。元禄二年（一六八九）十二月、藩主本多忠平の請により梅谷は、海龍寺（大和添下郡二名村）を再興して開山となった。

参考文献

大槻幹夫ほか『黄檗文化人名辞典』（思文閣出版、一九八八年）

本文

道香。字梅谷。姓中村氏。嗣法木菴禪師。始出家於永昌
寺。修業洞門。聞木師之道。望特往參叩。受濟家旨。盡得
玄樞。厥後住持宇治之福清寺。有年。和州郡山本多藤
侯。肇創法光寺。招道香。居之。化權鼎盛。衲子螘聚。時值
歳旱。衆請道香禱雨。因寺東三里許。臨河流。設壇誦華
嚴經七日。龍見水上。風波沸騰。大雨數日。衆大感嘆。遂
就此地建刹。名曰王龍。特延道香。為開山始祖云。

校異

1 嗣法木菴禅師—嗣法瑫翁（国）
2 聞木師之道—聞瑫道（国）
2 受済家旨—付依受済家旨（国）
3 和州郡山本多藤侯、肇創法光寺—和州郡山源侯、委資起役創法光寺（国）
4 招道香—招香（国）
5 衆請道香禱雨—衆請香禱雨（国）
5 因寺東三里許—因距寺東三里許（国）、因寺之東三里許（神）
5 臨河流設壇—至河（国）
5 誦華厳経七日—誦華厳経（国）
6 龍見水上—ナシ（国）
6 風波沸騰—河水沸騰、龍乃出現（国）

73　道胖〔鉄心〕

書き下し文

道胖(1)、字は鉄心、姓は陳氏。龍邑石馬郡(2)、儒門の裔にして、寛永辛巳年に生まる。幼きより葷(くん)(3)を茹(く)はず(4)、出世の法を慕ふ。年十四、木菴瑫和尚(5)に投じて剃度(ていど)す。稍(や)や長じて、四方に行脚し、諸大老に参謁す。適(たま)たま、瑫、席を普門(6)に移して胖を召すに会ふ。因つて往きて之れに従ふ。幾(いく)ばくもなく瑫、黄檗に住持し(7)、胖を以て侍司と為す。

又た辞去して京畿に駐錫す。偏(あま)ねく講師を訪ひ、経論を学ぶ。既にして業を卒(お)へ、復た黄檗に至る。瑫、命じて記室(8)に充(あ)つ。時に母憂に因つて崎に回(かえ)る(9)。分紫の草庵(10)に心喪し、甚(はなは)だ謹む。牛・岡の二尹(11)、恩遇・優渥す(12)。特に林麓に就き、梵刹を創建し、山は万寿と号し、寺は聖福と額す(13)。乃ち胖を挙ぐるに第一祖と為す。

道胖肖像（『長崎南蛮紅毛史蹟』より）

瑫、位を退くに及び、黄檗、紫雲居(14)を創す。又た其の席を継ぎて住す(15)。久しふして後、崎の聖福に帰す(16)。又た東府に瑞聖(17)の請有り。徒を率ひて往く。旺化、年有り。後、復(ま)た崎に帰り、松月院に隠居す(18)。正徳二年化す。年八十(19)。著はす所の語録・詩文若干巻(20)、世に行はる。

注

(1) **道胖**　鉄心道胖。道号鉄心、法諱道胖。寛永十八年（一六四一）十月二十四日生。父、陳朴純。宝永七年（一七一〇）十月三日没、七十歳。

(2) **龍邑石馬郡**　漳州府（現福建省南東部漳州市）内の地名か。「西村家過去帳」（長崎歴史文化博物館渡辺文庫）によると道胖の父、陳朴純は「明漳州石馬人」で、母の先夫、陳潜明が「明漳州龍邑人」と記されるので（『唐通事家系論攷』）、これらを混同したと考えられる。

(3) **葷**　にら・ねぎなど、においの強い野菜。

(4) **茹はず**　底本では「茄」だが、（神）により校訂。

(5) **木菴瑫和尚**　『先民伝』巻下・71・注6参照。延宝七年（一六七九）、道胖は木庵から嗣法を受けた。

(6) **普門**　慈雲山普門寺（現大阪府高槻市）。万治三年（一六六〇）十月、木庵が長崎の福済寺から普門寺に入る折、道胖は随行した。

(7) **幾もなく瑫、黄檗に住持し**　寛文元年（一六六一）八月、道胖は木庵に伴われて黄檗山万福寺に移り、「丈侍」を命じられた。

(8) **記室**　書記官。秘書官。もとは中国後漢から唐にかけて置かれた文筆記録を司る官名。

(9) **時に母憂に因つて崎に回る**　寛文十一年（一六七一）七月、道胖は母逝去の報に接し、長崎に下った。

(10) **分紫の草庵**　分紫山福済寺（現長崎市筑後町）境内の紫雲亭。道胖はここで三年喪に服した。

(11) **牛・岡の二尹**　長崎奉行の牛込忠左衛と岡野孫九郎。牛込につい

道胖墓（聖福寺）

ては『先民伝』巻上・1・注8参照。岡野は元和八年（一六二二）生、元禄三年（一六九〇）没、六十九歳。

（12）**優渥**　ねんごろに手厚いこと。

（13）**山は万寿と号し、寺は聖福と額す**　万寿山聖福寺（現長崎市玉園町）。延宝五年（一六七七）、真言派、知覚院の旧蹟を得て道胖が建立。

（14）**紫雲居**　万福寺（現京都府宇治市）の塔頭紫雲院。延宝八年（一六八〇）一月、木庵は紫雲院に退休した。

（15）**又た其の席を継ぎて住す**　本書では（紫雲院に）「住す」とするが、貞享元年（一六八四）、道胖は木庵より託された紫雲院の後事を辞して喝禅道和に委託し、長崎に帰った。元禄九年（一六九六）、道胖は紫雲院建造のため再び上檗した。

（16）**久しふして後、崎の聖福に帰す**　宝永六年（一七〇九）十二月、長崎の聖福寺に再住。

（17）**瑞聖**　紫雲山瑞聖寺（現東京都港区白銀台）。木庵を開山として寛文十年（一六七〇）創立。道胖は幕府の命により、宝永二年（一七〇五）から同五年まで住持を勤めた。

（18）**松月院に隠居す**　聖福寺境内の塔頭。延宝六年（一六七八）、道胖が母である松月院に因んで創立。宝永七年（一七一〇）六月、道胖は帰郷後、修理して院内に自身の寿塔を設けた。

（19）**正徳二年化す。年八十**　注1の没年、享年と齟齬する。

（20）**語録・詩文若干巻**　『鉄心禅師略集』（二冊、延宝六年刊）、『鉄心禅師語録』（四巻、元禄九年刊）など。

参考文献

大槻幹夫ほか『黄檗文化人名辞典』（思文閣出版、一九八八年）

宮田安『唐通事家系論攷』（長崎文献社、一九七九年）

増田廉吉『長崎南蛮紅毛史蹟』（長崎史蹟探究会、一九二七年）

本文

1 道胖字鐵心姓陳氏龍邑石馬郡儒門之裔寛永辛巳

2 年生幼不茹葷慕出世法年十四投木菴瑫和尚剃度

3 稍長行脚四方参謁諸大老適會瑫移席于普門召胖

4 因往從之未幾瑫住持黄檗以胖為侍司又辭去駐錫

因往從之未幾瑫住持黄檗以胖為侍司又辭去駐錫
京畿徧訪講師學經論既卒業復至黄檗瑫命充記室
時因母憂回崎心喪于分紫之艸菴甚謹牛岡二尹恩
遇優渥特就林麓創建梵刹山號萬壽寺額聖福乃舉
胖為第一祖及於瑫退位黄檗創紫雲居焉又繼其席
而住久之後歸崎聖福又有東府瑞聖之請率徒而往
旺化有年後復歸崎隠居松月院正德二年化年八十
所著語録詩文若干巻行于世
海長字江外生木下氏少年登聖壽山豊千呆安禪師

校異

1　道胖—道肝（国）
2　幼不茄葷—幼悪薫穢（国）、幼不茹葷（神）
2　慕出世法—無処俗意（国）
2　投木菴瑫和尚剃度—投木庵瑫禅師肄沙弥業（国）
4　以胖為侍司—以肝為侍司（国）
4　又辞去駐錫京畿—已辞去駐錫京畿（国）
5　徧訪講師、学経論—徧訪講師、為繙経論（国）
6　時因母憂回崎—時因母訃回崎（国）
6　牛岡二尹—蔭鎮牛込岡野二氏（国）
7　創建梵刹—精創梵刹（国）
7　乃挙胖為第一祖—乃挙肝為第一祖（国）
8　及於瑫退位—先是瑫退位（国）
8　黄檗創紫雲居焉—黄檗開山紫雲（国）
8～10　又継其席而住～後復帰崎—此後弟子以次縄武紫雲、輪轅至肝因住持焉間遊武陵王公貴人咸被尊寵、既帰（国）
10　正徳二年化—正徳二年冬十月疾化（国）
10　年八十—行年八十余（国）、年八十余（神）
11　行于世—行世（国）

74　海長〔江外〕

書き下し文

海長(1)、字は江外、姓は木下氏。妙年、聖寿山(2)に登り、千呆安禅師(3)に礼す。鬀染(4)して勤に服し、之れを久しふし、乃ち其の法を嗣ぐ(5)。尋で後、方に遊ぶ。老宿、尊貴し、其の道風に嚮ふ。後、黄檗に之き、千呆禅師を助くること二十余年(6)、既にして帰つて清涼庵(7)に佚老す(8)。崎尹日下部氏(9)、心を傾けて参扣し、弟子の礼を修むと云ふ。

注

（1）**海長**　江外海長。道号江外、法諱海長。正保元年（一六四四）生、享保十四年（一七二九）七月十一日没、七十六歳。父は長崎八幡町の乙名、木下八郎左衛門正栄。

（2）**聖寿山**　崇福寺の山号。『先民伝』巻上・27・注4参照。

（3）**千呆安禅師**　千呆性侒。『先民伝』巻上・27・注5参照。

（4）**鬀染**　薙染。剃髪して、墨染めの衣を着ること。

（5）**乃ち其の法を嗣ぐ**　天和元年（一六八一）に嗣法。

（6）**黄檗に之き～二十余年**　海長は元禄五年（一六九二）、護国山東輪寺（現愛知県名古屋市）を再興し、享保五年（一七二〇）までの二十九年間住持した。その一方、黄檗第六代の千呆性侒より、元禄九年（一六九六）正月・同十五年正月・同十六年に監寺、同十四年に西堂を任じられた。

（7）**清涼庵**　元禄元年（一六八八）、崇福寺内に海長が建立。享保五年（一七二〇）以降、同所に退隠。

（8）**佚老**　世を逃れた老人。

（9）**日下部氏**　日下部博貞。長崎奉行。『先民伝』巻上・14・注16参照。

参考文献

大槻幹夫ほか『黄檗文化人名辞典』（思文閣出版、一九八八年）

本文

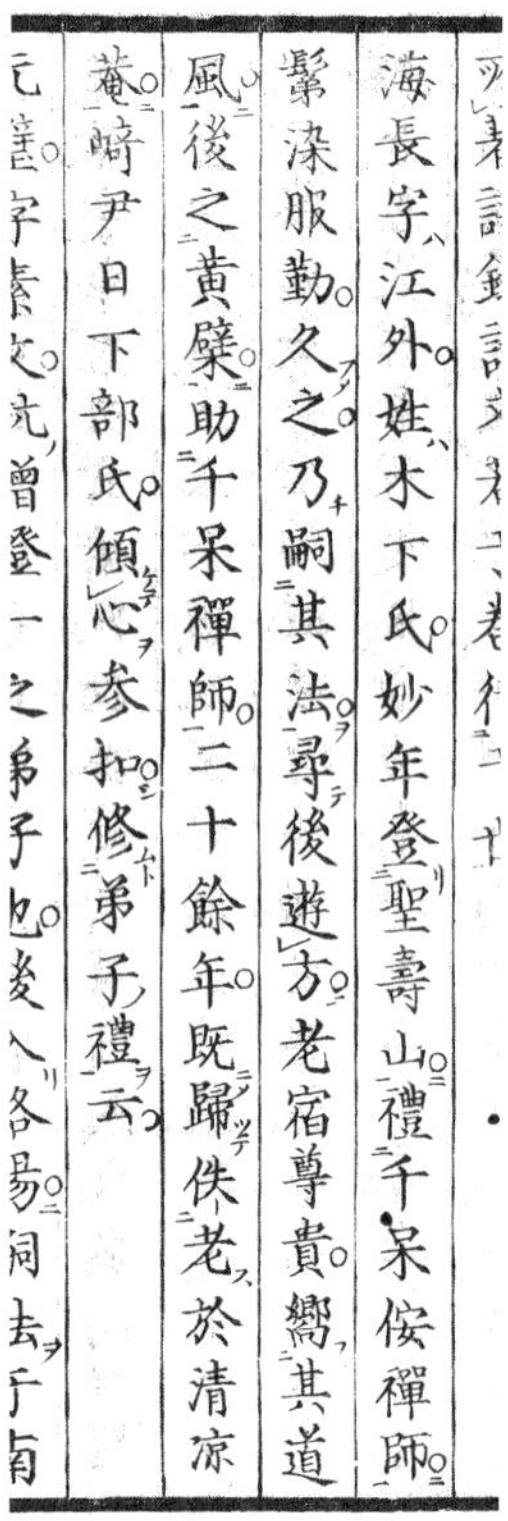
海長字江外姓木下氏妙年登聖壽山禮千呆侒禪師
髫搽服勤久之乃嗣其法尋後遊方老宿尊貴嚮其道
風後之黃檗助千呆禪師二十餘年既歸佚老於清涼
菴晴尹日下部氏傾心参扣修弟子禮云

校異

1　妙年登聖寿山―妙年登山（国）
1　礼千呆侒禅師―礼千呆晏禅師（国）
3　後之黄檗―後（国）
3　助千呆禅師―助千呆（国）
3　既帰佚老於清涼庵―既帰佚老於清涼庵、朝誦晩課未嘗懈惰（国）
4　修弟子礼云―修弟子礼、享保其年示寂（国）

75　元璧（／素文道璧）

書き下し文

元璧(1)、字は素文。杭の僧澄一(2)の弟子なり。後、洛陽に入り、法を南源派禅師(3)に嗣ぐ。郷に回って永興院(4)に住持し、宝永中、寂す。

注

（1）**元璧**　素文道璧か。但し（国）（神）も「元璧」と記す。道璧は道号素文、法諱道璧。生年未詳、宝永年中（一七〇四～一七一〇）没。上京し、元禄三年（一六九〇）、南源性派の法を嗣いだ。

（2）**僧澄一**　澄一道亮。『先民伝』巻上・6・注3参照。

（3）**南源派禅師**　南源性派。崇禎四年（一六三一）生、元禄五年（一六九二）六月二十五日没、六十二歳。福建省福州府福清県の人。承応三年、隠元隆琦と共に来日、長崎の興福寺に寓す。宇治万福寺の開創に尽くし、寛文八年（一六六八）華蔵院を開き、寛文十二年（一六七二）、同院に退隠。

（4）**永興院**　興福寺の塔頭。延宝二年（一六七四）、澄一が興福寺門前に建立。

参考文献

大槻幹夫ほか『黄檗文化人名辞典』（思文閣出版、一九八八年）

本文

元璧字素文杭僧澄一之弟子也後入洛陽嗣法于南
源派禪師回郷住持永興院寶永中寂

校異

1　杭僧澄一之弟子也―杭僧澄一弟子也（国）
1　後入洛陽―後入洛（国）
1　嗣法于南源派禅師―嗣法于南源流禅師（国）
2　宝永中寂―宝永中卒、年六十余歳矣、始三衲出家時檗門始闢春秋不富無人落髪於華僧之手故三子特歴官准各依所嚮崎人出家檗門自三子始（国）

76　道活〔卓岩〕

書き下し文

道活(1)、字は卓岩、姓は宮崎氏。幼にして孤となり、舅横瀬氏に育はる。成して釈氏を好み、衲子(2)の風有り。十五六歳、京に入り、西三博(3)に医を習ふ。従遊すること多年、未だ嘗つて医を以て意と為さず。心を仏経に壱にし、遂に辞して帰る。居ること何くも無く、私かに深堀(4)（肥前属隷）に之き、菩提禅寺(5)に登り、祝髪して沙弥の業を修む。時に年二十余。研精覃思(6)し、省りみ発する所有り。後、復た京に之き、独照和尚(7)に参す。照、其の器を愛し、親覲年有り。再び崎に回り、防山(8)に隠居し、終身、関を閉じて世に出でずと云ふ。

注

（1）**道活**　卓岩道活。道号卓岩、法諱道活。生没年未詳。
（2）**衲子**　禅僧。
（3）**西三博**　『先民伝』巻下・36参照。
（4）**深堀**　肥前国彼杵郡・高来郡のうち。江戸期、佐賀藩の家老職、深堀鍋島氏が知行した。
（5）**菩提禅寺**　金谷山菩提寺（現長崎市深堀）。曹洞宗。深堀鍋島氏の菩提寺。
（6）**覃思**　ふかく思う。
（7）**独照和尚**　独照性円。道号独照、法諱性円、俗姓富田氏。元和三年（一六一七）三月三日生、元禄七年（一六九四）七月十七日没、七十八歳。寛文元年（一六六一）、黄檗山万福寺を開いた隠元に随行。
（8）**防山**　未詳。

参考文献

大槻幹夫ほか『黄檗文化人名辞典』（思文閣出版、一九八八年）
圭室文雄『日本名刹大事典』（雄山閣出版、一九九二年）

本文

道活字卓岩姓宮崎氏幼孤育於舅横瀬氏成而好釋
氏有衲子風十五六歳入京習西三博壑従遊多年未
嘗以醫為意壹心佛經遂辭而歸居無何私之深堀肥前
屬隷登菩提禪寺祝髪修沙彌業時年二十餘研精覃思
有所省發後復之京参獨照和尚照愛其器親覲有年
再回于崎隠居防山終身閉關不出於世云

校異

※（国）に、この条なし。

77 元巧

書き下し文

元巧(1)、字は如拙、姓は中村氏。法を鉄牛機禅師(2)に嗣ぐ。大和州の植村侯(3)、延請して法を問ふ。厥の後、将に江戸に之かんとし、道の筥根を歴るに、馬より堕ちて死す。

注

(1) 元巧　未詳。

(2) 鉄牛機禅師　鉄牛道機。道号鉄牛、法諱はじめ定機のち道機、号自牧子。寛永五年（一六二八）生、元禄十三年（一七〇〇）八月二十日没、七十三歳。

(3) 大和州の植村侯　植村家政。大和国高取藩主。天正十七年（一五九〇）生～慶安三年（一六五〇）閏十月二十三日没。六十二歳。

参考文献

大槻幹夫ほか『黄檗文化人名辞典』（思文閣出版、一九八八年）

本文

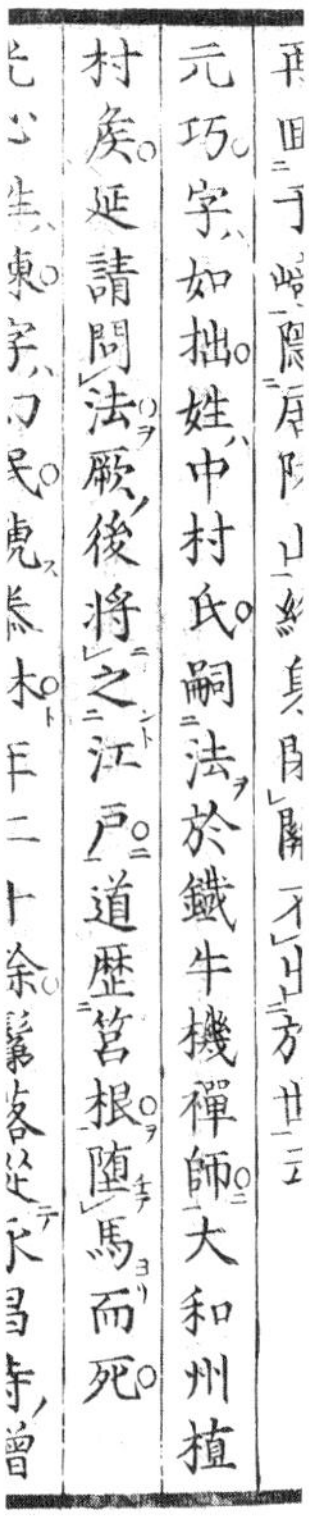
元巧字如拙姓中村氏嗣法於鐵牛機禅師大和州植
村侯延請問法厥後将之江戸道歴筥根堕馬而死

校異

※（国）に、この条なし。

78 光心

書き下し文

光心(1)、姓は陳、字は幻民、泰林と号す。年、二十余にして鬀落し、永昌寺(2)の僧某に従ひて、洞上の道を受く。乃ち遍ねく諸方を叩き、参禅して道を問ひ、大ひに全提を得る。人と為り捷敏、博聞強記、経論・禅録、並せて儒典・百家の書、歴覧せざる靡し。海雲玄光禅師(3)、屢しば道器(4)と称す。

元禄十三年春三月、永昌に継席す。居ること幾もなく、辞して郭外に隠る。後、天草(5)〔地、肥後に係る〕に之き、東向寺(6)に住す。又た退きて隠居す。其の居、迦葉軒(7)と名づく。深く自ら韜晦す。遐邇(8)、風を望んで趨る者、縄縄として絶えず。

光心、尤も儒書を好み、文章を能くす。嘗て曰く、「桑門(9)の徒、儒自り入るに匪ざれば、多く功を成さず。吾が徒、豈に闇然(10)を得んや。孔子は聖人なり。仏も亦た聖人なり。道、同じからざれば相為に謀らず。亦た各おの其の宜を言ふ。釈氏・孔子、地を易へば、則ち皆、然り」と。其の儒術を崇信すること此の如し。

又た書を工にす。顔筋柳骨(11)、雄秀、人に可なり。享保戊申(12)、年六十二、春二月十二日化す。

注

（1）**光心**　臨済宗の僧。寛文六年（一六六六）生～享保十三年（一七二八）二月十二日没、六十二歳。
（2）**永昌寺**　『先民伝』巻下・71・注4参照。
（3）**海雲玄光禅師**　独庵玄光。『先民伝』巻上・21・注14参照。
（4）**道器**　参禅学道を成就するに足る能力・器量のある人材。
（5）**天草**　現熊本県天草諸島。当時、長崎奉行所の支配下にあった。
（6）**東向寺**　松栄山東向寺（現熊本県本渡市）。曹洞宗。初代天草代官鈴木重成が慶安元年（一六四八）創建。
（7）**迦葉軒**　未詳。
（8）**遐邇**　遠い所と近い所。
（9）**桑門**　僧侶。
（10）**間然**　非難すること。
（11）**顔筋柳骨**　顔真卿と柳公権の書風。
（12）**享保戊申**　享保十三年（一七二八）。

参考文献

鷲尾順敬『日本佛家人名辞書』（光融館、一九一一年）
大槻幹夫ほか『黄檗文化人名辞典』（思文閣出版、一九八八年）
岩本祐『日本佛教語辞典』（平凡社、一九八八年）
圭室文雄『日本名刹大事典』（雄山閣出版、一九九二年）

本文

1 光心姓陳字幻民號桊林年二十餘鬀落從永昌寺僧
2 某受洞上之道乃遍叩諸方參禪問道大得全提為人
3 捷敏博聞強記經論禪録並儒典百家之書靡不歷覽
4 海雲玄光禪師屢稱道焉元祿十三年春三月繼席永
5 昌居未幾辭而隱於郭外後之天草地係肥後任東向寺又
6 退而隱居其居名迦葉軒深自韜晦遐邇望風趨者繩
7 繩不絶光心尤好儒書能文章常曰桑門之徒匪自儒
8 入多不成功吾徒豈得間然乎孔子聖人也佛亦聖人
9 也道不同不相為謀亦各言其宜釋氏孔子易地則皆
10 然其崇信儒術如此又工書顏筋柳骨雄秀可人享保
11 戊申年六十二春二月十二日化

校異

2　参禅問道―考徳問道（国）
3　博聞強記―博学強記（国）
3　経論禅録―自経蔵律論以（国）
3　並儒典百家之書―及儒典百家之言（国）、幷儒典百家之書（神）
3　靡不歴覧―靡不決通（国）
4　海雲玄光禅師―海雲玄光（国）
5　居未幾―補住持位、時年三十三（国）
5　辞而隠於郭外―ナシ（国）
5　〔地係肥後〕―ナシ（国）、〔係在肥後〕（神）
5　又退而隠居―居頃之隠居（国）
6　其居名迦葉軒―迦葉軒（国）
6　遐邇望風趨者―遐邇慕其学者（国）、遐邇望風而趨者（神）
6　縄縄不絶―黒白多至道誉孔昭（国）
7　能文章―作文章（国）

7　匪自儒入―匪自儒（国）
9　釈氏孔子―釈迦孔子（国）
9　易地則皆然―易地則皆然矣（国）

79　恭也

書き下し文

恭也、字は玉照、(1)姓は岡島。乃ち玉成援之(2)の母兄なり。少くして心越儔禅師(3)に事ふ。世事に拘わらず、出塵の風有り。壮歳、儔に従つて水戸に之く。(4)厥の後、崎に回り、母と偕に東郭に隠る。家、市廛(5)に隣るも湛寂自如、徜徉(6)として足るを知る。又た隷書を善くす。草花を画き、以て禅余の楽と為す。人、其の清範に服すと云ふ。

注

（1）恭也、字は玉照　未詳。（神）では字を「王昭」と記す。
（2）玉成援之　岡嶋冠山。字玉成・援之。漢学者。延宝二年（一六七四）生、享保十三年（一七二八）正月二日没、五十五歳。
（3）心越儔禅師　心越興儔。『先民伝』巻上・8・注6参照。
（4）壮歳、儔に従つて水戸に之く　心越は、天和元年（一六八一）、徳川光圀の招聘に応じ江戸へ行き、同三年に水戸に入った。
（5）市廛　町にある店。市街地。
（6）徜徉　心を俗世間の外に遊ばせ楽しむこと。

参考文献

大槻幹夫ほか『黄檗文化人名辞典』（思文閣出版、一九八八年）

本文

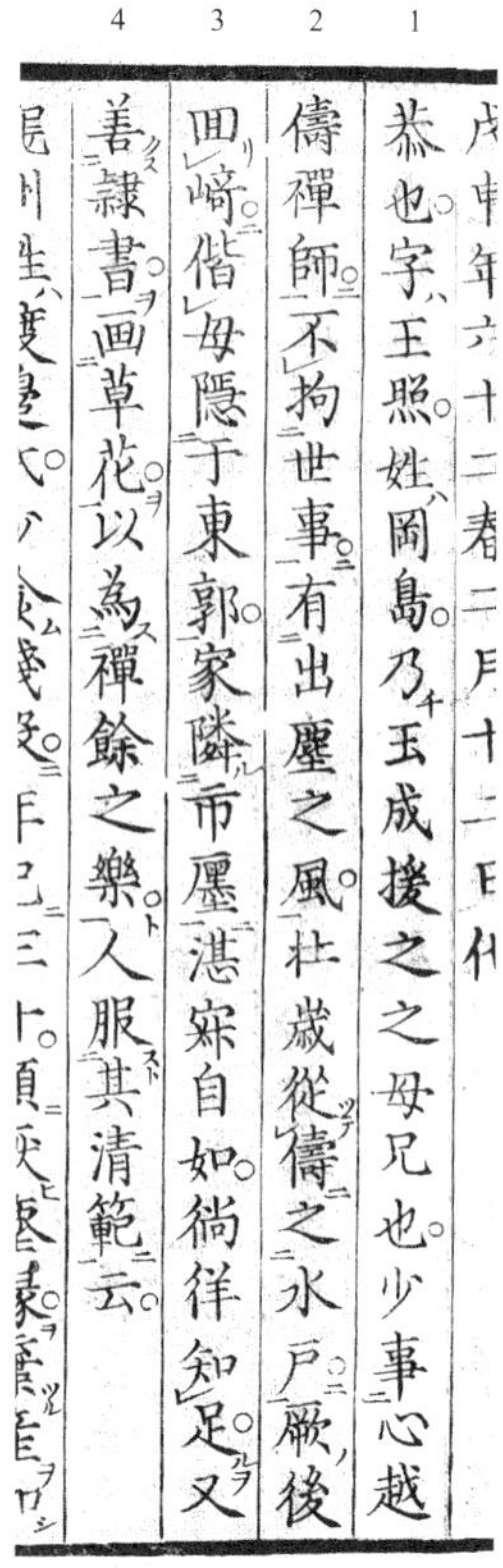
1　恭也字王照姓岡島乃玉成援之之母兄也少事心越
2　儔禅師不拘世事有出塵之風壮歳従儔之水戸厥後
3　回崎偕母隠于東郭家隣市廛湛寂自如徜徉知足又
4　善隷書画草花以為禅餘之楽人服其清範云

校異

※　（国）に、この条なし。
1　字玉照―字王昭（神）

80　龍州

書き下し文

龍州、(1)姓は渡辺氏。少くして賤役を食む。年、已に三十、頓に塵縁(2)を厭ひ、産を棄つること脱屣(3)の如し。又た家事を以て奴に属して去る。僧龍山(4)に投じて髯染し、出世の要を修む。後、黄檗に之きて勤苦す。久しふして深く宗旨を究む。既にして帰つて竪髪(5)〔村名。鎮江の西に在り〕に縛禅す。題して「寿福」(6)と曰ふ。

杜辞(7)し趺坐(ふざ)(8)すること、歯を没するまで(9)怠らず。享保中に寂す。

注

(1) **龍州**　未詳。
(2) **塵縁**　世俗のわずらわしい関係。
(3) **脱屣**　やぶれた履(くつ)を脱ぐように惜しげもなく捨て去ること。
(4) **龍山**　未詳。
(5) **竪髪**　立神(たてがみ)郷。江戸期は浦上淵村十三郷の一つ（現長崎市東立神町・西立神町）。
(6) **寿福**　隠居した庵の号か。
(7) **杜辞**　出入り口を閉ざし、人付き合いを拒否する意か。
(8) **趺坐**　足を組んで座ること。
(9) **歯を没する**　齢(よわい)を没す。死ぬまで、終身。

参考文献

大槻幹夫ほか『黄檗文化人名辞典』（思文閣出版、一九八八年）

本文

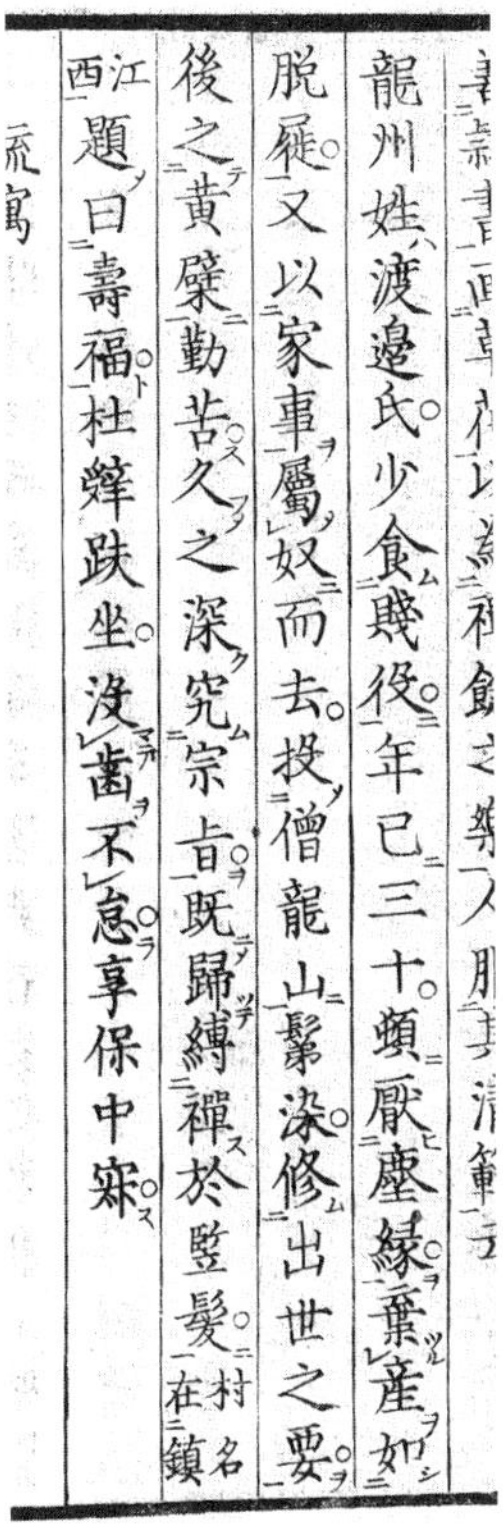
1 龍州姓渡邉氏。少食賤役。年已三十。頻厭塵縁。棄産如
2 脱屣。又以家車屬奴而去。投僧龍山。冡染修出世之要。
3 後之黄檗。勤苦久之。深究宗旨。既歸縛禪於竪髪〔村名在鎮
4 江西〕。題曰壽福。杜辭趺坐。沒齒不怠。享保中寂。

校異

1〜3　棄産如脱屣〜既帰縛禅於竪髪―投龍山禅師、習衲子業、属奴家産、如脱幣屣、遠之黄檗、勤苦多年、深究単伝之旨、厥後創一宇（国）
3　〔村名在鎮江西〕―〔在鎮正西隔江〕（国）
4　杜辞趺坐―跍跏坐禅（国）
4　享保中寂―享保年中寂（国）

【流寓】

書き下し文

流寓

永禄以前、吾得て知る無し。旧記に載する所の若きに至りて、元亀以来、文武・技能の士、或いは事を奉じて賢労、或いは功を立て不朽、或いは笈を負ひて遊学、或いは勝を探つて遊覧す。要するに皆、世の所謂る賢豪にして、来り寓する者なり。是れに由つて之れを言はば、崎邑、又た曷ぞ小とすべけんや。今、見聞の取るべき者に拠り、緝録して編を成す。以て流寓を志す。

注

(1) 永禄　一五五八〜一五六九年。

(2) 元亀　一五七〇〜一五七三年。

本文

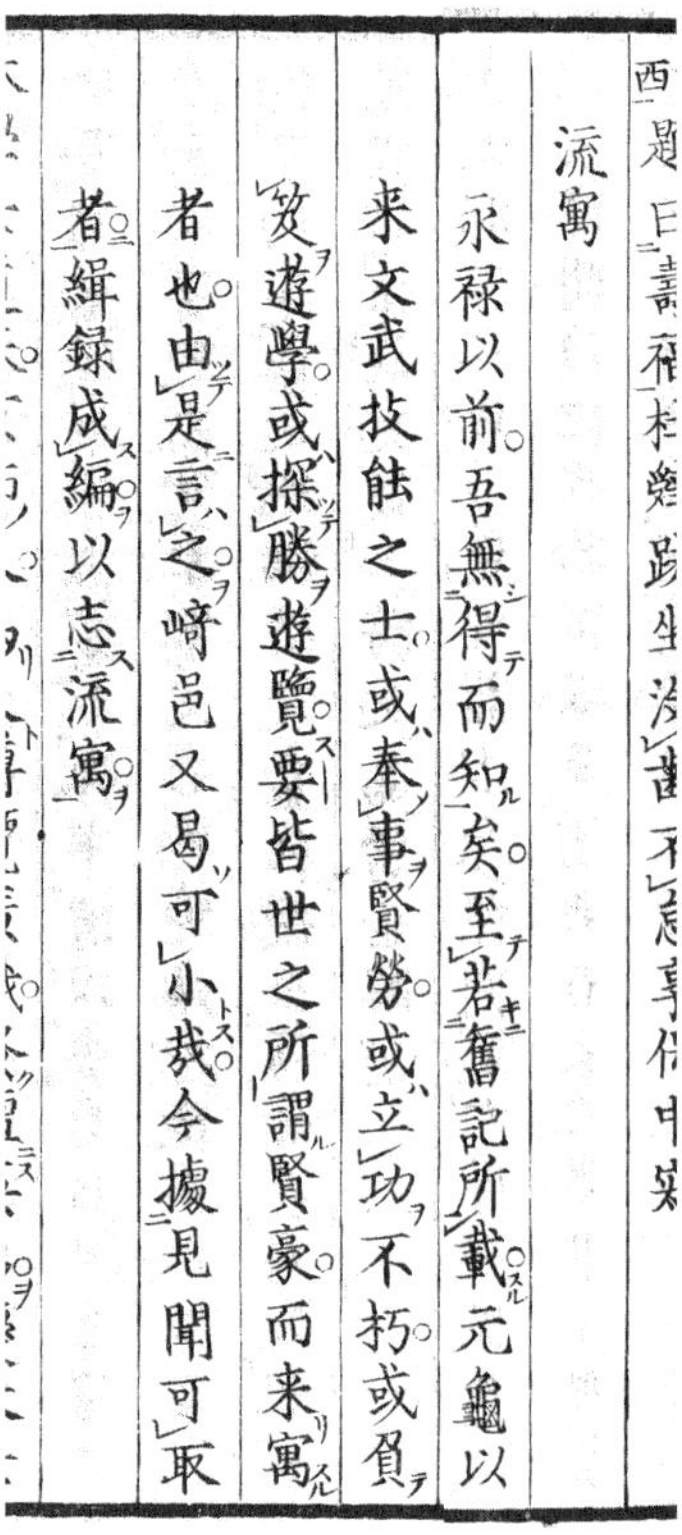

流寓
永禄以前吾無得而知矣至若舊記所載元龜以
来文武技䏻之士或奉事賢勞或立功不朽或負
笈遊學或探勝遊覧要皆世之所謂賢豪而来寓
者也由是言之崎邑又曷可小哉今據見聞可取
者緝録成編以志流寓

校異

2　永禄以前─夫永録以前（国）

6　緝録成編─記録成篇（国）

6　以志流寓─以為閭里栄作流寓伝（国）

81　林道春〔林羅山〕

書き下し文

林学士道春、京師の人。人と為り博覧広識。蚤く英名を擅にす。慶長七年秋八月、崎に来りて寓居、月を経る。時に年二十なり。十二年丁未、命を奉じて再び来る。幾ならずして帰る。十五年庚戌、『長崎逸事』を著はし、乃ち崎港を目けて「神応」と曰ふ。明暦三年卒す。年七十五。

注

(1) 林学士道春　林羅山。名信勝・忠、字子信、通称又三郎、号羅山・浮山・羅浮子・夕顔巷叟など。幕儒。天正十一年（一五八三）生〜明暦三年（一六五七）一月二十三日没、七十五歳。

(2) 崎に来りて寓居、月を経る　「年譜」（『羅山林先生集附録』巻一所収、寛文二年刊）慶長七年（一六〇二）の項に「先生二十歳、今秋泛舟、経歴西海到肥前長崎、寓居経月帰」とあり。

(3) 命を奉じて再び来る　「年譜」（前掲）慶長十二年の項に「又有旨趣長崎、而帰洛」とあり。

(4) 『長崎逸事』　『羅山林先生文集』巻二二に「長崎逸事　慶長十五年

作」として本文が掲載される。

（5）**崎港を目けて「神応」と曰ふ**　「長崎逸事」（前掲）に「長崎者番舶所、湊賈客所集而一都会也、可不謂吾邦之神応港乎」とあり。

（6）**年七十五**　（国）（神）は「七十二」と記す。

本文

1 林學士道春京師人為人博覧廣識蚤擅英名慶長七

2 年秋八月来崎寓居經月時年二十矣十二年丁未奉

3 命再来未幾而歸十五年庚戌著長崎逸事乃目崎

4 港曰神應明暦三年卒年七十五

校異

1 林学士道春―林道春者（国）

1 京師人―京師人也（国）

1 為人博覧広識―為人博聞強記（国）

1 蚤擅英名―蚤檀英名（国）

2 来崎―乗槎遊崎（国）

3 命再来―旨再来（国）

3 著長崎逸事―作長崎逸事（国）

4 年七十五―年七十二（国）（神）

82　林永喜〔林東舟〕

書き下し文

林永喜、(1)道春の(2)弟なり。慶長十四年冬、長崎に来り。(3)踰年(ゆねん)(4)、京に回り、寛永戊寅の年卒す(5)。

注

（1）**林永喜**　林東舟。名信澄、通称弥一郎、号東舟・樗墩、剃髪して永喜と号す。幕儒。天正十三年（一五八五）生、寛永十五年（一六三八）八月十九日、五十四歳。

（2）**道春**　林道春。『先民伝』巻下・81参照。

（3）**長崎に来り**　「長崎逸事」（『羅山林先生文集』巻二二所収）冒頭に「余去歳秋赴駿府、孟冬澄弟往長崎」とあり。

（4）**踰年**　年を越して次の年になる。「年譜」（『羅山林先生集附録』巻一所収）慶長十五年の項に「正月、信澄自長崎帰京、談昨年蛮船沈海之始末」とある。

（5）**寛永戊寅の年**　寛永十五年（一六三八）。「刑部卿法印林永喜碑銘」（『羅山林先生文集』巻四三所収）に碑銘あり。

本文

1 林永喜道春之弟也慶長十四年冬来長崎踰年回京

2 寛永戊寅年卒

校異

1　林永喜―林永喜者（国）

1　来長崎―来崎陽（国）（神）

83　向井元升

書き下し文

向井元升（1）、字は以順。肥前佐賀の人。慶長癸丑（2）、年五歳、父兼秀（3）に随つて、崎に来つて寓す。稍や長じ、林先生（4）に依つて、天文学を伝ふ。儒医を以て名あり。万治元年、移りて京師に業をなす。延宝五年卒す。年六十九。著す所『乾坤弁説』（5）、世に行はる。

注

（1）向井元升　医師。字以順、号霊蘭。慶長十四年（一六〇九）生、延宝五年（一六七七）十一月一日没、六十九歳。

（2）慶長癸丑　慶長十八年（一六一三）。

（3）父兼秀　元升の父は兼義。兼秀は祖父。元升は次男。

（4）林先生　林吉左衛門。『先民伝』巻上・15・注4参照。

（5）『乾坤弁説』　四巻。万治元年（一六五八）成。西玄甫述・向井元升記。沢野忠庵翻訳『仮名天文鈔』に対する批判の書。

参考文献

大内初夫・若木太一『日本の作家27　向井去来』（新典社、一九八六年）

若木太一「向井元升著述考――東西文化の接触――」（『雅俗』第八号、二〇〇一年）

本文

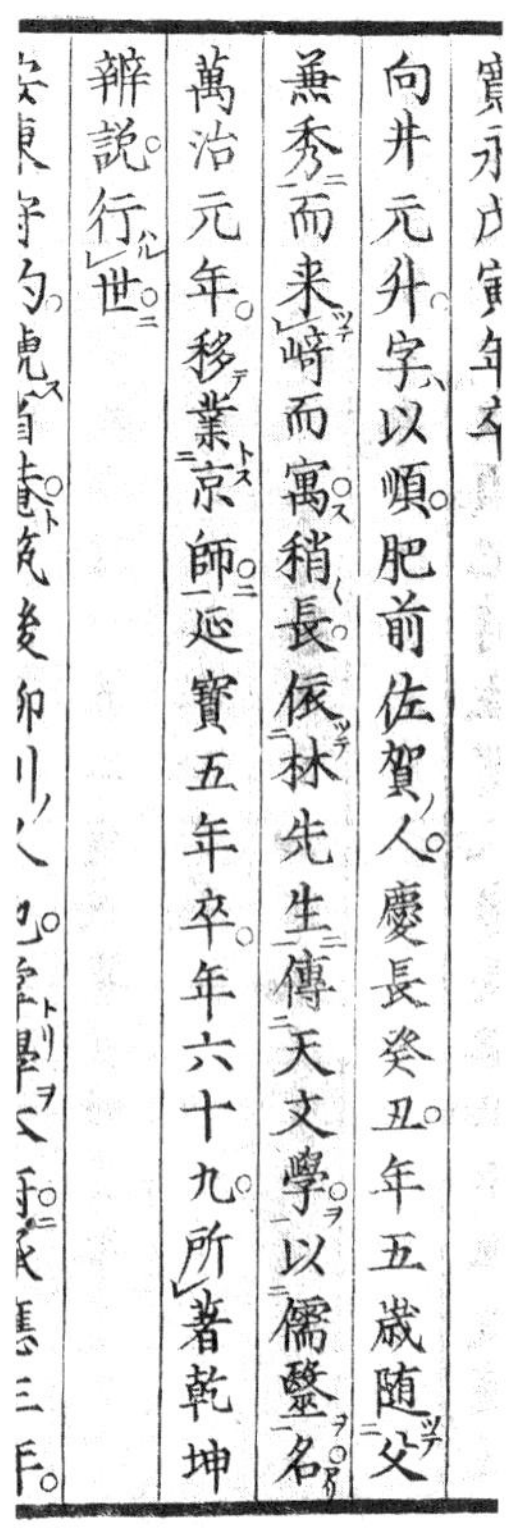
向井元升字以順肥前佐賀人慶長癸丑年五歳随父
兼秀而来崎而寓稍長依林先生傳天文學以儒醫名
萬治元年移業京師延寶五年卒年六十九所著乾坤
辨説行世

校異

1　向井元升字以順―向井以順字元升（国）

1　随父兼秀而来崎而寓―随父兼秀来崎（国）、随父兼秀来崎而寓焉（神）

84　安東守約〔安東省菴〕

書き下し文

安東守約（1）、省菴と号す。筑後柳川の人なり。学を本府に掌どり、承応三年、崎に来り、未だ幾ばくならずして去る。万治三年、越中の朱（2）楚璵先生（3）、崎に航す。守約、贄を寓館に執り、弟子の礼を修む。遂に俸の半ばを分かち、遺つて以て養ふ。此より毎歳、二たび長崎に造り、省覲（4）して業を請ふ。

寛文乙巳（5）、楚璵、水戸の徴に応じ、其の道大いに行はる。守約、寔に之れが地を為す。嗣後、尺素往復（6）し、礼を始終に全くす。人と為り温良篤謹。経史に精通し、最も詩文に工み、当世の醇儒（7）たり。

注

（1）**安東守約**　柳河藩士・漢学者。通称映四郎・市之進、字魯黙、号恥斎。元和八年（一六二二）一月十八日生、元禄十四年（一七〇一）十月二十日没、八十歳。
（2）**越中**　越は浙江省の古称。
（3）**朱楚璵**　朱舜水。『先民伝』巻下・32・注4参照。
（4）**省観**　お目にかかる。
（5）**寛文乙巳**　寛文五年（一六六五）。
（6）**尺素**　手紙。
（7）**醇儒**　孔子の教えのみ純粋に修めた学者。

参考文献
石原道博『人物叢書　朱舜水』（吉川弘文館、一九六一年初版）
松野一郎『西日本人物誌6　安藤省菴』（西日本新聞社、一九九五年）

本文

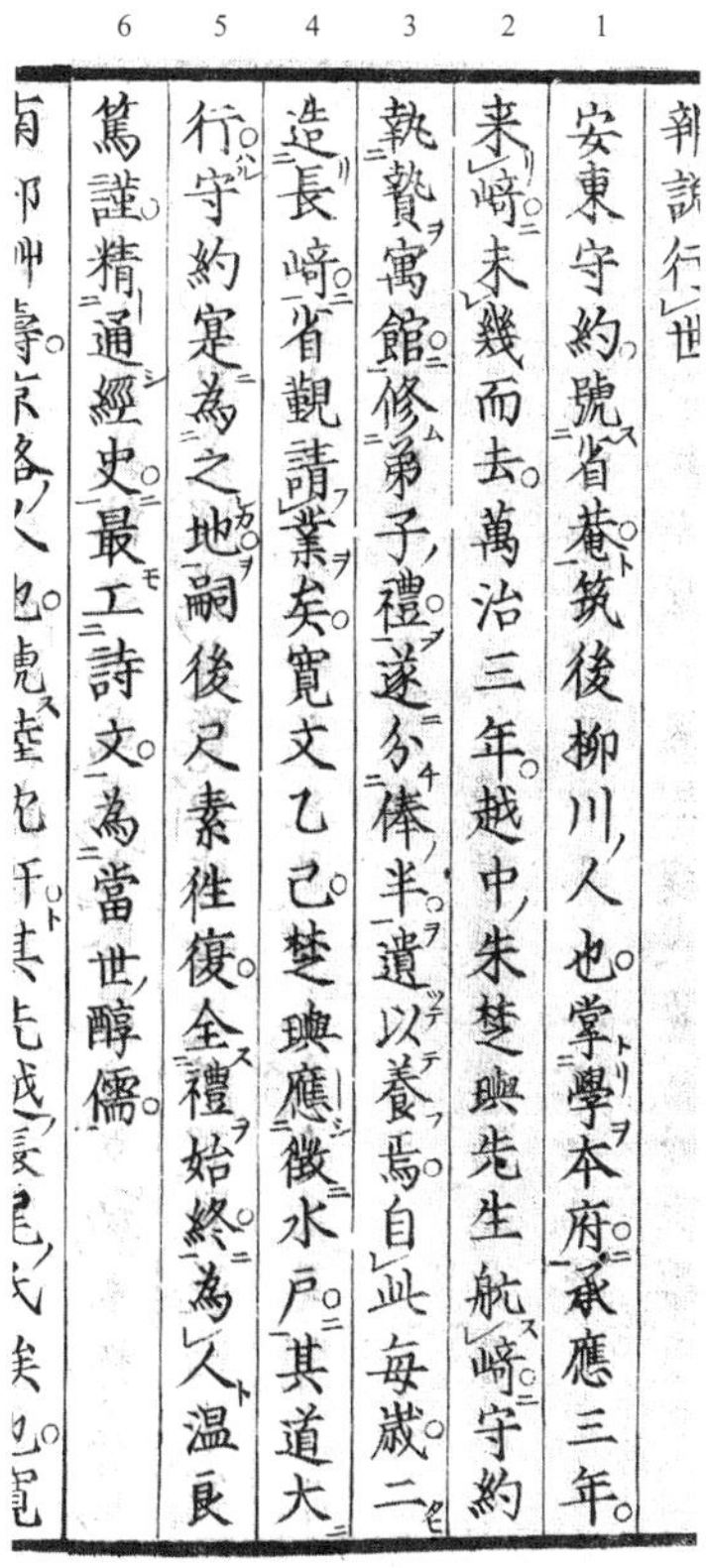
安東守約號省菴筑後柳川人也掌學本府承應三年
來崎未幾而去萬治三年越中朱楚璵先生航崎守約
執贄寓館修弟子禮遂分俸半遺以養焉自此毎歳二
造長崎省覲請業矣寛文乙巳楚璵應徵水戸其道大
行守約定為之地嗣後尺素往復全禮始終為人温良
篤謹精通經史最工詩文為當世醇儒

校異

1　筑後柳川人也―筑之柳川人也（国）（神）
1　承応三年―承応三年中（国）
2　未幾而去―居久之而去（国）
2　万治三年―厥後（国）（神）
2　越中朱楚璵―浙之朱魯璵（国）、越中朱魯璵（神）
2　守約執贄寓館、修弟子礼―守約亦担簦其門（国）、守約通書其門、執弟子礼（神）
3　自此毎歳二造長崎、省観請業矣―ナシ（国）（神）
4　寛文乙巳～全礼始終―元禄十四年十月二十四日卒、行年八十（国）、寛文乙巳、魯　璵応徴水戸、道大行、守約未嘗及門、尺素往復、全礼始終（神）

85　南部草寿

書き下し文

南部草寿(1)、京洛の人なり。陸沈軒と号す。其の先、越の長尾の氏族なり。寛文十二年、儒を以て、長崎に遊ぶ。藤蔭鎮(2)、方に学に郷ふ。草寿を遇すること渥し。延宝丙辰(3)、始めて文廟を立山に建て(4)、草寿を挙げて祭酒とし、立てて塾師と為す。弟子、日に盛んなり。崎の塾学を有するは、此を権輿とす。居ること八年、職を辞め京に帰る。越の菅侯(5)、徴して、以て講読を掌らしむ。人と為り俊爽、経済に精しく、典故に通ず。著す所『職原抄支流』(6)、世に行はる。

注

（1）南部草寿　漢学者。字子寿、号陸沈軒。寛永十四年（一六三七）生、元禄元年（一六八八）十一月二日没、五十二歳。

（2）藤蔭鎮　牛込忠左衛門。『先民伝』巻上・1・注8参照。

（3）延宝丙辰　延宝四年（一六七六）。

（4）文廟を立山に建て　聖堂が建立されたのは立山奉行所前。

（5）越の菅侯　富山藩主前田正甫。『先民伝』巻上・5・注15参照。

（6）『職原抄支流』　五巻一冊。天和三年刊。但し、著者名はない。

参考文献

川平敏文「南部草寿―明儒の風貌」（『徒然草の十七世紀―近世文芸思潮の形成』所収、岩波書店、二〇一五年）

本文

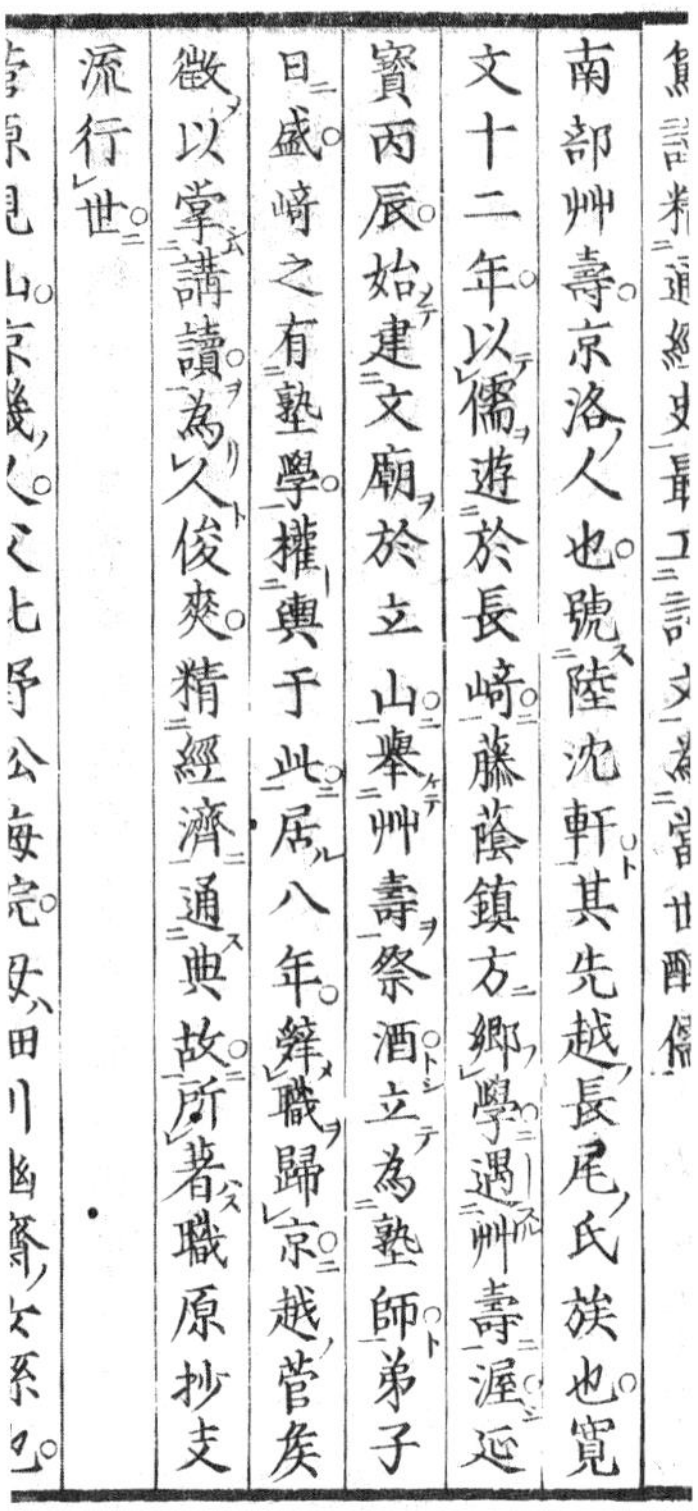

1 南部艸壽京洛人也。號陸沈軒。其先越長尾氏族也。寛
2 文十二年以儒遊於長崎。藤蔭鎮方郷学。遇艸壽渥。延
3 寶丙辰始建文廟於立山。舉艸壽祭酒。立為塾師。弟子
4 日盛。崎之有塾學權輿于此。居八年。辭職歸京。越菅侯
5 徴以掌講讀。為人俊爽。精經濟通典故。所著職原抄支
6 流行世。

校異

1　南部草寿、京洛人也―南部草寿者、京洛人也（国）

2　以儒遊於長崎―以儒遊於崎陽（国）

2　藤蔭鎮―鎮台牛込氏（国）

2　遇草寿渥―遇寿殊渥（国）

3　挙草寿祭酒―挙寿祭酒（国）

4　辞職帰京―辞職回京（国）

5　掌講読、為人俊爽―掌講読、元禄二年七月二日卒、為人俊爽（国）

86　菅原見山

書き下し文

菅原見山、(1) 京畿の人。父は北野松梅院、(2) 母は細川幽斎の女孫なり。(3) 見山、天資高邁、材気抜群。文を好み、書を工みにす。元和元年、長崎に卒す。

注

（1）菅原見山　生年未詳。元和元年没。

（2）北野松梅院　北野天満宮の祠官。

（3）細川幽斎の女孫　幽斎の女加賀が、豊後日出藩主木下延俊の正室となり、その次女御豊が北野松梅院某の妻になっている。高台院の希望であったらしい。

参考文献

『木下延俊慶長日記』（新人物往来社、一九九〇年）

本文

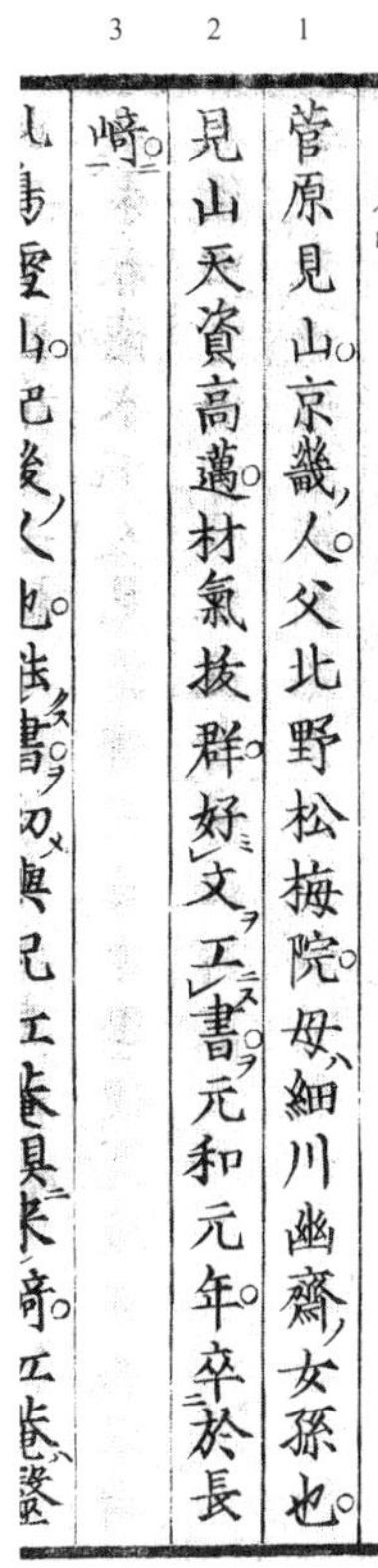
1 菅原見山京畿人。父北野松梅院。母細川幽斎女孫也。
2 見山天資高邁材氣抜群。好文工書。元和元年卒於長
3 崎。

校異

1 母細川幽斎女孫也―母細川幽斎（肥後国主）女孫也（国）

87 北島雪山

書き下し文

北島雪山(1)、肥後の人なり。書を能くす。初め、兄江菴(2)と倶に崎に来る。江菴は医なり。国雅に工みなり。雪山、壮にして武城に游ぶ。弘文学士林春斎(3)、及び弟春徳(4)・木下(5)・人見(6)の諸儒と友善たり。才学倶に富み、蔵書甚だ多し。時人、称して、書厨と曰ふ。

嘗て肥後に仕へ、俸四百石を食む。後、党事に縁つて綬を解きて去る。乃ち崎に来たり。仏教を信奉し、法華及び金剛弥陀諸経若干部を写し、諸を寺刹山上に蔵む。且つ、石を聚めて経を写すこと数斗なり。

其の人と為り洒落、晋人の風(7)有り。性、劇飲を好み、戯筆文を成す。狂吟放浪、縄墨(8)に拘らず。士大夫と席を接するも、衣襤褸を纏ひ、曾て愧色なし。常に青楼に遊び、襤褸の衣を解き、妓をして虱を拾はしむ。人皆、以て狂と為す。然るに、世の其の字を得んことを願ふ者、毎に酒を置きて之れを延く。其の酣飲に迨び、筆を執つて立ちどころに数百紙を掃ふ。其の煩を厭はず、人之れを獲ること拱璧の如し(9)。

生平、人と交はるに、富貴を以て足恭(10)せず、貧賤を以て鄙棄せず。箪食瓢飲して、由由自適たり。元禄丁丑(11)歿す。書名世に伝ふ。其の筆法、一家を為す。略々、明の文待詔(12)に擬すと云ふ。

注

（1）**北島雪山**　書家。名三立、別号花隠など。寛永十三年（一六三六）生、元禄十年（一六九七）二月十四日没、六十二歳。

（2）**兄江菴**　号雪渓。医師。能書家であったという。生没年未詳。

（3）**林春斎**　林鵞峰。幕儒。林羅山の三男。元和四年（一六一八）五月二十九日生、延宝八年（一六八〇）五月五日没、六十三歳。

（4）**弟春徳**　林読耕斎。幕儒。林羅山の四男。寛永元年（一六二四）十二月二十八日生、万治四年（一六六一）三月十二日没、三十八歳。

（5）**木下**　木下順庵。『先民伝』巻上・5・注17参照。

（6）**人見**　人見竹洞。幕儒。寛永十四年（一六三七）十二月八日生、元禄九年（一六九六）一月十四日没、六十歳。

（7）**晋人の風**　晋の謝安のことか。『蒙求』に「謝安高潔」の標題で、その行いが高潔であった故事が載る。書に巧みでおおらかな人物であった。

（8）**縄墨**　規則。

（9）**拱璧の如し**　大きな宝物。

（10）**足恭**　度のすぎた恭しさ。

（11）**元禄丁丑**　元禄十年（一六九七）。

（12）**明の文待詔**　明の文人文徴明のこと。（国）（神）は「文待詔」の箇所が「張瑞図」とある。張瑞図は、明末の書画家。

参考文献
高野和人『北嶋雪山の生涯』（青潮社、一九七一年）

本文

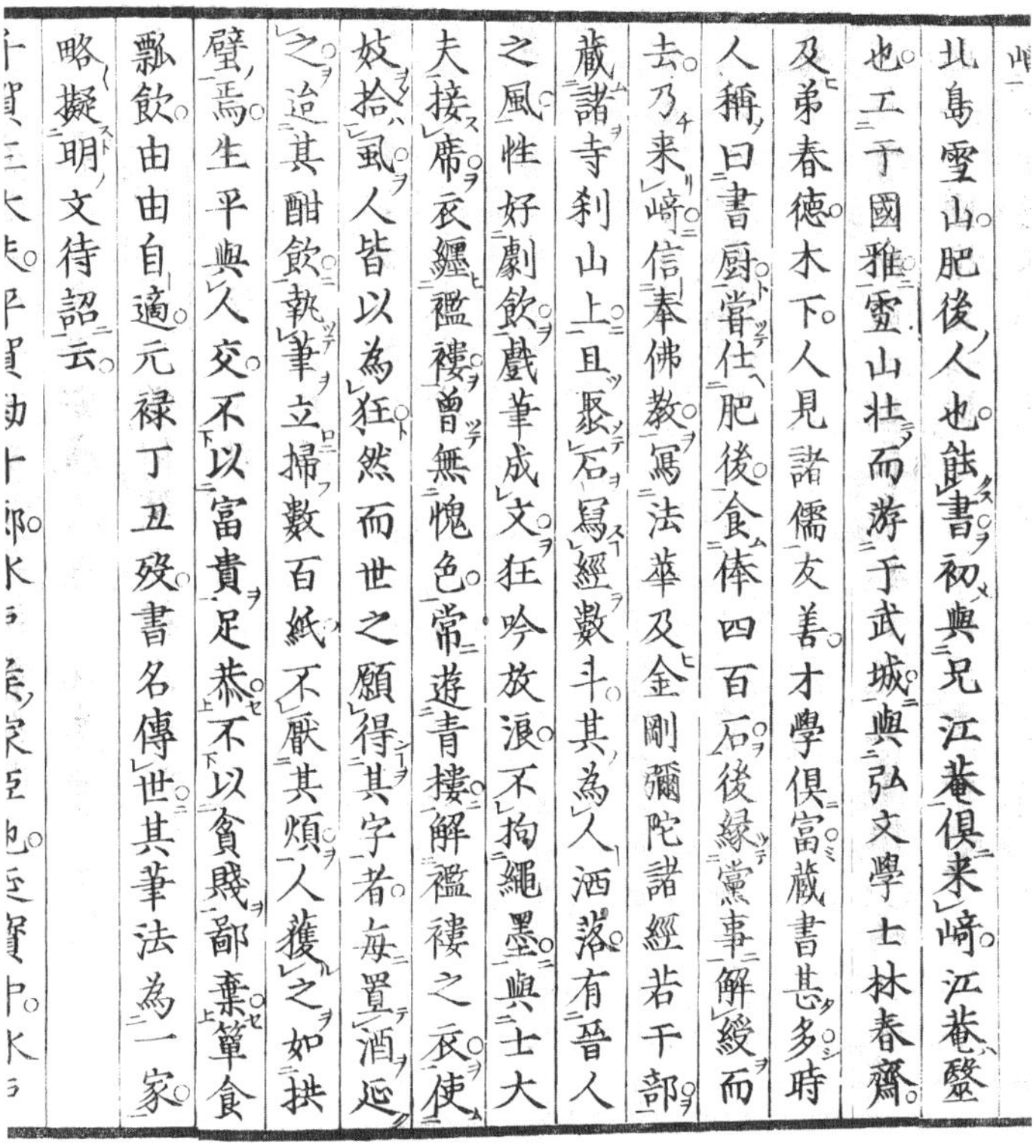

北島雪山肥後人也。能書。初與兄江菴俱来崎。江菴醫也。工于國雅。雪山壯而游于武城。與弘文學士林春齋及弟春徳木下人見諸儒友善。才學俱富。蔵書甚多。時人稱曰書厨。嘗仕肥後食俸四百石。後縁黨事解綬而去。乃来崎。信奉佛教。寫法華及金剛彌陀諸經若干部蔵諸寺刹山上。且聚石寫經數斗。其為人洒落有晋人之風。性好劇飲。戯筆成文。狂吟放浪。不拘繩墨。與士大夫接。常衣纏襤褸。曾無愧色。常遊青樓。解襤褸之衣使妓拾虱。人皆以為狂。然而世之願得其字者。毎置酒延之。迨其酣飲。執筆立掃數百紙。不厭其煩。人獲之如拱璧焉。生平與人交。不以富貴足恭。不以貧賤鄙棄。簞食瓢飲由自適。元禄丁丑歿。書名傳世。其筆法為一家略擬明文待詔云。

校異

1　肥後人也―肥後産也（国）
1　倶来崎―同来崎（国）
2　工于国雅―尤工于国雅（国）
2　游于武城―游於江城（国）
3　蔵書甚多―蔵書多于鄴架（国）
6　蔵諸寺刹山上―瘞諸寺刹山上（国）
6　且聚石写経数斗―且聚石礫写経数斛（国）
7　性好劇飲―性嗜酒劇飲（国）
7　戯筆成文、狂吟放浪―戯筆放蕩恣肆（国）
8　衣纏襤褸―衣雖襤褸（国）
8　常遊青楼、解襤褸之衣―常遊青楼、意気豪放、解襤褸之衣（国）
8　使妓拾虱―使妓女拾虱焉（国）
9　然而世之願得其字者―然世之願得其字者（国）
10　迨其酣飲―迨其酣飲之時（国）
12　元禄丁丑歿―以元禄丁丑二月十四日歿（国）
12　書名伝世―書名洋溢留伝百世（国）
12　其筆法為一家、略擬明文待詔云―其筆法蓋倣張瑞図云、少時号三立、其名字今不詳云（国）、其筆法為一家、略擬明張瑞図云（神）

88　千賀三大夫・平賀勘十郎

書き下し文

千賀三大夫・平賀勘十郎、水戸侯の家臣なり。延宝中、水戸侯、小林義信の天文学に精しきを聞き、特に二子をして崎に来つて、之れに従はしむ。故を以て、二子笈を負ふて肄習し、業卒つて帰る。

注

（1）**千賀三大夫**　水戸藩士。生没年未詳。寛文分限帳の「御祐筆」に「弐十石　日張役千賀三大夫」とある。

（2）**平賀勘十郎**　水戸藩士。生没年未詳。編年史の延宝七年に「藩ノ郡宰平賀勘十郎」と見える。

（3）**水戸侯**　徳川光圀。『先民伝』巻下・32・注3参照。

（4）**小林義信**　『先民伝』巻上・15参照。

（5）**肄習**　ならう。

参考文献

『茨城県史料　近世政治編Ⅰ』（茨城県、一九七〇年）

本文

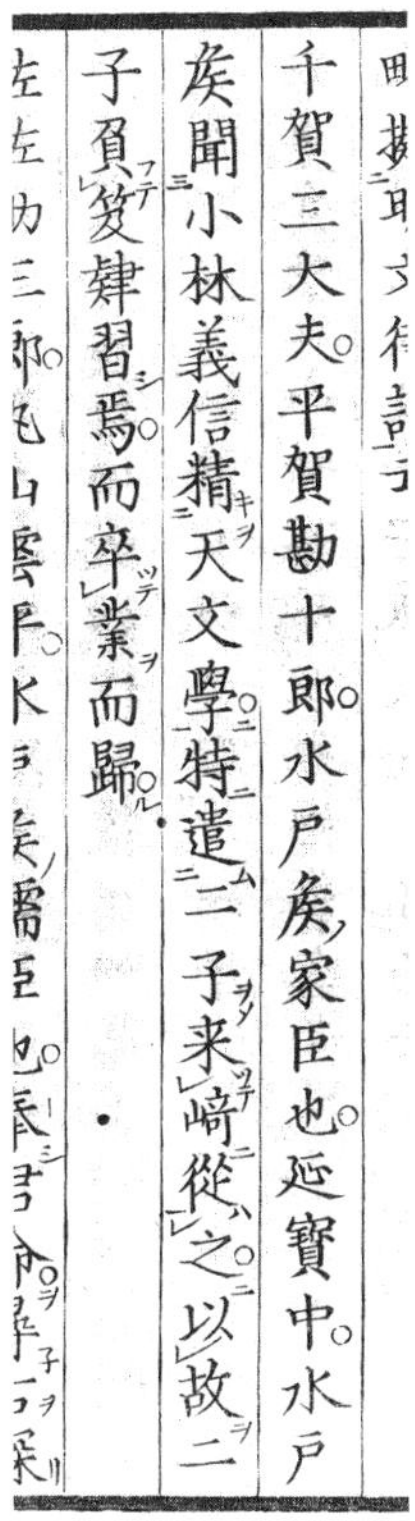
千賀三大夫平賀勘十郎水戸侯家臣也延寶中水戸侯聞小林義信精天文學特遣二子来崎従之以故二子負笈肄習焉而卒業而歸

校異

1　水戸侯家臣也—水戸家臣也（神）

1　延宝中、水戸侯—延宝中、源侯（国）（神）

2　精天文学—精象緯（国）

2　特遣二子来崎従之—特遣二子授業其門（国）、特遣二子従之（神）

2　以故二子〜卒業而帰—ナシ（国）

89　佐佐助三郎・丸山雲平

書き下し文

佐佐助三郎(1)・丸山雲平(2)、水戸侯の儒臣なり。君命を奉じ、古を尋ね、勝を探り、西海を経歴して長崎に抵る(いた)(3)。幾ばくならずして帰る。

注

（1）**佐佐助三郎**　水戸藩士・漢学者。名宗淳、字子朴、号十竹、通称介三郎とも。寛永十七年（一六四〇）五月五日生、元禄十一年（一六九八）六月三日没、五十九歳。

（2）**丸山雲平**　水戸藩士・和学者。名可澄、字仲活、号活堂。明暦三年（一六五七）生、享保十六年（一七三一）五月十一日没、七十五歳。

（3）**君命を奉じ〜長崎に抵る**　二人が藩主光圀の命を受け、九州を巡ったのは貞享二年（一六八五）。長崎滞在は六月十八日〜二十三日。佐佐に『西国御用状留』、丸山に『筑紫巡遊日録』が残る。

参考文献

但野正弘『新版佐々介三郎宗淳』（水戸史学会、一九八八年）
吉原亀久雄『佐々宗淳と熊本』（熊本新評社、一九九一年）

本文

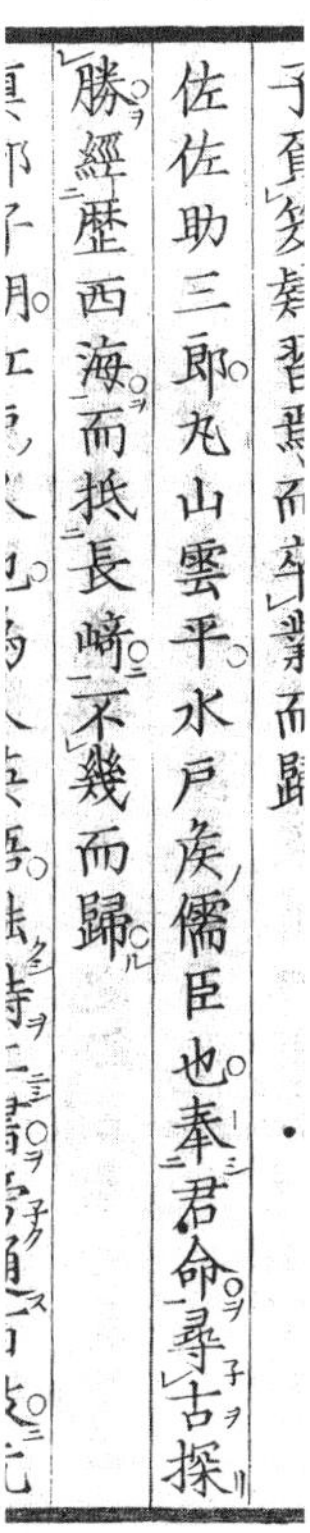
佐佐助三郎丸山雲平水戸侯儒臣也奉君命尋古探勝経歴西海而抵長崎不幾而歸

校異
1 水戸侯儒臣也―水戸儒臣也（国）
1 奉君命―奉命（国）
2 而抵長崎―遂抵長崎（国）

90 真部子明

書き下し文

真部子明、(1)江戸の人なり。人と為り英悟。詩を能くし、書を工みにし、旁ねく百技に通ず。元禄壬午、(2)遥かに西溟に泛び、崎に来たり。遽かに篤疾に係り、淹留すること三年。杭の僧悦峯、(3)閩の僧喝浪、(4)其の人と為りを愛し、方外の交はりを為す。高天漪(5)・林羅山、(6)並びに其の書を称す。時俗の及ぶべくにあらず。其の筆法を伝ふる者、或は間ま之れ有り。東帰の後、京に卒す。

注

（1）**真部子明**　漢詩人。元紀州藩士。生没年未詳。
（2）**元禄壬午**　元禄十五年（一七〇二）。
（3）**悦峯**　黄檗宗の渡来僧。万福寺八世。浙江省杭州府銭唐県の人。永暦九年（一六五五）生、享保十九年（一七三四）五月九日没、八十歳。貞享三年（一六八六）に渡来。
（4）**喝浪**　黄檗宗の渡来僧。福済寺四代住持。福建省泉州府安平県の人。康熙二年（一六六三）生、宝永三年（一七〇六）七月二十三日没、四十四歳。元禄七年（一六九四）に渡来。
（5）**高天漪**　高玄岱。『先民伝』巻上・3参照。
（6）**林羅山**　（国）（神）にあるように、ここは林道栄（別号蘿山、名応宋）の方がよい。『先民伝』巻上・2の条参照。

参考文献

山本悦心編『黄檗東渡僧宝伝』（黄檗堂、一九四〇年）

本文

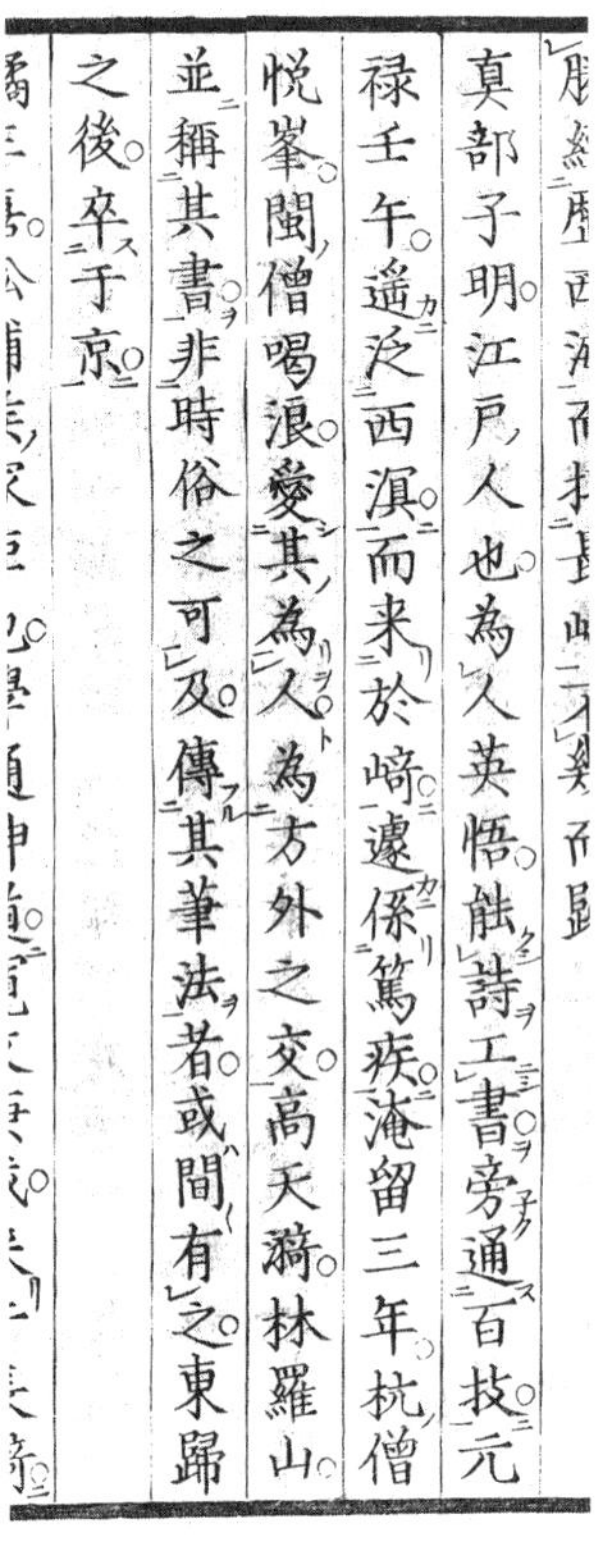
真部子明江戸人也為人英悟能詩工書旁通百技元
禄壬午遥泛西溟而来於崎遽係篤疾淹留三年杭僧
悦峯閩僧喝浪愛其為人為方外之交高天漪林羅山
並稱其書非時俗之可及傳其筆法者或間有之東歸
之後卒于京

校異

1 真部子明、江戸人也―真部子明者（国）
1 為人英悟―為人聡敏（国）
2 遥泛西溟、而来於崎―遥踰西溟来崎（国）
2 遽係篤疾―忽係篤疾（国）
3 高天漪、林羅山―高玄岱、林応宋（国）、高天漪、林蘿山（神）
4 非時俗～卒于京―崎人従学、伝其筆法者今間有之、既愈東帰比至京、再発卒于客舎、時年三十六、実宝永甲申夏六月也（国）

91　橘三喜・卜部定親

書き下し文

橘三喜(1)、松浦侯(2)の家臣なり。学、神道に通ず。寛文庚戌(3)、長崎に来たり。精専を以て、時に推せらる。

貞享の初め、卜部定親(4)と云ふ者有り。京師(けいし)より来たり。神道の理に精達す。崎人大江宏隆(5)等、其の旨を伝ふ。

注

(1) **橘三喜**　神道家。寛永十二年（一六三五）生、元禄十六年（一七〇三）三月七日没、六十九歳。吉田神道を元に、一派を立て、全国を行脚した。「一樹霊神」の墓碑（さいたま市）あり。

(2) **松浦侯**　平戸藩主四代松浦鎮信。元和八年（一六二二）八月十三日生、元禄十六年（一七〇三）十月六日没、八十二歳。

(3) **寛文庚戌**　寛文十年（一六七〇）。

(4) **卜部定親**　未詳。（国）では「卜部兼隆」となっている。なお、『先民伝』巻上・14参照。

(5) **大江宏隆**　『先民伝』巻上・14参照。

参考文献

執筆者不明「橘美津與志翁の後裔に就て」（『平戸之光』第二八号、一九三七年）

河野省三『近世神道教化の研究』（国学院大学宗教研究室、一九五五年）

若木太一「大江宏隆と『和歌連歌てにをは』」（『活水日文』第一五号、一九八六年）

本文

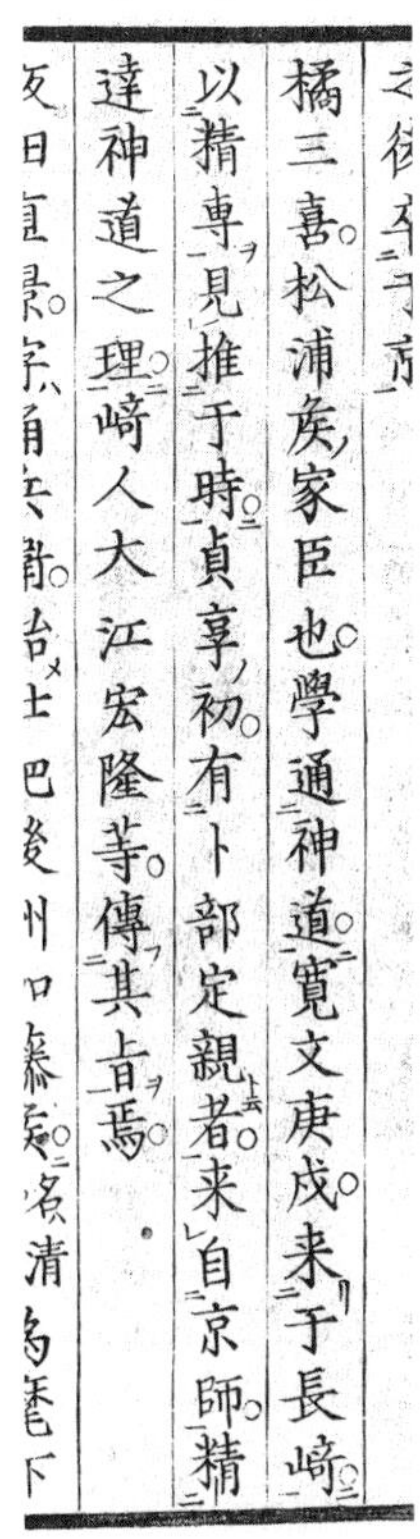
1 橘三喜。松浦侯家臣也。學通神道。寛文庚戌来于長崎。
2 以精専見推于時。貞享初有卜部定親者。来自京師。精
3 達神道之理。崎人大江宏隆等傳其旨焉。

校異

1 橘三喜、松浦侯家臣也—橘三喜者平戸人也（国）
1 学通神道—精通神道学（国）
1 来于長崎—来崎（国）
2 見推于時、貞享初—見推于時、厥後貞享初（国）
2 卜部定親—卜部兼隆（国）
2 精達神道之理—精達其理（国）
3 崎人大江宏隆—崎人江宏隆（国）

92　飯田直景

書き下し文

飯田直景(1)、字は角兵衛。始め肥後州加藤侯(2)〔名は清正〕に仕へ、麾下(きか)の将軍たり。功、多きに居る(3)。加藤亡後、職を失ひ、崎に来つて居る。筑前源侯(4)、挙げて兵事を董(ただ)す。采二千七百石を食(は)む。子孫相ひ襲ひ、今尚顕はる。

注

（1）飯田直景　通称覚（角）兵衛。生年未詳、寛永九年（一六三二）九月十八日没。『加藤侯分限帳』には「四千五百石」で名が載る。福岡藩分限帳によれば、慶長・元和度には名はなく、寛文度に「二千五百石　飯田角兵衛　高転」と出てくる。「高転」はその孫か。また、『黒田家譜』寛永十五年（一六三八）に登場する覚兵衛は「高伯」で、その男と思われる。

（2）肥後州加藤侯　加藤清正。肥後熊本藩主。永禄五年（一五六二）六月二十四日生、慶長十六年（一六一一）六月二十四日没、五十歳。

（3）麾下の将軍～多きに居る　（神）は「麾下の将と為り、軍功居ること多し」と読んでいる。

（4）筑前源侯　福岡藩主初代黒田長政か。

参考文献

鈴木喬監修『肥後加藤侯分限帳』（青潮社、一九八七年）
福岡地方史研究会編『福岡藩分限帳集成』（海鳥社、一九九九年）
『黒田家譜』第二巻（文献出版、一九八二年）

本文

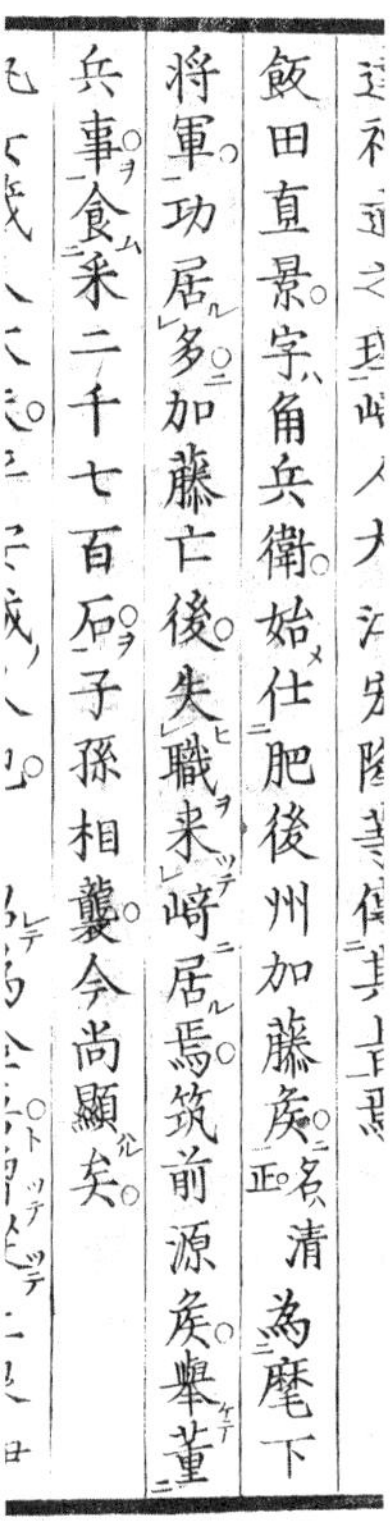
1 飯田直景字角兵衛始仕肥後州加藤侯名清正為麾下
2 将軍功居多加藤亡後失職来崎居焉筑前源侯挙董
3 兵事食采二千七百石子孫相襲今尚顕矣

校異

1 飯田直景、字角兵衛—飯田角兵吉田吉左、食武事（国）、飯田角兵衛（神）
1 始仕肥後～功居多—始仕肥後州、以勇侠称（国）
2 加藤亡後—厥後（国）（神）
2 来崎居焉—来于崎邑居久之（国）
2 董兵事—以主事（国）
3 食采二千七百石—ナシ（国）、食俸四千（脇に二千七百）石（神）
3 今尚顕矣—其名以顕云（国）

93 丸女蔵人大夫

書き下し文

丸女蔵人大夫（1）、平安城の人なり。召されて金吾（2）と為る。曽て、上泉伊勢守（3）〔上州人〕なる者に従って、刀鎗の術を学ぶこと精なり。後、西海に浮かび、薩州に之きて住す。其の術を以て鳴る。其の術を学ぶの徒、甚だ衆し。一旦、故有つて崎に移り、居ること多年。其の終はる所を知らずと云ふ。

注

（1）丸女蔵人大夫　姓丸目とも。兵法家。天文九年（一五四〇）生、寛永六年（一六二九）五月七日没、九十歳。肥後人吉の人。新影流を極め、後に新影タイ捨流を創唱。肥後を中心に兵法を広め、人吉藩に仕えた。隠居後は、城東の切原野に住し、同地で亡くなった。

（2）金吾　天子の護衛兵。

（3）上泉伊勢守　上泉信綱。新影流の祖。上野国勢太郡上泉の人。生年未詳、天正五年（一五七七）一月十六日没（西林寺過去帳による）。

参考文献

綿谷雪・山田忠史編『増補大改訂　武芸流派大事典』（東京コピイ出版部、一九七八年）

本文

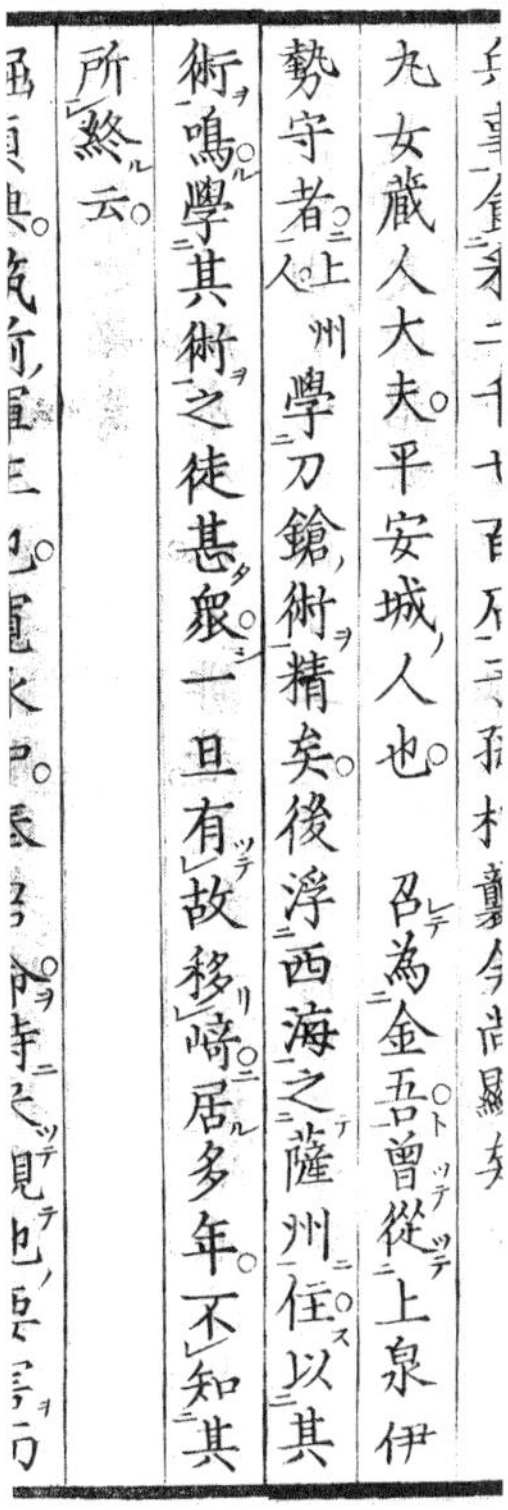

1 九女蔵人大夫平安城人也。召為金吾曽従上泉伊
2 勢守者上州學刀鎗術精矣。後浮西海之薩州住以其
3 術鳴學其術之徒甚衆。一旦有故移崎居多年。不知其
4 所終云。

校異

※（国）に、この条なし。

1 平安城人也、召為金吾―平安城人而北面士也（神）

3 学其術之徒甚衆―弟子甚衆（神）

3 居多年―ナシ（神）

94　堀貞典

書き下し文

堀貞典(1)、筑前の軍正(2)なり。寛永中、君命を奉じ、特に来つて、地の要害を観て去る。

注

（1）堀貞典　生没年未詳。福岡藩「元和分限帳」に「弐千六百石　堀平右衛門定則」と出る人物か。同書注には「秋月へ属　寛永ノ比秋月ヲ去相州小田原稲葉氏ニ仕　後誅セラル」と載る。

（2）軍正　古の官名。軍中の法律を掌る。

参考文献

福岡地方史研究会編『福岡藩分限帳集成』（海鳥社、一九九九年）

本文

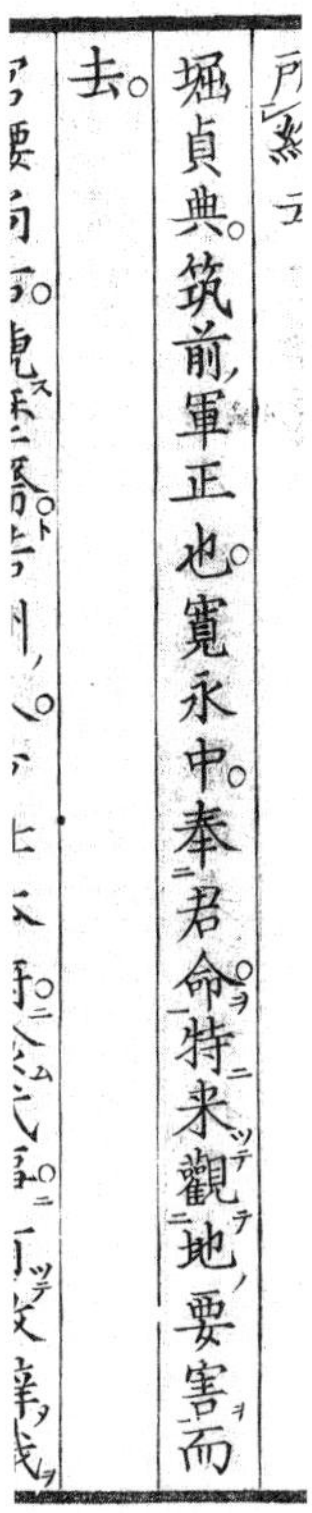

1 堀貞典。筑前軍正也。寛永中奉君命特来観地要害而
2 去。

校異

※（国）では「宮腰尚古」条に続けて以下のように記される。「又有堀貞典者、筑前軍正也、精通孫呉学為一家、寛永中奉命来崎、観要害地」。

95　宮腰尚古〔宮川忍斎〕

書き下し文

宮腰尚古(1)、歴斎と号す。若州の人。少(わか)くして本府に仕へ、武事に食(は)む。故有つて職を辞して、江府に之(ゆ)く。長沼澹斎(2)なる者に従ひ、兵法を学び、孫呉の書(3)に精熟す。

後、南筑久留米に移つて居る。人と為り聡慧、百技に通達す。尤も典故の学に精しく、且つ、経術を好む。藤井懶斎(4)と友善、憧憧(5)と道を講ず。

眼疾を患ふに因つて、乃ち医に北筑の福岡城に就く。治療験あらず。遂に瞽となり、教授を以て生に給す。弟子、居ること多し。尚古、瞽と雖も、記憶比無く、其の兵書を講ずるに、一字も錯はず。北筑の源侯(6)、屢しば召し、与に語つて甚だ驩び、之れに采地を賜ふ。更めて宮川忍斎と号す。尚古、復た崎に来たり(7)。高玄岱(8)に依つて、遁甲の説(9)を受学す。幾ばくならず業を卒はりて帰る。

享保元年十一月二十七日、筑前に卒す。著す所『関原記』(10)三十巻、世に行はる。

注

(1) **宮腰尚古**　宮川忍斎。兵学者。正保四年（一六四七）生、享保元年（一七一六）十一月二十七日没、七十歳。
(2) **長沼澹斎**　兵学者。寛永十二年（一六三五）五月二十八日生、元禄三年（一六九〇）十一月二十一日没、五十六歳。
(3) **孫呉の書**　兵法の書。
(4) **藤井懶斎**　漢学者・医師。元和三年（一六一七）生、宝永六年（一七〇九）七月十二日没、九十三歳。真部仲庵の名で、一時久留米藩に仕えていた（勝又基「藤井懶斎年譜稿（一）」、『明星大学研究紀要』第一五号、二〇〇七年）。
(5) **憧憧**　往来の絶えない様。
(6) **北筑の源侯**　福岡藩主四代黒田綱政。万治二年（一六五九）八月十一日生、正徳元年（一七一一）六月十八日没、五十三歳。尚古は、元禄十三年（一七〇〇）に御目見を仰せ付けられ、宝永二年（一七〇五）に正式な藩士となった。
(7) **崎に来たり**　元禄十六年、綱政の長崎警備に随行している（参考文献）。この時のことか。
(8) **高玄岱**　『先民伝』巻上・3参照。
(9) **遁甲の説**　一種の占星術か。
(10) **『関原記』**　『関ヶ原軍記大成』。正徳三年自序。四五巻。

参考文献

久保田啓一「福岡藩臨時御伽衆宮川忍斎」（『雅俗』第二号、一九九五年）

本文

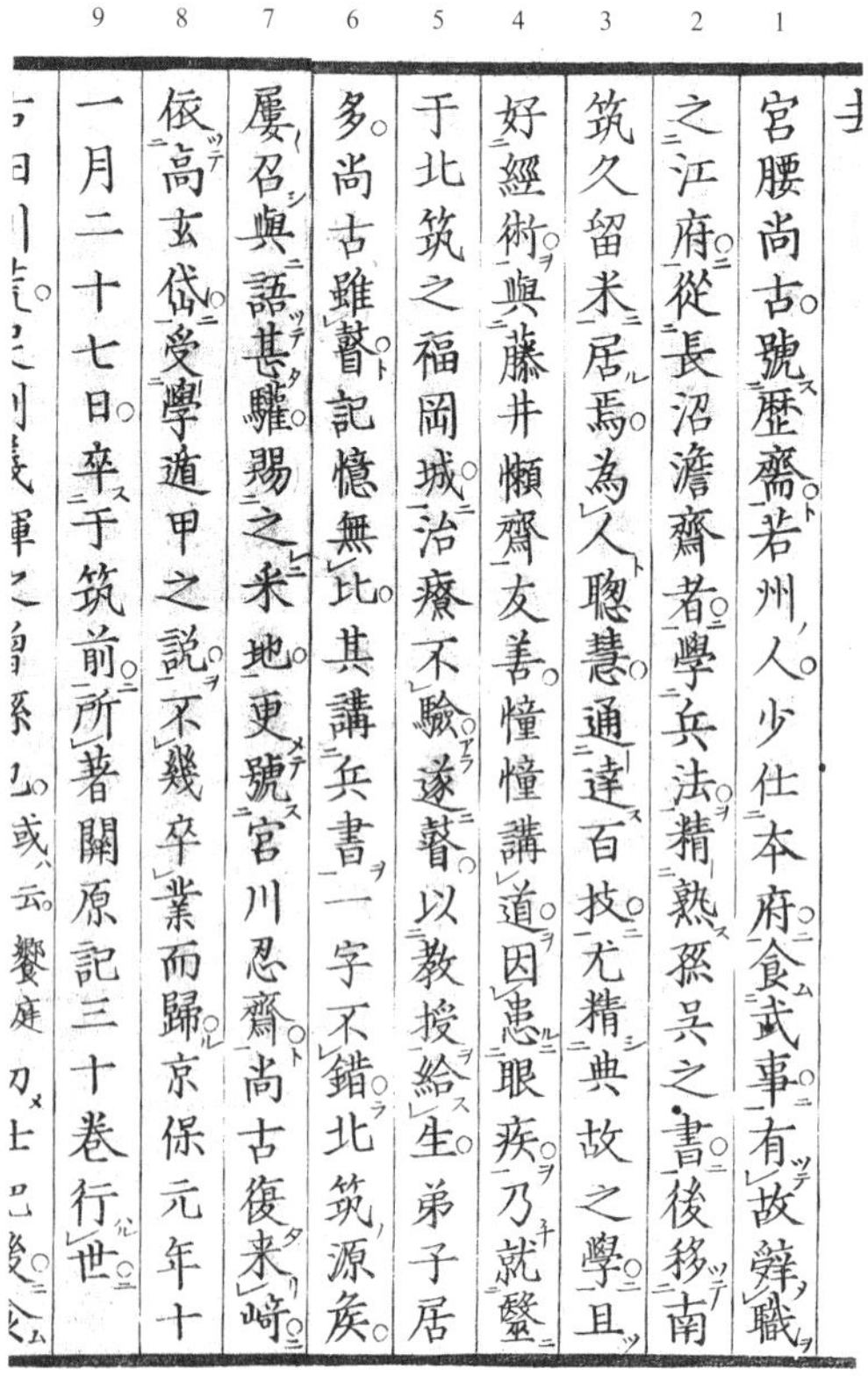
1 宮腰尚古。號歷齋。若州人。少仕本府食武事。有故辭職
2 之江府。從長沼澹齋者。學兵法。精熟孫呉之書。後移南
3 筑久留米居焉。為人聰慧。通達百技。尤精典故之學。且
4 好經術。與藤井懶齋友善。憧憧講道。因患眼疾。乃就醫
5 于北筑之福岡城。治療不驗。遂瞽。以教授給生。弟子居
6 多。尚古雖瞽。記憶無比。其講兵書。一字不錯。北筑源侯。
7 屢召與語。甚驩。賜之采地。更號宮川忍齋。尚古復來崎。
8 依高玄岱。受學遁甲之説。不幾卒業而歸。京保元年十
9 一月二十七日。卒于筑前。所著關原記三十巻。行世。

校異

※（国）（神）ともに異同が甚だしいため、それぞれ全文を示す。

宮腰歴斎若州人、精通孫呉書善軍法、方其流落時遊崎、歴斎瞽目、記憶無比、或為人講書一句不錯、筑前源侯挙以為軍師（国）

宮腰歴斎若州人、精通兵書、方其流落時游於西崎、歴斎少而瞽、記憶無比、其為人講孫呉一句弗錯、筑前源侯挙以主事（神）

96 古田川荒

書き下し文

古田川荒[1]、足利義輝[2]の曾孫なり〔或は云ふ、饗庭命鶴[3]の後と〕。初め肥後に仕へ、采邑五百石を食む。後、落魄して給無く、口を四方に餬し、卒に崎に老ゆ。

注

（1）**古田川荒**　生没年未詳。

（2）**足利義輝**　室町幕府一三代将軍。天文五年（一五三六）三月十日生、永禄八年（一五六五）五月十九日没、三十歳。

（3）**饗庭命鶴**　足利尊氏の家臣。『太平記』にその名が出る。（国）（神）はこの一説なし。

本文

1 古田川荒足利義輝之曾孫也或云饗庭命鶴之後初仕肥後食
2 釆邑五百石後落魄無給餬口於四方卒老於崎

校異

1　古田川荒、足利義輝之曾孫也―古田川荒、肥後人、足利将軍義輝之曾孫也（国）、古田川荒、肥後人、足利将軍義輝公之曾孫也（神）

1　〔或云、饗庭命鶴之後〕―ナシ（国）（神）

1　初仕肥後、食采邑五百石、後―ナシ（国）、精達兵法（神）

2　卒老於崎―卒老于崎（神）

97 松永貞徳

書き下し文

松永貞徳[1]、京洛の人。国雅に工み、俳諧を倡ふ。乃ち、四方に遊び、又崎に来たり。頃くあつて京に帰る。

注

（1）**松永貞徳**　歌人・俳人。元亀二年（一五七一）生、承応二年（一六五三）十一月十五日没、八十三歳。長崎来遊に関しては事実かどうか未詳。慶長十五年（一六一〇）、対馬における兄の訃に際し、立ち寄ったかという説がある（小高敏郎『新訂松永貞徳の研究』臨川書店、一九八八年）。

参考文献

島本昌一『松永貞徳』（法政大学出版局、一九八九年）

本文

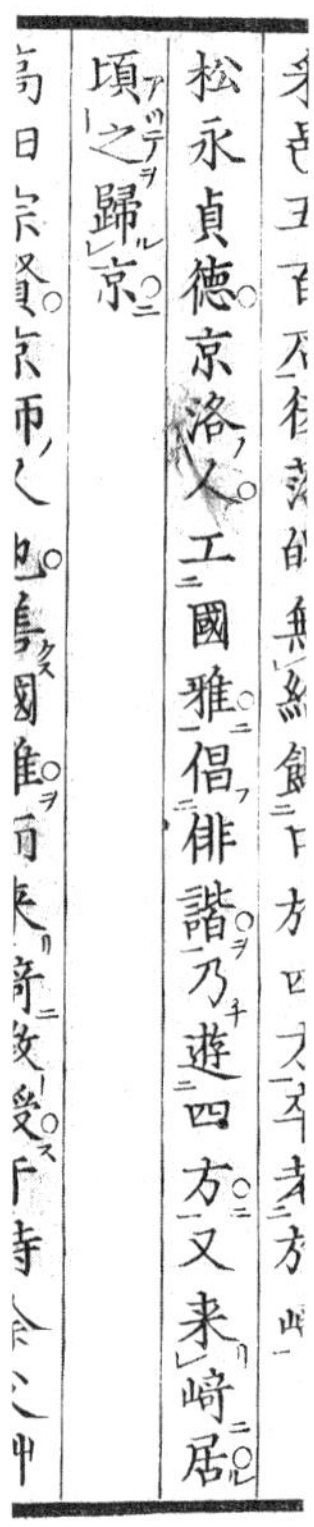
松永貞徳京洛人。工國雅、倡俳諧。乃遊四方。又来崎居。
頃之歸京。

校異

1　京洛人―京洛人也（国）
1　又来崎居―遂来長崎（国）
2　頃之帰京―久秀之裔、稚名勝熊、又称長頭丸、号逍遙軒、又号吟花郎、或花咲翁、後称延随丸、承応二癸巳年十一月十五日卒、享年八十有三、諡明心居士（国）

98　高田宗賢

書き下し文

高田宗賢(1)、京師の人なり。国雅を善くす。崎に来たりて教授す。時に、余が父草拙(2)、また之れに従つて学ぶ。

注

（1）高田宗賢　歌人・古典学者。生没年未詳。
（2）余が父草拙　盧草拙。『先民伝』巻上・先民伝序（竹田定直）・注5参照。

参考文献

川平敏文「高田宗賢『徒然草大全』論」（『徒然草の十七世紀―近世文芸思潮の形成』所収、岩波書店、二〇一五年）

本文

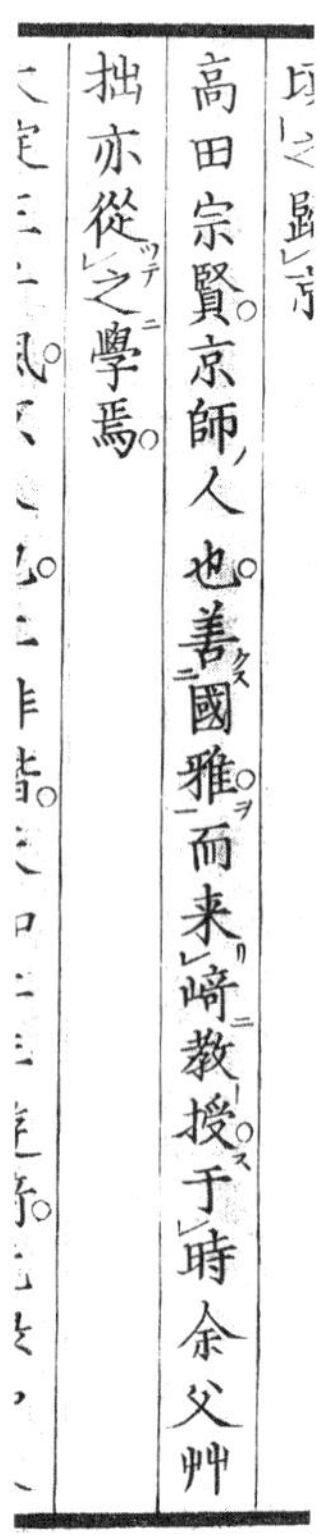
高田宗賢京師人也。善國雅、而来崎教授。于時余父艸拙亦從之學焉。

校異

1　善国雅、而来崎教授―工国雅、乃来崎教授（国）
2　亦従之学焉―乃其弟子也（国）

99　大淀三千風・野坡

書き下し文

大淀三千風(1)、京の人なり。誹諧に工(たく)みなり。天和二年、崎に遊ぶ。元禄中、また来る。凡そ三たびなり。

また、誹諧師野坡(やば)(2)なる者有り。元禄十三年秋七月、崎に来て、幾ばくならずして帰る。

注

（1）**大淀三千風**　俳人。伊勢の人。寛永十六年（一六三九）生、宝永四年（一七〇七）一月八日没、六十九歳。全国を行脚し、自らの俳風を広めた。長崎滞在は貞享元年（一六八四）九月から翌年二月まで。

（2）**野坡**　俳人。志太氏。寛文二年（一六六二）生、元文五年（一七四〇）一月三日没、七十九歳。長崎滞在は元禄十一年（一六九八）から同十四年（一七〇一）まで。

参考文献

大内初夫『九州俳壇史の研究』（九州大学出版会、一九八三年）

若木太一「『日本行脚文集』の中の長崎文壇」（『雅俗』第五号、一九九八年）

本文

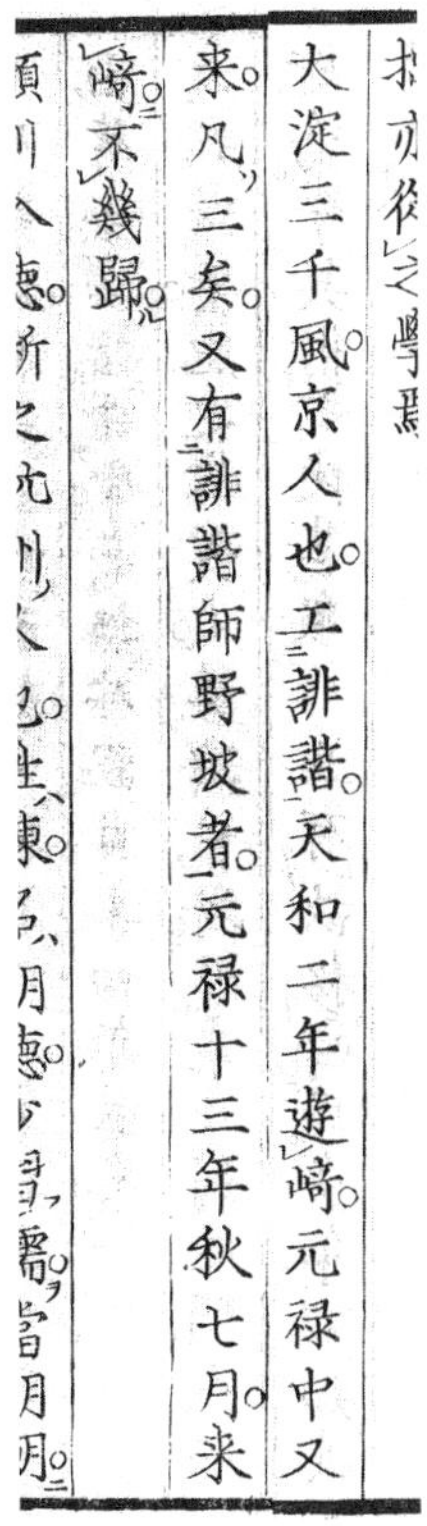

1 大淀三千風京人也。工誹諧。天和二年遊崎。元禄中又
2 来。凡三矣。又有誹諧師野坡者。元禄十三年秋七月来
3 崎。不幾歸。

校異

※（国）は二名をそれぞれ別の条とする。

1　大淀三千風、京人也―大淀三千風者（国）

1　元禄中又来―元禄中又（国）

2　凡三矣―凡三、宝永四年丁亥正月八日卒（国）

3　不幾帰―未幾帰、画工翰及肥後人（国）

100　穎川入徳

書き下し文

穎川入徳(1)、浙の杭州の人なり。姓は陳、名は明徳、少くして儒を習ふ。明朝に当たり、屢しば試するも第せず。退き歎じて曰く、「士君子、良相為るを得ず。願はくは良医と為らん」と。輒ち、業を医に改む。

慶安年中(2)、海に航して崎に来たり。死を起し生を回す。数々、効有り。崎人、之れを留めて、帰棹せしめず。強胡、夏を猾す(3)を聞くに及び、遂に帰心を断つ。乃ち、姓名を穎川入徳と更め、以て和俗に従ふ。医学を専らにし、神悟する所多し。乃ち、『心医録』(4)を著す。其の略に曰く、「医は意なり。心、術に通じて、症に臨めば、権衡を持して、以て軽重を較するが如し。苟くも心得に非ずんば、病を療して痊ると雖も、亦た唯ただ、偶たま中るのみ」と。延宝二年に卒す。

注

（1）**穎川入徳**　医師。万暦二十四年（一五九六）生、延宝二年（一六七四）六月二十日没、七十九歳。（国）（神）はその出身を「淛の金華」とする。浙と淛は同じ。杭州と金華は隣接する地域である。

（2）**慶安年中**　慶安三年（一六五〇）。

（3）**強胡、夏を猾す**　清が明を滅ぼしたこと。

（4）**『心医録』**　現存不明。「穎川入徳碑銘」によれば、寛文三年（一六六三）の長崎大火で焼失したという。

参考文献

安藤省菴撰「頴川入徳医翁碑」（『長崎春徳寺史』所収、春徳寺、一九八一年）

安藤省菴撰「頴川入徳碑銘」〈『省菴先生遺集』巻七所収〉（柳川文化資料集成第二集・柳川市、二〇〇二年）

本文

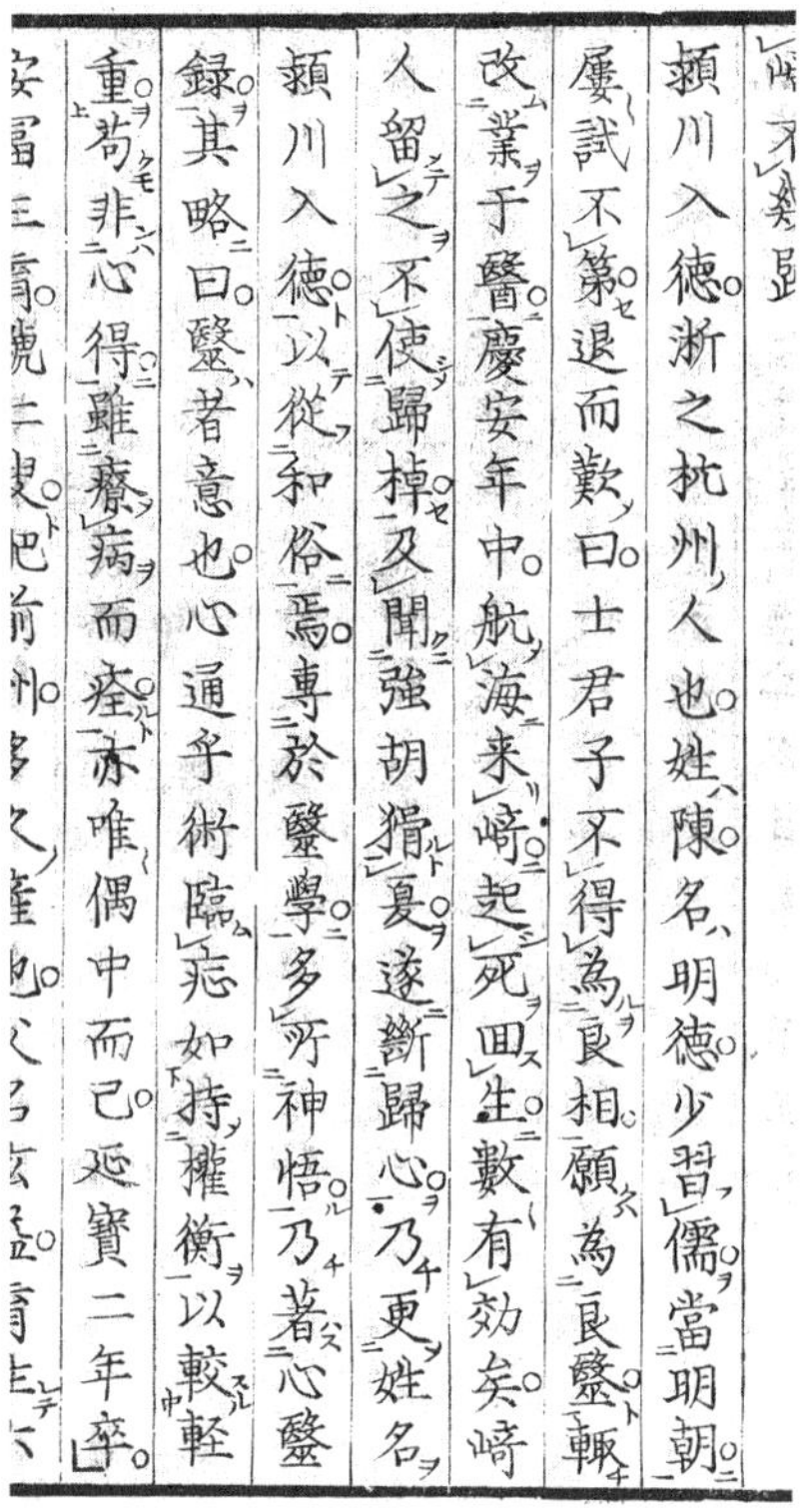
頴川入徳。浙之杭州人也。姓陳名、明徳。少習儒。當明朝
屢試不第。退而歎曰。士君子不得為良相。願為良醫。輙
改業于醫。慶安年中。航海来崎。起死回生。數有効矣。崎
人留之。不使歸棹。及聞強胡猾夏。遂斷歸心。乃更姓名
頴川入徳。以從和俗焉。専於醫學。多所神悟。乃著心醫
録。其略曰。醫者意也。心通乎術。臨病如持權衡。以較軽
重。苟非心得。雖療病而痊。亦唯偶中而已。延寶二年卒。

校異

1　頴川入徳、浙之杭州人也―頴川入徳者、淛之金華人也（国）、頴川入徳、淛之金華人也（神）

1　当明朝―当明時（国）

3　慶安年中―崇禎年中（神）、崇禎中（国）

3　航海来崎～崎人留之―航海来崎陽、能起死回生、崎人留之（国）

4　及聞強胡猾夏、遂断帰心―厥後強故猾夏、遂絶念於故国（国）

5　以従和俗焉～著心医録―以従和俗云、入徳専用心於医学、多発明所嘗著心医録（国）

7　延宝二年卒―延宝二年入徳年七十八夏六月二十二日終（国）

頴川入徳碑（春徳寺）

101　安富三育

書き下し文

安富三育、(1)仁叟と号す。肥前州多久の産なり。父、名は玄益。育、生まれて六歳、父に従つて崎に来る。此に寄籍し、貿易して自ら給す。師に従ふに力無し。乃ち、仮貸(かたい)して装を治め、(2)山川に游歴し、京に至る。(3)柳谷老人に謁す。時に年二十余。老人、一見甚だ驩(よろこ)び、即ち授くるに経験の秘を以てす。其の人と為り、英敏。疾を療して効多し。自ら以為(おもへ)らく、海内無双と。将に辞去せんと欲す。老人、乃ち之れに告げて曰く、「子の郷に(4)西三博なる者有り。吾が党なり。頗る吾が道に熟す。子帰りて、之れに事(つか)へて可なり」と。育、始め信ぜず。已(すで)にして如かざるを知り、乃ち師の言に遵(したが)ひ、三博に敬事し、弟子の礼を執る。久しくして、三博、詔を奉じて京に赴く。育、術業益々進む。三博授くるに、陳寿軒の号を以てす。

育、年耆艾(きがい)(5)に及び、明を失ふ。生平、家居して常に子弟を教ゆ。明を失ふと雖も、(6)方書を校訂し、批評博弁、旧章を率由(そつゆう)(7)すること、諸れ(こ)を掌(たなごころ)に指すが如し。毫(すこ)しも舛誤(せんご)(8)なし。貞享四年逝く。

注

(1) **安富三育**　医師。生年未詳。(国) によれば、貞享四年（一六八七）十月十四日没。

(2) **仮貸して装を治め**　お金を借りて、旅支度をととのえる。

(3) **柳谷老人**　野間三竹。幕府医官。慶長十三年（一六〇八）生、延宝四年（一六七六）八月十七日没、六十九歳。

(4) **西三博**　『先民伝』巻下・36参照。

(5) **耆艾**　老人。

(6) **方書**　医学書。

(7) **率由**　依りしたがう。

(8) **舛誤**　あやまり。

本文

安富三育。號仁叟。肥前州多久産也。父名玄益。育生六歳。從父来崎。寄籍于此。貿易自給。無力從師。乃假貸治装。游歴山川。至京。謁柳谷老人。時年二十餘。老人一見甚驩。即授以經驗之秘。其為人英敏。療疾多効。自以為海内無雙。將欲辭去。老人乃告之曰。子之郷有西三博者。吾黨也。頗熟吾道。子歸事之可矣。育始不信。已知不如。乃遵師言。敬事三博。執弟子禮。久之三博奉詔赴京。育術業益進。三博授以陳壽軒號。育年及耆艾失明。生平家居。常教子弟。而雖失明。挍訂方書。批評博辨。率由舊章。如指諸掌。毫無舛誤。貞享四年逝矣。

校異

1　安富三育～多久産也―安富三育者、肥前州多久産也、号仁叟（国）

4　即授以経験之秘、其為人英敏―即授以素難諸書、育為人英敏（国）

4　療疾多効、自以為海内無双―療疾多験、自以為技能、海内無双（国）

5　子之郷有西三博者―子桑梓有西三博者（国）

8　三博授以陳寿軒号―博授以陳寿軒号（国）
9　生平家居～貞享四年逝矣―顧其生平、博聞強記、常教子弟、校訂方書、自言出某書某巻、弟幾紙毫舛誤、貞享四年冬十月十四日逝（国）

102　久我道雲

書き下し文

久我道雲(1)、肥の佐賀人。済世の術(2)に善し。乃ち、東井翁(3)の門人なり。寛文四年夏四月、法橋の位に叙し、名望寰区に洋溢す(4)。葉室亜相藤某卿(5)、雅より道雲を寵し、号を寿松軒と賜ふ。後、長崎に退隠す。癈を起こし、痼を癒ゆること、数計るべからず。幾ばくあらずして逝く。時、寛文壬子春三月なり(6)。年五十(7)。

注

（1）**久我道雲**　医師。生年未詳、（国）によれば、寛文十二年（一六七二）三月十日没。
（2）**済世の術**　人民の困難を救う術。
（3）**東井翁**　曲直瀬玄朔。二代目道三。幕府医官。天文十八年（一五四九）生、寛永八年（一六三一）十二月十日没、八十四歳。
（4）**寰区に洋溢す**　天下に満ち広がる。
（5）**葉室亜相藤某卿**　葉室（藤原）頼業か。権大納言。慶長二十年（一六一五）四月二十四日生、延宝三年（一六七五）六月二十四日没、六十一歳。
（6）**寛文壬子**　寛文十二年（一六七二）。
（7）**年五十**　（国）によれば、享年五十三歳。

本文

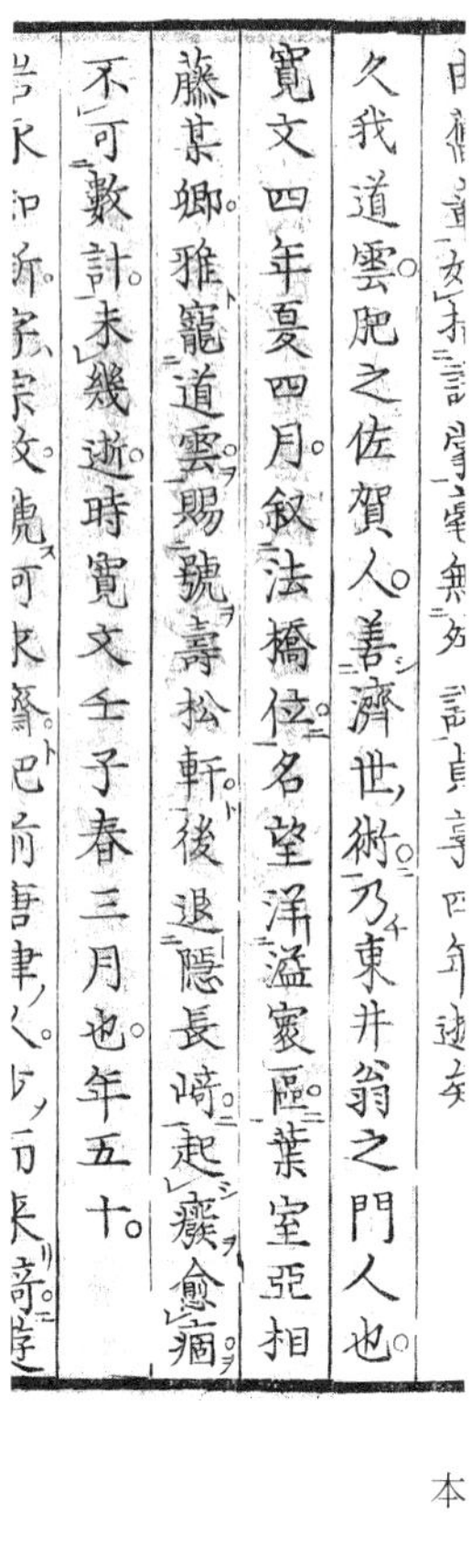
1 久我道雲肥之佐賀人也善濟世術乃東井翁之門人也
2 寛文四年夏四月叙法橋位名望洋溢寰區葉室亜相
3 藤某卿雅寵道雲賜號壽松軒後退隠長崎起癈愈痼
4 不可數計未幾逝時寛文壬子春三月也年五十

校異

1　善済世術、乃東井翁之門人也―夙志済世、壮入武遊于東井翁之門、棲神霊素潜心劉李、翁喜其志之勤、授以診脈製方経穴之秘奥、此三者軒岐家之扃鎖也、道雲覃思研精、俯首折肱、医之能事、已尽所投薬無不奏效（国）
2　叙法橋位～賜号寿松軒―勅詔叙法橋位於令詔牒蔵家、道雲寵于葉室亜相藤某卿、卿持賜之、号曰寿松軒、名望洋溢寰区、侯王君公縉紳諸衛与握手談心（国）
4　時寛文壬子春三月也、年五十―時寛文壬子春三月十日也、年五十三、門人荻原休伯継之、休伯崎水杏林巨擘也、休伯子道竹亦精医、竹嘗与余父交、故知其詳（国）

103　岩永知新〔岩永宗故〕

書き下し文

岩永知新(1)、字は宗故、何求斎と号す。肥前唐津の人。少くして崎に来たり。向井元升(2)の門に遊ぶ。医を学び、旁ねく通じ、郷先生を以て、諸生を教授し、門風、良や盛んなり。弟子中、名世なる者、重定・玄岱(3)等数人有るなり。知新、晩年家富み、其の故業を棄て、毎に山水の間に遊び、楽しみと為す。又、茶を嗜み、独り清福を擅にし、細故を護らず。豪逸に終はる。

注

（1）**岩永知新**　医師。茶人。（国）によれば、寛永十一年（一六三四）生、宝永二年（一七〇五）四月一日没、七十二歳。

（2）**向井元升**　『先民伝』巻下・83参照。

（3）**重定・玄岱**　鶴田重定と高玄岱。『先民伝』巻下・32、同巻上・3参照。

本文

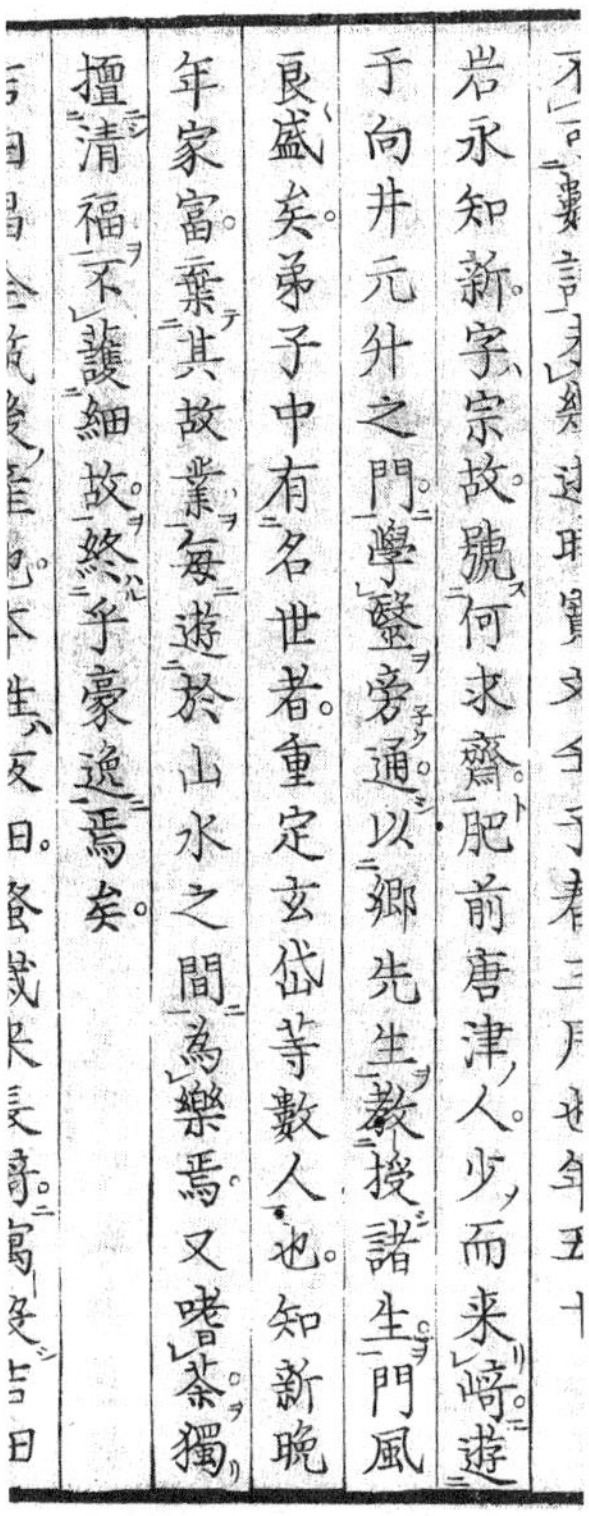

1 岩永知新字宗故號何求齋肥前唐津人少而来崎遊
2 于向井元升之門學醫旁通以郷先生教授諸生門風
3 良盛矣弟子中有名世者重定玄岱等數人也知新晩
4 年家富棄其故業毎遊於山水之間為樂焉又嗜茶獨
5 擅清福不護細故終乎豪逸焉矣

校異

1　肥前唐津人―唐津人也（国）
1　少而来崎―少而住崎（国）
2　向井元升―向井以順（国）
2　学医旁通―読書学医、厥後（国）
2　教授諸生、門風良盛矣―教授、当時由是少年来学者甚多（国）
3　弟子中有名世者―弟子中有名世如（国）
3　数人也―数人（国）
4　家富―家甚饒（国）
4　毎遊於山水之間―徜徉山水間（国）
4　又嗜茶―性又嗜茶（国）
5　不護細故、終乎豪逸焉矣―宝永二年四月朔日終于家、年七十二（国）

104　吉田昌全

書き下し文

吉田昌全(1)、筑後の産なり。本姓は坂田。蚤歳(2)、長崎に来たり。吉田自休(3)に寓投し、外科を習ひ、従事すること多年なり。覃精研思(4)、以て其の奥を成す。自休、以て己が子と為す。故に、吉田は其の冒姓なり。且つ自菴と号す。

貞享中、清江爺〔名は新〕、使を奉じて崎に来たり。時に、肺癰を患ふ。衆工、効あらず。昌全、之れを活かす。江、帰つて謝するに書幣を以てす。且つ、「大国手」の三字を親書し、賈舶に托し、寄せて以て之れを張大にす。

元禄辛未(5)、昌全、年四十八。是の歳夏六月朔、徴を蒙り、二百石を拝す。乃ち、栗崎正羽(6)・村山自伯(7)と倶に、東府に抵る。此の時、上官大夫、昌全の廉謹(8)を称して、眷顧、殊に甚だし。俸四百石を加へ、累りに法眼を以て、位を転ず。

注

(1) 吉田昌全　幕府医官。正保元年（一六四四）生、正徳三年（一七一三）四月十三日没、七十歳。
(2) 蚤歳　若いころ。
(3) 吉田自休　吉田安斎。『先民伝』巻下・48参照。
(4) 覃精研思　研精覃思。深く思うこと。
(5) 元禄辛未　元禄四年（一六九一）。
(6) 栗崎正羽　『先民伝』巻上・45参照。
(7) 村山自伯　『先民伝』巻下・105参照。
(8) 廉謹　無欲で慎み深い。

参考文献

古賀十二郎『西洋医術伝来史』（日新書院、一九四二年）

本文

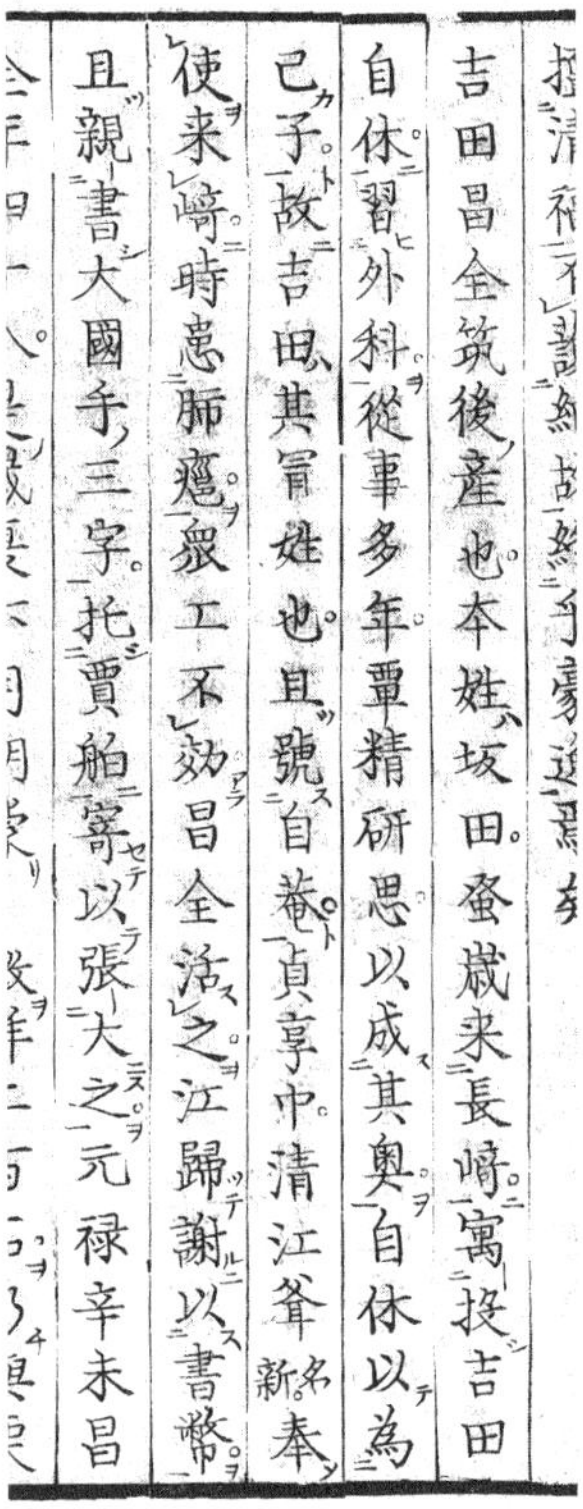
吉田昌全筑後産也本姓坂田蚤歳来長崎寓投吉田
自休習外科従事多年覃精研思以成其奥自休以為
己子故吉田其冒姓也且號自菴貞享中清江爺名新奉
使来崎時患肺癰衆工不効昌全治之江帰謝以書幣
且親書大国手三字托賈舶寄以張大之元禄辛未昌

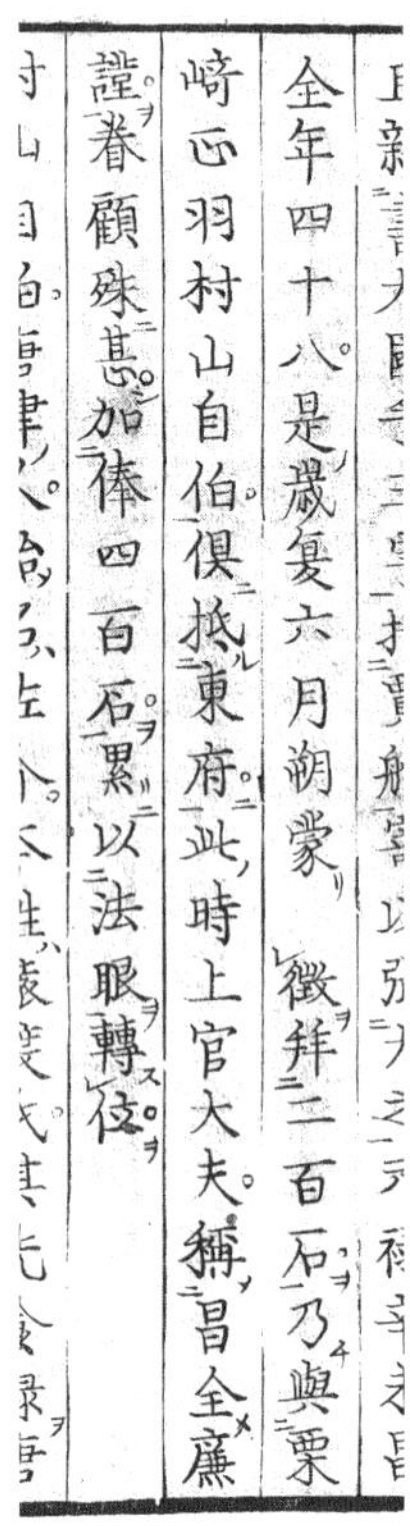
全年四十八是歳夏六月朔蒙徵拜二百石乃與栗
崎正羽村山自伯俱抵東府此時上官大夫稱昌全廉
謹眷顧殊甚加俸四百石累以法眼轉位

校異

1 吉田昌全、筑後産也―吉田昌全者、筑後産也（国）
1 蚤歳来長崎、寓投吉田自休―蚤歳来崎、投吉田自休（国）
2 習外科、従事多年―習外科、為人謙譲、従事多年（国）
2 以成其奥―以成其妙（国）
3 故吉田其冒姓也―因冒吉田氏（国）
3 清江爺〔名新〕―清江新爺（国）（神）
4 衆工不効―衆工不能（国）
4 江帰謝―爺乃帰謝（国）
5 且親書大国手三字―且是時全名籍甚、遠及漢土、浙之某氏親書大国手三字（国）
5 寄以張大之―寄昌全以張大之（国）
5 元禄辛未、昌全―元禄辛未、全（国）
6 六月朔蒙徴―六月朔蒙抜擢（国）
6 乃与栗崎正羽村山自伯、倶抵東府―乃与栗崎正堅暨村山自伯、抵江武（国）
7 称昌全廉謹―称全廉謹、（国）
8 眷顧殊甚、加俸四百石―眷顧殊甚、特加俸四百石（国）（神）
8 累以法眼転位―累叙法眼位、奉事二十一年、以正徳辛卯夏四月卒（国）

105　村山自伯

書き下し文

村山自伯(1)、唐津の人。始め、名は佐介、本姓は猿渡氏。其の先、禄を唐津に食し、又、薩摩に食す。人と為り恢奇(2)、才を負ひ、気を好んで任侠。壮、薩摩に仕へ、後、諸邦に游歴す。

嘗て人を殺して、仇を崎に避く。唐津の官、旁ねく郡中に求め、令して曰く、「敢へて蔵匿する者有らば、罪赦すなし」と。又、図像之れを索む。佐介、崎の某氏に匿る。迹をつけ、其の家に至ること三たび、某氏深く秘す。久しくして、之れ稍々緩むを得る。因つて削髪、形を変じ、吉田自休(3)の所に詣り、外科を習ひ、姓名を村山自伯と更む。居ること幾ばくもあらず、休と合はずして辞去す。

元禄辛未(4)春、島原源侯(5)、自伯を聘す。行に瀕し、陞擢(6)を蒙る。時に夏六月なり。

注

（1）村山自伯　幕府医官。正保四年（一六四七）生、宝永三年（一七〇六）三月二十二日没、六十歳。

（2）恢奇　大きくて優れている。

（3）吉田自休　吉田安斎。『先民伝』巻下・48参照。

（4）元禄辛未　元禄四年（一六九一）。

（5）島原源侯　肥前島原藩主松平忠房。元和五年（一六一九）二月十三日生、元禄十三年（一七〇〇）十月一日没、八十二歳。

（6）陞擢　人を引き上げる。

参考文献

古賀十二郎『西洋医術伝来史』（日新書院、一九四二年）

嘉村国男編『長崎事典　歴史編』（長崎文献社、一九八二年）

本文

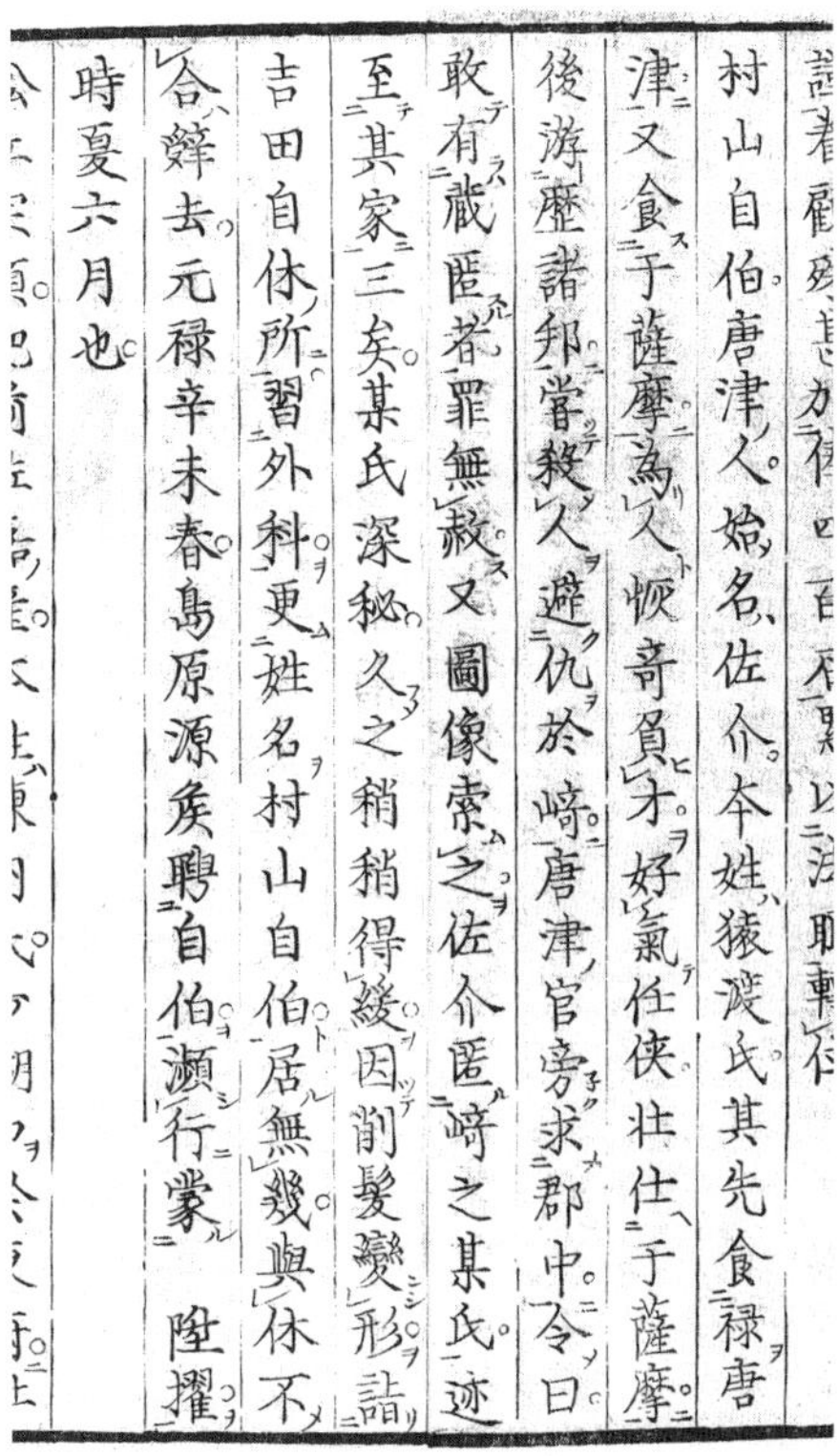

1 村山自伯唐津人始名佐介本姓猿渡氏其先食禄唐
2 津又食于薩摩為人恢奇負才好氣任侠壮仕于薩摩
3 後游歷諸邦嘗殺人避仇於崎唐津官旁求郡中令曰
4 敢有藏匿者罪無赦又圖像索之佐介匿崎之某氏迹
5 至其家三矣某氏深秘久之稍稍得緩因削髮變形詣
6 吉田自休所習外科更姓名村山自伯居無幾與休不
7 合辭去元禄辛未春島原源侯聘自伯瀕行蒙陞擢
8 時夏六月也

校異

1　村山自伯、唐津人—村山自伯者、唐津人也（国）

1　其先、食禄唐津、又食于薩摩—其先祖、食禄唐津、又食于薩州（国）、其先、食禄唐津、又食于薩州（神）

2　為人恢奇負才—為人恢奇有悉智（国）

2　壮仕于薩摩—少時仕于薩摩（国）

3　唐津官旁求郡中—唐津旁求郡中（国）

4　又図像索之—因図像索之（国）

4　佐介匿崎之某氏—佐介匿崎陽某氏（国）

5　因削髪変形、詣吉田自休所—因削髪、請吉田自休所（国）

6 与休不合辞去―与休不合辞去、別称村山氏（国）
8 時夏六月也―時夏六月朔日也、乃与全堅倶至江府、食俸二百石、奉仕八年、以戊寅歳歿（国）

106 松丘宗順

書き下し文

松丘宗順(1)、肥前佐嘉の産。本姓は陣内氏。少くして口を東府に餬す。壮にして崎に来る。貧困、以て業を為すことなく、米を販つて(2)自給す。人と為り、刻深機変(3)、負気豪侠。

年已に三十、未だ嘗て字を識らず。生計を為すと雖も、簿録(4)する能はず。年四十を踰るに迨んで、始めて字画を学ぶ。稍々、字を認めて書を読む。人、林生(5)の天文を習ふ者有り。竊かに旁に従り、窺ひ之れを記し、遂に象緯の術(6)を得る。後、盧草碩(7)に従つて、医を学び、亦た、瘡科を吉田自休(8)の門人に学ぶ。頗る内外の旨を得て、医道稍々行はる。

崎の東隣の里人、溲閉(9)を病む。諸医、治する能はず。宗順、利剤を用す。先づ、悪溲を瀉し、嗣後、薬を用ひ、小便を通じ、効瘥(10)を為す。又、北郷の樵夫、樹杪より堕ちて、嚢(11)を柮榾(12)に傷る。二核、懸かつて桃の如し。群工、皮を縫つて、以て之れを内る。手に随つて突出す。宗順、私かに盤水を貯へて窺ふ。傷者、知らず。卒然として、一たび、其の面を洒ふ。傷者驚き、大吸一声すれば則ち、核子、声を和して、入るるを得たり。随つて後、之れを縫ふ。復た出ざるを得たり。其の技の巧み、大概此の如し。

宗順、釈門玄理(13)に兼ね通ず。暇なる毎に、寺に到つて、道を談じ、義を論ず。碩徳師僧と雖も、之れを能く屈するなし。

注

（1）松丘宗順　生没年未詳。
（2）米を販つて（国）によれば、米屋長左衛門と名乗っていた。
（3）刻深機変　不人情で厳しい。
（4）簿録　帳簿に書き記す。
（5）林生　林吉左衛門。『先民伝』巻上・15・注4参照。
（6）象緯の術　日月五星の学問。天文学。
（7）盧草碩　盧千里の祖父。『先民伝』巻下・40・注3参照。
（8）吉田自休　吉田安斎。『先民伝』巻下・48参照。
（9）溲閉　小便が出なくなる。
（10）効瘥　病気が治る。
（11）嚢　陰嚢。
（12）柮榾　木っ端。
（13）釈門玄理　仏教の深遠な真理。

本文

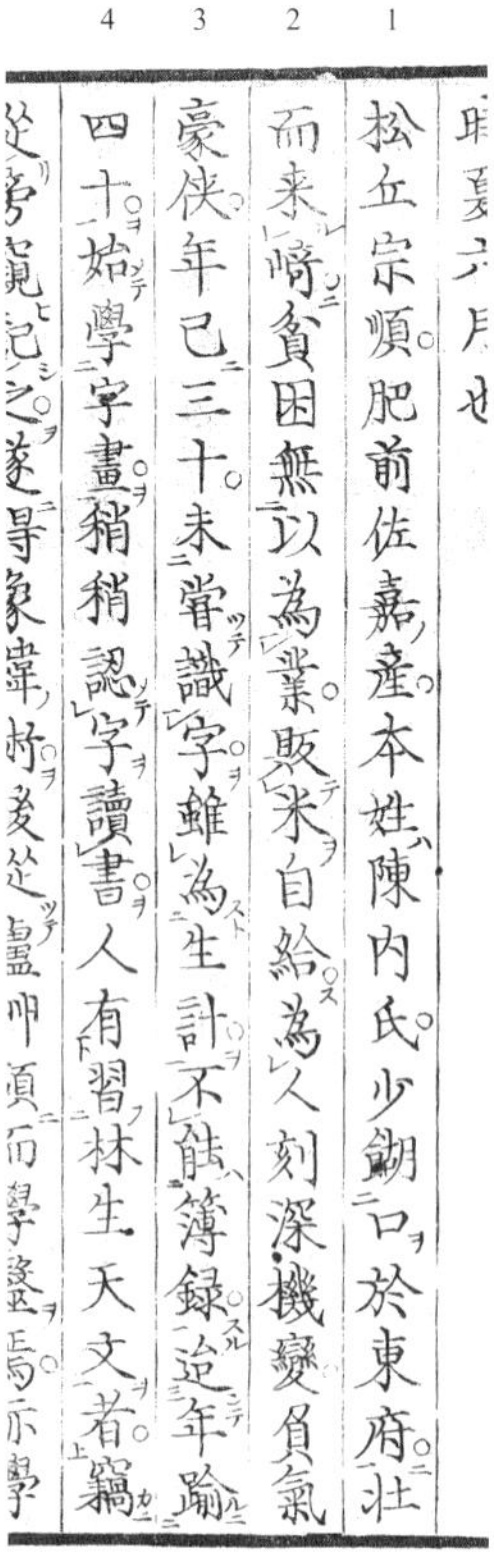
時夏六月也
松丘宗順肥前佐嘉產本姓陳内氏少餬口於東府壯
而來崎貧困無以為業販米自給為人刻深機變負氣
豪俠年已三十未嘗識字雖為生計不能簿録迨年踰
四十始學字畫稍稍認字讀書人有習林生天文者竊
從旁窺記之遂學象緯於後從盧艸碩而學醫亦學

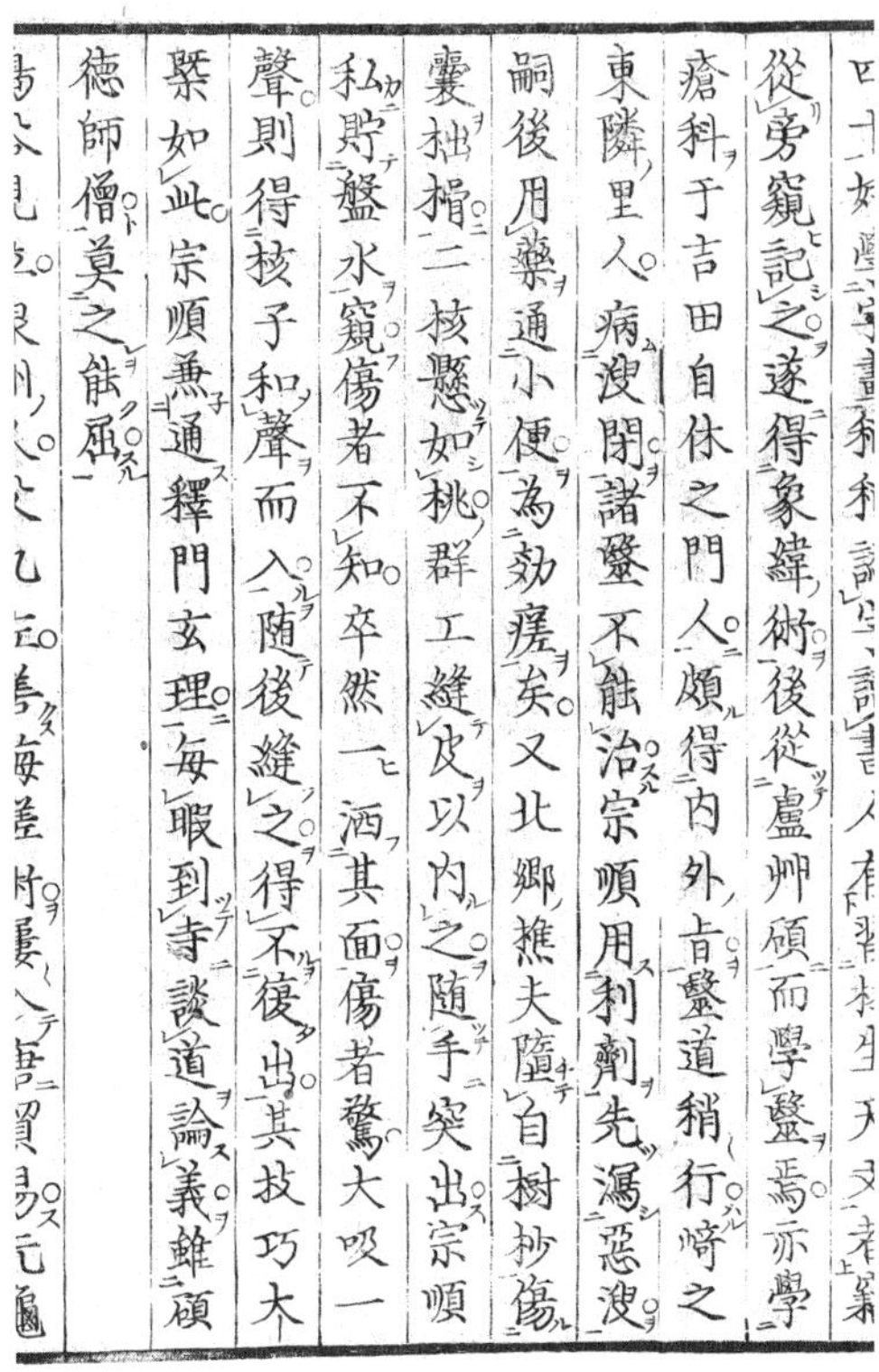
從勇窺記之遂得象緯術後從盧州碩而學醫焉亦學
瘡科于吉田自休之門人頗得内外旨醫道稍行崎之
東隣里人病溲閉諸醫不能治宗順用利劑先瀉惡溲
嗣後用藥通小便為効瘥矣又北郷樵夫墮自樹抄傷
囊拙搘二核懸如桃群工縫皮以内之随手突出宗順
私貯盤水窺傷者不知卒然一洒其面傷者驚大吸一
聲則得核子和聲而入随後縫之得不復出其技巧大
緊如此宗順兼通釋門玄理每暇到寺談道論義雖碩
德師僧莫之能屈

校異

1 松丘宗順、肥前佐嘉産―松丘宗順者肥前州佐賀産也（国）、松丘宗順、肥前佐賀産（神）
1 本姓陣内氏―本姓陣内氏、初称八兵衛（国）
1 壮而来崎―壮歳来崎（国）
2 販米自給―販糴自給、因晦姓名称米屋長左衛門（国）
3 雖為生計―当経営時（国）
5 後従盧草碩―後従余祖玄琢（国）
5 亦学瘡科于吉田自休之門人―亦習瘡医于吉田自休之門（国）
6 頗得内外旨、医道稍行―頗得内外旨、於是削髪変姓、名曰松丘宗順、医道稍行（国）
7 病溲閉、諸医不能治―病小便閉、他医不能治（国）
7 先瀉悪溲、嗣後用薬―先瀉大便、嗣用薬（国）
8 為効瘥矣―病遂瘥（国）
9 群工縫皮以内之―群工納縫之（国）
9 宗順私貯盤水窺、傷者不知―順以盤貯水、不使傷者知（国）
10 大吸一声、則得核子和声而入、随後縫之―大呼一声、則核忽入、即以線縫之（国）
12 宗順兼通釈門玄理―順兼通玄理（国）
12 談道論議、雖碩徳師僧、莫之能屈―談幽道妙、雖碩徳阿師、不能屈（国）

107 島谷見立

書き下し文

島谷見立(1)、泉州の人。父九左、海槎術(2)を善くす。屢しば、唐に入りて貿易す。元亀中、跡を崎に寄す。見立、其の父の業を踵ぎ、唐に航すること数しばなり。

延宝丙辰夏(3)、命を奉じて無人島に至る。島は、東南、伊豆下田を去ること二百五十里。草木、暢茂し(4)、衆鳥、蕃殖す(5)。其の人類無きことを以ての故に、無人島と名づく。是より先、紀州人漂ひて、此の地に至る。帰つて官に聞す。官、崎民の海槎を善くする者をして、之れを踪跡せしむ。是れに由り、蔭鎮牛込君(6)、小林謙貞(7)に嘱す。謙貞曰く、「臣、地理に通ずと雖も、今且に老ゆ。恐らくは、事に勝へず。邑に島谷見立という者有り。海を航り、以て唐に踰ゆること数しばなり。請ふ、之れを遣はせよ」と。君、因つて、見立に命じて往かしむ。閏四月四日、船を下田に発し、二十五日を経る。居ること三十一日、乃ち、返棹して江戸に抵る。官、見立を召問し、凡そ、島の形象・気候、及び出る所の物産を、逐一紀録す。纖悉(8)、具に備ふ。厥の後、崎に回

る。元禄三年歿す。(9)

島谷見立夫妻墓碑（禅林寺）

注

（1）島谷見立　通称市左衛門。探検家。生年未詳、元禄四年（一六九一）七月十六日没。

（2）海槎術　航海術。

（3）延宝丙辰　延宝四年（一六七六）。島谷が、小笠原諸島の探検をしたのは延宝三年。著作に『延宝無人島巡見記』が残る。

（4）暢茂　草木が生長して茂る。

（5）蕃殖　茂りふえる。

（6）薩鎮牛込君　牛込忠左衛門。『先民伝』巻上・1・注8参照。

（7）小林謙貞　小林義信。『先民伝』巻上・15参照。

（8）纖悉　すみずみまで行き届いている。

（9）元禄三年歿　島谷一族には、市左衛門を名乗る者が複数名いる。長崎市禅林寺内に残る一族の墓碑中、「本覚院秋嶽見立居士」とある人物は元禄三年九月十九日没であるが、この人物は探検家の市左衛門ではなく、元禄四年七月十六日没の市左衛門がその人である（1）（岡武次郎「小笠原諸島発見史の基本資料・地図について」『海事史研究』創刊号、一九六三年）。掃墓の際に、間違えたものであろう。

本文

徳館備莫之館所

島谷見立泉州人父九左善海槎術屢入唐貿易元亀
中寄跡于崎見立踵其父業航唐數焉延寶丙辰夏奉
命至無人島島者東南去伊豆下田二百五十里草
木暢茂衆鳥蕃殖以其無人類故名無人島先是紀州
人漂至此地歸而聞官官令崎民善海槎者踪跡之由
是薩鎮牛込君囑小林謙貞謙貞曰臣雖通地理今且
老矣恐不勝事邑有島谷見立者航海以踰唐數矣請
遣之君曰命見立往閏四月四日發船于下田經二十
五日焉居三十一日乃返棹抵江戸官召問見立凡島
之形象氣候及所出物産逐一紀録纖悉具備焉厥後
囘崎元禄三年歿

校異

※（国）では「象緯」の部、（神）では「談天」の部に立項される。
1 泉州人—其先泉州人（国）（神）
1 善海槎術—善海槎（国）（神）
3 二百五十里—二百五十里、則北極出地三十七度也（国）
3 草木暢茂—草木蕃茂（国）
4 衆鳥蕃殖—鳥獣蕃殖（国）
4 紀州人—紀州人民（国）
5 善海槎—精海槎（国）
6 小林謙貞。謙貞曰—小林義信。義信曰（国）
8 君因命見立—守因命見立（国）
8 往閏四月四日—往其二子市左三郎、従閏四月四日（国）
11 回崎—回郷（国）（神）

跋1　自叙（盧千里）

書き下し文

自叙

盧氏の先は姜斉為り(1)。後裔嘗て采を盧に食む。因つて氏とす。世よ范陽(2)に居る。所謂る范陽の盧氏是れなり。中世徙つて南剣に居る(3)。子孫聯綿として、延んで高祖君玉(4)に至る。朱明の時に当つて閩(5)の延平(6)に生る。万暦中(7)に、海に航して崎港に来り、流寓多時、崇禎四年(8)、明に回つて歿す。

君玉元和八年(9)に、曾祖(10)を崎に生む。幼名は二孫、後に庄左と称す。十歳にして父を失ひ、慈闈下(11)に鞠育せらる(12)。幼にして華音を善くす(13)。長ずるに及んで訳事に命ぜらる(14)。老を告げて退き、貞享三年病卒す。

祖、玄琢(15)、字は草碩を生む。幼にして岩永宗故(16)に従ひ、字を学び書を読む。万治元年(17)、小野昌碩(18)に就きて医を学ぶ。後京に入つて桂草叔(19)の門に遊ぶ。乃ち延宝元年春三月(20)なり。是の歳の冬十有二月、崎に帰り、医業大ひに行はる。又小林謙貞(21)に従つて天文輿地(22)、及び運気の学(23)を修む。延宝中、良医を以て推さる。弟子業を受くる者若干人、元禄戊辰(24)、家に終はる。聖林の山に葬る(25)。

玄琢、考草拙(26)、字は元敏を生む。人と為り謹順寛厚、容れざる所無し。早く怙恃(27)を失なひ、唯だ祖母のみ是れ依る。幼き従り多病にして、生冷腥羶(28)を食せず、筋骨軟弱、家貧にして衣食給せず。読書を好むと雖も、師に従ふに艱し。諸人に私淑し、汲汲如たり(29)。天文を関子(30)に学び、国雅(31)を高子(32)に受く。博覧強記、年甫め十七、皐比に登る(33)。書を講じ業を肄ふ(34)。弟子頗る多し。陳厳正(35)・大江宏隆(36)等と友とし善く、推服せざること罔し。(37)著述多しと雖も、詩を作るを喜ばず。友人某曰く、「子の才を以て詩を作らざるは何ぞや。古人南豊の為に恨みを存せざらんや」(38)と。是に於て始めて詩を作る。彫飾を務めず、始めより意を経ず、(39)唯ただ其の志を言ふのみ。又道教を好み、平居素樸を甘んじ、(40)清静を尚ぶ。

正徳の末、(41)石河〔名、政卿〕、崎に監たり。(42)召見し甚だ驩ばす。(43)秋八月、交代して帰る。明年丙申、(44)石使君再び来る。遂に挙げて掌書監(45)と為す。寵遇甚だ渥し。病に回つて屡しば休沐を賜ふ。(46)

享保己亥春正月、辟にて江府に応ず。(47)幾ばくならずして還を賜ふ。又日下部(48)〔名、博貞〕・三宅(49)〔名、康敬〕・渡辺(50)〔名、永倫〕数尹の若き、交代して崎に在る毎に、亦た皆登用す。

先君(51)正徳・享保の間に仕へ、学者の偏見多く理に悖るを患へて、乃ち三教の要致を論ず。(52)流輩徒(53)に三教の名を知つて、三教の旨を知らざるを以ての故なり。諄復を憚らず、(54)著して論説を為す。又『[口+弁]囈録』(55)を作りて、世に行はる。

先君の掌書に在るや、不肖子驥生れて九歳、堀・何二氏(56)に従つて句読を習ふ。年十四、教へを東谷氏(57)〔名は泰、字は謙光、東谷は其の号〕に受け、詩文を為るを学ぶ。性駑劣(58)にして啓発する所無し。十九歳、父の功に由つて訳学に充てらる。(59)

享保中、周(60)〔名は南、字は岐来、慎斎と号す。崇明の人〕、沈(61)〔名は丙、字は燈煒、燮庵と号す。仁和の人〕二夫子、前後して聘に応じて来る。驥亦た業を其の門に受く。

丁未歳、(62)先君驥に命じて曰く、「余が家高祖より以来、甚だ顕れずと雖も、芸を以て名を知らる。今余老いたり。功業就す所無し。古へ称す、『業は勤むるに精しく、嬉しむに荒ぶ。行ひは思ふに成つて、随ふに毀る』(63)と。汝其れ勗めよ。(64)夫れ崎は小邑と雖も、元亀より以来、一百六十余歳、忠臣・孝子、文学・技能の士、多からずと為さず。想ふに其の姓・字聞ゆること無き者、類に触れて足らず。恐らくは泯滅(65)に帰せん。余掌書を忝ふす。(66)蒐緝し以て諸を世に伝へんと欲す。而して公務に綢繆し、(67)未だ其の志を遂げず。余甚だ惜しむ。汝其れ念へや」と。驥俯伏し再拝して(68)曰く、「驥は固陋(69)と雖も敢へて勉めざらんや」と。是において驥乃ち先君を賛け、或ひは故老に得て、或ひは家乗(70)に採りて、以て『先民伝』を作る。茲に二年、稿して未だ成らざるに先君病卒す。(71)後三年にして編就る。先君の志を成すと雖も、驥年僅かに二十五なり。方に学の暇あらず。敢て著述する所有りと云はんや。泫然(72)として涙下るに禁へず。

時に享保十六年、(73)歳次辛亥冬十月なり。

注

（1）姜斉　盧氏は姜姓で斉の太公の子孫。衛大夫斉子の後、字をもって氏とした。『通志』〈氏族略、以邑為氏〉に「盧氏、姜姓、斉大公之後裔也、斉文公之子高、高之孫傒食采於盧、今斉州盧城、是也、因邑為氏」。

（2）范陽　春秋戦国時代、魏以来の旧都で隋は涿郡といい、唐代に范陽といい、その後また涿州といった。明朝では順天府の范陽県とする（『大明一統志』正徳三年和刻本、汲古書院、一九七八年）。現在の河北省北京周辺に属する。唐代、旧北斉治下の范陽では、なお盧氏は名族として権威をほこった。

（3）南剣　福建省南平県の地。宋代に州名とした。

（4）君玉　福建省延平府沙県の人。慶長十七年（一六一二）に長崎へ渡来、浦木新左衛門家に寓居し、寛永五年（一六二八）官許をえて東中町に住んだ。島原口之津の福地氏の娘毛呂を妻とし、二子をもうけた。のちに再び明へ帰り、崇禎四年（一六三一）福建で没した（『盧氏文書』〈本邦盧氏系譜〉）。
（5）朱明の時　明代。太祖・朱元璋が開いたことからいう。
（6）閩の延平　福建省延平府南平県。福建省の中央部で、閩江の北側に位置する。
（7）万暦中　一五七三年〜一六一九年（天正元年〜元和五年）。
（8）崇禎四年　一六三一年（寛永八年）。
（9）元和八年　一六二二年。
（10）曾祖　草碩の父庄左衛門のこと。元和八年（一六二二）生、名二孫、また太郎作。貞享三年（一六八六）八月二十日没、六十五歳。法名清光浄圓。「貞享三年／八月廿日／清光浄圓　内中町盧草碩父六拾五才」（『本蓮寺過去帳』）。
（11）慈闈下　宮中の后妃のもと。ここでは母のもとで育てられたことを言う。
（12）鞠育　養い育てる。
（13）華音　中国語、とくに会話。
（14）訳事　唐通事。寛文六年（一六六六）、奉行川野権左衛門の時、唐内通事となる（『盧氏文書』〈本邦盧氏系譜〉）。
（15）祖、玄琢　盧草碩。『先民伝』巻下・40・注3参照。
（16）岩永宗故　岩永知新。『先民伝』巻下・103参照。
（17）万治元年　一六五八年。
（18）小野昌碩　『先民伝』巻上・16参照。
（19）桂草叔　未詳。
（20）延宝元年　一六七三年。
（21）小林謙貞　小林義信。『先民伝』巻上・15参照。
（22）天文輿地　天文学と地理学。
（23）運気の学　天地・陰陽の運行（物象）と人の運命の巡り合わせを説く漢方学、すなわち五運六気（五行の歳運と天地間の六気）の学。
（24）元禄戊辰　元禄元年（一六八八）。
（25）聖林の山に葬る　聖林山本蓮寺（長崎市筑後町二―一）は日蓮宗で京都本国寺末。元和六年草創、寛永十八年再建。長崎三大寺の一。
（26）考草拙　『先民伝』巻上・先民伝序（竹田定直）・注5参照。
（27）怙恃　たのみとする父母。
（28）生冷腥羶　生で冷たい物、生臭い物。
（29）汲汲如　忙しい。
（30）関子　関荘三郎。『先民伝』巻上・19参照。
（31）国雅　日本の古典。
（32）高子　高田宗賢か。『先民伝』巻下・98参照。
（33）皐比に登る　教師として講義の壇にのぼる。
（34）書を講じ業を肄ふ　経書などを講義し、医業を講習する。
（35）陳厳正　頴川四郎左衛門。『先民伝』巻上・12参照。
（36）大江宏隆　『先民伝』巻上・14参照。
（37）推服せざること罔し　心服しないことはなかった。
（38）古人南豊の為に恨みを存せざらんや　南豊は唐宋八家の一、曾鞏のこと。ここは宋の恵洪撰『冷斎夜話』巻九「淵材五恨」の逸話「第五恨会子固不能作詩」をふまえた箇所。「〜古人は曾鞏が詩を作らなかったことを第五の恨みとしたが、それと同じことにならないか」の意。
（39）意を経ず　詩的な情意の移りゆきを省き。
（40）平居素樸を甘んじ　日常の質素な生活に満足し。
（41）正徳の末　正徳五年（一七一五）の正徳新例の令達に、大目付仙石丹波守と目付石河三右衛門政卿が派遣されたことをいう。
（42）石河、崎に監たり　石河は、正式には享保元年に長崎奉行として来崎。
（43）召見し甚だ驩ばす　引見して、とてもお喜びになった。
（44）丙申　享保元年（一七一六）。
（45）掌書監　唐名の掌書記のことで、享保元年に盧草拙が書物改添役を命じられたことをいう。
（46）休沐　官吏としての休暇。

（47）**享保己亥、辟にて江府に応ず**　享保四年（一七一九）、西川如見とともに江戸に招かれ、天文の義を問われた。二月十七日江戸着、三月十五日江戸を発つ。

（48）**日下部**　日下部作十郎博貞。長崎奉行。『先民伝』巻上・14・注16参照。

（49）**三宅**　三宅大学康敬。長崎奉行。

（50）**渡辺**　渡辺外記永倫。長崎奉行。

（51）**先君**　義父草拙のこと。

（52）**三教の要致**　儒・釈・道三教の一致点。

（53）**流輩**　同輩の儒者たち。

（54）**諄復**　くり返すこと。

（55）**『喩囈録』**　草拙著書。享保九年（一七二四）冬序。柳枝軒蔵板。宋儒、程朱、仏説等にこだわらず儒釈道の論点の一致を論じる。

（56）**堀・何二氏**　堀氏は、オランダ通詞堀儀左衛門家の某か。何氏は、唐通事何氏某か。

（57）**東谷氏**　謙光寂泰、黄檗僧。号東谷。延宝六年（一六七八）生、延享三年（一七四六）三月十日没、六十九歳。崇福寺末の臨川院（長崎市新大工町、銭屋川畔）住持で、詩文に堪能（『長崎名勝図絵』巻一）。東谷は佐賀の松崎氏の出。元禄九年頃長崎へ出て崇福寺第七代の大衡海権に師事した。元禄十五年から諸国修行に出て江戸の金地院に住し、帰郷して宝永四年に法嗣を継いだ。崇福寺緑蘿庵に住んだが、元文四年（一七三九）に町年寄高島四郎兵衛の援助で臨川院を創建した。同院は明治維新後廃された。「臨済正宗第三十六世上謙下光泰老和尚之塔／延享三年丙寅三月初十日示寂／不肖徒□□□□百拝立」（崇福寺墓碑）（宮田安『長崎唐寺の末庵』五二～五三頁）。

（58）**駑劣**　才能がなく鈍い。

（59）**訳学**　享保十年（一七二五）八月二十三日、伝次郎は稽古通事を仰せ付かる（『訳司統譜』）。

（60）**周**　江蘇省崇明県の医師周慎斎。『先民伝』巻上・先民伝序（周慎斎）・注40参照。

（61）**沈**　浙江省杭州府の儒者沈爕菴。『先民伝』巻下・盧千里先民伝序（沈爕菴）・注14参照。

（62）**丁未歳**　享保十二年（一七二七）。

（63）**業は勤むるに精しく～随ふに毀る**　韓愈「進学解」（『唐宋八家文』巻一）の「業精於勤、荒於嬉、行成於思、毀於随」（学業は努力し勤めれば精しく上達するが、楽しみ遊べば荒廃する。行いは成し遂げようという思いを持てば成就するが、気の向くまま放埒にすると、道は成し遂げられない）による。

（64）**勗めよ**　努めて励めよ。

（65）**泯滅**　朽ちて滅ぶ。

（66）**掌書**　文書を司る官職。

（67）**綢繆**　仕事にしばられ続けること。

（68）**俯伏**　頭を下げてかしこまる。

（69）**固陋**　かたくなで見聞が狭い。

（70）**家乗**　一家の記録。

（71）**先君病卒す**　享保十四年（一七二九）九月九日没。

（72）**泫然**　さめざめと。

（73）**享保十六年**　一七三一年。

本文

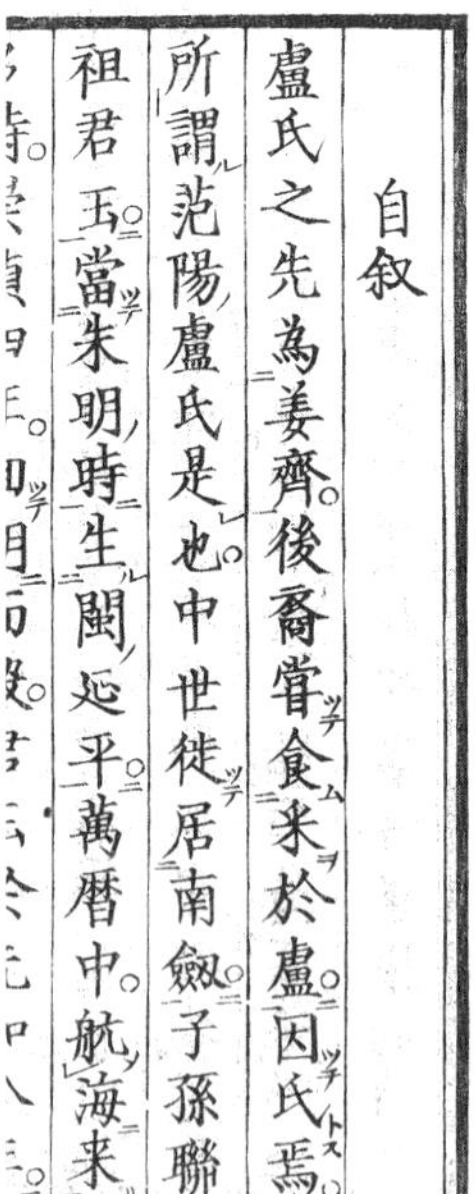
自叙
盧氏之先為姜齊後裔嘗食采於盧因氏焉世居范陽
所謂范陽盧氏是也中世徙居南劔子孫聯綿延至高
祖君玉當朱明時生閩延平萬暦中航海来崎港流寓

多時。崇禎四年。由明而歿。君玉於元和八年生。曾祖于崎。幼名二孫。後稱庄左。十歳失父。鞠育慈闈下。幼善華音。及長命譯車。告老退。貞享三年病卒。生祖玄琢。字艸碩。幼從岩永宗故學。字讀書。萬治元年就小野昌碩學醫。後入京。遊挂艸叔之門。乃延寶元年春三月也。是歳之冬十有二月。歸崎。醫業大行。又從小林謙貞。修天文輿地及運氣之學。延寶中。以良醫推弟子受業者若干人。元禄戊辰。終于家。葬聖林之山。玄琢生考艸拙。字元敏。為人謹順寛厚。無所不容。早失怙恃。唯祖母是依。從幼多病。不食生冷腥羶。筋骨軟弱。家貧。衣食不給。雖好讀書。而艱於從師。私淑諸人。汲汲如也。學天文於闕子。受國雅於高子。博覽強記。年甫十七。登皐比講書肄業。弟子頗多。與陳嚴正大江宏隆等友善。罔不推服焉。著述雖多。不喜作詩。友人某曰。以子之才。不作詩何也。古人不為南豊存恨耶。於是始作詩。不務彫飾。始不經意。唯言其志耳。又好道教。平居甘素撲。尚清靜。正德末。石河(名政卿。)監崎。召見甚驩。秋八月。交代而歸。明年丙申。石使君再来。遂舉為掌書監。寵遇甚渥。曰病屢賜休沐。享保己亥春正月。應辟江府。不幾賜還。又若日下部。(名博貞)三宅(名康敬。)渡邉(名永倫)數尹。每交代在崎。亦皆登用。

先君仕於正德享保之間。患學者偏見多悖於理。乃論三教要致。以派輩徒知三教之名。而不知三教之旨。故不憚諄復著為論説。又作喩蠻録。行世。先君之在掌書也。不肖子驥生九歳。從堀何二氏習句讀。年十四。受教東谷氏(名泰字謙光東谷其號。)學為詩文。性駑劣。無所啓發。十九歳。由父功。元譯學。享保中。周(名南、字岐来。號慎齋。崇明人。)沈(名丙。字燈煒。號燮菴。仁和人。)二夫子前後應聘而来。驥亦受業其門。丁未歳。先君命驥曰。余家自高祖以来。雖不甚顯。以藝知名。今余老矣。功業無所就。古稱業精于勤。荒于嬉。行成于思。毀于隨。汝其勗哉。夫崎雖小邑。自元龜以来。一百六十餘歳。忠臣孝子。文學技能之士。不為不多。想其姓字無聞者。不偶類而足。恐歸泯滅乎。余忝掌書。蒐緝欲以傳諸世。而綢繆　公務。未遂其志。余甚惜焉。汝其念哉。驥俯伏再拜曰。驥雖固陋。敢不勉哉。於是驥乃賛先君。或得於故老。或採於家乘。以作先民傳。二年於茲。稿而未成。先君病卒。後三年編就。雖成先君之志。驥年僅二十五也。方學之不暇。敢云有所著述哉。不禁泫然涙下。

時享保十六年。歳次辛亥冬十月也。

校異

1 自叙—家伝（国）

2 姜斉—斉太公（国）

5 崇禎四年回明而歿—崇禎八年回唐而歿（国）
6 後称庄左—後称庄左衛門（国）
7 命訳事—任役職（国）、食訳事（神）
8 従岩永宗固—従岩永知新（国）
10 帰崎—帰郷（国）
10 従小林謙貞—従小林義信（国）
19 始不経意—ナシ（国）
20 正徳末—正徳初（国）
21 〔名政卿〕—政卿来（国）
21 交代而帰—旋旆江武（国）
21 石使君—理正（国）
22 掌書監—検書（国）
23 応辟江府、不幾賜還、又—応台廷、徴抵江武、此後（国）
23 日下部〔名博貞〕、三宅〔名康敬〕、渡辺〔名永倫〕数尹、毎交代在崎—
　日下部、三宅、渡辺数守、交代（国）
27 在掌書—在検書（国）
30 〔号慎斎、崇明人〕—〔古瀛人〕（国）
30 享保中—享保年中（神）
30 〔字燈煒、号爕庵、仁和人〕—〔字燈幃、武水人〕（国）
31 二夫子—二先生（国）
33 今余老—令余光（国）
34 一百六十余歳—百六十余歳（国）
35〜37 想其姓字無聞者〜未遂其志—而姓字無聞、余恭検書、欲作伝以伝諸
　不朽、而未遂其志、将使斯人与草木同腐（国）
38 敢不勉哉、於是驥—不唯命之従（国）
39 或得於故老—或得於故老伝聞（国）、或伝於故老
39 或採於家乗—或採於家乗記載（国）
39 二年於茲、稿而未成—二年、稿未成（国）
41 涙下—涙下而為之記（国）
42 十月也—十有二月也（国）

※（国）に、このあと一字下げで以下の文章あり。

驥曰、古人有言曰、史者其得失之林乎、百世以上之人褒貶憑於史、而作史者復受褒譏於百世之下、史何容易哉、驥也不敏、豈敢自任、但念史為万世之亀鑑、歴述往事以戒来者、不虚美不隠悪、昔者孔子作春秋為天下儀表、褒善貶悪使乱臣賊子有所顧懼、原因魯史之策文也、周礼有史官掌邦国之事、達四方之志、諸侯亦各有国史、夫如此雖一雉小邑不可無史、而其中有国史有野史、史大者也、非大手筆不能作野史、史之小者也、驥雖不才独不可企而為之乎、今崎地雖小、自名人学士下至懐材抱技之人、不為少也、世徒伝其事不尽其意、記載放失不能垂諸永久、此可惜也、驥者廃先人之言、而埋之民之名不孝之罪孰大、於是野史之作職此之由、豈必褒貶云爾乎、若此之国史謬矣、於是拠旧記采家乘、遂成此編云、

跋2　先民伝後序（謙光寂泰）

書き下し文

先民伝後序

先民伝は、元敏盧翁(1)、夫（か）の崎(2)の先民賢にして顕（あら）はれず、才にして称せられず、其の名終（つい）に卉木（きぼく）(3)と同じく腐して伝はらざるを隠（い）たみ、掌挍書(4)の暇毎に、之れを近きに采（と）り、之れを遠きに捜り、私に努めて筆記す。朝に維れ夕に非ざるなり。其の稿未だ脱せず、而して盧翁復た先民と与（とも）に永く逝水の歎(5)を為す。極め知る、盧家の不幸は、即ち其の先民の不幸ならんか。亦(6)た隠（やすら）かならずや。

千里は、盧家の良駒にして、才学並備す。其の先人の先民(7)におけるや、志苦しくして果たさざるを隠たみ、即ち其の志操を継ぎ、娓娓（びび）(8)た

ること久し。盧翁と雖も、亦た其の事蹟荒潤(9)にして未だ悉くなさざる者有り。千里乃ち汎渉(10)して之れを補なひ、以て其の編を成す。千里微せば(11)、先民は其れ劫灰(12)に墮ちん。今将に之れを梓にして(13)天下に公にし、先民の其の人と為りを知ら俾んとす。独り先民の幸に非ず。又千里の孝、盧翁に欣艶せ(14)ざらんや、と序す。

臨川謙光泰譔(15)

注

（1）元敏盧翁　盧草拙。『先民伝』巻上・先民伝序（竹田定直）・注5参照。
（2）崎　長崎。
（3）卉木　草木。
（4）掌校書　書物や資料を調べる文書官。ここは享保元年いらい書物改添役を勤めたこと。
（5）逝水の歎　川の水が流れて還らないように、盧翁の長逝を歎くこと。
（6）良駒　若駒に喩えて、優れた人物をいう。
（7）志操　こころざし。
（8）娓娓　ねばり強くつとめること。
（9）荒潤　広くて粗い。
（10）汎渉　広く渉る。
（11）千里微せば　千里が存在しなければ。
（12）劫灰　仏教語。火にかかって灰になること。
（13）梓にして　刊行して。
（14）欣艶　欣豔。よろこび輝やかせること。
（15）臨川謙光　『先民伝』巻下・自叙（盧千里）・注57参照。

本文

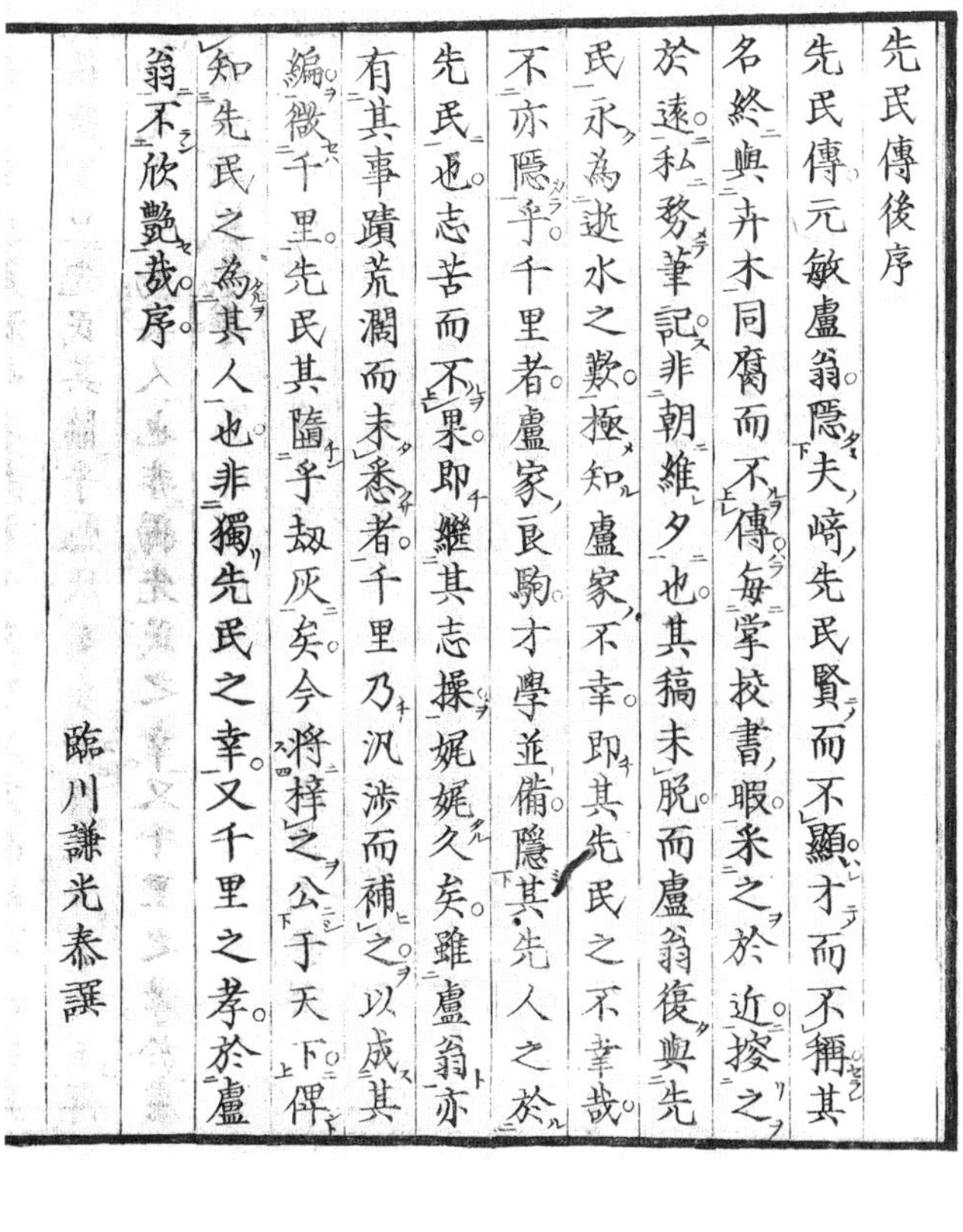
1 先民傳後序
2 先民傳元敏盧翁隱夫崎先民賢而不顯才而不稱其
3 名終與卉木同腐而不傳每掌校書暇采之於近捜之
4 於遠私務筆記非朝維夕也其稿未脱而盧翁復與先
5 民永為逝水之歎極知盧家不幸即其先民之不幸哉
6 不亦隱乎千里者盧家良駒才學並備隱其先人之於
7 先民也志苦而不果即繼其志操娓娓久矣雖盧翁亦
8 有其事蹟荒潤而未悉者千里乃汎涉而補之以成其
9 編微千里先民其墮乎劫灰矣今將梓之公于天下俾
10 知先民之為其人也非獨先民之幸又千里之孝於盧
11 翁不欣艷哉序
12 臨川謙光泰譔

校異

※（国）（神）ともに、この跋なし。

跋3　跋長崎先民伝（蔣溥）

書き下し文

跋長崎先民伝

崎陽の盧千里は、名は驥（き）、父元敏の子なり。其の家学を淵源し、(1)而して千里又能く志を奮ひ書を読み、撰述する所多し。名を調壇に噪（かしま）しく、(2)有年を歴（す）ぐ。(3)

癸丑歳、(4)浙西の沈爕菴先生、(5)家弟受業の師と為る。其の向きには曽つて扶桑に遊び、(6)千里亦た門墻（もんしょう）(7)に従事し、聞見広博、師資の力を得(8)て、多（た）に居るを知る。(9)今爕菴先生、千里著はす所の『長崎先民伝』を郵寄し、(10)余に跋語を索（もと）む。余思ふ太史公(11)に「列伝」(12)有り。而して千里亦た倣つて之れを為す。其れ殆んど史遷の遺意有るか。(13)今而して後、崎陽の諸隠君子、(14)顕揚を身後(15)に得て、泯泯（びんびん）(16)として聞無きを致さず。(17)其れ斯の文に在るか、其れ斯の文に在るか。

翰林院侍講学士(18)虞山の蔣溥（しょうふ）跋(19)

注

(1) 家学を淵源し　盧氏家伝の学の淵源（みなもと）を継承し。
(2) 調壇に噪しく　「調壇」は未詳。（神）には「詞壇」とあり、その誤写あるいは誤刻か。
(3) 有年　幾数年。
(4) 癸丑歳　享保十八年（一七三三）。
(5) 沈爕菴先生　『先民伝』巻上・盧千里先民伝序（沈爕菴）・注14参照。
(6) 扶桑に遊び　日本に遊学し。
(7) 門墻　師の門。千里が儒学の師沈爕菴に学んだことをいう（『論語』子張第十九「夫子の墻は数仞なり」）。
(8) 師資の力　師匠のたすけ。
(9) 多に居る　立派になったこと。
(10) 郵寄　郵送する。
(11) 太史公　前漢の司馬遷（前一四五頃～前八六頃）。
(12) 「列伝」　『史記』一三〇巻のうち、本紀一二巻、世家三〇巻、列伝七〇巻その他がある。
(13) 史遷の遺意　司馬遷が遺した『史記』列伝のような著述の心得。
(14) 隠君子　隠れた有徳の賢者。
(15) 身後　没後。
(16) 泯泯　隠滅して消えること。
(17) 聞無きを致さず　名高い評判が無くなることはない。
(18) 翰林院侍講学士　清朝の官署で経書の侍講を務める儒官。「翰林院」は国史の編纂や文書・著述をつかさどる官庁。
(19) 虞山の蔣溥　清、常熟（江蘇省蘇州府）の人。康熙四十七年（一七〇八）生れ、乾隆二十六年（一七六一）没、五十五歳。字、質甫、又恒軒とも。諡は文恪。乾隆中、東閣大学士となる。『欽定古今図書集成』の重修にかかわった蔣廷錫の子。虞山は常熟の西北にある山。

本文

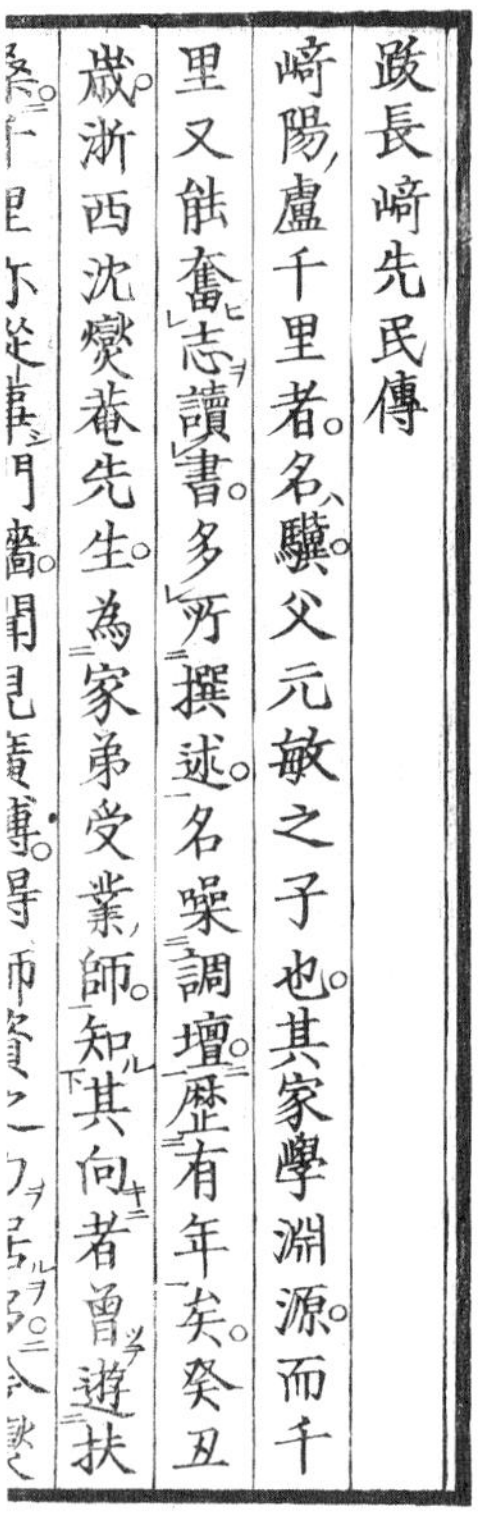
跋長崎先民傳
崎陽盧千里者名驥父元敏之子也其家學淵源而千
里又能奮志讀書多所撰述名噪調壇歴有年矣癸丑
歳浙西沈爕菴先生為家弟受業師知其向者曽遊扶
桑千里亦從事門墻聞見廣博得師資之力居多

[illegible]

桑。千里亦從事門墻。聞見廣博。得師資之力居多。今燹菴先生。郵寄千里所著長崎先民傳。索余跋語。余思太史公有列傳。而千里亦倣而為之。其殆有史遷遺意乎。今而後。崎陽諸隱君子。得顯揚於身後。不致泯泯無聞。其在斯文歟。其在斯文歟。

翰林院侍講學士。虞山蔣溥跋。

校異

※ （国）に、この跋なし。

1 跋長崎先民伝—ナシ（神）

2 名驥—ナシ（神）

3 詞壇—詞壇（神）

慶元堂藏板目錄

江戸浅草新寺町 和泉屋庄次郎

四庫全書總目　全六冊

清乾隆帝四庫館ヲヒラキ文淵閣書目ナラビニ附存目録ヲ出スサキニ刻行スル焦氏經籍志等ハ世ニ存セザル書マデヲ附ス頗ル無益ヲ覺フコノ總目ハマノアタリ上古ヨリ清朝マデ傳エ存スル所ノ書ノ品目ニシテ學者ノ家ニ闕ベカラザル書ナリ

文化二年　官刻成

唐宋八大家讀本　清沈德潛著　全十六冊

韓昌黎　柳柳州　歐陽公　蘇老泉　蘇東坡　蘇潁濱　王荊公　曾南豐

右八大家ノ文章ナリ撰者沈德潛ハ乾隆帝ノ翰林學士ニテ俊秀ナル學者ナルユヘ選文甚純粹ニシテ文人ニ稗益アル書ナリ

文化十一年　官刻成

台宗二百題　全十五冊

台宗論題書アマタ有トイヘドモ古題ニシテマワリドウシ此二百題台宗論題ニ益アルコ演説フマタズ古板不幸ニシテ天明年間祝融ノ災ニカヽル然レドモ台家ニ一日モ闕ベカラザル書ナルヲ以テ再板成テ舊ノ如ク行ワル

東叡山御藏板

元三 慈眼 兩大師御傳記　繪入　全五冊

兩大師御高德ハ世人ノ知所ナリ別シテ南光坊慈眼大師ノ御德ノ廣大ナルハ筆舌ニノセガタシコノ御傳記ハ大師御直弟子凌雲院胤海僧正ノ著述ナリ画工ハ土佐家住吉具敬ナリ恐レオヽクモ板本ニ

神君様并ニ

三代将軍様ノ

御影像入候書コノ一書ニカギレリ香ヲ薫ジ盥ヒ漱イテ拝覽アルベキ書ナリ

東叡山御藏板

聖道衣料篇　佐野盛典著　全二冊

上巻ニハ二衣五衣ノ事下袴ノ事天台真言傳法灌頂ニ束帶種々莊嚴ノ事紫甲青甲ノ袈裟ノ事鼻高及草鞋等ノ事

下巻ニハ輪袈裟ノ事金襴地衲衣袈裟ノ事半裝束數珠ノ事袈裟得名ノ事衣料ニ尺法有事

其外佛家ニカヽハリシコトドモ委シクカキノセタリ

聖語撥輯　日蓮宗堅樹著　全二冊

大學纂釋　同諸説辨誤　精里古賀先生著　全二冊

藏板目錄

陸德明經典釋文　并　考證　全廿冊

コノ書ノ原本ハ影宋本ニシテ清盧文弨考證ヲ為ル其中　本邦物氏ノ七經孟子考文補遺等ノ書並ニ唐宋以上ノ書ニ依テ精微ニ校正ス　本邦ヘ唯一本舶来セシヲ得テ翻刻ス實ニ經學者ノ文房ニ須臾モ無ンバアルベカラザル書ナリ此書ノ奇特ナルコトハ予ガ著ス所ノ經典釋文盛事ニ詳ナリ

九經談　大田錦城先生著　全四冊

今ノ世ニ經義ヲ論セル書數多アリトイヘドモコノ書ニマサレルハナシ抑々先生英邁ノ大活眼ヲ開キ學問ニ該博ヲ極メ發明スル所アリテツイニコノ書ヲ著ス論スルトコロ考據ハナハダ正シクシテ多ク先賢ノイマダ發セザルトコロヲ説破スマコト一四方ノ學者ヲシテ耳目ヲ新ニシ經學ノカヲタスクル書ナリト云

范石湖詩鈔 周雪蒼 紫錦川 仝鈔 全三冊

陸放翁詩鈔 仝 北山先生閲 全四冊

二家ハ南宋詩ノ大家ナリ范詩ハ淒婉工緻悲壮精細ヲ兼備シテ唐ノ李青蓮ノ比ナリ然ソ青蓮ノ詩ハ奇ニソ逸ナルユヘ學ビガタシ范詩ハ奇ニソ密ナルユヘ學ビヤスシ陸詩ハ富贍ナルヿ万首餘ニ及ビ渾融和雅憤悲ヲ兼ヌ唐ノ白香山ニ比ス然ソ香山ノ詩ハ總テ懽樂ノ意ニソ憤悲ノ詞スクナシ陸ハ忠憤ノ詞多シ是陸ノ勝レル所ナリ二家トモニ詩學ニ大益アル書ナルヿ北山先生ノ序ニ詳ナリ

聯珠詩格 元 于默齋 蔡蒙齋 編 日本 詩佛先生 増注校 全五冊

コノ書ハ唐宋詩ノ格アルモノヲ悉クラセ注解ヲ附タレバ作詩家ノ闕ヘカラサル書ナリ一齋先生ノ序ニ此書清朝ニ闕テ幸ニノ本邦ニ存スル由ヲノベタリ

四書集注 道春点 大字本 全十冊

正徳年間ノ刻本ニソ極テ大字本ナリ世誦讀ノ児童ノタメニハ殊ニ好本ナリ世ニ羅山先生ノ点ト稱スル本多シトイヘ圧皆近世ノ翻刻ニテ点オヽク訛レリ此本ハ全ク道春点本ノ真面目ナリ

奉書紙搨本從大方君子所求

孝經鄭氏解補證 一堂先生著 全一冊

西銘 全一冊

十七帖述 綾瀬亀田先生著 全一冊

歸正漫録 安井真祐先生著 全一冊

宋明名儒數輩ノ佛老ノ害ヲ論セシヲ諸書ヨリ渉獵ソ記出ス異端ノ邪路ニ迷フ者ヲタヾシキ儒道ニ帰リ入シムルノ書ナリ

聯珠詩格 小本 全二冊

懐中本ニシテカタハラニ押韻平仄ヲ附シテ初學ノモノニ便リス作家ノ活法タルモノ此冊ヨリ善キハナシ

同 譯注 如亭先生著 全一冊

サキニアラハス所ノ詩格小本韻字ト平仄ヲ附トイヘ圧初學ノモノヽ解シカタキヲ患ヒテ片カナニテ詩意ヲ委シク解キタレバ初學ノ者トイヘ圧詩意ヨク解テ師家ノ口舌ヲ労セズト云

宋三大家律詩 老山 詩禪 両先生選 一冊

范石湖楊誠齋陸放翁三家ノ全集ノ中ヨリ律詩ヲ撥アツメ作詩人ヲソ三家對聯手段ノ妙ナルヿヲ學バシムル為ニス

刀劍或問 肥後松村昌直著 全五冊

此書ハ松村生刀劍ノ鍛錬ト鑒賞ト技ノ蘊奥ヲ尽シ千古未發復古ノ説ヲ立テ朋友又門人ト多年問答シタル趣ヲ録セシ書ナリ曾テ此秘ヲ四方ニ學ビシトキコレヲ他人ニ漏スマジキヨシヲ鬼神ニ誓テ諸家ノ秘傳ヲ受今其誓約ヲ破テ此書ヲ著シ士タルモノヽ為ニスモシ神罰セハ國家ノタメニ身ヲ以テコレニ當ラント欲ス是コノ書ナルノ基トナリ刀劍ヲ好ム人必見ズンバアルベカラズ

和漢年代廣記大成 全一冊

是迄ノ年代記トハ殊ヤウニテ一年毎ニ日本ト唐山トヲ合置テ見安カラシメ一紙ニ八十年半紙ニ四十年一行四年ト隔アレバ年ヲ數フルニ甚便利ナリ毎年ノ記事ニ於テハ無益ノ事ヲ省キ大事有益ノ事ヲ大ニ委シク記シタレバ外題ニ廣記大成ノ字ヲ冠ラシメタリ

和漢年統 鏡湖大野先生編 新刻 全一冊

此書ハ一頁毎ニ六十年ヲ載セ支干ヲ附和ヲ上ニシ漢ヲ下ニシ年ヲ數フルニ屈指ヲ待タズ　和ハ六國史ヨリ始メ近世ニ至ルマデノ正史及ビ諸家ノ實録ニ因テ正シ漢ハ廿一史ヨリ始メトシテ清三朝實録マデヲ採リ尚モ有用ノ事ヲ漏サズ汗牛ノ書ヲ約略シテ一巻ノ小冊子トナシ好事家ノ用ニ供ス歴史ノ索引ニシテ典故ヲ採ル捷徑ナルヿコノ書ニ過タルハナシト云

萬葉集楢落葉 正木千幹大人輯 全五冊

天象地儀神祇釈教國郡居処人倫服食器財草木鳥獸魚蟲ノ類ヲ分チ歌ノヨシアシヲイハデ此集ニ始テヨミ出タルヲ取テフタヽビ見ヘタルヲバ省ク或ハ珍ラカナル或ハミヤビタルスベテ古本ノ考證トナルベキ詞ドモヲモラサズ捨ズ頭ニアゲテ歌ノ作例ヲツバラニエリイデ傍ニ流布ノエリ巻ノツイデモテ何巻何丁ノ表裏ヲサヘ委シク記サレタレバ古ヘフリノ歌ヨムベク又古シヘマナビセンニハ片時モ机上ヲハナツベカラザル書ナリ

桂館野乗 原雙桂著 原念齋校 全一冊

同 漫筆

雙桂先生ハ一世ノ鴻儒ナリ此編ニ元亀天正ノ頃ノ忠臣勇者ヲ紀スルヲ以テソノ史才アルヲ見漫筆ヲ以博物ノ議論ヲ見増彦敬ニ復スル書ヲ以テソノ朱ヲ非シ物ヲ詰スルノ卓タル識ヲ見先儒ヲ評論スルニ至テハ亦甚深味アリ此書ハ實ニ先哲叢談ト併見スヘシ

江戸土産 重長画 三冊

同 續篇 鈴木春信画 三冊

此繪本ハ江戸ノ壮観及ビ處々名所ノ風月雪花ニ春夏秋冬景色宜キ地并ニ種々名物マデヲ圖画シ且ソノ地ソノ物ノ故事縁由ヲ備ニ記セリ実ニ諸国ニ行人家苞ニ宜シキノミナラズ江戸ノ人トイヘ圧見聞ヲヒロムルニ足レリ

萬葉集借字對照 正木千幹大人輯 全一冊

コハ此集中ニ見ヘタル借字ト真假字トヲムカヘ照シテエリ出サレタレバ本草和名新撰字鏡和名類聚ナドニモレテイトノヽ古クヨリミヽタル文字ノ和訓ヲシルベキ神國ノ寶鑑トヤイフベキサルハイニシヘニ心ヲヨセテ歌ヨミヽナビセンニハ坐右ヲサルマジク又所謂萬葉ガキナドセンニ誠ニヲモシロキツカヒサマノ文字数多見ヘテ世ニタグヒナキ書ナリ

桂林詩集 三縄準蔵先生著 全三冊

雙桂集 原公謐先生著 全三冊

高眠亭録稿 全四冊

挿花四季詠 遠州流 森一訓著 全四冊

新錦木物語 東賢女鑑 五冊

萬民德用 鈴木正三著 全一冊

孫過庭書譜 草書中字 一冊

米芾清蹕帖 行書大字 正面摺 一帖

文徵明西苑詩 行書中字 正面摺 一帖

郭有道碑 大字隷書 正面摺 一帖

董其昌江南帖 中字行書 正面摺 一帖

董其昌古文衡 行書中字 一帖

多胡碑并考 一冊

精里初二集抄　精里古賀先生著　五冊
同三集文稿　五冊
桂林遺稿　三縄準藏著　近刻
千字訓童行　嬾菴和尚著　全一冊
大清三朝事畧　村山芝塢　北条氷齋　全一冊
唐土名妓傳　清曼翁著　全二冊
明ノ盛ナリシ時遊女街ノ事情ヲ書ナラベ至テ面白ク讀カヽリテ手ヲ放チカタキ本ナレ𪜈無点ニシテ俗語ナル故讀ガタシ今ソノ側ニ片カナヲ以テ和解ヲ添タレハ甚讀ヨク分リヤスシ無雑作ニイハヾ通俗ノ晒落本ナリ然レ𪜈能學者ナル清人ノ著述ナレバ猥ナラズ滑稽ヲ表トシ勸善懲悪ヲ裏トシタリ亦文章尺牘ノタメニヨキ書ナリ

烏石前赤壁賦　楷書大字　一冊
同　後赤壁賦　同　一冊
平林淳信伯夷傳　行書大字　一帖
本草和名　大醫博士深江輔仁奉勅撰　法眼多紀安長先生校　全二冊
神農本經　大本　鈴木暘谷校　一冊　小刻　一冊
黴瘡結毒方論　序　桂川國瑞　二冊
神代巻　全二冊
神武巻　全一冊
数校アレ𪜈松島社蔵板トアル本ハ悉ク良本ヲ集テ校正シタルユヘ脱字モ誤字モナキ善本ナリ　日本ノ人タルモノ此二書ヲ讀マズンバアルベカラズ

和漢善行録　一名大和為善録　藤井懶齋先生著　三冊
和漢古今善ヲ行ヒ隠徳ヲ施ス人甚多ジ然レ𪜈ソノ姓名詳ナラズ或ハ大部ナル書物ノ中ニアル故其名モ事モ世ニアラハレズ人遂ニソノ行ヒヲシルモノ少ナシ此書物ハ　日本ハ三代實録文徳實録等ヲ始メ近世ニ至ルマデ唐山ハ明ノ成祖ノ為善陰隲録ヲ基トシ太平御覧事文類聚廸吉録ナドヨリ撰出シタレハ勸善懲悪ノヨキ玉鑑ノ書物ニハサレルハナシヨツテ國字ガキニシテ童蒙女兒ニ見ヤスカラシム覧ル人コレヲカヽミトシテ習ヒ學ビテ善行隠徳ヲ積ミ施シタマハヽ上天イカデカ餘慶ノ福ヲ降シ賜ハザランヤト云尓
嬌世餘言　全一冊
名義備考　村山芝塢著　全四冊

日光御神忌御法會御祭勤付　一冊
御法會御日割御導師御宮様方御附御手替御府内諸國僧正院家檀林大寺御直末又末并衆徒寺中諸國諸山ノ惣代ケ御列名等クワシクシルス
元三大師百籤和解　一冊
七觀音經　大字両点付　心經入　一冊
法華宗日鑑　三十番神入　一冊
高祖聖人ヲ初宗門ノ高德名僧諸國諸山ノ開山方等ノコラズ記シ日々ノ拝礼ニ供フル書ナリ
觀音諸品經　附　般若心經
七觀音尊影○同縁起○同神咒○普門品○觀音經秘鍵○千手陀羅尼○六觀音真言○並不空羂索○十大願○十句觀音經○三十三身御影○同和讃○同養屬廿八部衆　以上

鶯村畫譜　抱一先生　全一冊
写中山鵬齋先生　全一冊
寫山樓画筆文晁先生　全一冊
此書譜ハ當今天下ノ人瞻仰スル所ノ大家各自ノ肉筆ヲ鏤刻シテ画則ヲ學ブノ先生ニ親炙セズシテ直ニ其堂ニ升リ其室ニ入ル階級トス其蒐羅スル所昂然タル人物悠焉タル山水霄漢ノ飛翕山野ノ走獸草花艶麗ナル樹木ノ欝蒼タル藻ニ隠ル、鱗介土ニ蟄ク蟲豸ニ至ル迄宇宙間ニ在ル所ノ品類一ツトシテ備ラズト云ヿナク水墨ノ濃淡ヲ交ヘ着色ノ蹤寄ヲ示スヿ丁寧親切今時現存ノ衆画譜ノ倫ニ非ズ往昔ヨリ舶来ノ畫軸多シトイヘ𪜈此画譜一度出テ徽宗ノ鷹風ニ逸シ東坡ノ竹雪ニ折ルト云ベシ其流麗清新寔ニ仰ベク貴ムベシサレバ三家各其意匠異ナリトイヘ𪜈約スル所神韻ノ高キ興致ノ深キ殆一世ノ風靡スルニ足ル見ル人ノニ其目ヲ悦バシムル而已ナラズ未ダ見ザル地ニ到リ未ダ見ザル物ヲ弄ブカ如ク博覧多識ノ資トモナリテ性情ヲ養ヒ視聴ヲ博ムルノ術此画譜一部ニ盡セリ𪜈云ベシ賜顧ノ君子試ニ一褒ヲ閲シテ我言ノ妄ナラザルヲ知給ヘ。

文化百人一首　酒井先生筆　蹄齋北馬画　全一冊
同　女今川入
女今川　女手習教訓状入　酒井先生筆　一冊
實語教　頭書入　一冊
隅田川往来　市川楚山筆　一冊
増補塵劫記　全一冊
日用算法記　一枚摺
萬寳年代記　一枚摺
いろは手ならひ歌　野田古愚先生著　畫圖入　全一巻
要語歌　同　全一巻

繪本武者大全　全二冊
将門一代記
八幡太郎一代記
田村将軍一代記
朝比奈一代記
職官志　蒲生伊三郎著　全七巻
淡海公ノ令義解及ヒ集解六國史扶桑記日本紀畧類聚國史職原抄官職秘抄等ニ依リ唐ノ李林甫カ六典等ヲ以テ皇國ノ職官ヲ參考ス職官ヲ明ラメント欲スル者座右ニ置ズンハアルベカラザル書也
文會業餘　松澤老泉著　全四巻
古今蔵書家ノ印記搢紳諸侯方蔵板ノ書目。唐山ノ官板ヲ我國ノ書肆翻刻セシヲ皇國ノ官板ト混ズルヲ正シ。通行本異板ノ書目活板翻刻ノ書目非破主客ノ間答ノ書我國五六百年以前大蔵經ノ板有シヲ考ヘ　我朝古代武家或ハ寺社寺ニ印刻スル書目其外書籍ニ掛ル奇談等ヲ集ル書也

文政元壬寅年御免
文政二己卯年刻成
長崎盧千里著
江戸原三右衛門校

發行書林

植村藤右衛門
秋田屋太右衛門
和泉屋庄次郎

原念齋著
先哲叢談　全四冊
同校　文化十三年刻成今盛行于海内
同　後篇　全四冊　近刻

附録

盧草拙『嘷囈録』

底本書誌

○所蔵：久留米大学御井図書館筑後文化資料室（121・5／R51ga／10704338）
○書型・巻冊・刊写：大本・一巻一冊・延享四年跋刊
○表紙：縦二六・〇×横一八・〇糎。薄茶色無紋
○題簽：「嘷囈録　全」（子持枠）
○見返し：本文共紙。
「盧清素先生著／嘷囈録／柳枝軒蔵板（印「茨城方道」〈白文方印〉）」
○丁数：二八丁（前付四丁、本文一八丁、後付六丁）
○序：「嘷囈録序」（享保九年冬至日、盧草拙）四丁
○内題：「嘷囈録」
○尾題：「嘷囈録終」
○跋：無題（延享四年五月、盧驥）二丁
○広告：「柳枝軒蔵書目録（六角通御幸町西へ入町）小川多左衛門」
四丁　＊「古今医鑑」より「和歌往事集」まで計二三四点掲載
○行数：序（半葉五行）、本文（半葉八行）、跋（半葉六行）
○匡郭：四周単辺。縦一九・六×横一二・八糎
○柱題：「嘷囈録」

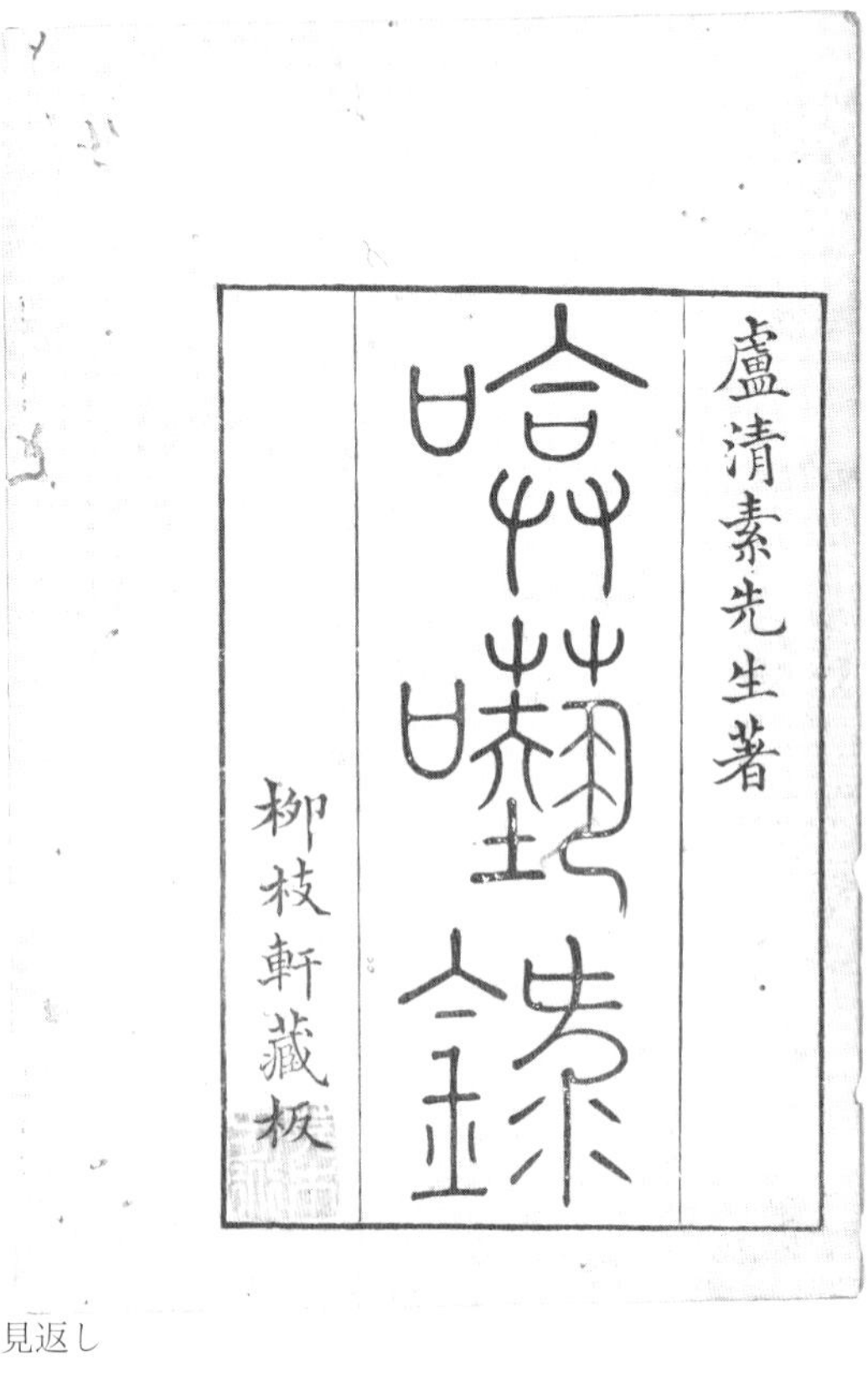

見返し

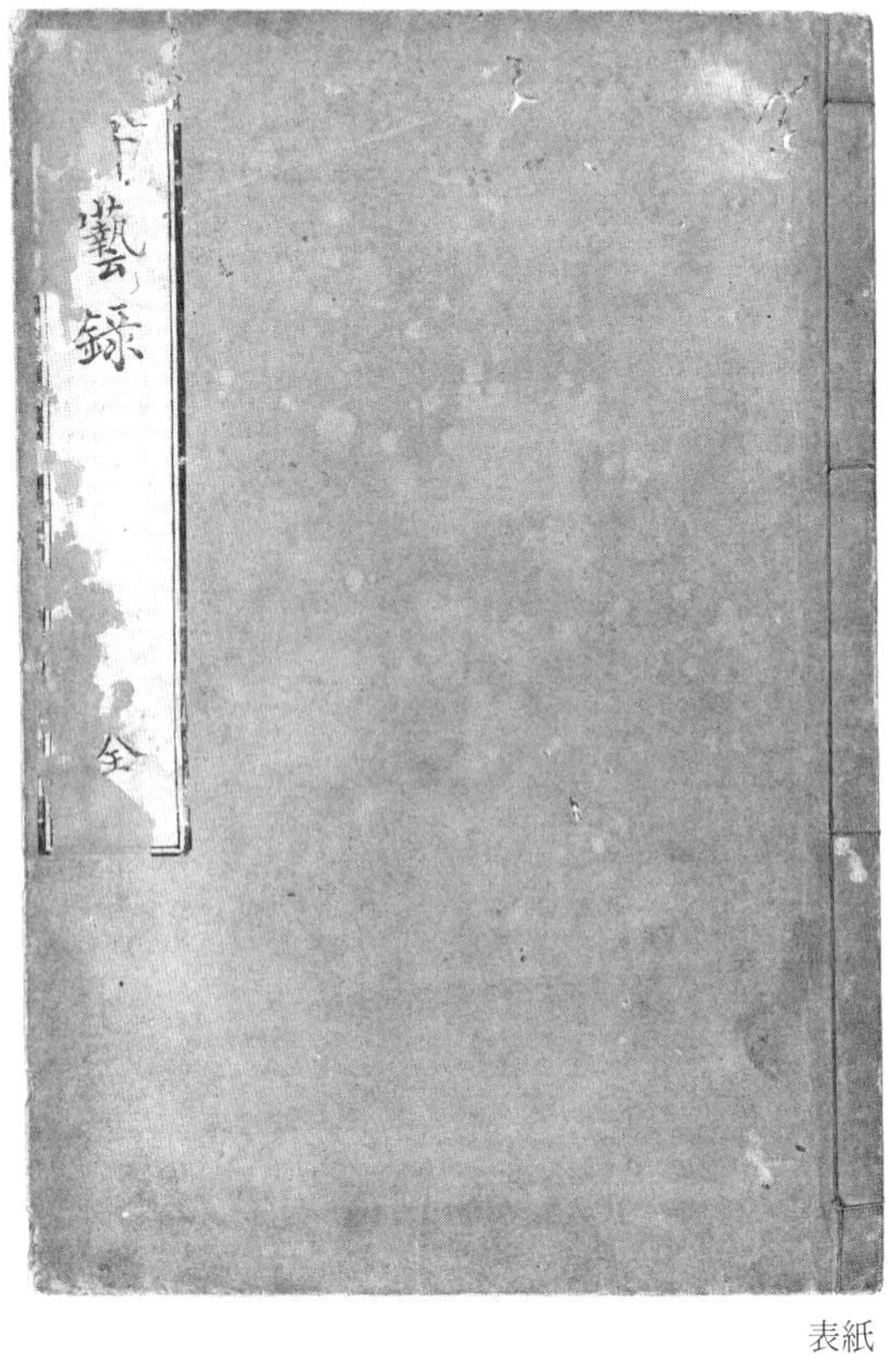
表紙

唫囈録序

今之稱儒者○皆宋儒之流○不知
前有漢唐諸儒○後有明儒○而偏
囿於宋儒○將謂得周孔之骨髓
也○當此時○未見治六經爲經濟

唫囈録　序　一

之用者○又若釋氏○本出天竺○今
之學者不知竺土之俗○所以不
解佛書○夫竺土有二法○一婆羅
門○瞿曇而婆羅門乃世間法○
猶中國之儒者○佛氏即出世間

1丁ウ　1丁オ

法○猶中國之有道家也○而學者
混以爲一○且謂此土○以爲闍浮
提之所攝○抑不知闍浮提者○爲
南印度一方之名○世人不深考
之過○類如此○至若道家者○猶此

唫囈録　序　二

方之神道也○上肇秦皇○中創黄
帝○下傳老君○而毉卜圖讖符籙
咒術種種法攝之○如其道德南
華諸篇○乃是道家之理學也○此
方自古無傳此道者○故未有治

2丁ウ　2丁オ

之者。宋景文公謂。青牛不度東洋海。眞怔無人識道書是也。嗚呼淺識寡聞之輩。徒知三教之名。而不知三教之旨。蓋以三教爲一家者。獨在達人大觀之上

而能之。在學者所不及也。吾爲此說者。不必強會三教爲一。蓋欲使學者務必虛心讀書。以得其眞焉耳。苟不虛心。則未免偏頗。少有偏頗。則雖讀五車二酉

之書。壅塞不通。徒勞精神。其於眞也愈遠矣。且雖三教自宗之人。各立門庭。研究其道。而不虛心。唯所宗是拘。則豈能得窺大道之指歸哉。予不顧譾劣。聊指

其瑕疵。以告同志云。

享保甲辰冬至日

長崎盧艸拙譔

唵囈録

長崎　盧艸拙元敏甫著

○德性之學似參禪問學之學似義學又謂德性之學如宗通問學之學如說通也

○宗通說通出于楞伽經蓋宗說兼通者所謂法將也至其圓融則唯佛能之

○德性問學出於中庸子思之一言統攝二氏之學至其極致唯聖人能之

○老子曰無名天地之始有名萬物之母蓋老子是無名之教孔子是有名之教也孔安國曰三皇之道謂之大道五帝之道謂之常道此言蓋有所本

○禪者無言之教義學者有言之教也圭峰宗密曰佛心謂之禪佛口謂之教佛豈有心口相違哉

○語云依經解義三世佛冤離經一字如同魔說上句出像法決疑經下句出涅槃也義學者訶禪門據下句禪宗訶義學據上句也

○唐宋之間出教入禪者儘多至元明出禪入教者夥矣儒者亦有有似之者宋元時伊洛之學盛行中國至明儒則辨駁宋人者多矣

○晉宋時義學者如遠法師肇法師一向藉老莊文字解釋經論由是老莊與佛氏其旨趣未分曉厥後至如天台賢首慈恩之教不藉老莊

平易說經故其義甚分明

○禪字从單从示即單傳直示之義也此乃杜撰之甚梵云禪那此云靜慮靜慮二字出於大學也

○孫季昭曰六經無真字釋氏之書專用真字又宋儒亦多用真字蓋真字本出於道經黄帝之書有天真論真言論

○自古儒佛學者争論其道優劣而雖釋氏之徒於孔子之言未有間然者可知孔子爲萬世之師表至佛氏之言隨機説法抑揚甚過後世有不互相信者如氷炭不相入焉

○近世僧家爲喪家之奴甚可悲背違佛制莫大於此

○佛法有戒定慧三學近世之人既非其器至於兼學難能之但不論優劣則可而已

○近世佛學者謂當今末法後五百歳之時求能脩三學縦有脩之者有名無實耳其言固然雖然爲人天師扶持正法者不可出此言所謂父不嚴則子不孝寔可誡設使假脩三學者不至入惡趣

○謂三學者曰戒曰定曰慧戒即律宗也定即禪宗也慧即義學也於吾儒言之則戒即禮経也慧即理學也定即心學也

7丁オ　7丁ウ

○居敬即定學也窮理即慧學也

○以體用事理釋道徳仁義字者宋儒之前吾未之聞矣

○六経所謂上帝者北辰也漢儒釋経皆云爾後世儒者云上帝指天理者非三代之遺意也明葛屺瞻亦論之

○程子曰以主宰謂之帝謂天如磨盤北極如椿子即天軸不動之處也是所以爲主宰也

○書云璿璣玉衡司馬遷曰北斗七星也劉向曰北辰也蔡邕王蕃等以爲測天之器

○天左旋七曜右旋見於黄帝内経其言尚矣漢唐諸儒治経者皆因之至宋横渠張氏始言天與七曜倶左旋至明高皇帝推測天象知其謬勅改訂蔡氏書傳

○宋儒以七曜左旋爲順算七曜右旋爲逆算蔡季通云西域九執暦却是逆算由是觀之西

8丁オ　8丁ウ

域有七曜右旋之説九執者日月五星及羅計
也
○或曰釋氏論天地甚荒唐抑又有説通乎曰
佛書所云本出於西域婆羅門學佛隨順世情
故説此法蓋佛出世前七八百年有二天三仙
外道者造四韋陀論明天地建立之義佛書所
載皆是在中華黄帝堯舜之代天文地理未精
密及後世推歩占候愈加其詳佛去世距今二
千餘載其在世也古矣粗畧淺膚可想見如近

代天竺恐有精暦者出亦未可知
○隋書經籍志有婆羅門書一巻唐章安涅槃
會疏云婆羅門此云淨行儒者之類
○佛法治心病置之廟堂之上處天下之政則
不可也東坡已言之吾亦深信此言
○或曰經云一切世間本是佛法又云治世語
言資生業等皆順正法既如斯説似無世出世

9丁オ　9丁ウ

之別曰此是達人大觀境界到此何論眞俗
○釋氏所謂世間法出世間法者猶莊子所謂
方内方外也又謂有爲無爲有漏無漏皆是也
○覇者之道有爲也王者之道無爲也
○老莊之學以二帝三王之道爲有爲故其言
曰大道廢有仁義如其所崇尚則鴻荒之世不
治而化不言而信以此爲無爲也
○楊子雲曰鴻荒之世聖人惡之説者謂惡其
與禽獸同此是實儒者之言也

○魏時何晏等立論以天地萬物皆以無爲本
王衍等愛重之皆善清談裴頠著崇有論不能
救至宋致堂胡氏論之曰何晏之論見無遂以
虚爲宗遺失形而下者裴頠之論見有遂以形
器爲執而遺失形而上者皆不知理之言非聖
人正道也胡氏能折衷二家然不如釋氏立三
諦也

10丁オ　10丁ウ

○仁王経云我説一切法不出三諦言三諦者一者假諦亦云俗諦即有也實也二者空諦亦云真諦即無也虚也三者中道諦亦名第一義諦即非有非無非實非虚也唐荊溪尊者云夫三諦者天然之性徳也中諦者統一切法真諦者泯一切法俗諦者立一切法心性不動假立中名亡泯三千假立假稱雖亡而存假立假號又云一念無相謂之空法無不備謂之假非一

11丁オ

非異謂之中其語道體如此詳悉矣

○儒曰太極釋曰真如皆指理言獨老子曰有物混成先天地不敢指其名而言有物二字甚有味或曰老子以無爲宗故不欲指名言

○晉僧羅什註老子云妙理常存故曰有物萬道不能分故曰混成余謂有物者太極也混成者無極也猶言太極而無極也

○朱子曰無極而太極則萬象森然不可謂之

11丁ウ

無太極本無極則冲漠無朕不可謂之有又曰不言無極則太極同於一物而不足以爲萬化根本不言太極則無極淪於虚寂而不能爲萬化根本此釋氏常所説執有者名常見執無者名斷見斷常二見則外道之所計非正見也朱子之言除二見之病矣

○隋天台智者云四眼二智萬象森然佛眼種智真空妙寂蓋四眼二智則用佛眼種智則體

12丁オ

也體即如鑑空用即如影像

○唐周弘正立三玄一曰有玄即周孔之教二曰無玄老子之教三曰亦有亦無之玄莊子之教永明壽禪師宗鏡録云周易爲真玄老子爲虚玄莊子爲淡玄儒道之三玄也

○唐陸德明音釋五經受學周弘正弘正善談佛理嗣法天台智者唐高祖召博士徐文遠講論語孝經浮屠慧乗道士劉進善各講其書徳

12丁ウ

明随方立義偏折其要盖六朝迨隋唐儒者皆
會於三教極嘉博辯
○老氏用虚字釋氏用空字蔡虚齋曰虚與空
不同空者無所有也虚則有冲通之意
○釋氏以形而下者名為色以形而上者名為
空而有三十一色法以青黄赤白等為顯色以
長短方圓麤細高下等為形色以取捨屈伸行
住坐臥為表色至其説理則言色即是空空即
是色

○程子曰有形總是氣無形只是道又曰離陰
陽則無道陰陽氣也形而下也道太虚也形而
上也余謂此言亦色即是空之意也
○朱子曰理之一字不可以有無論此釋氏似
説中字
○佛書中多用如字空字讀者多謬解天台法
華疏云如名不異即空之義也又空者大乘義

章云所言空者理之別目理絶衆相故名為空
○讀朱子觀心説曰釋氏以心求心猶以目視
目其機危夫釋氏觀心義學者能論之其所言
觀有二能觀所觀也能觀之智者心也所觀之
境者理也此以心求理猶致知格物也脩三觀
破三惑斯謂之觀心
○觀者本是出於道家又曰淵曰潘是也釋氏
止是藉文字耳盖釋氏觀心之説始於経云修
攝其心

○以心求心猶以心傳心也以心傳心是禪之
宗旨未聞禪門有觀心禪門指義學為第二義
不掛齒牙
○経云頭作心師不師於心此心字指妄心也
師者真心也真心妄心猶人心道心言使人心
常聽命於道心正與此同
○儒者對於義學論老荘對於禪宗論其道淺

深自當分明失於敵對其言不中語而未詳
○宋呉克己與喩責充書曰獨闢洛諸賢與胡
氏父子頗嘗出入釋氏而不信之然考其所與
辨明而謂之詖謡邪遁者亦不過指禪宗單傳
之學而已夫釋氏之有禪宗猶吾儒之有老莊
也又宋黄震日抄曰愚平生謂禪學爲異端之
異端鑿空無據自號教外先儒之言已如此余
言非臆斷

○佛學入中國來凡分爲二一者義學謂天台
賢首慈恩等是也二者衆學梁達磨以來曹溪
門下之禪是也天台立四教賢首立五教慈恩
立三教禪宗分二派南能北秀是也北宗終失
其傳南宗下分爲五家臨濟曹洞雲門潙仰法
眼是也今但存臨濟曹洞二派
○西域義學有二宗法性與法相也法性宗者
龍樹遠承文殊立宗天台賢首等依之法相宗

者天親遠承彌勒玄奘慈恩所傳之宗也
○或曰義學與禪學同出於佛而甚有徑庭何
哉曰義學者依經論立宗所謂下學而上達者
也禪學者教外別傳立宗猶云道可道非常道
也
○禪宗謂不立文字又謂十二部經總是閑文
字義學謂文字即解脱又謂文字者法身之氣
命也

○禪宗謂本來無一物義學謂一心具十法界
○禪宗謂一超直入如來地義學謂經歴三賢
十聖之位始至妙覺地
○禪宗自迦葉至達磨二十八祖爲正傳義學
迦葉至師子二十四祖爲正傳義學依付法藏
經爲系脈禪宗以別傳相承爲系脈因教與禪
爲爭論起於此
○禪宗所謂拈華微笑出于大梵天王問佛決

疑経蓋此経不載経目故義學者以為偽経不肯信之宋王荊公明宋景濂親見之不知果然否

○禪有二謂如来禪與祖師禪也如来禪見楞伽経云愚夫禪観察禪真如禪如来禪而前四外道及三乗之禪但以如来禪為究竟也祖師禪者傳燈録云傳法諸祖初以三乗教兼行後達磨祖單傳心印破執顯宗曰教外別傳不

啽囈録　○十三

立文字直指人心見性成佛又無業和尚云祖観此土有大乗根器單傳心印

○楞伽山頂経云菩薩有二種道一方便道二般若道智度論云佛法有二種道一畢竟空道二分別好悪道薩婆多毘尼云佛法有二柱能持佛法謂坐禪學問此三蔵皆分為二矣

○儒者亦有二経濟之學性理之學也漢唐諸儒論経濟宋儒極談性理判然為二在聖人為

一明文震孟亦論之

○据道問學之説者斥易簡以為禪寂据尊徳性之説者斥博文以為支離宋迄于明天下之儒皆分為此二派象山之學出於禪人皆知之考亭之學出於義學人未知之

○周子曰寂然不動者誠也感而遂通者神也動而未形有無之間者幾也予謂此與釋氏之三諦者言異旨同也誠即空也神即假也幾即

啽囈録　○十四

中也荊溪曰一念無相謂之空無物不備謂之假非一非異謂之中此與周子之言同談矣宋儒之學出自周子後學者之言皆祖尚之

○佛書云若謂四大之性不與四大和合此即偏於自然墮常見以知不變而不知随縁故若謂四大之性實與四大和合此即偏於因縁墮断見以知随縁而不知不變故予謂四大之性不與四大和合者理氣判然為二物也四大之

19丁オ

性與四大和合者理氣混然爲一物也所謂性即理四大即氣也可見宋儒之理學本出於釋氏

○自然生者是老子虛無自然之道也因緣生者儒者理氣妙合之說也周子所謂無極之真二五之精妙合而成所謂無極之真即四大之性也陰陽五行即四大也佛書云曰緣者因謂種子緣謂助發曰緣和合生一切法是也

○程子曰心之體即寂然不動心之用即感通天下之故予謂寂然不動者即不變真如也感通者隨緣真如也荊溪曰不變故名性隨緣故名心是也又曰真如是萬法由不變故萬法是真如由隨緣故又曰隨緣不變一念寂照也所言寂者不變照者隨緣也寂照與寂感即此眼目異名耳

○西天外道有二種一者常見二者斷見也常

19丁ウ

20丁オ

見之所言以渾沌溟涬之處非色非空者名爲冥諦或云冥性或云自性計以爲常第二十五諦名爲神我謂身中有一神我常在不滅處處受生其體常住不壞爲涅槃人常爲人畜常爲畜貴賤常定貧富常分如是之計名常見也斷見之所言萬法皆依四大和合生曰緣離散則萬法皆無也人死歸氣更不受生等如是之計名爲斷見莊子所云人之生氣之聚氣聚爲生

氣散爲死者亦此之類歟

○蔡節齋曰謂陰陽之外別有太極常爲陰陽主者固爲陷列子不生不化之謬而獨執夫太極只在陰陽之中說者則又失其樞紐根抵之所爲予謂爲陰陽之外別有太極者是理氣判而爲二也又太極只在陰陽之中理氣混而爲一也畢竟太極與陰陽則不二而二也釋氏所謂而二不二常同常別者是也

20丁ウ

○列子所謂不生不化者指理而言也生化者
氣也林氏注云不生不化造化也者謬矣
○理一分殊者六經未見起於宋儒其義則就
形而上下立言此理一即常同不二也分殊即
常別而二也
○義學有六即者釋曰理一故名即事異故名
六此亦理一分殊也
○釋氏有相即相離之言又云相待絶待也相

唫囈録 ○十七

待離之義絶待即之義矣易所謂形而上謂之
道形而下謂之器就相離邊言之程子曰道亦
器器亦道就相即邊言之
○理一分殊者本是釋氏一法二義之説也所
謂一法有二義者一法即真如也二義謂不変
與隨縁也法譬之金義譬之環釧椀盞種種器
物譬如用全造器雖有種種之形其體即金也
法亦然矣心即法也性名不変相名隨縁性相

21丁オ　21丁ウ

皆是一心之義也詳出唐法藏金師子章法藏
即賢首大師也

唫囈録 ○十八

唫囈録終

22丁オ　22丁ウ

唅囈錄。乃余先君子愍學者之見偏。多悖於理。而作也。論三教之要指。以歸於一。欲使後諸學者去偏頗。就公正。而知所趨嚮。是以居恒。平其心。研其理。究厥指歸。而是錄殆成。自其性多病。功差一簣耳。余小子珍藏諸匱。有年於斯。迄今竊取而讀之。知其有益於學者不淺。不忍將先君子一片之苦心泯沒。是遂修緝成卷。登諸棗梨。公之天下。問諸大方。嗟乎。夫學者見偏。即涉異端。蔽孰大焉。苟偏見是拘。則昧於理。欲求大道。猶之緣木求魚。北轅之越。愈久而愈遠其真。

辛勤積歲。何益之有哉。是錄一出。願後諸學者之執心要在乎公平。公平則見明。見明則理徹。雖涉百家而無不融會焉。讀是錄者。可以知先君子心思之所自。與志氣之所向也。為功為罪。學者自有論定。余小子豈敢佞於先君子。以炫於學者哉。乃跋。

旹

延享四年丁卯夏五月之吉男騏謹誌

柳枝軒藏書目録

六角通御幸町西入町　小川多左衛門

古今醫鑑　全十六冊　博愛心鑑　全二冊　五經　貝原点　全十一冊
本艸辨疑　全五冊　纂言方考　全三冊　小學　同改点　全四冊
眼科全書　全六冊　同　首書　全三冊　四書　森叔　全十冊
救民妙藥集　水戸　全一冊　傷寒條辨　全八冊　古文後集　全二冊
脉位辨正　全二冊　醫宗必讀　全十冊　孝經大義　全一冊
盧經裒腋　全五冊　巻懐食鏡　香月牛山　再板　全一冊　孝學庸　小本　全一冊
救荒本艸　全八冊　藥籠本草　香月牛山　假入　全六冊　孝經釈義便蒙　貝原篤信　全三冊
國字醫叢　香月牛山　全五冊　医學鈎玄　香月牛山　全三冊　愼思録　貝原篤信　全六冊
螢雪餘話　香月牛山　全五冊　菅家文草　全七冊　六諭衍義大意　全一冊

一

25丁オ

古本大學講義　全三冊　湖亭渉筆　全四冊　本朝高僧詩選　全二冊
四言教講義　全一冊　辨疑録　伊藤長胤　全四冊　書文式　全一冊
五倫大意諺解　全一冊　皇明詩選　全二冊　新選梅花百詠　全一冊
參考太平記　水戸　全四十一冊　玉壺詩稿　全四冊　史論奇鈔　全七冊
同保元平治　水戸　全十五冊　百拙和尚破草鞋　全一冊　天民遺言　全四冊
袁中良全集　全廿冊　蘐園録稿　徂徠先生　全二冊　啍囈録　全一冊
林塘集　全二冊　同名公四序　全一冊　崑玉集　全一冊
王龍溪全書　全十冊　高泉和尚洗雲集　全十冊　同　後編　全三冊
陳后山詩集　全七冊　野渡帖　子昂　全一冊　星槎答響　全一冊
林和靖詩集　全二冊　白雲帖　子昂　全一冊　同　餘響　全一冊

25丁ウ

草書两端　全三冊　山花帖　子昂　全一冊　學用集　全一冊
山谷墨寶　全一冊　三帖一奇　祝支山　全一冊　空洞消息　桑原先生　全一冊
洛陽道詩　全一冊　朱子先生一行物　石刻　比倫教　桑原先生　全一冊
夢花軒帖　崎陽伊東學耕　全一冊　長樂帖　董内　全一冊　紫微字様　廣沢先生　全二冊
赤壁賦　子昂　折本　全一冊　練不老法帖　全一冊　古篆彙選　水戸　全五冊
浣花帖　子昂　全一冊　和漢草稿　馬場先生　全三冊　艸露貫珠　水戸　全廿三冊
洛神賦　子昂　全一冊　隷書坏摸　馬場先生　全三冊　篆體異同歌　廣沢先生　全三冊
文敏法帖　子昂　全一冊　和風消息　馬場先生　全三冊　古今諸體　水戸　全二冊
踏々歌　子昂　全一冊　本朝武藝小傳　全四冊　出師表　馬場雲山　全一冊
望水帖　子昂　全一冊　武田兵術文稿　全三冊　正字通　篆字　韃字

二

26丁オ

書學指南　全一冊　滿中五代記　全十冊　文武訓　貝原篤信　全三冊
難字訓　井沢長秀　全三冊　三忠傳　全二冊　鎌倉實記　全十七冊
漢字和訓　井沢長秀　全二冊　楠七巻書　全七冊　浅井三代記　全十五冊
和漢草字辨　全一冊　志津介嶽記　全四冊　難太平記　全二冊
翰墨蒙訓　全二冊　保暦閑記　全三冊　南海治乱記　全十冊
保建太記　全二冊　明君家訓　全二冊　七ノ家訓　全七冊
同　打聞　谷重遠　全三冊　武士訓　井沢長秀　全三冊　鎌倉志　水戸　全九冊
菊池軍記　井沢長秀　全十冊　諸士男子訓　井沢長秀　全五冊　山城志　並河先生　全九冊
新編豪太平記　全十冊　諸州めくり　貝原篤信　全七冊　大和志　並河先生　全七冊
甲越戦争記　全七冊　農業全書　貝原　全十一冊　河内志　並河先生　全三冊

26丁ウ

點例 貝原篤信 全一冊　農術鑑正記 全二冊　和州吉野山乃圖 貝原篤信 箱入
和爾雅 貝原 全五冊　三禮口決 貝原 全二冊　奥州松島之圖 貝原 箱入
筑前名寄 貝原 全二冊　萬寶秘事記 貝原 全三冊　丹後橋立之圖 貝原 箱入
京都めくり 貝原 全一冊　樂訓 貝原 全三冊　藝州嚴島の圖 貝原 箱入
吾嬬路乃記 貝原 全一冊　初學訓 貝原 全三冊　家道訓 貝原 全三冊
岐蘓路乃記 貝原 全一冊　日本尺名 貝原 全三冊　倭俗訓 貝原 全三冊
大和めくり 貝原 全一冊　諺艸 貝原 全七冊　和漢事始 貝原 全六冊
有馬湯山記 貝原 全一冊　續名數 貝原 全三冊　大廣益俗説辨 井沢長秀 箱入 全五十一冊
但馬湯山記 貝原 全一冊　女訓みさご艸 井沢長秀 全二冊　永代節用無盡藏
日光名所記 全一冊　女中名知色 全五冊　大々節用萬字海

三

27丁オ

日本逸史 全廿冊　大和怪異記 全七冊　町人袋 西川求林斎 全七冊
奇異雜談 全六冊　商人夜話 全三冊
舜水朱氏談奇 水戸 全四冊　怪異辨斷 西川先生 全八冊　百姓袋 西川求林斎 全三冊
舜水文集 水戸 全卅冊　今昔物語 前後 井沢長秀 全卅冊　諸菜譜 貝原篤信 全三冊
花押藪 水戸 全七冊　會津孝子傳 全五冊　清少納言春曙抄 全十二冊
同續 水戸 全七冊　家内用心集 全三冊　筭學啓蒙 全三冊
古押譜 水戸 全七冊　同諭草 笑月翁 全三冊　同注解 全六冊
野中の情水 八重垣翁 全四冊　長崎夜話草 西川求林斎 全三冊　同諺解 全七冊
鹿の近道 全三冊　庭訓往来 全一冊　曆鑑輯要 全一冊
大和女訓 井沢長秀 全三冊　同三巻抄 全三冊　天門義論 西川求林斎 全三冊

27丁ウ

日本水土考 西川求林斎 全一冊　異制庭訓 全一冊　古梅園墨譜 全四冊
水土解辨 全二冊　新用文章 全一冊　本朝怪談故事 全四冊
天門和歌注 西川求林斎 全二冊　土佐國式社考 谷重遠 全一冊　燕南記譚 全四冊
虞書曆象俗解 西川求林斎 全三冊　元亨釈書抄 王臣傳論 全一冊　同後集 全二冊
假名謡 内百番 全廿冊　天瓊矛記 井沢長秀 全二冊　尺牘奇賞 全四冊
同 外百番 全廿冊　繪本朝日山 西川祐信 全三冊　洪武正韻 全九冊
小本百廿番 近衛流 全廿冊　瀧本真跡百人首 全一冊　篆學入門 全一冊
拾遺大成謡 内百番 全廿冊　短尺百人一首 全一冊　神代盟士傳 全五冊
同 外百番 全廿冊　食療正要 松岡玄達 全三冊　醫術家傳集 全一冊
久世舞 全二冊　傷寒擇註 中山元亨 十冊　豊年記 全二冊

四

28丁オ

山城名勝志 全卅巻　東見記 全二冊　俵藤太物語 全二冊
天門八卦鈔 全三冊　賈嶋長江集 全三冊　東海紀行 全二冊
甚久狂歌集 全二冊　神道大意 全一冊　帰家日記 全二冊
二十四孝諺解 全一冊　中國猫談 全一冊　壷碑考 全一冊
孝子正助傳 全一冊　股勾玄鈔 全一冊　自語論 全五冊
孔聖生卒考 全一冊　孝子良民傳 全二冊　儼熟集 全十巻
今川了川筆 全一冊　武藏道州 全一冊　寸鉄録 全一冊
兩韻備考 全一冊　廿諸記 全一冊　和歌往事集 全五冊
空華和歌集 全三冊　松嶋夜話 全一冊
省菴文集 全十二冊　礼式書札 全二冊

28丁ウ

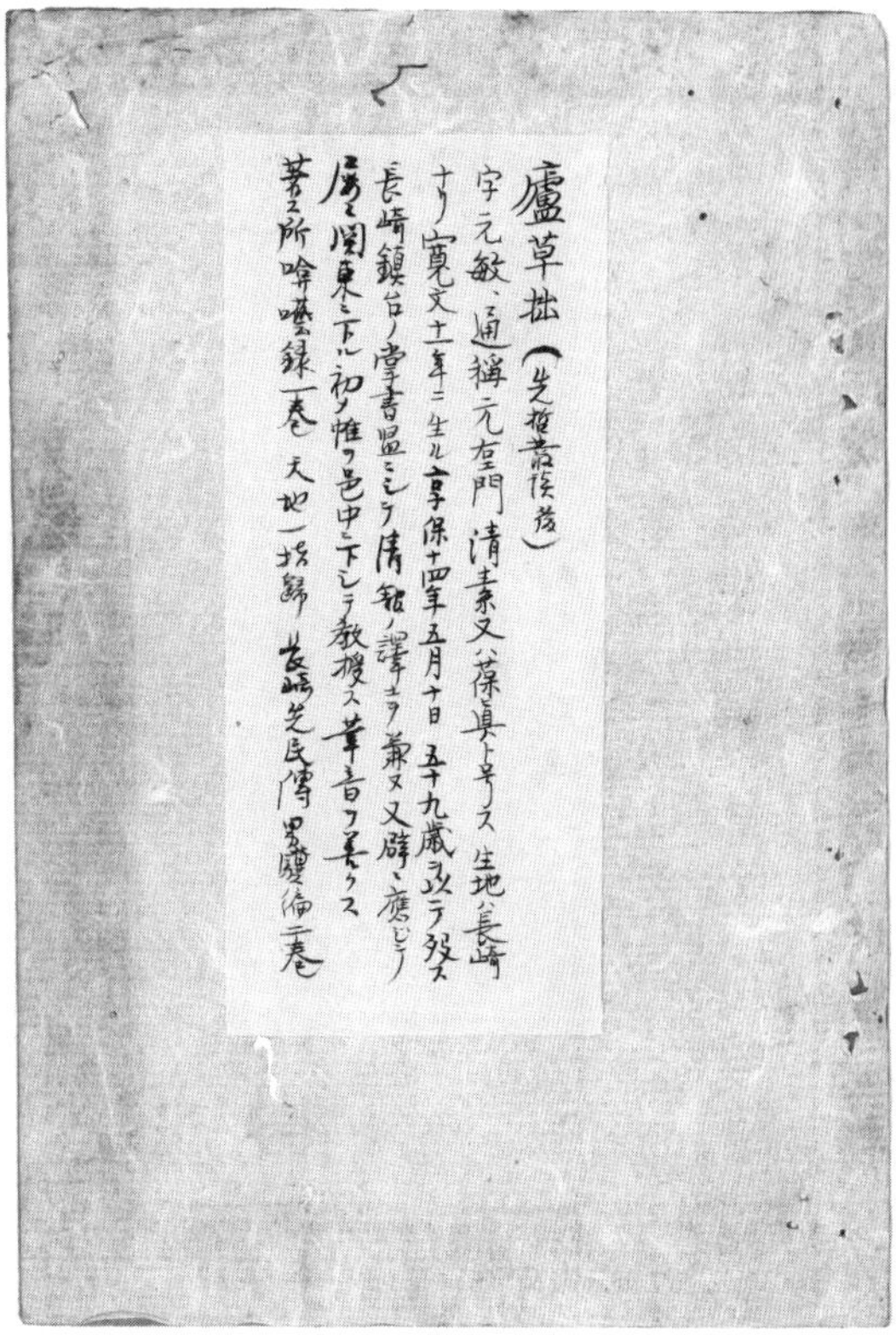
盧草拙（先哲叢談後編）
字元敏、通稱元左衛門 清素又ハ藻真ト号ス 生地ハ長崎
ナリ寛文十二年ニ生ル享保十四年五月十日 五十九歳ヲ以テ歿ス
長崎鎮台ノ掌書記ニシテ清館ノ譯士ヲ兼ヌ文辭ニ應ジ
屢々関東ニ下ル初メ帷ヲ邑中ニ下シテ教授ス 華音ヲ善クス
著ス所 唫囈録一巻 天地一指録 長崎先民傳
裏表紙見返し

盧千里『勉斎遺稿　盧氏筆乗』

底本書誌

○所蔵：九州大学附属図書館雅俗文庫（雅俗文庫／28詩文b／ベン）
○書型・巻冊・刊写：半紙本・三巻一冊・写
○表紙：縦二三・〇×横一五・七糎。縹色無地（後補）
○題簽：「勉斎遺稿／盧氏筆乗　完」（書題簽、子持枠）
○丁数：全九九丁
（遊紙一丁、「勉斎遺稿」八〇丁、「盧氏筆乗」一六丁、「勉斎遺稿」二丁）
○序：なし
○内題：「勉斎遺稿」、「盧氏筆乗」、「勉斎遺稿」（巻数等の表示なし）。
内題下に、「長崎盧驥千里著　男昌文編」とあり。
○尾題：なし
○跋：なし
○奥書：なし
○行数：「勉斎遺稿」半葉一〇行、「盧氏筆乗」半葉九行、
「勉斎遺稿」半葉一〇行
○印記：「坂田文庫」（朱陽方印）

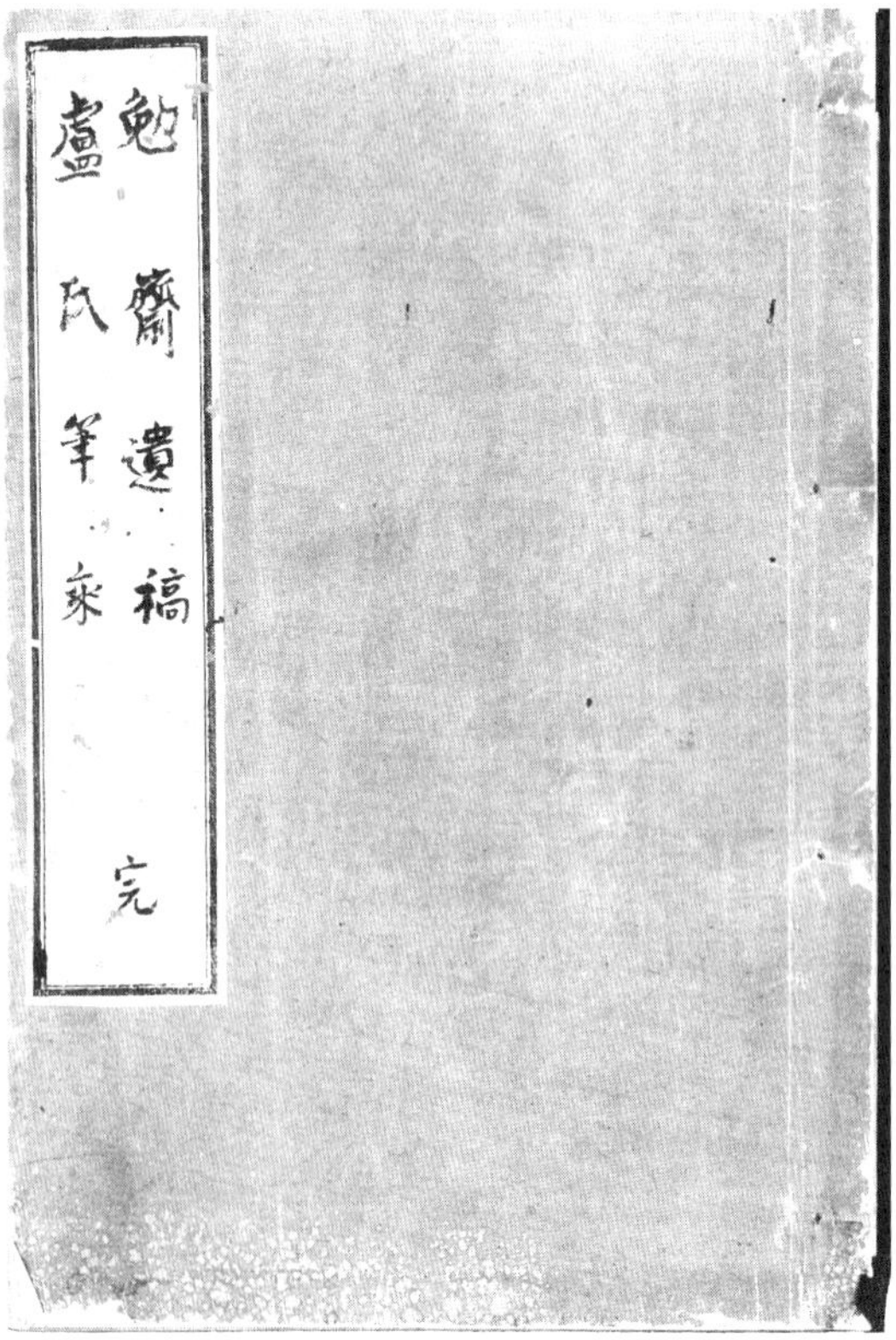

表紙

表紙裏

遊紙オ

遊紙ウ

勉齋遺稿

長崎盧驥千里著　　男昌文編

祝子範樊先生七十序

驥与令似執中門兄同窓共業締交莫逆葢已有年
矣今兹癸丑玄月初九乃先生七袠懸弧之辰崎人
獻壽詩文充堂余忝世誼能不爲先生壽聞之壽者
酬也天所以錫善人之福而酬其善也故雖曰天數
亦在乎其自取而已何則起居嚴重言動有則冲淡
無慾待物以寛皆所以培其德也而天亦厚其福而

1丁オ

語之矣故夫子賛大舜曰必得其壽蓋以其有大德
而大壽有可操劵而必者今如子範先生蚤擧譯監
勤而無失富而不驕況愛屬曹訓導諄〻夫如是壽
豈有量焉抑亦必得大壽者也驥与令似執中兄云
云但余景仰先生之德而又時蒙教益其于得福之
理固自獲遐齡何待予之一言余惟爲先生誦天保
之章曰如南山之壽願從諸君之後而進一觴

送滕南昌還東都序

蓋聞君子之取人也唯其有察於非常而不求乎毀
譽其人之受知者亦不以一時之寵為榮而以其無

1丁ウ

内怍為樂是故相信而不疑久而益喜之也南昌滕
先生幕僚鎮府為崎朞月今茲乙卯卒事言旋於其
行也咸侈為詩文以餞之頌其守官敬事行有餘力
讀書屬文能教崎人撥風澆瀉以反淳樸鞭其怠惰
以為激勵若先生之爲人豈其一邑之所得私也驥
於諸生中受知最深自以碌〻凡庸無足取者而先
生之顧驥也欲起之於既蹇而使有聞焉此所以取
之不求乎毀譽歟抑且以相信而不疑其相遇而不
可失歟驥願有所陳不知其取焉不驥束髮讀書注
意藝文斷〻猗無他技文辭之知猶巢居知風穴處

2丁オ

知雨亦不足多適所習耳夫文章之道關乎氣運名
賢碩儒崛起一代而應之大抵然也而　本邦數百
年来斯文廢而不講獨有東都徂来先生者出始倡
斯文誘人諄〻知所趨向矣想必天因其人以開文
運乎振古未有若斯之盛也而徂来先生之教弟子
必先習於崎陽之學誦華音通方諺精熟古書審達
語意而後作文故其體勢語脉儼然古文哉自此之
後天下靡然嚮風凡濡毫染筆而為隻言半句者莫
不擬捥而自言修古文辭矣雖然源遠而支益分其
傳支流而斟酌者涇渭分明其不相似也遠矣崎壤

2丁ウ

地褊小無高山大野之出人才唯以華人息府呉楚
商舶輻輳此津故吾崎士俗通華音達華語而學藝
文者往〻而有然而崎人性薄而懶不能勉強且以
獵涉不博識見隘矣雖其作文假手華人粧媿態釣
虚名以衒庸俗漫認今之華人文章為真殊不知經
商貿易之徒豈能為文哉會一二事文墨者亦皆經
生文士徒屬時文取第策名以為足絕無遠志紕謬
杜撰指不勝屈況以踈懶之性取證於彼將欲無牴
牾其復難矣哉然文華物也華人於語路則其天性
也以故文接欵洽習慣為性崎人之於語路亦匪他

3丁オ

郷所及也此乃徂徠先生所以崎陽之學先馬歟若
我滕先生受教其門華音是通文章是力上下位置
體段詣脉與彼傳支沠而斟酌者不可同年而語也
驥也駑劣無知而以嗜文為世迂濶而不容矣今也
先生不以驥無能而念援而起之者其在是乎不然
先生之鍾愛豈驥鄙賤所能當邪噫嘻非驥之好文
而不合於世者安能出斯言也非先生虚懐愛才素
有意乎其人亦何從發論於放蕩哉先生行矣自今
以往不病人之不已知也獨於先生之知而無内怍
則終身於區〻譯末亦所憮然也先生行矣

3丁ウ

送重久道榮還薩州序

凡世之以技稱者莫大於醫醫之為道學通三世職
繫司命審二五察四七自匪高才英傑由非常之勉
而不能也故古為業者覃思煉精術有折肱積功陰
冥發秘神物而後能成爪幕浣腸之效矣所謂飲水
於上池而見垣一方人者是也然而神之為物豈容
易求乎非其至精内感而神不至故曰學而不通則
思思而不止則神將通之何足怪乎今則不然負笈
擔簦從師千里其操志不固不急可務惑酒色溺利
慾奔節炫服併張虚名自鬻市朝乃曰某之弟子也

4丁オ

某之高第也方其臨疾之時不知虚實不辨寒熱妄
投劑投鍼其使不死者而臨于死地卒使彼父母妻
子折齒反目相怨一方不啻墜其名聲且點辱師家
者天下比〻甚矣怠惰之為孽也殺人以藥與刃何
以異乎夫如此雖無人禍奈天刑何可不懼哉先生
者薩州人雅素業醫且習瘍科于崎粟崎氏勿〻盡
力三年于此資質聰敏其過人遠矣今茲甲寅冬卒
業將歸過余請言余嘉其不為物移志專攻術業漫
論古人為醫之不易以贈之先生行矣

賀滕君子脩入學醫序

4丁ウ

蓋覩世之為醫者出入權貴門脅肩取媚詭浪笑傲
斟酒唱歌鼓瑟吹竽甚且吮癰舐痔与彼俳優侏儒
乞憐于人者何以異乎如視貧賤之家側目掉首跂
足絶跡雖經百請目如不見身如不聞不肯入於其
門雖不然者豫約之償納其幣而後下手使藥曷異
鬻藥於市廛者乎殊不知古云醫通仙道半積陰功
甚哉醫道之不明也醫之為任方其處方投凡死生
安危則決掌握之中故智通三才學明三世而始可
與于斯矣今也上以司命之尊下致倡優商夫之為
夫如此則十療十全起死回生姑置弗論不啻以人

5丁オ

命為戲者幾希矣吾友滕君嘗志彈物乃從邑之堀
元輔先生肄業為人耿以有古義不与俗同居多年
繫事廢學今茲乙卯發憤前志先生憐其志之勤乃
以其所蘊盡与之一日滕君過余而告曰吾志決矣
從事於醫再不敢易孳々斃而後已余曰善哉君之
志也吁夫今之所謂醫者優也商也聖人之賊也異
君學而成道任之行之率彼為醫戕賊元々之徒撥
邪反正蹈轍古先能使斯道永不墜則其功不亦大
哉余聞醫有要道能順逆於升降浮沉寒熱溫涼雖
不中不遠矣然又事不易執一論也苟非極博會通

5丁ウ

臨機應變安能致其至約之功哉余非知醫者慜世
醫之悖理使濟生混優商因具論之勖君如此且欲
見君他日通術療疾奇驗大顯於世卒署于史為杏
林之巨手是吾友義也不敢不言庶亦有所取哉

賀馬萬晦三十壽序

亘天地而不可磨者其惟志乎夫志也者心之主氣
之帥事之樞機也苟志之非心不自立氣不自行事
不自成故君子尚志焉古來英雄豪傑自能成大事
創大業名揭當代澤流無窮蓋非得之於自然誠曰
其志而勉其功也萬晦馬君者予同志之友也幼與

6丁オ

予同硯席好讀書盛暑陰冬孳々不怠居恒會文意
氣相合吹塤吹篪義等棠棣之親易曰二人同心其
利斷金詩曰中心善之何日忘之前是乙巳歲余忝
恩擧備員譯末幾君亦舉屬譯胄以其同職掌執
交綢繆夫予之於君也有同也有不同也曰同志也
同庚也同窗也同僚也此其予于君之類相同也然
君以雄才英俊謙卑克讓取譽鄉曲予以凡庸賤劣
放蕩粗頑招譏親戚此與君之所不同也然退而省
其所為志語曰三軍可奪帥也匹夫不可奪志也此
予匹夫之志也念茲在茲亦何恤乎人言如彼衣輕

6丁ウ

裘揚々閭里得市童憐受譏者鄙匪所願也所志者
其青雲也易曰見龍在田利見大人時哉時哉君與
予以待其時者也乃者屬玄之月為君三十初度華
客崎人景仰其才者咸修詞於錦繡以稱君榮予故
但述宿志之所向而為之壽至于瑤島蓬萊神仙長
壽之語余不敢贅

送浮屠香洲歸長州序

嘗觀古之高僧名士放遊中外行脚徧叅問道考德
欲固其識以遂志成功崇仰當代而顯於天下後世
者靡不其跡昭々而歷乎其史也乃觀今之為遊者

7丁オ

振錫浮杯登山渉川曠日持久至于遂志成功十不
一二見之何也蓋由其持心固陋誤以先入為主遂
執一定之論故往々聞見相悖不見寸長唯使其遊
自徒然而已嗚呼余嘗慨焉于今乙卯春乃有浮屠
香洲師者長州人也遊于崎余始交知其早入攝郡
投月村禅師傳濟家禅為入室之弟子厥後行遊四
方叅考其學孳々不已暨扣我師于崎東谷習華音
且作詩文余不佞与師同硯席而悉其人謙虚下問
無所凝滞蓋道之所以潤色爲師之于禅可謂精矣
今茲丙辰冬卒業將歸咸以其所著詩文與余敲推

7丁ウ

其辭繁而不浮趣至而不俚其識愈博其氣愈壯其
得助於遊方者與爲多余甚自愧當少小時嘗有志
於出遊顧以學習不暇而不能也及長羈絆塵務今
年已三十未嘗翹足而蹈郭外將欲如師之遊者豈
可得乎然吾聞之古之人坐守屋漏終身蓬蒿其聞
見淵博亦能嚢括於宇宙者其故何也其居心冲虚
見善則從聞義則服而得助於遊方之外者此乃管
子所謂温柔自虚所受自極也浮屠氏所稱執心虚
明純是智恵者是邪非邪師歸試以余言質諸明師
庶幾有所取乎

8丁オ

送平田瑞菴還豐城序

平田瑞菴者豐城之醫官也元文丁巳春来崎習外
科于道庸陳氏之門今茲戊午夏季且歸而猶過余
乞言余曰有是哉子内科也醫家者流嘗鄙外科其
不診脉候專攻治外夫瘡腫之生原由陰陽失和血
氣凝滞則診候爲急不待言也凡外科之於崎甲天
下矣其先不受之華而傳之戎而戎醫為術不憑診
候專察外色審知内症蓋古之所謂神聖工者非邪
其處藥施治十療十全如持權衡以較輕重故業之
者殫力研精日鍛月錬久而後得世之負笈擔簦不

8丁ウ

遠千里而學外科于崎者居多或不識一丁而專學
之或内科而兼學之今觀其内科而兼學之者而不
如彼不識一丁而專學之者為精也何也意者膠古
人以為浅陋之言自賤之乎抑且自負其能而嘲師
家之不達乎不然何其粗懶之一至於此乎信哉夫
子之言曰學者損其自多以虚受人故能成其満博
也余非知外科者敢叨友誼因漫論之勗子如此子
行矣香月牛山先生子受業師也子歸而以余言正
之且以爲何如　元文三年戊午中浣

賀陳挺山六十壽序

9丁オ

壽者雖人之所受於天而其取之也誠有其道而其
致之也誠有其本要以遲者必可久以靜者必可長
當今之世其以遲靜而悉要取致者孰與吾挺山陳
先生也先生天資柔弱力不勝衣家世業譯善詩工
書為世推服為性多病無他嗜慾奉公事暇吟詩咏
歌或圍碁或撫琴唯靜是養年逾五十初舉家譯夫
以先生人觀之亦不可以言得之早矣唯其遲是以
能久而盛唯其靜是以能壽而康老子曰柔弱生之
徒也大器晩成抑亦得大年上壽者必矣歲之己未
先生乃登甲週覽揆芺開壽域大為榮觀驥忝備譯

9丁ウ

學蒙教益多豈可以揣於心不文而使我口如瓶焉
若其功名榮達之語鄉之諸君子暨華容獻壽者能
言之余不敢述此舉遲者靜者謹以奉祝 己未仲冬念三日

賀國玄佩五袠序

蔡澤曰富貴吾所自有吾所不知者壽耳此則戰國
說士之持論若縣君子而言之壽豈可不自保之乎
然而保之有道唯君子能悉其所保之道而壽乃久
此天保之詩所由作也而求之今日如吾玄佩國先
生者其庶幾乎先生天資敏達不拘繩墨步而習軒
岐之術壯歲補譯士員居恒恬澹無聲色利慾之煩

10丁オ

于心公務之暇研精濟世力多回生故人嘖々稱良
不置矣余不佞嘗與先生遊劇談終日其議論宏辨
亭々物外如世之短長榮辱未嘗掛於齒頰獨余愚
頑無忌動引聖賢謗議時世於時先生聞之哂而不
答逍遙徜徉唯意所適于此可徵永壽之道矣然則
壽不歸先生而又誰歸乎今逢庚申如月念九日乃
先生五秩懸弧之辰丕闡壽域稱讚尤隆驥辱先生
同僚又重以姻婭之誼爰叙數言以為之壽謹舉觴
再拜以進

香田覽勝圖詩序

10丁ウ

余之遊於香田村也蓋丙寅九月二十五日云香田
距崎可十餘里隷于大村其地東西兩峰相聳林木
蓊鬱為深邃之村也先是社友高君與村人有舊来
徃有年是日值秋社之晨余因得與北原二君從高
君徃遊焉村主人崇酒肴登容而侑之怡々如也三
君子偕余飲酒賦詩逍遙徜徉而縱意之所適襟抱
瀟洒塵慮不侵超然如出人境而立乎埃氛之表者
其樂只且傍觀野人抃手笑談醉歌擊壤徃来絡繹
者洵如王駕所云桑柘影斜秋社散家々扶得醉人
歸有是哉余嘗謂世之豪侈者大率高臺廣榭張盛

11丁オ

宴具聲色主賓紛然觴酌既繫性情放蕩男女混雜
諠浪笑傲自以為樂而一席之間或有小不合意則
憤〻然見于色形于辭而不能相保於斯須之頃其
始之歡樂而終之忿怒者徃〻而是視余暨二三君
子寓興乎詩酒縱情乎山水無忤無犯亦何如也哉
此遊也其適情會意今猶宛在目前每一追念未嘗
不為之莞爾而笑昔人所謂不覺手之舞之足之蹈
之者未有以過之也會原君工画曰謀之高北二君
請原君画覽勝圖且附以各所賦詩十數首録成一
卷以代塵談且以見吾人之行樂於俯仰之間者別

11丁ウ

有在也高君別號杏塢北君別號義齋原君別號巴
山余同社友也余謂誰蘭圃盧千里也

　　性齋詩草序

武林李仁山先生本姓吳名學孔字亦文因有故改
今姓名遂弃舉子業從姑蘓葉天士先生遊習岐黄
之術尤精于痘科延享乙丑以種痘應薩鎮松波使
君之聘來崎凢崎之幼兒未出痘者請先生審視必
察其胎毒之淺深暨夫天分之強弱審其可以種者
種之故経先生之手莫不奏効余厠譯司獲爲道義
之交會以文論以詩朝夕未之有間越丙寅夏使君

12丁オ

殂于任先生遂怏〻不得志束装將行惟惓〻于余
出示所搆性齋詩草一卷余不佞私自繕寫藏諸笥
篋未暇詳味也頃撿舊笥得取而讀焉多在淮陰之
所作内有泛海存草者是其東遊所詠也命意豪壮
措詞暢達絶不與世俗同調予謂詩以言志士君子
有不得志則託之于詩以見志今讀是編足以觀
先生之志也夫華客之應聘于我
國者或儒或醫或書畫或騎射從來不少方其歸也
賞賚特偓資累鉅萬我觀先生橐囊蕭然絶不以念
宜其所搆豪壮暢達一至於此予之所以什襲藏之

12丁ウ

也又附其所寄予曁同道諸子詩數首于卷末装成
一帙以示諸同志云是為序　峕寛延三年庚午端陽前三日

　　壽家慈太夫人八秩初度序

今歳甲戌予家太夫人齢登八秩驥希耩鞠龎上壽
曰夫坤德柔順萬物資生地道也而例乎人則婦道
類之矣始太夫人歸我家也先大人順民公家貧呫
嗶為業教授郷之子弟誘掖奬勸夙夜匪懈而名以
著而道以成顧不問家人生産令太夫人督家事太
夫人親執管鍵手自績紡勤〻女紅以佐先大人數
十年如一日也既而先大人舉為本邑掌書司監太

13丁オ

夫人守約節用小心翼々享保中騵由膺庇叨厠譯
士之列嗣後學業昌睦相續列譯學員而家道之饒
倍於囊時太夫人益勤儉自勵日戒家人毋得以侈
病財且撫育兒女使令藏獲一以和惠慈順又數十
年如一日也夫慈順者人生立命之根也本立其根
則不敗人立其根則長生太夫人身有柔順資生之
德自無澆性無耗氣無焚和則壽天百祿克享期頤
而大秩之年遐可操券而必矣茲涓吉月令辰設壽
筵率兒女聚戚族謹奉一觴以致嵩祝 寶曆四年甲戌冬十有一月壽日

存菴集序

友者有也以相保有也生則館死則殯其原出乎信
故友道以信為先矣余之與方宜雖華和殊俗鞮譯
異產執經周家同志斯文則切々乎真友哉然而材
能之不齊則天也壽夭之不同則命也宜也其才過
人而壽不能保嗚乎斯集宜生平之著述也今此人
已去斯言僅存余深惜之恐使此人与草木同腐此
斯集所以成也後之讀者以斯集為余保有之由則
可矣若云為宜推之則余不能也 歲在丁未重陽前一日

古文孝經傳疏序

漢藝文志云孝経者孔子為曾子陳孝道也夫孝天
之經地之誼民之行也舉其大者言故曰孝経當秦
燔書時夫子末孫鮒壁藏之漢武朝魯共王好治宮
室壞孔子舊宅得之壁中而孔子恵獻之朝孔安國
作之傳是時安國之門有都尉朝傳受其業朝授膠
東庸生賈々相承以及太保鄭冲々授蘇愉々授梁
柳之内兄皇甫謐又從柳傳之柳又以授臧曹々授
豫章内史梅頤々乃於典午朝奏上其書而施行焉
傳至於梁孔傳大顯與鄭註同立國學梁武敦悅詩
書文德殿経籍至七萬餘卷自是古文盛行于世候

景之亂蕭繹收文德殿書悉送江陵而為周師所焚
雖則是経不免俱燬故安國之傳亡於梁矣隋開皇
中秘書學生王逸始得古本於京師陳人家送與著
作郎王邵々以示河間劉炫々乃作稽疑明之朝廷
遂著令與鄭註並立唐玄宗欲行孔廢鄭詔諸儒集
議孔鄭二家孰從劉知幾主孔司馬貞主鄭帝乃從
貞議卒行今文然猶詔孔傳並存後至五代之季孔
鄭二註皆亡矣吾 淡海藤公學令云凡教授孝経
以孔安國鄭玄註由是觀之此書行於我
日本也舊矣而世儒疑古文以為炫所作而非孔氏

之蘊傳余意不然肯在揚雄作大玄而擬易王通著
中說以放論語而不失其為大玄中說也如其僞造
経傳熒惑烝民雖炫好事豈忍為之哉先是驤得
國版古文於友人手而讀之字多魚魯且昧孔之傳
語不成文間或有之意者世遠代遞不免兵火逸而
復出則其為傳寫所訛未可知也世之人咼為紛紜
無定廢古文而侮聖言也哉余因反覆詳審為之諠
疏分成二卷庶使後進知古諠之所趨向云爾 元文四年

己未三月十五日

15丁ウ

祝陳怡山七十序

記稱醫不三世不服其藥傳禮者以其臨症多而用
物熟良有以也蓋醫之為道上通乎天下徹乎地中
明乎人以及昆虫草木之属無不洞悉故必志憲淵
微機頴明發然後可與於斯也怡山陳先生者三世
之醫也乃祖完我翁當明朝習儒屢試不第退而歎
曰士君子不得為良相願為良醫於是始志于醫折
肱殫精其道大成自我朝慶安中航海来崎濟活甚
多崎人留之不使回棹後聞𢾠胡擾夏遂斷歸念卒
成土著自此世々以醫為業至于先生克紹箕裘專
攻術業以孤陋為恥徧扣老宿明師講究濟世之要

16丁オ

家聲大振洵擅美於藍青者也余與先生為忘年之
交故悉其始末先生俶儻不羈汙不阿其所好而元
文以来庸醫結黨或五六人或四三人貪婪縱恣旁
若無人會有富豪病家若延一人則不論難易不辨
疑似會聚議方强為之治趙不能則錢治之錢不能
則趙復治之不假手於他人輪環反覆不使錮病家
而離其局中輕忽人命輙誤蒼生比比而是惟先生
岍然卓立不偏不黨臨症施治靡不應手捷如桴鼓
故庸醫不滿誇議沸騰先生毅然而不屑可謂壯矣
平居嗜酒手不釋盃方其酣飲之時或有病家延請

16丁ウ

者不俟駕而行雖醉狀頽乎其處方使藥一味不苟
盖深得乎醫之三昧也今茲甲戌之冬十有一月二
十有五日為先生七秩覽揆之辰鄉之景慕其德者
靡不翕然稱頌之予故述其素行之實以為之壽若
夫享得大年上壽者父祖三世存活生靈不知幾千
萬人天豈不酬其陰功哉此予所以不敢喋々也謹
祝

栗崎氏外科秘訣序

醫有十三科外科即其一夫瘡腫之生原由陰陽失
和氣血凝滞而成觀部位以定経絡視紅白以定陰

17丁オ

陽若審脉不過驗體之虛實而已故古人工外科者
診脉次之崎之於外科甲天下矣厥始不傳自華而
受自蠻蠻毉為術不拠診候觀色察症使藥施治萬
不謬一殆古之所謂神聖工者邪往昔崎人航彼習
外科者數家分派異流數家之中栗崎氏尚矣傳曰
栗崎正元其先南肥之栗崎人也世守節土至其父
道喜者避仇来崎時年僅七歳居二年乗舶入呂
宋十四歳時始留意外科之術就名師努力八年而
精其業尤工金瘡後思東歸直抵長崎遂成土著以
良工見賓于國仍姓栗崎氏正元幼受父業殫厥心

力道喜晚年口授瘍醫要訣正元乃取所受于父者
集録成書貽之子孫正元（襲父號號道喜）卒子正家（號道有）嗣
正家卒子正羽（襲父號道有）嗣正羽特蒙　拔擢拜二百
石備員醫官乃元祿四年辛未夏六月也正羽有弟
曰道順以外科祿仕于豐之小笠原侯道順子喜行
（號道意）亦以良工大鳴于世弟子甚影喜行卒子喜長
（始號道伯後襲父號更號道意）嗣年甫二十餘尤工其技人以專門
推焉鬱邑有山崎松意先生者嘗從栗崎正家受業
折肱斯道盡得閫奧遂行道于安藝之廣島令似松
茂先生箕裘克紹名噪遠近浩菴君其仲子也少入

攝阪習醫技于古林温故氏亦往京投風月生者受
垂加氏之學儒醫兼通後回鄉習外科于其嚴君為
人聰敏特達今歳庚午春来崎依栗崎喜長之門日
就月將精研其技得師資之力居多浩菴君能藝文
間亦就予而正焉可謂勉矣經秋季卒業將歸遂請
貸師家藏書并技讐自所藏者繩愆改違以為定本
乞予一言以弁首予曰外科之術華蠻殊致華者猶
華蠻者猶蠻學者強欲一之則不免枘鑿之弊予瞻
彼學外科者有不挾他技而專學之者有内科而兼
學之者今内外而兼學之者不如彼不挾他技而專

學之者為精何也此無他自負其所識方技固執舊
聞輕忽師說不極其蘊也方其臨疾下手之際終不
見效取笑他人玷辱師訓者比々皆是可不愧哉弟
子職云先生設教弟子是則温恭自虛所受是極故
弟子之業務去固執以虛受人孳々弗措心手相應
而後處方治病則能得十全之功矣今觀栗崎氏為
書隨記隨録不分部門一用俚言不假文章唯使後
諸學者易讀易曉乃至其治療之妙在乎人之神明
變化耳豈書所能盡載乎昔文湖州授蘓長公畫竹
要訣長公得諸心運諸筆不如心乃曰與可之教我

如此我不能然也夫既心識所以然而不能然者内
外不一心手不相應不學之過也畫猶如是而况治
病乎予誼属金蘭因備論之行見他日成功起病肉
骨使粟崎氏之業揄揚于上國者其在斯人歟其在
斯人歟遂書以為粟崎氏外科秘訣序 寛延三年庚午重陽日

劉君需郊遺稿序

劉子士任請余肄業之居殷勤請曰毅之先人需郊
其學出於大父素軒素軒學務實踐亦以藝文鳴于
世先人抱志不羈幼承家學娓々弗怠既長慕伊藤
氏之業潜心古義之説多所啓発尤工属文風雨晦

19丁ウ

明拓簡摛毫斐然成章其淵源既深正而其支流相
承亦復不淺矣奈何天不假之年未遂其志中道而
殂遺文散落而十不存一某痛其湮没無傳或就舊
篋或依友人求得文若干首謄録成卷將刻梓以質
大方願先生為之序余受而讀之其立意端凝措辭
簡古峭奧而雄渾淳粋之氣溢于言表人能紬繹之
久方可得之其淵源有自不可以不傳也余求君之
致是者雖其養氣充塞於中光輝炳燿於外而非素
軒先生庭訓之諄々有素亦何能与此乎古人所謂
内無賢父兄而能有成者少矣良有以也劉君業譯

20丁オ

余嘗同僚相驩為人倜儻雄抜不護細故以文章睥
睨一時卒与世迂濶如不容焉君處之毅然可謂壮
矣余少輙受業先子且學文於郷先達其淵源亦非
不正也第以稟賦駑劣不見寸功年届四十而逾五
齢猶如無聞視君造詣天淵不啻可不愧哉雖然余
不能文而評文不敢後於恒人瞻彼世之作文為隻
言半句者極巧牛蛇務為艱澁莫不自言學李王而
修古文辭矣卒皆吠聲之徒蹈襲軌近撏撦僭竊如
氷炭之不相入比々而是与君文章宏麗典雅高蹈
先大人之遺轍不盭不失亦何如乎自所見卓爾獨

20丁ウ

立而不与世雷同者於斯編可見劉子此舉固當矣
為人子者所當為也嗚呼孝哉余不佞嘉劉子之孝
思而樂劉君之文相傳不朽因忘固陋置數語於篇
端劉君名惟明字寛文需郊其別號也 寛延四年歳次辛未秋八
月

送深谷貞卿先生還武城序

大丈夫之處世也尚乎立志苟志之不立則氣不行
事不成故曰志者氣之帥事之樞機也志既立而不
加之以學面墻於事弗適於用也故曰學者覺也學
而悟所不知也所謂如切如磋者道學也玉不琢不

21丁オ

成器人不學不知道學既充而不施之於政猶玉卮之無當也材質雖美美所補焉故志立學充而施之政始可謂盛德君子矣深谷先生于己巳歲從主計公來崎崎西海之一隅壤地彈丸邑不過萬戶唯以華蠻恩府列五都之一置鎮直隸百有餘載俗悍直稱難治中古已來四方之民逐財漁利不遠千里而來者不可勝計林々總々遂成土著十居七八方今士俗委靡不振輕浮易流故官好茶崎人亦好茶官好香崎人亦好香官好絲竹崎人亦好絲竹至乃圍碁蹴鞠角觝鬪雞無不上行下效捷如桴鼓所謂上

有好者下必有甚焉者而先生輔鎮君盡忠補過持法公平決讞明察退食之暇猶勤于學問孳々誘人反澆歸淳起懦為勵力行教化夫然後萬家邑皆遷于善興于學也華蠻荒服之民逐什一於此者亦鄉化興誼則風化所行豈不宏遠也哉故鎮君甚任之士民愛敬焉抑所謂學行政治盛德君子者非耶余以厠狀覲辱恩治下久蒙教益更信幼學壯行古語誠不誣矣今茲庚午冬終任爪期言旋余雖不才不能揄揚萬一聊頌其事君治民之盛功以誌公德政焉

丁未詩稿序

蓋聞詩者其要在材而美在趣非材則句不成非趣則言不巧句成言巧始可稱詩矣余友柳子少而好詩不事外飾坐臥飲食吟之誦之以為已樂其材與趣氣骨聲調不可企及猶若胸中別有所藏而湧出焉者嚴滄浪曰詩有別材非關書也詩有別趣非關理也柳子洵有之矣丁未春自輯平日所著便以丁未為稱屬余弁言余豈能知詩者然以友義不可拒爾則何異聞善歌者繫節者乎是為序

送繩甫菅公先生歸東都序

歲乙巳冬繩甫菅公先生相於日下部君從而來崎閱年期闋而歸東都崎之文人墨士咸修為文為詩贈之以頌其守官勤民送之於郊惻惻乎靡不惜行驥櫪遠小材無足比數乃局趣獻辭曰吁先生之來崎也相於鎮君者也夫相也者股肱也耳目也其為職也最大矣自匪兢々業々無偏無黨之人則不能矣蓋國家之利病革于一官也故古云若濟巨川用汝作舟楫若歲大旱用汝作霖雨其任之重也如之炎漢用蕭曹唱歌畫一海宇安寧李唐在房杜謀事同心四夷讋服經世之用實在得其人先生沖淡雅

23丁ウ

度経濟夙肄擢人在庭正决讞在明察聲實所加罔
弗順服其於為相又何讓于古矣崎人之望於先生
其將為蕭曹矣乎其將為房杜矣乎如驥一介書生
忝備譯末殊被德蔭望如冬日其不留車而惆悵哉

○贈白石生勤學序

白石生長州人歯壮来崎身計最貧傭舂自食一旦
奮然志於學受教于省齋先生黽勉無措郷人知其
志敬於生也甚緊知生也傭舂而勤學恐其難于成
乎學其勿舂乎哉舂其勿學乎哉舂生之命也學生
之志也二者之於生也不可一日無也生若不舂無

24丁オ

由自食生如不學無由所成故晝則傭舂夜則勤學
夫如此則何為不能矧乃歯匪炳燭材匪駑鈍無患
自係食不能專於學古云夫走者之速也過二里而
止歩者之遅也而百里不止歩踰於走也必矣今生
之材而學不止則其成可竢也至於其成舂學之功
同于鑿壁齊于閲市吁郷人之許生者蓋不虛稱也
吾亦尚其志曰為文以贈之

○送浮屠玄海序

夫學之為言覺也學而悟所不知也所謂如切如磋
者道學也人不學不知道人能為人莫如學此人之

24丁ウ

所當先莫大於焉然雖人之所當先人非其人則不
能乎若玄海上人乃其人也幼而志異早知道之當
學入乎浮屠浮屠所學莫不勤矣及長負笈赴于東
都受教徂来先生之門學為文蓋道之所以闡邑乎
夫上人之於學亦至矣十數稔而歸于崎省覲父母
及師長崎人皆稱之言鷹揚可謂孝矣期年又遊學
之東都大矣其志深矣其學不至其奥弗已夫以上
人之英材而游於英傑之門學之勉之沈浸醲郁其
道愈明其德益大崛起天下可計日而待也余少與
上人識既已久矣今也錄徃令余作文送如余鄙陋

25丁オ

不知所裁然聞君子送人以言余雖不當敢可辭耶
輙叙数言送而別之公行矣久要勿忘云爾

慶餘編小序

壽者酬也天之所以酬乎善人而錫之于福也故洪
範五福壽為第一也今茲甲戌夏四月二十日為家
慈八十設帨之辰越在冬十一月十有六日聊具菲
筵稱觴補祝述烏鳥之私情以酬罔極于萬一也會
叨諸老先生賀章下賜句々錦繡言々珠玉稱頌過
甚俾家慈潜德永遠流芳親串聞風咸知矜式用是
衡華生光而壽筵增色矣承歡膝下之餘何慶如之

黄此緝録成巻名曰慶餘編寘之家塾永以為珍亦
不敢議也 旹冬至後旬有一日

會試詩草後序

會試詩草松翠海先生教授諸生之暇使學著述之
所就也先生平日導人而入其門先教以小學次以
語孟而後以五經卒其業焉又毎於暇日命題為詩
以勵才能其為學次第條然可則也故受業之徒游
門之士日勸月進切磋不怠研究罔措孳々焉汲々
焉鮮不成功者雖數千載之後鄒魯之風其可覩也
歟騏又讀會試詩草愈知先生志篤實而悪不振導

學者而要正經其見乎體也醇如也形乎詩也粹如
也正足以為世振鐸也又愈知諸生之於學術也幾
其見乎體也醇如也形乎詩也粹如也亦足以砭諸
俗身也此先生道德之所以點化也誰不嘉哉如騏
不敏受教東谷者殆十數年徒爾陸々一鄙生耳敢
慕先生之道風久矣間獲從諸昆仲共游門下又忝
與社盟以為濫巾然而先生不遺騏之蕪鹵自加雌
黄而録之編末亦非幸歟傳云雖有絲麻毋棄菅蒯
雖有姬姜無棄蕉萃是之取乎騏謹題數言書於巻
後云爾 旹歳次丙午極余中浣

瓊琚編小引

予少受先君子之業嵩心於藝文竊謂修辭立誠準
縄係焉而或孤陋寡聞則進德無據擇言不精亦徒
碌々與里巷相徵逐而已麗澤之謂何庸能自已乎
古人以贈答寓箴規切磋觀志向故尼山惓々於伯
玉華歆見擯於管寧友朋之義大矣哉予惴々焉恐
蹈白圭之玷求其所以折衷者賢士大夫過是邦掃
門靡怠間遇賞識多徃還書牘重以詩歌積日累月
於是有瓊琚編之訂瓊琚云者取詩人投我以木瓜
報之以瓊琚反而言之之意也嗟乎予自壯歳祗役

奔走東西又傷於貧窶不能廣交遊事締結所存者
此耳暇日披閲寔足以啟發心胸規模理義且於藝
文深有禆益先君子之所以授予教予者意在斯乎
意在斯乎既成卷帙爰盥手為之序　延享三年丙寅立夏後三日

瓊琚二編小引

予之輯瓊琚編也三年於此矣荏苒沉痾硯塵弗掃
停雲致嘆采葛維労毎把卷低徊輙有萬里褰裳之
想自惟僻居疎拙幸未見棄於君子笥篋所蔵雖吉
光片羽亦足以覘菁華賓大雅若漫然散失是擲豊
城之劍於塵埃委鄉嬛之書於市肆也予其恐乎哉

27丁ウ

公暇復捜所酬唱得詩凡數十首類皆文人墨客謬
有奬許其詞渥其情隆其期望也深邑勉以將度幾
其可矣擷擬謄寫之目為瓊琚二編儲之家塾公之
同志詩不云乎匪報也永以為好也又曰中心蔵之
何日忘之是予所以取義於瓊琚興懐於伐木慎而
又慎之意也覧者諒之　寛延己巳六月吉

添籌編引

今歳丙寅嘉平初六余値四褰覧揆之辰竊惟余素
質愚劣一無所能荏苒蹉跎馬齒加長何慶賀之足
云蒙諸位先生諛詞褒奬捧讀之餘則知句々珠璣

28丁オ

字々金玉光生蓬蓽徒增愧赧耳把彼隆情永矢弗
諼爰輯成卷名之曰添籌編姑取古人海屋添籌之
義并以自壽云爾　延享三年丙寅嘉平月

28丁ウ

勉齋遺稿

長崎盧驥千里著

男　昌文　編

明使盧公墓記

元文丁巳夏季驥家居畏暑不親筆硯唯与友人北
子敬相會消閒子敬時諮驥曰乃者鄉友井福常庵
来言嚮得北筑博多處醫津田壽軒来書云壽軒掃
其後園於荒蕪中得一碑石洗浄而観之則勒有大
明國使従仕郎山西行省都事九明盧公之墓十九
字而不識年月時日雖不足以考之乃哀其無主再

29丁オ

封其墳修掃祭奠其敬雖親戚不若且徵文四方以
旌表之某也素与予有麗澤之誼常庵亦知之故敢
以文為請幸勿辭焉驥聞之潸然涙下乃与之記曰
盧本姜姓出於齊太公之胄當春秋時敬仲食采於
盧因氏焉世居范陽厥後子孫分散四方族系漸繁
不知公係乎何族亦何歳月而奉使于此者耶嗚呼
功未畢中道而亡是何不幸乎嗟々滄桑遞變堙没
弗彰卒使名与骨与草木同腐百載之下得遇壽君
而表章之亦何幸乎噫因憶驥高祖君玉明萬暦中
從延平入日本崇禎四年再回明而歿當此時也誰

為殯殮何地窀穸今経百載其孰有能如壽君之酹
墓也哉公離父母去郷國而喪茲土今也有厥孫子
承祧宗支如驥者亦不可知也驥聞之壽君醫也醫
之為術秉仁為先壽君之仁及枯骨猶尚如此而況
於生靈者乎其醫非庸可知已矣驥一介書生文辭
鄙陋不足徵也人有謬求者力排而固絶之但公与
驥同姓雖譜諜不可考然推本之則吾祖先行也義
不得辭聊為一言以寓之北子質諸常庵氏云

勉齋記

勉齋者驥之書室也驥不敏百工之技一無所能亦

無所嗜唯讀書自好雖功不加進較之他技其為雅
俗相去天淵讀書學文之外復從事於狄鞮以為謀
生之計前享保乙巳歳古吳慎齋周夫子應聘來崎
驥受教門下厥後癸丑再至驥從遊如初奈緣賦質
懦弱兼多疾病未獲盡百千之功徵效明陥亦惟服
膺勿失而已越甲寅冬夫子束装將歸驥就請所以
名齋者夫子親書勉齋二字且重以辭曰千里之志
遠矣但其功未至欲其久而益勵遂以命齋迄今十
數年因循碌々無所短長爰作此記更以自警云 延寛
三年中秋後二日

崇玄観記

崎鎮南三里許疊巘蜿蜒而過嶺上有民居名曰田
上田上左有岑蔚之處名曰松原松原右有一道觀
不知剏自何時仰観山巓俯瞰岐江山水廻接縹渺
莫蹔諸峯連為襟帶萬木欝為蔭樾懸崖仄徑清泉
秀石蓋一村之勝盡在是歟然歳久荒落冠蓋屐履
之遊窮寥不至余邑江山人遊歷山中覧而嘉之欲
舍於此將有事于経營既而覩古廟于園間神威可
敬也然風雨所靡消剥已極而亦不辨其為何神矣
傷哉乃以問於野老咸曰此　真武帝君廟也然亦

不知何代所建於是乎山人怡然曰吁有是哉吾奉
事　眞君者勿々有年矣今乃營舍於此即覩廟於
此者不亦奇乎幸夫復廢還舊報德賽恩廢其在此
衰資貿材且募庀役既至於成則廟觀並新矣於是
乎涓辰汛掃修祭慶賛神儀嚴肅莫不崇敬焉今歳
丙午春雪虬高公先生惠顧山人因為顏觀曰崇玄
又鎮臺日下部君親書崇玄観三字為額冀与玆地
永盛弗替也一日山人問記於驥驥曰嗚乎偉哉
帝君德位天樞陰鎮北方赫々神威古今顯著遐邇
具瞻莫不依之詩不云乎高山仰止景行行止雖不

31丁ウ

能至然心郷往之嘗聞斯地也南向肥之新羅山新
羅山者昔琳聖太子始祀於神之靈蹤也抑此観也
固對彼山則起百世應並稱也故神祠且廢尚有山
人爰以興復再承權輿不亦奇哉洵乎宜記也驥也
不才然山人列余又執敬不唯命是聽故為之記

○東都置舘記

維享保八年東都治行平安風俗敦化武義肅陳文
教洽數列侯朝請賁然来儀四方貢賦于時進奏内
無倭臣外無賊民天下靡不称萬歳敢訪國美於舊
史古往今来其如此希矣如非聖主天縱雄才德包

32丁オ

四海淳朴清静而制驕奢食不重味衣不重采尊賢
良貴方正恤老幼懸鰥寡至仁無私無所不至惡能
若是乎然而猶恐天下之政或有私焉故頃置舘于
聽事之門則令投書以告政事臧否從民視聽又或
至其諸執事令吏等事實而發之則曰某也忠某也
詐某也正某也邪嗚呼為令吏者可不慎哉夫為人
主者之於天下也其用意如此其厳乎詩曰自西自
東自南自北無思不服庶幾乎其不忘矣敬以記之

○櫻島山記　隅州

櫻島山者屬隅州之地在于薩州之東去鹿島城六

32丁ウ

七里許嶙峋崒嵂峻極于天杳靄鬱蒼影涵于海南
北延廻數十餘里前有横山盤紆大麓雲霞遠於中
腹日月所相避隱為光明也所謂山川能作雲雨者
王者之所應禋祀也即如此山當出其右矣茲甲辰
之夏有薩州之處士某手携櫻島山圖巻而至崎之
東谷余亦陪側而與観之一座揚眉無不稱嘆嘻乎
其神異奇秀誠九州之名山天下之勝景也余雖後
生未曾試歩猶恍惚于茲矣世傳和銅年中一夕而
湧出自海底者則此山也記以賞之

○靈芝記

33丁オ

芝之為物瑞草也一歳三華故名三秀生于名山仙家採之或王者徳至草木則生之或善養老而生之或土氣和而生之非無所感而生者也而生芝之地得芝之人豈易覯哉癸卯之秋何幸宮公之後園一生焉甲辰之秋再生焉異哉公非仙也地非名山也何以一生而再生也意者公之為人温柔寛厚堂有老母定省不怠孝徳之所感而生者歟不然何由而致此也夫善在於此祥即見於此猶影之象形響之應聲傳云天道無親常與善人積善之家必有餘慶公之有芝也宜也余辱在比隣因為之記

喜雨誌

是歳癸卯夏五月乃當種田天不雨溝洫無水苗欲盡槁民恟然懼矣於是天下農民皆雩於家々山川靡不曲陳明信乃丁酉日天萋々作雲祁々下雨苗將興之矣民以為不足辛丑又大雨三日天下大喜夫山川之神受命于天而主祐下民厥靈不可欺也蓋非惟神之靈而能致之已且聖主之仁能化下民下民之情能懷徳風上下相和天下無憾然後必為此祥否則神無得而動歟詩曰雨我公田遂及我私者非彼聖主之徳能使物情而致若斯夫不亦善哉

不亦善哉以志喜云

鈴木耕耘墓誌銘

先生諱恒直字伯慎號耕耘家譜係源鈴木其氏矣四世祖曰重恒為三河州寺部城主任日向守厥後胤世々住于三州岡崎父松菴善毉母山田氏先生慶安己丑年生幼而好學負笈入仝州西尾城受業于蕉山先生之門蕉山姓井河氏乃羅山林先生高第弟子也勤苦多年深究性命之理十七歳歸家以箕裘稱焉貞享元年乃以儒毉之江府始有志于仕進坎壈不遇空抱有用之具元禄壬午年已五十時

丁父憂自此廢素志專為隱計五十二歳隱居于相州鎌倉之松岡二年于茲復徙于武之忍城下今井村遂居焉以教授自給生徒數十人其學篤信濂洛關閩之説專主踐履不務詞章旁兼濟生最善療黴瘡存濟甚多且妙通百技嘖々人口耿直仁孝厚親戚重交遊振貧窮不屈富勢怡然自居享保辛亥抱疾餬口於門人家越十八年癸丑二月卒行年八十有五葬于忍之大長寺側有二子長名小一先死次名友直為人捷敏歳戊午冬會友直從事崎主蓮幕以驥厠譯敢叨見識一日友直狀先生之群行徵驥

墓銘雖閙銘者稱揚其先祖之美蓋孝子慈孫之所欲得者也今讀先生之狀想先生之生平嗚乎可謂卓爾善士矣惜哉厥志不售與世浮沉乃嘆窮通得喪存于其間有數乎書曰天道無親惟善是與天之報施於善人不在其身而在其後嗣其子若孫烏有不振扳者乎乃為之銘銘曰

活人之手　誘人之善　陰功積家　子孫必顯

中條壽軒墓表

中條壽軒諱某本姓長井前筑厲野人家世食武事其為人好奇任侠工于騎射又善長鎗為立花氏麾

35丁ウ

下將且有志于濟生緣功名偃蹇不克其志奉事之暇受中條氏之業工婦人科一旦有故解綬落魄来崎藉醫餬口往々奏効乃冒姓業師中條氏自號壽軒嗚呼於享保甲寅秋八月十九日病卒時年五十有九葬某山之麓其友盧驥表其墓并誌其銘銘曰

嗚呼壽翁　赳々武夫　一擲弓劍　方藥惟圖
直辭故國　空哭窮途　遇與不遇　時乎命乎

河州松林山泉長禪寺謙公和尚墖銘　并序

延享三年三月十日我謙公和尚示寂于崎之臨川以是年六月十日窆于聖壽山阿其上足弟子河州

36丁オ

松林照持奔喪臨川卒服歸山乃藏師毛髮建墖松林而屬驥銘曰知先師者莫精君子君子不銘孰宜銘之驥讓弗獲謹序之曰師諱寂泰字謙光北肥佐嘉人姓松崎氏延寳六年正月二十九日生幼慕空門年甫十六出家于邑之金仙院師事亮澤和尚自此遍遊諸邦參謁諸大老研究禪宗後来于崎之崇福従大衡和尚執弟子禮遂嗣其法且継席緑蘿庵師為人敦直而緘黙不傲人以口給禪餘極力記覽三藏大典無不淹貫旁通詩文且善書緇素問道者教誨無倦享保丁酉延寮于黄檗山叙和尚位歸来

36丁ウ

緑蘿菴居十數年間嘗出菴隠崎東廓司邑吏高島茂健創臨川院延師遂住焉初河州瀧側有教寺曰松林山泉長寺其廢已久境土咸屬俗家先是照持阜錫監事八年于此享保乙酉師入京過河而訪照持于松林瞻彼勝境乃為有衡公而發開山之念也後六年善男子井谷氏與照持協心戮力復境土之屬俗家者仍襲松林更為禪寺以請師師亦喜三緑時熟欲往緣疾作不果赴抱疾數月至不起當疾革時特為照持賦住松林偈曰名蹤何代事難訊鋤斧荷来寄此身中國山川天下秀依然石上舊真人後

37丁オ

數日而逝享年六十九僧臘五十三爰照持幹盡于
松林矻々乎興隆遂以衡公為開山祖而安師於第
二者蓋承先志也乃繫以銘銘曰

嗚呼我師　桑門龍象　棲禪僻陬　遐邇嚮往
道遡歷祖　文逼先賢　中興靈刹　立志心堅
一朝病伏　遽爾歸天　幸有照持　衣鉢承傳
古德有言　善人必顯　法子法孫　宗燈熒然

故臨川謙公和尚行狀

師諱寂泰字謙光北肥佐嘉人姓松崎氏父名是休
隱士也母針尾氏女針尾大村人家譜係於兒玉鉅

族也兄弟四人師居其四幼年即具出塵之志每見
沙門至其家則必欣躍而親之父母察其有方外緣
聽其棄俗于十六歲而出家爲初從金仙院某公祝
髮修沙彌業居亡何之蓮池依龍津霖公之座下後
歸佐嘉詣圓通巖公精習宗旨十九歲入京期月而
來崎當此時也崇福衡公化權鼎盛一見機契親覲
有日會龍津霖公書達衡公言師為吾徒不可稽留
爲衡公辭師師去走京南禪之金地院與圓通爲同
宗遂入金地院時年二十五志欲行脚諸邦探奇選
勝於名山大川遂北過奥羽行至松島足跡所經莫

不有詩章以誌其事復入江府掛錫東金池院六年
於斯院者為武之官刹老宿碩德咸在與師叅究禪
宗辨難折疑無出其右衆常避之三舍將以當執事
辭去之京時衡公上首弟子恢公在京觀師周遊無
依特郵書薦師于衡公且誘師往因得嗣法衡公爲
入室之弟子尤極力勤誦竺墳魯典靡不研窮閑常
亦傍叅詩文為人仁而不佞後又從邑之國熙熙先
生習華音更精通于文物衡公命住于緑蘿之自得
處正德五年乙未衡公有黄檗之請
鈞旨特下不肯領承擅護百僚勸之執意不從使師

謝命於京之督府十二月二十八日衡公示寂奔来
執喪甚謹後二年享保丁酉師年甫四十巡察于黄
檗山階和尚位仍歸長崎平居修禪念經須臾不怠
其拜佛禮祖日或五百牀為之穿賦性恬澹即有事
為下人所欺亦弗卹也惟蒲團面壁以自悟而已住
緑蘿殆二十年一旦出菴隱崎東廊隨移寓於觀界
亭邑之豪傑高島茂建雅嚮師之道望募衆委貲庀
役以鑄錢之舊局而創一院不日成之延師住爲師
時顏曰臨川乃元文四年也法名愈彰洋溢寰區遐
邇瞻依凡文人墨士之來崎者未嘗不奔赴堂庭以

問難質疑也師平素受徒教人敦厚和順孜々不倦
今雖道隆望重恒處之如寒素無毫髮自矜意可謂
方外之叔度也延享乙丑冬弟子照持就河州瀧畑
買得松林山泉長寺之舊址祈師興起師即以先師
衡公為松林開山之祖未果病痰踰年不愈方疾革
之時内外弟子延画工描大像乞師題讃因自題云
者漢禅道本不會欲画全身是無相題得讃来也無
切逆出優曇常供養病筆適勁雄壮可観由生平之
善書也又書一偈曰鷲走虚空嚇殺須彌莫觸着兮
觸着則喪身失命吹毛用了急磨時乃坐化師生于

39丁ウ

延寶六年戊午正月二十九日巳時示寂于延享三
年丙寅三月十日卯時世壽六十九法臘五十三緇
素知與不知莫不聞之嘆惜焉越十二日戊申僧徒
具寘儀舉靈輀闍維於笠峰之阿弟子照寶沙彌照
覺豎方外弟子林博章馬白顛樊文経盧驥等捐集
拾靈骨暫附崇福普同墖中後四月建塔葬于聖壽
山衡公和尚之兆側實六月十日甲戌也所著詩文
數千百篇多不留稿又工書真行人獲之如拱璧嗣
法弟子三照持照寶照圭照持住于河州泉長照寶
豎照圭繩武于臨川驥學藝文從師三十年雖未詣

40丁オ

瞿曇之道因親炙之久得悉師之為人最深故不媿
不文直序顛末以俟異日執史筆者傳僧寶尚有采
于此云謹状延享三年六月日方外弟子盧驥状

祭先師臨川和尚文

維延享三年歳次丙寅月建癸巳朔臨丙寅日在甲
午方外弟子盧驥謹以菜蔬之儀致奠于先師臨川
堂頭譲公老和尚之靈曰嗚呼世之為浮屠者率其
修禅者未嘗學問學問者不必坐禅師則兼而有之
且通儒家言著作文章達意立論發揮先哲神機妙
用變化無窮加之識見高亮道行端正不設奇以延

40丁ウ

譽不釣利以分念緇素趨承而請業者屨滿戶外相
待煦々如春循々然善誘掖焉驥過從門庭殆三十
年師之大度不以其所為道而強之唯從驥所好而
教育之是不特有釋者之德而兼有儒者之行也獨
奈資質劣駑不見成功可不愧哉猶冀讀書學道親
炙日久得承訓導之嚴相與有成于後日也嗟々似
頹梁壞哲人云亡無所就正豈古之所謂大德必壽
者天亦不得而主之耶嗚呼哀哉光陰如箭捐館已
七々敬伸薄祭聊表微忱于萬一唯英靈之不昧庶
来格而来饗

41丁オ

祭顯考盧倩素文

維享保乙卯秋九月九日不肖男驥謹奉羞膳敢昭
告于顯考倩素先生盧公之靈曰嗟乎公幼遭閔凶
零丁孤苦形影相弔煢々孑立生長坎壈天資寛厚
無所不容學富才優抱道弗售淵藏若谷門戸蕭然
名聲寂寥晩年徴辟東府鍾寵鎮尹令聞廣譽一旦
籍甚知與不知嚮慕争先連領伺候公相待如水不
設城府居恒服勤致勞公暇修経著文未嘗廢置痛
哉痛哉己酉之歳身係心疾九月不起如其山海経
真詮長崎先氏傳功未成而殞驥受而卒業爲驥讀

書學文為人所知壹是皆由公之陰騭與義方而已
日月似梭星旋如磨七年于斯時逢忌辰敬陳蔬菓
聊布寸赤英靈不昧報恩萬一嗚乎哀哉伏惟尚饗

経學辨

儒者之業唯修六経循々教人而之古道已六経聖
人載道之書而萬世之常典也學者舍此亦將焉從
所謂経世之學繼天立極者是也而近世講學者深
論幽明高説性命以窮理發微稱為経學其至修経
求事則敺以記誦章句之習矣乃曰儒者之道明理
外無餘事若六経者聖人糟粕言高而旨遠事博而

寡要却不知聖人之大経大法善使人易知而行也
余少而受先人之教究心六経勿々也伏而讀之不
求傳注唯経之知求之不得則反覆沈潛而忘寢食
莫詳而後退而求諸傳注私自以為漢儒去古不遠
其説雖不盡合而出七十子之門則聖人之旨其庶
幾乎於是書依孔氏易本王解詩學毛氏禮与春秋
據鄭与三傳乃覺其入心之切而守之精也已而六
経所載至於言性也百不一二見之夫如此益信吾
學不盤於古而理學与経學則不同矣吁今之所謂
経學云者理也性命心術窮理之要而非聖人治天

下之道也吾所謂経學云者禮樂刑政實六経之所
載也故儒者之業唯修六経循々然善誘人則斯可
矣何致遠爲學者不是之達而抗顏高論曰我讀梁
惠王一篇以治天下者吾不信也因為経學辨云

儒者作文論

文者載道之器也聖人之道非文弗傳六経魯論存
乎天下非文亦何故曰経國大業不朽盛事不深於
斯道焉能至夫文關乎氣運氣隆則文亦盛氣漓則
文亦萎故有三代之文有秦漢之文有六代之文下
至唐宋元明各以其所關而為一代之文矣六経聖

人載道之書也其文古也非今也以今睎古古說奇崛而不易讀是故學者熟讀古書精達詁脉而後斯文始明若不然則雖徒殫精究力逐條極致而不免隔靴搔痒為弊矣余少讀六經屢苦難通而不扣講師其所以不扣講師何也講師所說乃余所知也余所不達則雖講師而不言及也竊以為六經者自非精熟古文疏通事辭則不能也余年舞勺從師東谷而學作文日著數千百言黽勉罔措有年于茲稍知頓挫錯綜位置體段而後省嚮之所未達則通念瞭晰左右逢原矣愈益知文不可不為也而今儒者曰

43丁ウ

文末也不可學也學問之要在乎心術唯玩文字則危矣務責人短而文已陋甚者牽類聚黨乃曰彼文人也非吾徒也文非儒者事也殊不知聖人六經皆託文章存其道矣夫文不本于經不足以為文外是窮極工巧亦翅藝焉而已誰能學而不志於道苟志於道何莫由斯文也余故曰文儒者先務而其所以至道之緒也茲書以告同志云

任將論

凡人君用人必先辨其才與器而後功始彰亦必辨其任之當否而後大事舉此意明主能識之亦唯明

44丁オ

主能行之夫豪杰之士在世也猶如撞鐘乎叩之以小者則小鳴叩之以大者則大鳴苟所遇之非所才也其美弗彰所養之非所能也其功弗著辟如食千里馬以蹇驢之食而曰天下無馬則非無馬也其不識馬故也繇此觀之顧其所養之何如哉姑考之史韓淮陰之為人也家貧無行不得推擇爲吏不能治生為商賈從人寄食困亭長妻餓釣城下餬口漂母而辱於少年俛出跨下事楚戲下無名歸漢未得見知當此之時曷異錄々庸人也哉至其一旦滕公舉於桎梏之下蕭何追於亡走之日漢高為之齋戒設

44丁ウ

壇拜大將計行言聽席卷關輔兵出陳倉定三秦出關収魏河南韓殷王皆降榮陽一戰擊破京索故楚兵不能西井陘之役破趙二十萬衆斬成安軍泜水上禽趙王歇拊循士卒陥之死地而後生投之亡地而後存遂度河襲歷下走齊王廣於高密乃決囊沙而龍且披靡兵會垓下項羽滅矣攻城略地兵出于奇無不勝矣一時豪傑舉無與比猶如龍之得雲變化風雨上下於天也視之鬱々亭長而釣城下時天淵不啻矣使淮陰困阨下流窮年没壽乃國士無雙多々益辦之畧亦將寥々也其遇蕭相知人之明暨

45丁オ

漢高將將之量而得鬻材畢力食封於楚名垂萬世夫如此則將之能不能皆由乎其任之當否耳故梱内則主制梱外則將制陣營之中揖而不拜軍禮為嚴鳴乎敵萬人之將非其逢善將將之主悪能施於不朽哉士為知己用女為悦己容蓋鍾子期死伯牙終身不復鼓琴有是哉負才抱能之士鬱抑而不伸者豈可勝計也古人有言曰千里馬常有而伯樂不常有其然可惜夫

○落魚論

甲辰之春正月壬午崎陽里民有魚之落于其棟者

觀之者來告之余曰疇昔日向暮吾里民有魚之落于其棟者不識其吉歟凶歟余聞之猶豫未決竊考之則不祥之所為也夫魚也者海中之物也然落于棟者失其所歟不足以為吉而已其主損德則必應受其殃矣其主修德則無物而不吉也此之謂殃者不勝德矣書曰高宗肜日越有雊雉祖己曰惟先格王正厥事於是乎高宗修恵政而天下乂安夫高宗猶是而况不為高宗者乎庶乎其主進善閉悪則能保其家乎勉旃

○讀伍子胥傳

世皆稱伍子胥賢也夫及楚王虜其父以召二子尚則附虜與父同命負則恥不報父之讎而與亡無為也乃襲使者逃去遂以其力脱於昭關入於呉呉用相之伍子胥既以謀計勇力與呉王引兵南滅彊楚而威日於顛越遂入郢求昭王不得於是乃掘平王之墓鞭其屍壮矣其勇也亦所以賢也乃以秦之救至故謝楚而還後呉王十九年夏呉伐越越王句踐敗之姑蘇傷呉王闔閭指軍却七里呉王病傷而死太子夫差立二年子胥與呉王悉精兵伐越敗之夫椒使越王句踐棲於會稽以報姑蘇也越使其大夫

種因呉太宰嚭而行成呉王將許之伍子胥屢諫不聽王使子胥於齊子胥屬其子於齊鮑氏呉王大怒賜屬鏤之劍以死子胥曰必抉吾眼置呉東門之上以觀越冦滅呉自剄既後二十三年十一月越王句踐虜呉王棲於姑蘇如會稽之時呉王曰我悔不用子胥之言自令陥此則自剄死嗚呼如伍子胥可謂明矣余曰以越王賢有范蠡故成其志惜哉以子胥賢呉王非其人也於千古後使人永歎悲矣

○讀孟子傳

余讀史記而至孟子傳則喟然廢書而歎曰嗟乎聖

人之道已替衰而諸侯方以攻伐用賢而當斯時也孟子特述唐虞三代之德欲道列國之君以歸仁義者宜哉其不合也或之齊梁之鄒滕其說不合輒軻乎其去矣然孟子其不以不遇為詘也余思梁惠王一以利請問之齊宣公亦以覇業請問之鄒穆公以其誅民之事請問之滕文公以小國竭力以事大國請問之當斯之時孟子爲得述唐虞三代之德以道列國之君哉其所以不合者宜矣嗚呼列國之君善遇孟子則從其教能修仁義施德撫民并教忠信孝弟之義則其君應為堯舜之君其民當為堯舜之民

胡為世之齟齬也若是乎非惟孟子之蹇耳此列國之君之蹇也列國之君之蹇者天下之民之蹇也可惜夫

○八佾篇

禮樂之作也尚矣天子八佾諸侯六佾下訖諸大夫士各有數是故非其有而自恣之謂之僭上矣當三代盛時而好僭上者鮮矣及周之衰季氏八佾舞於庭三家者以雍徹甚哉其僭也嗚乎其以人臣之卑〻而僭先王宗廟之禮樂可不懼哉故仲尼譏之蓋夫八佾雍為樂也所以廟而不宴者也故曰相維辟

公天子穆〻繇此観之非天子而誰矣然而唯魯有之者何也在昔成王以周公為有勲勞於天下是以命魯公世〻祀周公以天子之禮樂惟所以魯之有也雖然非季氏之屬所得可用也痛矣非等三家以其權執而恣之自取僭竊之罪已然且使成王伯禽蒙千百年賜受之過矣可惜夫

賀紅柚八十年壽文

昔爪哇國舶主周九娘者帶有紅柚一顆來崎畀予曾祖父訓其子種于舍側歷享保丙午已有六十年矣其高可二丈圍二尺餘先君子嘗作文悉記其枝

繁葉茂花實順時護蔭家庭且命以永保延齡與曾玄共時代不易地不換主而鎮家庭云今値乙丑又二十年矣余雖不能文豈可黙〻而已哉乃邑勉操觚而為之壽曰偉哉此樹厥初始華結實維般歳致二三百顆少亦不下七八十顆嚮先君子家貧時遇歳凶即雇一夫摘實鬻市以充家資寶永戊子北街有火將延及舍樹為屏障焦燬北枝舍保無恙皆此樹之力可謂大功耳今予忝承先君子之遺澤備員譯末年俸數百家口十數祖先以来家庭之饒未有若今日也而此樹年届八十其實不結一顆者何也

人皆以為老矣予謂不然満而不溢所以長守富也此樹枝葉欝密不生華實有若無實若虚是即畀以自牧之君子也若以年紀億萬斯年可與王母之蟠桃並相争栄豈得以年壽限之哉又何老之可云乎予深感其不違先君子之遺託保護子孫屏藩家室此其所以稱義樹者非耶今其蘖三二植於茅山上真觀一植于舎側唯冀年々歳々永保蕃衍子々孫々蔭庇家庭云爾是為祝 延享二年乙丑冬至後七日

賀紅柚九十壽文

予舎側有紅柚一本於今上寶暦之四年屈指已九十春秋矣枝葉扶疎結實且美予深喜之若其披蔭庭除環護居第其功之足録者則先君子嘗言之詳矣予何敢復贅辭爰薦酒有乃為之壽曰大凡樹之長年者莫如上古之大椿王母之蟠桃以八千歳為春八千歳為秋閲三千年而一實此乃仙家之異菓迥非人間之耳目所可得而聞覩也其他則雖産於深林幽谷寒暑屡侵斧斤時入則不得保其天年者甚夥間或有之其如産于市朝乎孰若我柚之壽而至於今日耶顧歳月如流東楡漸廻扶疎者且轉而為揺落矣不期邂逅一

僧告其故談笑移時因而語予曰養樹有法予知之乎當歳除夜量樹大小引縄圍根距土之高如根之大炙之七壯嗣澆熅湯於炙痕則樹性可回少花實可復元也於是歳壬申除夕予炙我柚如僧之言既踰年枝葉萎苶危乎殆矣予憷然而恨僧之誤我我之誤柚遂立庭除噬臍數焉未幾枝葉發芽亦復蒼茂於是始信僧不欺我而我柚得以數栄也第其結子僅々數顆不如昔日之繁盛此何故乎予謂凡物不可以驟々則難継漸則不竭物理亦然可推而知也我柚得其道而結實不過盛洵可嘉歟今歳會予

家太夫人齢登八十康健善飯又能視家事吁柚長於太夫人十歳自今以往尚其保護太夫人不衰不耗與柚同榮以壽無算此予之所深望也無已其綿至曾玄孫子不換地不易主長庇蔭乎居第則又世之休也予亦何言哉予亦何言哉是為祝 寶暦四年甲戌冬至後八日

題董沈五子書後

氷爾玉晴書彙集華容董沈五子之所書成一巻珍玩弗忍釋手乃乞余一言題後余謂書乃聖門六藝中之一苟非瀟洒高邁志存風雅不為流俗所擠者

則不能也世之相習而為之者殫精竭力窮極工巧
美則美矣至其運用之妙則有所未逮何也蓋雅者
雅而俗者俗其意氣使然也今觀五子之運筆機圓
活動適勁手麗各得其體比諸相習而為之者天淵
不啻矣余廁譯且暮得接五子而悉其人經商貿易
之中各有雅操是真能書者也董子名寧字宜一沈
子名璠字煥石呉子名賢字友尊潘子名鏞字元音
何子名敬學字氏昆其所書可亭等則別號也董呉
与何乃閩人也沈暨潘乃呉人也余非知書者唯記
所見以為跋會有呉人孚九伊氏者善書且能書各

51丁ウ

家之體是因托伊子書之以質諸米子云時丙寅春
仲花朝後三日也

題使浙詩鈔後

虞山蔣恒軒先生者為吾友龔恪中受業師也先生
于乾隆辛酉歳欽差兩浙持衡策士從事之暇秉興
觸情摛毫賦詩歸来取其所賦詠者成巻登之棗梨
以公大方名曰使浙詩鈔去年冬恪中偶出一本貽
予彈指展巻實大雅之遺音也予何敢賛及一辭哉
曩者予著長崎先民傳我業師燮菴沈夫子為予請
先生一言弁首重荷不吝特題跋語以賜刻乃今仲

52丁オ

巽軒君亦為燮菴夫子高弟則雖殊地隔絶無半面
之識誼属同門先生之于我有故也哉吁先生步我
一歳位近三台職掌銓衡功立朝廷名馳宇宙靡不
爭羨矣哉如予狂愚握跋乎衣食於譯事馬齒徒長
不見寸長深足以自愧耳會有參議藤公者吾
朝之名卿也好文而雅不挟權貴而樂詢芻蕘如予者
有年矣爰以使浙詩鈔刻本獻之藤公特自謄書乙
本藏諸家塾以為珍焉聊贅數語於巻尾以誌先生
有舊於我而恪中之德我也不淺是為之跋
庚午新正下浣

跋唫囈録後

52丁ウ

唫囈録乃余先君子啓學者之見偏多悖於理乃作
是録論三教之要指以歸于一欲使後諸學者去偏
頗就公正而知所趣嚮也是以居恒平其心究其理
而是録殆成功差一簀因其性之多病也余小子即
藏諸筴櫝有年於斯迄今竊取而讀之知其有益于
學者不淺不忍將先君子一片之苦心湮没是遂修
緝成巻登諸棗梨公之天下問諸大方嗟乎夫學者
見偏即渉異端蔽執大焉苟偏見是拘則昧于理欲
求大道猶之縁木求魚也哉北轅之越愈久而愈遠
其真辛勤積歳何益之有是録一出願後諸學者之

53丁オ

執心要在乎公平耳凡得公平則雖涉百家無理而不融會焉讀是錄者可以知先君子心思之所自與志氣之所向也為功為罪學者自有所見余小子豈敢倭于先君子以炫于學者哉乃跋

山海經眞詮跋

先君名某字元敏性資澹泊尚倩甘素因以清素名齋自幼勤學博覽無倦所著詩文號清素集尤嗜輿圖書究心有年矣享保戊申春纂輯是書未卒業明年己酉九月病不起時年蓋五十五矣是書乃先君絶筆也吁先君晩年勞心積思而集斯書蒐羅群籍

諸說欲使學者有以決疑也驥雖顓蒙痛念手澤猶存唯恐久而或泯今據所存成編而登諸梓若有所未備或引證再加考核以俟後之君子驥所以不能已于梓以承先志也

香田覽勝圖詩跋 代原子作

余性癖山水偶聞鄉隣有佳山水未嘗不命駕而往遊焉賞玩弗置或圖或記或文或詩以誌其勝但素以舌耕為業復奔于王事故不能數往為恨日者授徒之暇蠟屐策杖從諸君後而遊香田之山莊是日也時廼小陽日暖風和一路幽勝山水邃暢而趣彌

佳既至村翁待以酒食酬酢交并情尤篤也余与諸君詩酒唱會團圞坐閑高談轉清已而夕陽在山人影散亂余忙於教授辭諸君先去山徑幽暝秉炬而行仍尋舊路而歸而趣亦無窮也歸來不忘于心今日行樂之跡猶在夢寐之間諸君亦欣然樂之爰輯即日所賦咏者錄為一卷且命余圖之余不善画曰諸君之請故不敢辭聊圖大槩以塞責焉至于画之見拙于他人而貽笑于他日余所弗顧也乃跋

題童子伊東學耕手帖後

昔者王獻之七八歲學書父羲之從後掣其筆不脫

歎曰此兒後當有大名書家之妙幼小而偉異如此余同邑童子學耕幾其人也嘗五六歲學書戈畫運動生而悟之其握筆之固如有挽弩之勇今適齠齡其工益進圓機活動眞草行八分俱臻佳麗時輩學書者無不驚歎焉余也雖不知書然以其才之非常觀之當今能登二王之堂者其唯耕乎乃跋

丹桂籍後跋

丹桂籍雲間顔生愉感異夢所較刊也字櫛句比譏以善悪因應之事捷如應響實闡發無遺故州郡士民以及婦女聞之莫不傾心崇奉後吳江王氏婁東

諸善士飜刻已至二三近有徽郡汪母於戊辰年病
篤醫薬罔効危在旦夕間其子繩武齋戒叩禱願施
丹桂籍一百部祈保母體康寧禱畢頓覺病減不數
日而愈其感應甚速次年已已特齎數部航海來崎
施送同文相期共勉于善時有上洋顧子振生姑蘇
夏子履端者皆好善士也得一函而敬持焉但惜其
流傳未廣特謀之崎人何倫庸暨家弟季業同志戮
力合貲鳩工再付剞劂廣布吾日本使讀是編者誠
信奉行滌過積善以為錫福昌後之基則功德豈有
量哉太微仙君云若以善書廣布無窮重刊不朽者

55丁ウ

萬萬善其庶幾乎謹跋

古文孝経文亀本跋

是書吾　邦古博士家所傳也書尾有文亀二年二
月日左大史小槻宿祢時元所得朱墨両説倩説無
相違者跋語兼存落款之可徵焉其朱説云者訓用
朱點自有一法實此方學士家授受暗識而世所謂
於古止點者是也其墨説云者則今時専所用國字
之訓也而比校之世所梓行本稍有異同豈不展轉
書寫之所輸歟蓋儼然古時物也客歳東武人深谷
貞卿従事崎尹安部使君蓮幕而来与余會署有日

56丁オ

為人博物典雅曾修伊藤氏之業潜心魯論旁及孝
經公暇無他反覆精審是學之務于時余方疏孔傳
古文孝経文字多誤萬方求善本従事挍讎相晤之
次言及于斯貞卿曰我家藏書寫古文世稀所有未
曾軽貸于人我善子之志出示資子之功余曰有是
哉此其余之所以引領而汲々也君若不吝奚啻拱
璧也哉不幾貞卿終任言旋是歳春特托崎人自江
府還者遞寄致之接函展巻嚮所覩諸本無以尚焉
有功于我参考居多謹此影寫三十八葉副墨猶弗
遺以存小槻公之舊而高深谷子之義也裝潢成帙

56丁ウ

藏之家塾深以自珍好古之士與余同志者亦所不
藏焉是為跋　寛延四年辛未八月

57丁オ

57丁ウ

首夏日与田北二兄遊東郊 田名文喬 北名信益
出門新緑鬱崔嵬携手遊吟逸興開處々提籃林外
婦杜鵑聲裏摘茶来
次韻田見龍
新林鬱々石蹊間牧馬樵夫轉往還此境考盤斜日
外田頭西望是郷関
途中吟
數里山蹊歩々斜竹雞唱處野人家小麥喰烟大麥
熟村南村北望良賒
次韻田見龍歸路吟

58丁オ

處々麥秋南畝邊薫風此日入虞絃逶迤歸路两三
里決背雲會度樹巓
題櫻馬場客亭主人壁
白屋三間㵎水濱幾回應接笑顔新明朝若莫囊中
物也是悠々行路人
和田見龍少年行韻
軽袖翩躚緩歩来憑君初進破瓜臺櫻花橋上多情
侯為惜紅顔未肯回
隔牆覩妓
雲鬟撓緑隔牆来凝笑揺唇百媚開可惜綉衾違咫

58丁ウ

尺千般春思欲成灰
山荘新緑 得貧字
卜築幽居好守貧南山當戸葉初伸無端烟靄春花
後新緑还添詩句新
笋 即席得微韻
昨夜龍孫穿蘚揮編籬看護尚依稀他年成竹南風
後好著綸伴釣磯
又 得文韻
抽錦迸犀渭水濆未長先識志凌雲只今不許調羹
去待惹薫風伴此君

59丁オ

送犀江禪人之雪峰 山在豊之小倉

玉露金風萬里秋衲衣笠帽赴豊州雪峰聞道多知識力逐風塵振錫遊

送速晴雪還南肥 生肥州人名昌勝山崎闇齋之徒孫

千山萬水景光同仙客乗秋趁晩風握別此郷無灑涙天涯俱是一豪雄

江上晩歸

日落西山柳色暝扁舟繋纜上沙汀魚船載酒皆扠網遮莫春風醉未醒

驟雨 即席得灰韻

聲々霹靂震天雷山雨傾盆捲地來林下須臾除溽暑清風一味悶懐開

送雪亭上人還南肥 雪亭名晋澤肥後州光明寺住持

薫風江上毳衣軽相送慇懃問去程兩地雲山千里外不知何日畫歡情

書齋新秋

雨洗梧桐秋色新幽牕嘯傲苦吟身從茲領略涼風後案上書編畫掃塵

秋雨引涼

秋雨蕭々點碧階詩情酒興是生涯素簾高捲空林

外好引涼風豁欝懐

秋閨

秋到蕭々風色寒鴛鴦衾冷鎖深扃嫦娥有意憐孤獨夜々分光照碧櫺

梅花

元是氷霜玉雪姿暗香馥郁競枝々閑身得宿孤芳下彷彿羅浮夢裡時

雨中新緑

空濛積雨灑園林滿樹含烟嫩緑深風暖窓前春已透還吟蒼翠入新吟

柳陰繋舟

春江水碧洗長條烟靄濱濛是灞橋貪得此中幽静興緑陰斜繋木蘭橈

鳳凰來儀

愛汝丹山毓徳精羽儀五彩表文明每當盛世凌霄下典入宮商樂九成

紫芝

名山鍾秀本非常呈瑞靈芝煥紫章遥覩漢宮千載後氤氳佳氣到今香

戊午孟夏賀良登禪師頭首于海雲

曾経幾歳雪霜勤一朶曇花秀海雲普照（字係國諱故加連）
火臺中誰占先歡贈玉石自兹分
從来不學野狐禅心印單提洞上傳出窟金毛獅
子一聲哮吼動人天

九日賞菊

重陽把酒坐籬東不盡花光白與紅一段清香斜日
外賞心偏入醉心中

次韻陳怡山秋日山院即興

江山秋晩景蕭然勝地登臨別有天賴得盃中多少
趣一般春色杏林仙

送岡元壽還郷（生攝州大阪人）

満地丹楓似錦装看君此日獨還郷清樽滿引無辭
醉一曲陽關別路長

雪夜訪友

凛々冬風夜色凄雪花撩亂望中迷此時頻引山陰
興獨棹扁舟向剡溪

和大森玄貞詠雪韻（鎮臺窪田公幕嬖）

客中對雪伴阿誰獨坐悠々興更奇回首江山瓊萬
樹幽思無限入吟思

又和雪夜偶成韻

送客此宵開竹扉紛々六出滿天飛還依爐上親斟
酒醉後陶然忘雪威

早梅（得枝字）

元是幽妍綽約姿前村昨夜吐香奇為憐氷雪迴寒
裏春返江南第一枝

寒月（得明字）

暮鳥高栖護穀聲閑窓閑望興尤清任他永夜寒風
拂為賞氷輪天地明

雪裏山茶

千苞開綻歳寒中艶々紅粧欲燒空閑苑更催詩客
興鶴頭雪裏占春風

黄鳥出谷

柳髪將梳春雪晴黄鸝緫囀兩三聲園林日暖東風
麗刷羽遷枝似有情

春雨

濛々膏雨不揚泥山岳烟濃天亦低此日更添風景
好滿林花柳入詩題

夏夜值唐舘聞杜鵑（得鵑字）

月色朦朧一杜鵑聲々啼血繞樓前此身疑在西川
地愁對青燈獨未眠

烏江
雲物蕭々江上寒英雄對此淚猶潸可憐人與雖同
悴千載徒看水淼漫　嚴特筆評有後人憑弔空牢騷之意
夏雲
長日登樓四望閒無端湧出萬重山危岩怪石鋪天
上莫禁薰風自往還
夏日幽居
夏木陰々繞翠屏清風徐度過簷鈴幽居適意原無
限隱几焚香午夢停　便見蘊藉風流
霖雨

63丁ウ

積雨淋々細似絲幽溪漾々湧高低窓前咫尺迷花
徑覓却園林梅熟時　有窺鏡々中人不見一重山水一重山之意
夏曉　和滕巴山韵
曉鐘敲夢思氤氳月掛西窓却一分亭畔涼生消永
日咲看蛛織錦回文
夏夜高北原三君子集我茅舍探題瀟湘八景
賦得遠浦歸帆
欸乃聲浮山水中無邊佳景接長空閑来乘興頻延
眺片々歸帆趁晩風
夏日河邊

64丁オ

雨霽河邊午影長白雲淡々水洋々考槃深處堪乘
興領畧清風一味涼
夏日池頭
薰風輕拂水清漣芳草池頭望自妍長日偏邀騷客
趣閒情幽景惹詩顛
雨不絶
霏々濡積熟梅霖窓對溟濛脩竹林萬斛愁懷渾莫
解空聽琴筑遶簷音
題虛窓竹
瑯玕千尺響玲瓏虛心勁節古今同好傍閑窓瑩俗

64丁ウ

去凌霄搖曳送涼風
柳陰繫舟
蘭橈桂櫂逐風輕泛々隨流逆趣清最喜乘舟揚柳
下綠陰濃處繫幽情
月夜浮舟
清風江上夜森々玉兎東方浮又沈却喜泛舟追赤
壁醉来掉破水中金
林下納涼
納涼鼓腹茂林隈陣々清風穿竹来記得當時河朔
事陶然長日醉荷杯

65丁オ

夏夜與高原二君子集北君子宅即興
此夕登堂避暑遊涼風拂座氣和秋嫦娥却似憐騷
客倏爾揭輝東嶺頭
梅雨夜口占
夜静寥々梅雨霖愁聽點々遶簷音青燈孤影情無
盡短句新詩獨自吟
夏日江亭
小亭緑蔭曲江傍夏景悠々日影長對此幽閑何所
有更看漁父釣滄浪
夏夜歩月

避暑夜閑歩月光宛如踏遍滿庭霜披襟到處炎懷
爽一陣清風一味涼
田家
黄梅時節雨滂沱水滿池塘草滿坡閏澤田家農事
足村南村北插秧禾
次韻北社盟九日即事奉酬
此日登高憶舊遊情偏采萬切三秋多因接得新詩
麗吟把茱萸酒破愁
初冬江雨
雨入長江水色空濃烟一抹望濛々微風輕暖扁舟

面正在小陽春色中
次韻北社友咏秋夜雨
風流才子坐秋宵落筆燈前藻思飄耳畔蕭々窓外
雨詩成萬木葉辭條
残菊
為愛黄花晩節香眼随蜂蝶遶東墻賞心不盡重陽
後終日悠然醉酒觴
次韻北社友憶昔遊香田
去年此日野村遊槃澗歌詩任遣愁風景依然秋社
節故人何處涙應流

晩棹漁歌
澄碧秋江落日紅暮烟籠棹有無中捕魚船子忙妝
縦一曲舷歌唱晩風
初冬江行
天氣初寒烟水流携琴載酒棹輕舟風光差擬陽春
景江上来同伴海鷗
陽林聞鐘
夕日射光楓樹林霜風遥送晩鐘音幽人寂歴西窓
下洗却塵縁沁却心
次北社友韻戲贈米生

67丁ウ

聞道閨中樂事多巫山雲雨洞庭波勸君舞鳳須休
翼顛倒情懸奈若何

晚樓寓懷

薄暮寒林飛鳥回蕭〻落木撼風來憑欄自愧雕蟲
技何得登樓作賦才

閏十月三日高社盟見早梅賦此贈之

江南一朶未衝寒三四花開傍水干氷骨為憐騷客
詠先傳春信待君看

雨晴

山風拂戶霧初開對此愁人稱快哉寂寞草堂扃綠

68丁オ

野斜陽影好鳥遲回

旅夜書懷

旅窓惹起故園情搔首自知華髮生挑盡青燈眠不
就梅花枝上月三更

冬夜對月書懷

霜滿江天月色新寒窓涵影感懷臻嫦娥偏似吟幽
寂此夕分光多病身

夜聞

萬籟寥〻夜色凊月光穿牖又多情石爐撥火茶初
熟門外惟聞剝啄聲

68丁ウ

經古寺

松林數里石蹊迴寂歷柴門迎水開空院僧稀多古
佛砌碑沒字上蒼苔

溪上晚歸

溪頭雨霽水光鮮夕日銜山望杳然一葉軽舟回棹
去飛〻白鷺入青天

釣臺

七里灘頭流水清登臨宜雨又宜晴當時人去臺空
在千載長留嚴子名

宿山寺

69丁オ

投宿空山野寺邊逢僧終夜説玄〻等閑脱却風塵
意端的分明一味禅

晚林鵲

四山日落暮烟凝風色蕭條望又仍吟汝寒林黄落
裡啞〻繞樹似呼朋

野渡

野水湲湲古渡頭無人空繫一孤舟望中晝靜逍遥
立多少鳧鷗自在浮

江樓聞笛

江村為客倚樓慵忽聽簫聲思萬重韵雜凄風驚旅

夢聲挽流水攪心胸

雄浦紅葉 和韻

日落湾頭眺望賒水烟掩映罩漁家風光領略呉江景染出千林楓樹花

酔後題僧院

杖藜扶過曲蹊南風景依〻一草菴僧話陶然餘興味不須靖節攢眉談

霜後菊

幽色経霜欲起颸紅黄紫白尚嬌枝任憑騒客催高興潦倒東籬酒数巵

69丁ウ

晩歩

晩風乗興歩林丘風景無邊逐水流西嶺斜陽東嶺月歸来莫辨曲江頭

探梅

山客尋梅策蹇驢村〻雪裡拂長裾新香馥郁随風動玉蕋垂〻致有餘

林亭

林間搆擬子雲亭水遶深蹊若映扃径僻無人唯有酒虚窓犹讀太玄経

冬夜子敬子緒至

70丁オ

湖風中夜閉窓時犹喜迎賓自溢眉促膝爐前灯火短飲成文字興成詩

圍爐

寒夜紅爐榾柮煨邀朋團坐攪炎灰更闌知己雄談久初覺三冬暖氣回

又

煖添獸炭夜如春談入風流興味新對客今宵還底事不嫌啜茗坐清貧

冬夜杏塢巴山至會鵬翮不来作此贈之

社客同過詩共成推敲夜静擲金聲空懐雲樹唯虚座擬邵君搏九萬程

寒夜聞笛

月明林下獨登臺此夜愁人起思催不識誰家三弄曲餘音嘹〻送寒来

松濤

風拂松林驚夢魂凄〻聲色不勝喧高窓夜静無人跡疑是雲間萬馬奔

擣衣

西風一夜萬林丹光景遙知邊塞寒為聽孤砧幽思切丁東聲落月闌干

71丁オ

溪邊雜興
溪泉混〻鷺窺魚飛去飛來風景餘物外閑人乘逸興不須對此嘆歸歟

會友譚古
寒燈相對坐窮冬麗澤誼高心萬重談論津〻清興味風情千古古人踪

塞下曲
平沙浩〻磧中廻三尺龍泉衝斗來落日天陰新鬼哭北風萬里恨難裁
鐵騎橫行鐵嶺嶢幾穿堅甲討天驕血流漂杵腥風

71丁ウ

氣知是將軍漢嫖姚

戊辰除夕聞歐陽其明与吳橋較書守歲于青樓賦此以贈
舊漏除時新漏臻怊悵生計逐風塵羨君唱出翔鸞曲花底双飛兩歲春

己巳元日
元朝瑞氣鬱蒼〻萬象融和旭日光兒女團圞多喜色滿盃椒酒壽萱堂
沈萍亭評 結句見孝思

己巳孟春祝葉光彰四十之慶
嶽降時欣強仕年新春佳氣滿樓前繹飜錦繡箕裘

72丁オ

業酌彼金罍須不騫
清新之句不可多得

暮春與巴山詞盟遊節山觀
湖如升評
偷閑携手入林皐樹老花深興自豪山鳥聲遲春晝永可知勝境絶塵囂

仝日次巴山詞盟韻
風流遊客氣淩雲鄴下才華又得君竟日唱酬山觀裏彩箋揮處鶴呼羣

秋晩即景
雲物蕭〻秋色闌楓林張錦菊猶殘吟筇到處前村晩一派風光畫也難

72丁ウ

贈別友人東行
憐君偶作滄浪客黃菊花開賦別離相送分襟江水上期看衣錦返鄉時

詠菊花
紫白紅黃壓衆葩清香幽艶自堪誇風流千古淵明後吟賞偏停騷客車

冬雨夜子緒至
同人此夕涉沮洳乘興携筇慰索居談和蕭〻窓外雨多端心緒向君舒

次子緒韻

73丁オ

慵聴滴瀝遶簷時倒屣迎君消渇思對酒論文千古事燈前一夜興相隨

冬夜北子敬至

雅容風流思不群銜杯一夜細論文誰知莫逆交情摯興至揮毫飛綵雲

紅葉和韻

霜染千林葉々紅停車坐對夕陽中無邊勝景秋風晩大塊文章西又東

霜後菊和韻

晩節従来為傲霜滿庭殢月雜紅黄賞心不盡西風

73丁ウ

面驕客吟成字々香

冬日山村

村落蕭條歳月闌雪花散亂晏光寒境閑亷得忘塵慮田婦炊来勸晩餐

冬暁

月落西窓冷曙光群鴉飛噪滿庭霜幽人初覺華胥夢一朶寒梅撲鼻香

雪裡梅

馥郁香浮深雪裡風流先識臥高士考槃此地動詩情永使騒人憐四美

74丁オ

夜宿田舎

風拂寒林雪打窓石爐温酒々千缸醉中箕踞談禾熟一夜陶然剔短釭

送北子敬東行

日暎銀鞍淑氣新清樽對酌見情親知是此去三千里嫩緑殷紅滿地春

北子敬遊武城賦此寄懐

関山一路挹風光驅馬悠々引興長料得高吟隨到處琳瑯深貯滿奚嚢

首夏懐子敬

74丁ウ

江邉憶別早春時但見梅花挺雪姿今日枝頭梅子熟故人底事負瓜期

八月十四夜子敬至賞月

秋色平分雖未望与君相對月偏明悠然吟咏茅牎下再訂明宵罄此情

賞心今夜思無窮領畧幽情七字中皎潔氷輪差一線唖々烏鵲恨長空

過禅房

一峰高秀白雲間曲径羊腸往若還山鳥聲幽楓葉外霜林深處叩禅關

75丁オ

空林寂寞避塵緣步〻扶節流水邊傍揭跏趺何所
有浮生半日得逃禪
風度寒林落葉深偸閒乘霽此登臨逢僧淨室茶聲
佛到底方知不染心
　少年行
風流公子特青春白馬銀鞍蹴紫塵醉擁紅粧歌玉
案揚〻意氣若無人
　冬江夜泊和韻
孤舟停泊已三更月落寒江夜色清風拂篷窓猶未
睡漁篝遠近攪幽情

75丁ウ

　山莊雜興和韻
買山卜宅碧山中清靜因教塵慮空青草不除多別
趣徜徉自得古人風
　雪裏山茶
鶴頭姿色雪中嫣滿樹開花〻欲然自有春光無限
意不禁騷客競裁箋
　冬夜同高原二子集北子宅
蕭條夜色歲云窮邂逅相逢興不同清論津〻今古
事一團和氣生春風
　庚午除夕

76丁オ

歲月云窮道不窮文章振起一家風隨人微逐緣何
事空負虛名里巷中
　辛未元旦
歲朝瑞氣兆豐年密布彤雲雪意天敬侑萱堂椒栢
酒昇平一曲樂無邊
　元日値唐館即事
咄接賓朋賀歲晨韶光冉〻物華新淋漓春酒傳觴
飲環坐東西南北人
　人日夜与杏塢子緒集子敬宅
殘臈纔過晩未回剛逢人日酌寒醅同朋促席新年

76丁ウ

夜醉裏揭着亦快哉
交情不讓斷金親彼此談論意氣伸屈指笑來三五
日知君獨作宦遊人（新正十五日子敬將有東武之役）
　新正初九歲除夜杏塢國手至
蓬萊佳氣自東來伏枕茅齋愧不才二豎逢君知避
迹青囊奏効與春回
　元宵小原子緒至
上元佳節放燈明月色朦朧雪色清我有嘉賓乘興
至金樽對酌也多情
　再用原韻和白蟲詞伯元宵懷燕山

77丁オ

燕都勝景上元晨閙道鼇山火樹新騒客延留東海
外良宵徧作思郷人 有無限離情 西山評

賦得梅柳渡江春 即席得文韻
四山雪霽水溶紋游冶寒江淑景欣乍見東皇先耗
駕晴香嫩緑遍芳芬

春雨催花 得麻韻
滂沱春雨乱如麻直入園林風景嘉萬紫千紅従此
始不須羯鼓去催花

春晴
春草池塘漾緑霞晴暉十里望中賒無邊風景吟詩

外逸興長留野客家

次韻森爾玉餞僧西帰
江城留滞幾星霜飛錫猶然返舊堂此去西濵千里
外水雲山月望茫々
知君矍鑠古来稀 僧時年七十 此地倦遊整衲衣到處隨
縁無住着庭松空偃蹈雲帰

酉戌度歳夜口號
否往泰来由自然今宵守歳坐燈前團欒児女傳盃
處明旦猶迎六八年

甲戌元旦

歳朝佳氣欝蒼々萬象春廻日載陽 恩洽昇平無
別事醺酣満引侑萱堂

眉嶽積雪
眉峰積玉暁漫々鳥道陰迷萬壑寒捲幔朔風吹拂
雨為憐艶景倚欄干

祝堀江隆山六十
風流耆舊杏林仙年枕初登閑寿筵美酒清樽浮北
海酔中共頌九如篇

歳暮山荘口占 時予寝病寓服部氏別業
窮冬抱病寝山荘歳暮蕭條客梦長際此林園閑淑

景猶思梅柳到三陽

乙亥元旦
歳朝瑞雪満林荘纔喜春回離病床起引壷觴浮栢
葉南山一曲寿萱堂

随應院賞櫻桃花
春色十分花満枝恰疑白雪映瑶池尋閑試共高僧
話不盡幽情月上時

三月十五日賀渡邊生五秩
十分春色艶陽天紅入桃花閑寿筵觴筭欣逢纔半
百南山一曲頌綿々

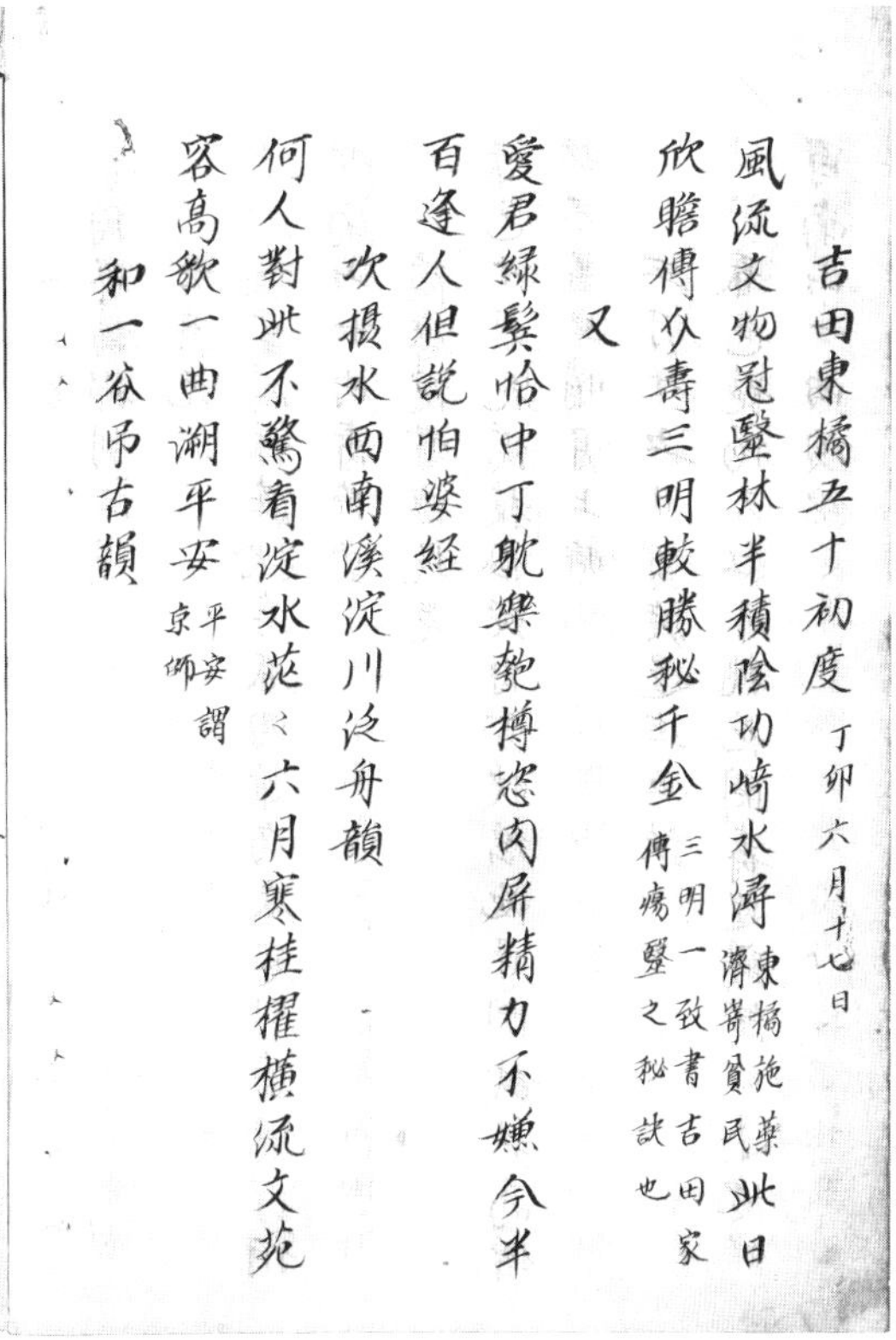
吉田東橋五十初度 丁卯六月十七日
風流文物冠醫林半積陰功崎水濟 東橋施藥濟貧民 此日
欣瞻傳仙壽三明較勝秘千金 三明一致書吉田家傳瘍醫之秘訣也
又
愛君緑鬢恰中丁耽樂勉博恣肉屏精力不嫌今半
百逢人但說怕婆經
次提水西南溪淀川泛舟韻
何人對此不驚看淀水茫々六月寒桂櫂横流文苑
容高歌一曲湖平安 平安謂京師
和一谷吊古韻

79丁ウ

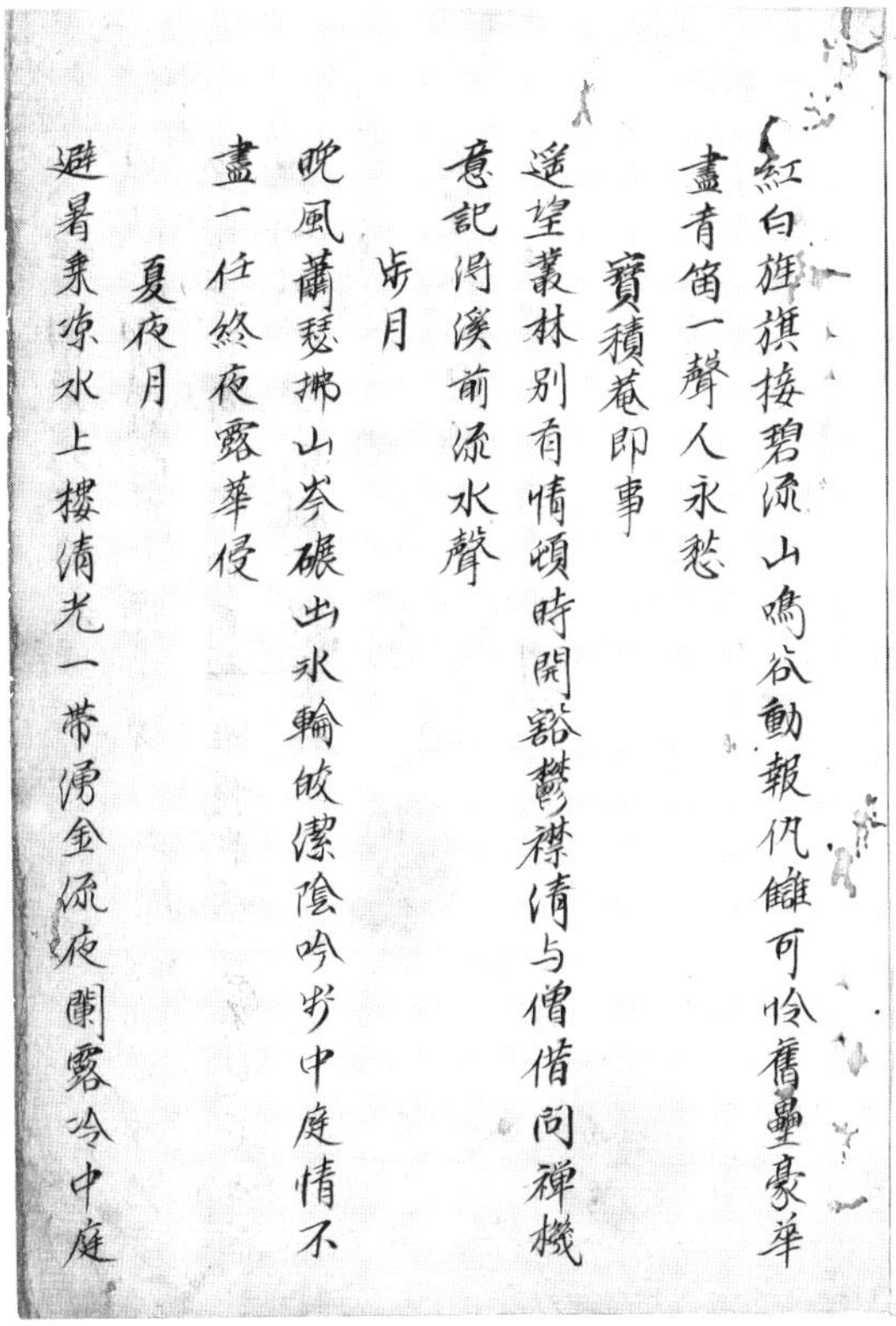
紅白旌旗接碧流山鳴谷動報仇讎可憐舊壘豪華
盡青笛一聲人永愁
寶積菴即事
遥望叢林別有情頃時閑豁鬱襟清与僧借問禅機
意記得溪前流水聲
步月
晩風蕭瑟拂山岑碾出氷輪皎潔陰吟步中庭情不
盡一任終夜露華侵
夏夜月
避暑来凉水上樓清光一帯湧金流夜闌露冷中庭

80丁オ

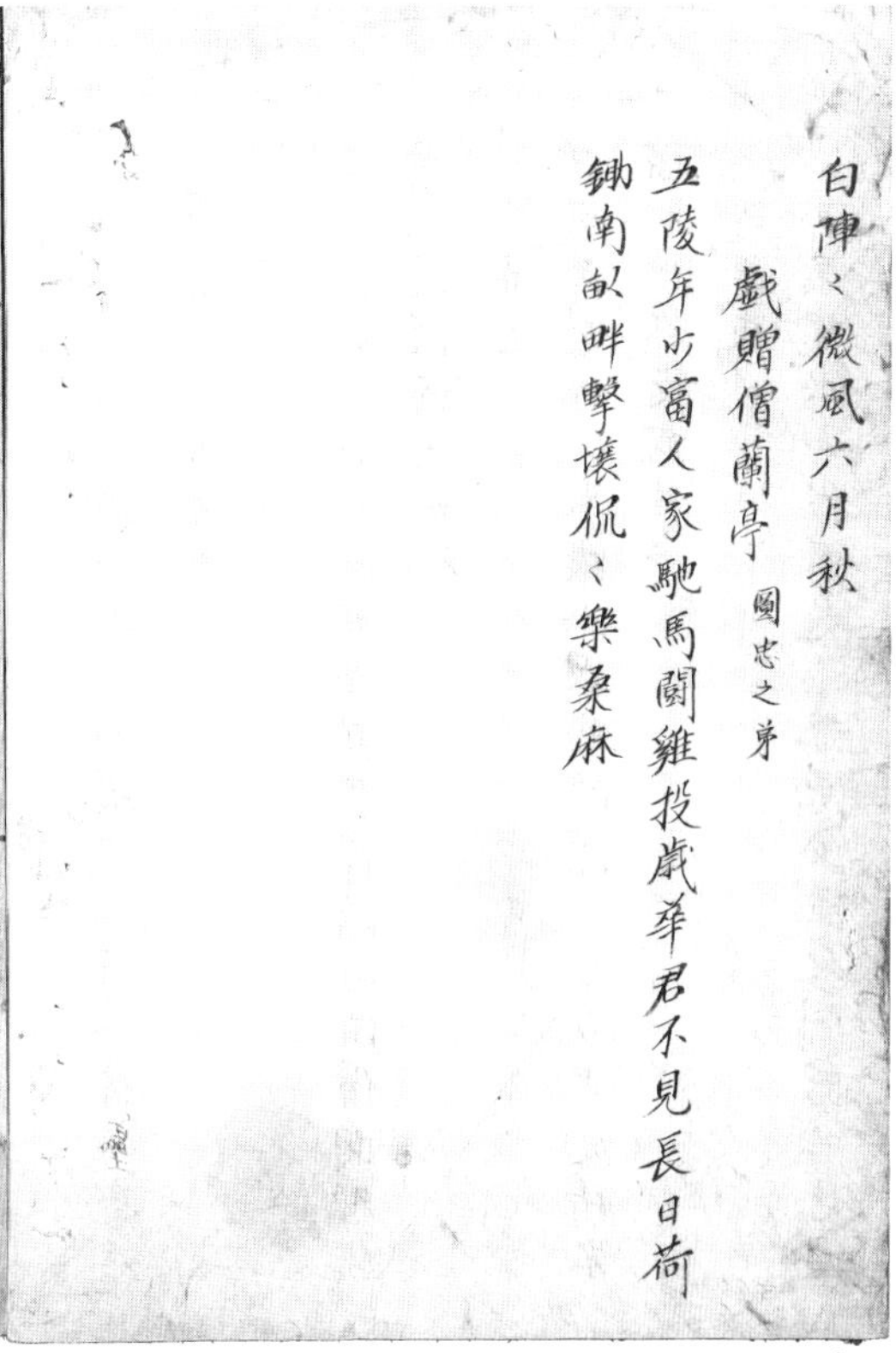
白陣々微風六月秋
戯贈僧蘭亭 圓忠之弟
五陵年少富人家馳馬鬪雞投戯華君不見長日荷
鋤南畝畔撃壌侃々樂桑麻

80丁ウ

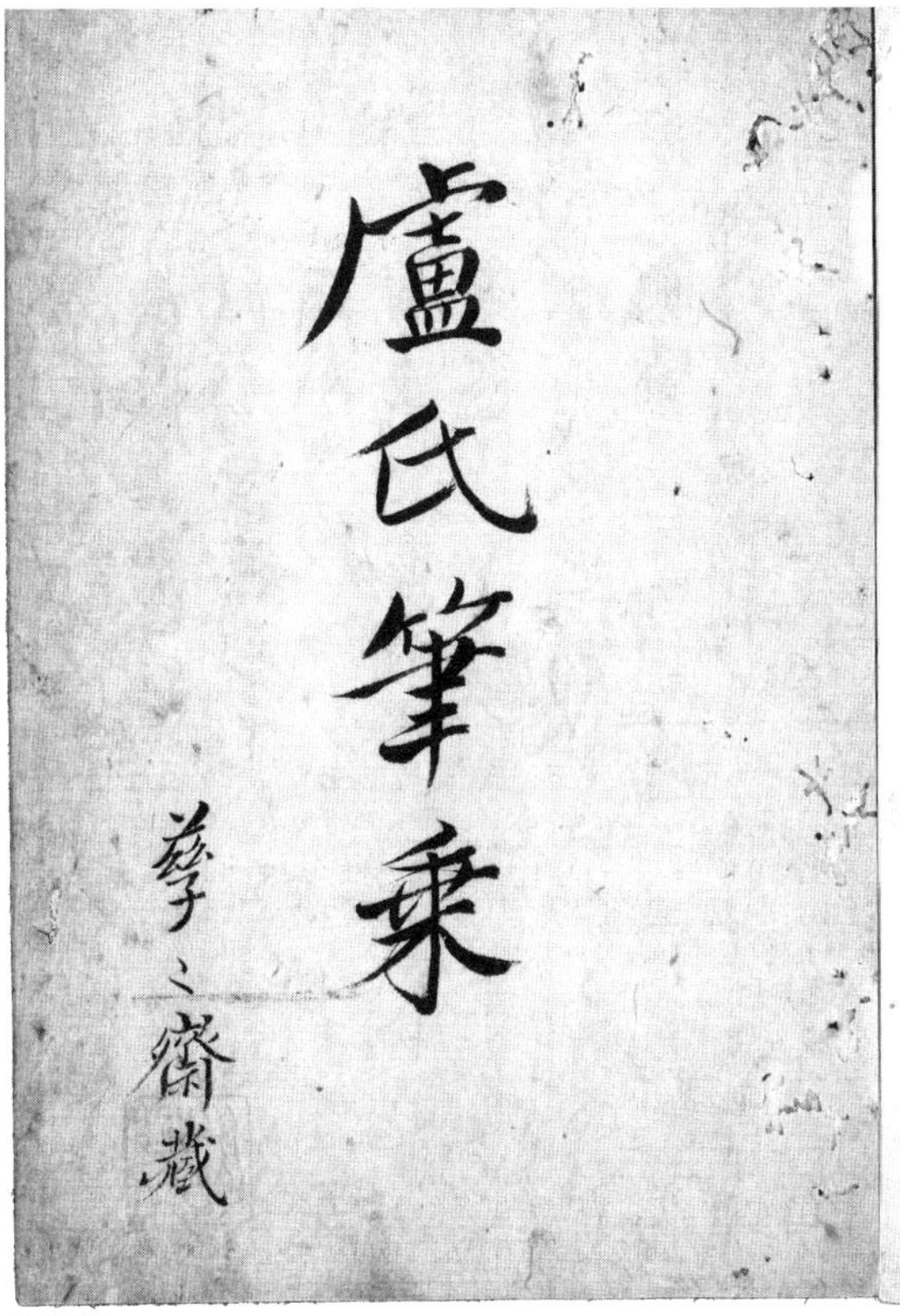
盧氏筆乗
孳々齋藏

81丁オ

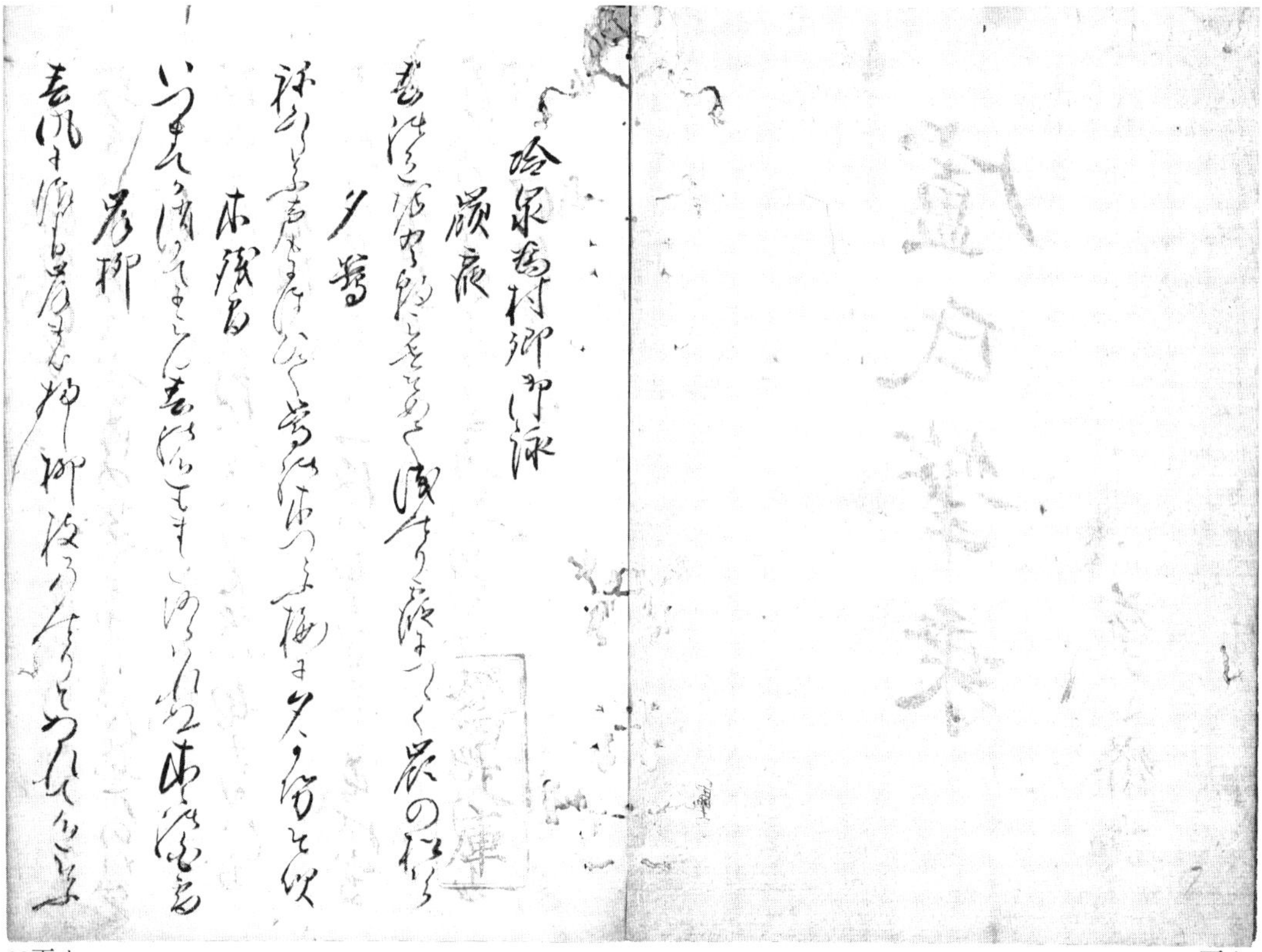

82丁オ　　81丁ウ

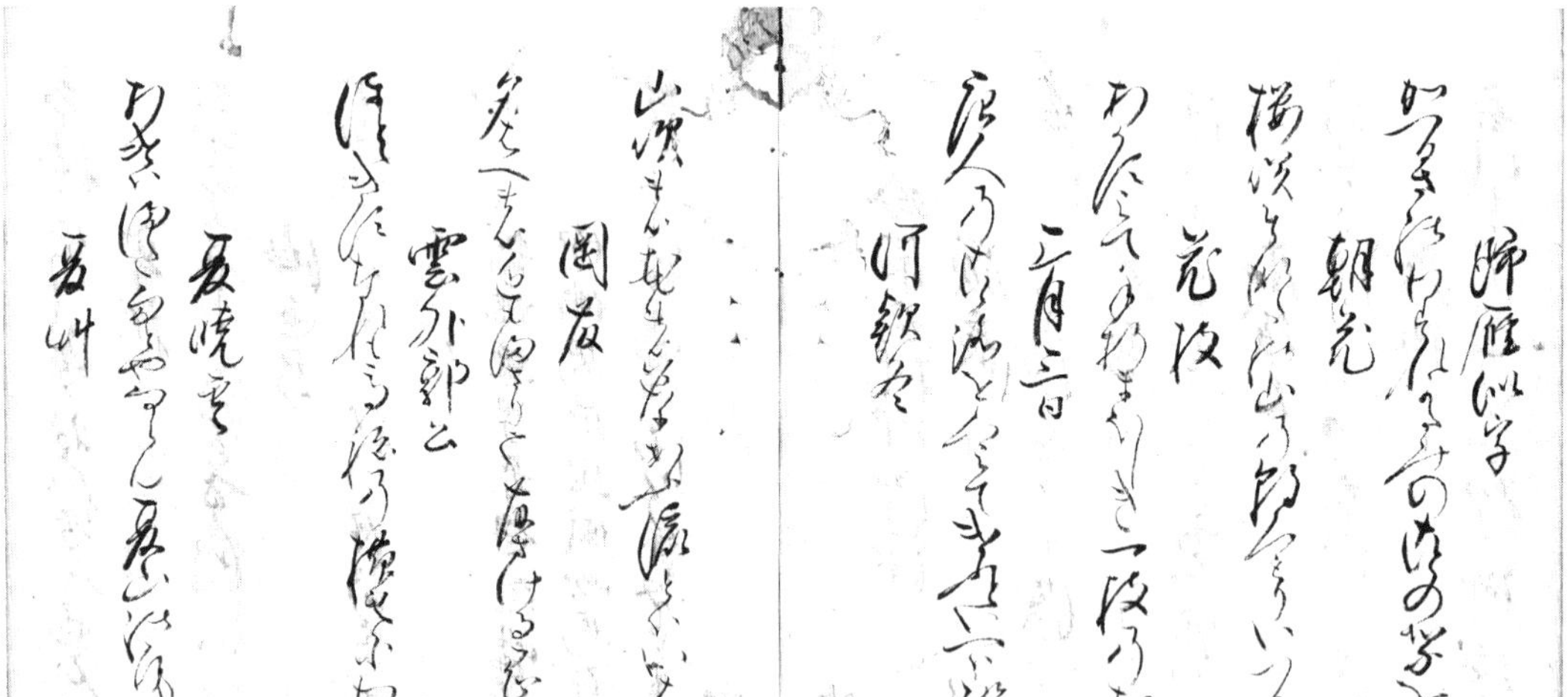

83丁オ　　82丁ウ

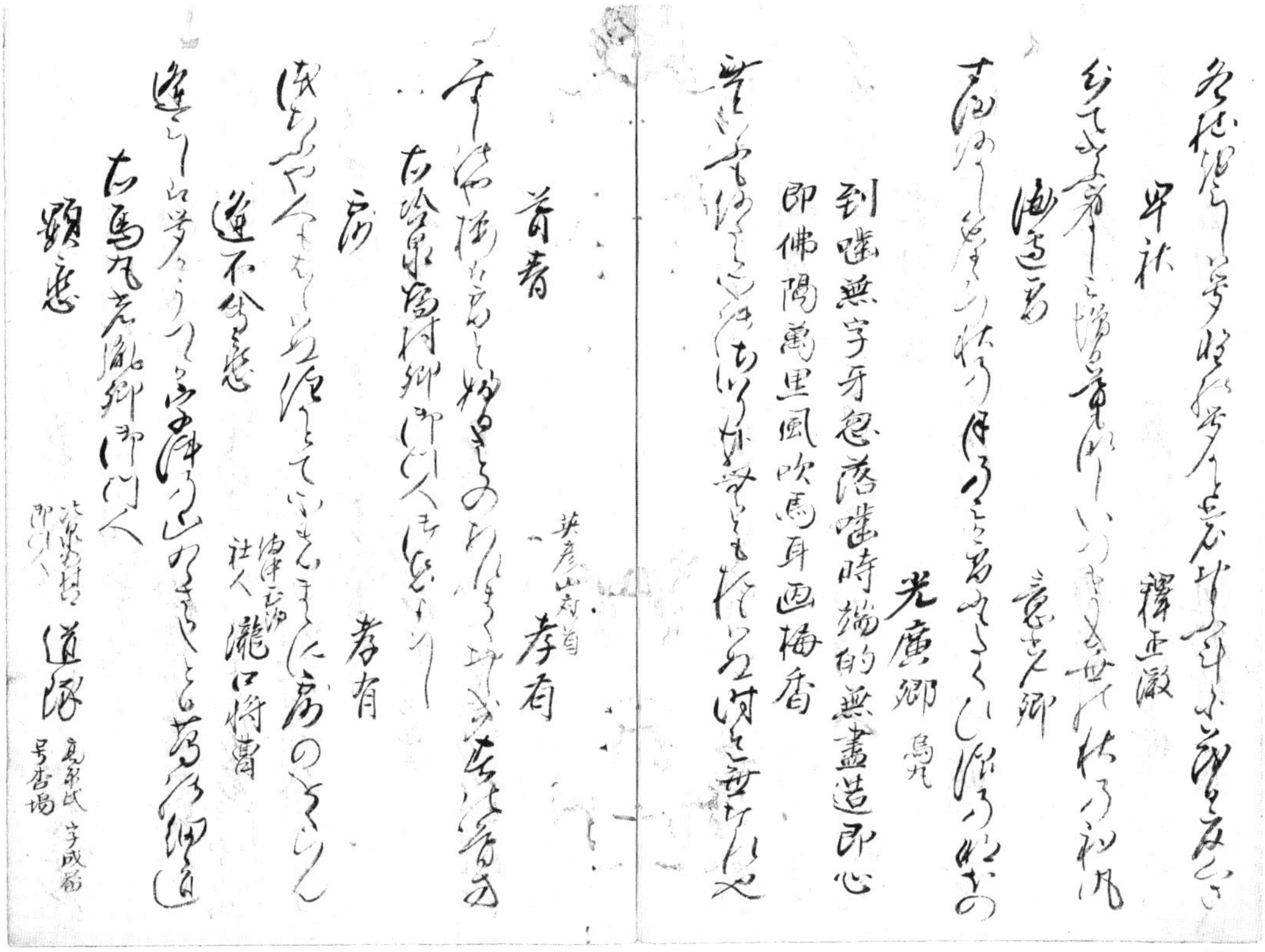
到嘴無字牙忽落嘴時端的無盡造即心
即佛陽萬里風吹馬耳西梅香

84丁オ　83丁ウ

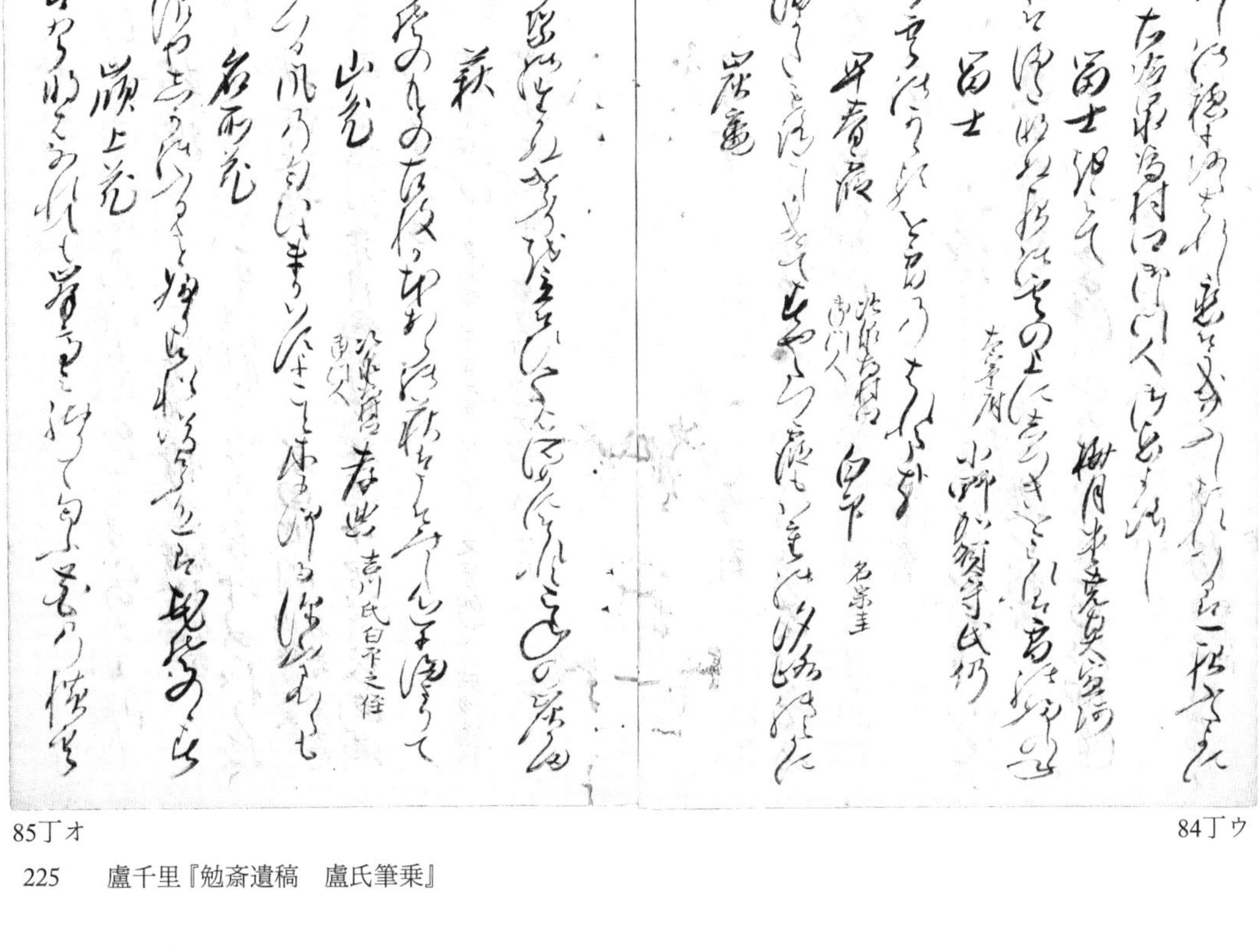

85丁オ　84丁ウ

山花
[illegible]
柿猪　六郎右衛門　柳川人
[illegible]
惟次　豊後国人　柳本佐九郎
秋江泛舟　　永田波門　肥後侯大夫　名著　字子隠
西山寒影落清波乗月扁舟鏡裡過十里芙蓉南浦
夕不知何處美人多
教授　藪茂次郎　名慤　字子厚　号孤山　又号朝陽　肥後儒官
訓導　池部平太郎　名匡郷　字子行　号蘭陵　仝

85丁ウ

仝　大城太十郎　名樸　字文卿　仝
仝　高森敬蔵　字子友　仝
助教　草野雲平　名雲　字士龍　号潜渓　仝
有職　伊形庄助　名質　字大素　仝
村井椿寿　名杶　字大年　号復陽洞主人　仝醫官
志賀舊都擬忠度作　　服鳴海　南郭子也
千年帝跡絶鳴鑾湖上春風碧水寒芳事不関陵谷
變花前猶入舊時看

86丁オ

志賀歌　　秋玉山　名儀　字子羽　肥後儒官
志賀皇都古荒凉已矣哉年々二三月依舊山櫻開
讀三國志　　沈草亭　名璠　蘇州人
草廬三顧為時憂王業儼然造益州二表已経誅篡
賊両朝共許接炎劉木牛北走岐山動石陣東開夔
水流五丈原前心力盡可憐少帝不知愁
題山水畫　　熊彌八　号鶴臺　長門人
圯橋通一水雲樹隔孤村無限此中意相逢両不言
仝　　原田直　字温夫　号東岳　豊後人

86丁ウ

閑居江樹裏瀑布貢名山有客来圯〻相逢自不還
過林梅皐宅　　左槙　字元幹　号鹿門　左右田尉九郎　肥後處士
去海陰雲霽未向濛々白日出黄梅南薫時拂朱絃
羅已道鉞裳翡翠来
述懐　　仝
弱齢不偶世託身翰墨林受質雖愚矣俛俛惜寸陰
青陽難可再交歓欲論心酌言酔金罍摘藻無所禁
偃蹇詩禮下荏苒日西沈忽借鴻鵠翼飄々遠相尋
廻飈為我駕狂瀾濶我襟朝発肥子國暮憩瓊浦潯

87丁オ

大厦競豪挙繁華同錦衾豈曰非楽土所求在剰金
上堂空叙懐吮吟理素琴已哉流水曲誰是為知音

留別諾君　仝

非有千金槖天涯任去留筑雲迎且出肥水咽還流
孤志期他日逢心悦旧游空濛瓊浦月到処動離愁

左君元幹自肥後至講経林家且有諸作因
賦寄贈　釋禹鱗　佐嘉人

曾聞鄒國動春聲忽入詩篇怪且驚千里戈従毫底
発雙龍氣向斗間生下和元抱荊山璧田鳳應題漢

87丁ウ

桂名歳月談経君不倦何妨湖海有逢迎

和禹鱗禅師見贈　左楨

誰過石橋聴水聲白雲渇絶轉堪驚摩尼宝鏡光忽
動方丈天華色倫生社裏猶傳賦詩客人間元識渡
杯名他時定起縦相見未須蓋輿事送迎

深交僊恵　雅涼　亮康氏　道琢之子

[illegible]

筑波山人　俗称石嶋與右衛門　湨園　俗皆川文蔵

88丁オ

寄提洲上人　信陽源通魏　中津医官

飛来杖錫海雲長衣鉢新懸佛日光林下梵殿宛豹
睡洲前説法竜王興断臂宵試芙蓉雪饒舌何嫌拍
樹霜欲向芳園窺色相天風吹散雨花陽

湖畔雁　的斎　豊田美作

[illegible]

雁　仝

[illegible]

兼　[illegible]

88丁ウ

[illegible]

詠櫻花　橘文龍　字淵蔵

此樹真希種皎花簇疊岑若非天后薫會是姮娥簪
漢客看相羨騒人来共尋春風三月穏猶有宿幽禽

寄朱緑池二首

遥截東洋浪桂棹此地留再游君不誤重譯我何求
毫奪春花艶気凝芳蕙幽豈図天際外此得一良儔
自有重游約心旌曳碧灘雲間背花雁江上繋舟鸞
室邇人還遠律厳語亦難　吾邦之法自非譯司禁與漢客語　聊尋同志旧

89丁オ

鄙懐託毫端

瓊江四時咏

磯上張春流江心漁艇漾彩霞遙射彼花嶼浮且朗
青嶂屹相環午潮衝石岸蟠根松影落海上龍蛇走
江控三韓水風波東晩騎飄然迷望裏木葉此漁艚
千頃江天晴凜風捲素濤方知呉楚容反作雪山看

朱緑池今歳回棹有留別瑤章時余狼病牀
間不得酬和且餞而別今春復繫纜於崎岸
因賦為謝

繫纜春穏再游催孤剣飄然踏海来范子結言言有
信（徃有再游約）病夫揮筆筆無才久疎偏羨不還雁回接何
労隴首梅翻憶昔時猶伏枕驪歌一曲不堪裁

天馬賦　　禾苗

唐（古一作）高君素取古画御馬。翹挙雄傑。感今無此馬。故賦。方
唐牧之至盛。有天骨之超駿。勒四十萬之数。而随方
以分色。馬此馬在其中以為鎮。目星角以電熒。蹄椀
踏以風迅。鬐龍鬣而孤起。耳鳳聳以雙峻。犀蓍建而
出歩。闌闔下而軽噴。但駿群。而不斯。擬秋風以獨韵。

鍋（一作塥）

若夫躍溪舒急。眉絮征叛。直突而建德（人名）項繫。横馳而
世充（人名）領斬。咸絶材以比德。敢伺厥致。各豈宵逐浪金
栗之推。故嘗下視八坊之駿。高標雄跨也。獅子攘狩。
逸氣下衰而晝夜矜穏。于緑風靡格頽。色妙才黏入
仗不動。終日如坏。乃得玉為銜飾。繡作鞍韉。赫棘粟
豢肉脹筋埋。其報德也。蓋不如偷盧盜。策蹇升紫。鑄
黄銅而吐水。画白澤以除灾。但覧駝垂節。就鼠伏防
猜。妒心雖属。駉号期諧。昔俛首以畢世。来伏櫪以負
懐。所謂落融傾盡。欠（一作冗長）伏常排。嗟乎若不市駿骨致龍
媒如此馬者。一旦天子巡湖右。升高嶽。掃四夷之塵。
較岐陽之獵。則飛黄褭腰躡雲追電。何所從而還来。
何所從而還来。

（僅字策字之上盜字之下ニアランカ）

五月菊　　高子浚（子泉 剛翠）

五月黄花玉露軽不知何處倚金莖薫風栽出東籬
色却愧當年隠逸名

昭君怨　　白石（名 姓新井字君美）

昭君在漢日不是受恩人却向胡天月猶憶漢時春

嗚呼忠臣楠子之墓

忠孝著乎天下日月麗乎天天地無日月則晦蒙否塞人心廢忠孝則亂賊相尋乾坤反覆余聞楠公諱正成者忠勇節烈國士無雙蒐其行事不可概見大抵公之用兵審強弱之勢於幾先決成敗之機於呼吸知人善任體士推誠是以謀無不中而戰無不克誓心天地金石不渝不為利回不為害怵故能興復王室還於舊都諺云前門拒狼後門進虎廟謨不臧元兇接踵搆殺國儲傾移鐘簴功垂成而震主策雖

91丁ウ

情疑字

善而弗庸自古未有元帥妬前庸臣專斷而大將能立功於外者卒之以身許國之死靡佗觀其臨終訓子從容就義託孤寄命言不及私自非精忠貫日能如是整而暇乎父子兄弟世〻篤忠貞節孝萃於一門盛矣哉至今王公大人以及里巷之士交口而誦說之不衰其必有大過人者情乎載筆者無所考信不能發揚其盛美大德耳

右故河攝泉三州守贈正三位近衛中將楠公贊明徵士舜水朱之瑜字魯璵之所撰勒代碑

92丁オ

文以垂不朽云

石碑乃高さ六尺八寸横壱尺八寸あつさ壱尺六寸かめ石なり石碑贔屓乃背にたてゝ贔屓乃幅弐尺長さ六尺八寸高さ幅石高さ六寸端外回り石なり中に桜石高さ二尺幅壱尺四方其外石囲ひありてさしわたしなかさ壱尺六方壱丈四面南東に敷いし地中とふかくほりて石槨をうつし棺中におさむ壱丈二寸乃角廟を設け廟乃正面に楠正成霊廟先國遠忘しるけも彼贔屓なくおきさとおふ

92丁ウ

石碑の前子孫これ見て御世にしかしきとける文字を人乃力とおかたしとすくむとも見てかたちの如くなしとげおかしとうつや

楠公墓記

天地之間唯有陽與陰而已矣人之生也雖俱稟二氣其為性也有屬陽者有屬陰者凡屬陽者其氣必清明清明則易知屬陰者其氣必昏濁昏濁則難測自然之理也故聖人之作易也雖陰陽不可不兩立然以有清濁之別淑慝之分遂以陽為君子陰為小

93丁オ

人嘗推此理以誠觀天下之人凡其為人也剛明正
直疎通洒落如青天白日無毫末可疑者必君子也
是屬陽之人稟清明之氣者也其為人也柔暗掩藏
隱伏狡獪如陰曀埃霧難測知者必小人也是屬陰
之人稟昏濁之氣者也於是又嘗從古人之中求陽
剛清明之君子則於漢得諸葛武侯於唐得顔文忠
公於宋得范文正公與文丞相求之本邦則如楠正
成公亦茲若人之儔乎楠公者本朝之忠良而振古
之豪傑也吾邦歴代名士出乎其右者蓋罕見其比

其忠義勇智抜之異域之英俊恐可無耻也若夫愛
君憂世之心足以動天地感鬼神貫人心耀古今聞
公之風者百世之下莫不感激而仰慕非公之忠誠
豈能如此乎可謂眞大丈夫也彼兄弟父子蹉跎戰
死而不遂其志可勝歎哉可謂有子有弟也其履歴
戰功載在傳記今不暇枚擧惜乎擧世唯知其為良
將而未知其為賢哲也今茲暮春余發自京師將歸
于故里偶阻西風泊舟於摂州兵庫摂衣下船陸行
到湊川北而見公之墓在平田之中榛莽蕪穢無埏

隊無墳封又無碑碣塋上唯有松梅二株悲風蕭々
春草青々余歔欷良久祇囘不能去忽謂今無硯石
如此恐後世或不識為公之墓古墓犂為田松梅摧
為薪未可知也於是託兵庫館人繪屋氏欲建小石
碑於其塋上願與彼為營計而去焉予皈郷自顧念
公之偉烈洪名不待區々之揄揚而明矣若今欲稱
述彼德業勒之石碑非老于文學者則不能也且吾
儕微賤而立石碑於他邦恐不能逃僭率之罪終改
悔而廢其事且送書於兵庫館人令毀彫刻然感歎

之餘不能默止頗託其所懷以俟後人之叔建而已
矣

寛永戊申十月日　　損軒貝原篤信謹書

跋槎行記

唐顧況有言凡遊山水若無卷軸何異飛鳥一翼有
味哉斯言可以與勝士論而難為俗士言何則苟非
胸中有奇思安能作奇景之品藻故胸有萬卷書者
必能行萬里道目讀天下好書者必能見天下好山
水是以陸賈有南中行記王文考有廣陵圖經羅含

有湘中記。劉澄之有永初山川記。陸廣微之呉地記。
朱輔之蠻溪叢笑。呂祖謙之越記。方鳳之金華遊録。
皆行橐之遺物而山水之卷軸也。至於范成大周必
大輩。則毎發軔必有行記。如所謂呉船録驂鸞録攬
轡等。范石湖之奇思與奇景相發。如九華山録廬山
後録呉郡諸山記等。周益公之品藻不愧佳境。本邦
辭容亦有此物也。率有轡馬之役。則必有一部好文
字。要不為顧秘書笑。然而其中求奇思與奇景相副
者。則唯有貫之阿佛二記行耳。如其餘不作而可也。

95丁ウ

予私憾二書之孤行。頃得宮川先生所著船中行紀。
始知後世有一連翁。顧其山水之為卷軸也。宜称継
紀阿之絶響也。先生別號何求。若州人。家世武弁。有
閥閲乎國而来。仕本州。言行頗信乎士林。往歳州牧
覲于江府。何求扈従舟中。時侍談笑。以患宿疾。帰自
伏見。帰路蒙命遊京師。語在行紀中。既帰而吟詠為
巻。勝境幽趣。鼓舞筆端。讀者飄々有駕長風之意。先
生平日無辭藻之聲。人皆謂淳篤好古者。未嘗知有
如是之奇思。想其胸中錦繍蔚然。山海神霊潛窺之。

96丁オ

而先生遂不得黙乎。雖然此特出一二耳。其不出者
嗚呼我當何如也哉
寶永戊子二月下旬　　神屋亨謹題

96丁ウ

勉斎遺稿

長崎盧驥千里著　　男　昌文　編

祝陳怡山五十五壽 戊午霜月二十五日

弧矢懸天正唯君仙骨清良方傳海上到處活蒼生

初冬同北社友遊茅山観

相伴疎林外悠然坐草堂清閑偏遺興詞學步虚長

題古梅園新製方圓二大墨

誰製玄霜大似輪仙家昂裏煉来真一團龍劑温如
玉磨出精華長有神 大玄 鴻寶

97丁オ

方玉名傳松氏来玄光紫彩映
鑾臺二墨備両宮天覧桂林新識松煤貴大愧文章轉啻哉方壺真人

和變庵沈夫子紅葉韻
丹楓霜染満林新織就天機妙入神目断遠山情不
盡崎江還作楚江春

上元後一日喜田見龍見訪即席分韻得牀字
今日欣逢君見訪悠然携手坐聯牀茅堂笑傲無他
事際此陽春酔碧觴

次韻酬見龍兄

97丁ウ

曾酒催来引一觴一團和氣満牙牀與君吟句還拈
韻白雪歌高字〻香

春日泛江輔仁堂即席得微韻
日暖風軽生浪微水鷗遠近自飛〻扁舟乗興澄江
晩欸乃聲中載月歸

白牡丹
雪作衣裳求作膚粉粧凝艶太真倶天香原匪人間
物疑是瑤臺挺玉壺

暮春
春色難教園内關落花片〻満庭斑東風吹断踈簾

98丁オ

外燕子啣泥長日間

再用原韻白牡丹酬僧岫雲岫雲名湖音高来郡人
國色漫〻富碩膚洛陽聲價與誰倶天姿欺雪瑤臺
下聊葱幽香洒酒壺

和僧蘭亭白牡丹韻
名花満苑冒霞開吟艶素粧承露盃不用韓郎紅碧
巧渾然風彩自然来

代國玄侃賀山本氏新補書記
書記翩〻舊有聲藜光数丈耀金城知君殿最功斯
大占断蟾宮第一名

98丁ウ

裏表紙裏

裏表紙

解説

盧氏の系譜

若木太一

はじめに

『長崎先民伝』は、盧草拙とその養子千里の二代にわたる親子によって編纂された。そもそも長崎の盧氏は閩（福州）の延平から渡来した盧君玉の系譜に連なる一家である。二代目は盧庄左衛門、三代目盧草碩、その四代目が盧草拙である。草拙の遺志を継いだ五代目の千里は長崎の医師栗崎道意の子で、草拙の養嗣子となった人物である（系譜略図参照）。

長崎における盧氏は、渡来人盧君玉が「住宅御免」と認められたところから始まる。寛永五年（一六二八）、長崎奉行水野河内守の時代である（「本邦盧氏系譜」）。

近世初期の長崎には、とりわけ明清争乱時に渡航した者が少なからず存在し、やがて日本女性と結婚し家族を持った。かれらは奉行に願い出て「日本住居唐人」（住宅唐人）として定住を許されたのである。『長崎実録大成』（第十巻）には三十五家が記されている。盧氏もそうした一家であった。

『長崎先民伝』（以下『先民伝』と略称）を企画したのは盧氏四代草拙である。「先民」とは古しえの賢者をいう（『詩経』大雅・板「先民言有り〜」『文章達徳綱領』巻之三）。草拙は身近かな長崎の先賢を埋もれさせないためにと資料を収集し編述を進めた。しかし業半ばにして享保十四年（一七二九）九月九日に病没した。五十五歳。千里はその遺志を引き継ぎ、草稿に加筆、修訂を加え、享保十六年（一七三一）にその稿を成し遂げた。千里が二十五歳の時であった。そのいきさつは千里が『先民伝』「自叙」に記すところである。

その他、君玉が明国から渡来して以降、盧氏の系譜や事歴を記す主な資料や研究文献には次のものがある。

1、『盧氏文書』上下、写二冊（九州大学附属図書館記録資料館九州文化史資料部門蔵、古賀文庫／37・38）。玉園散人

盧氏系譜略図（筆者作成）

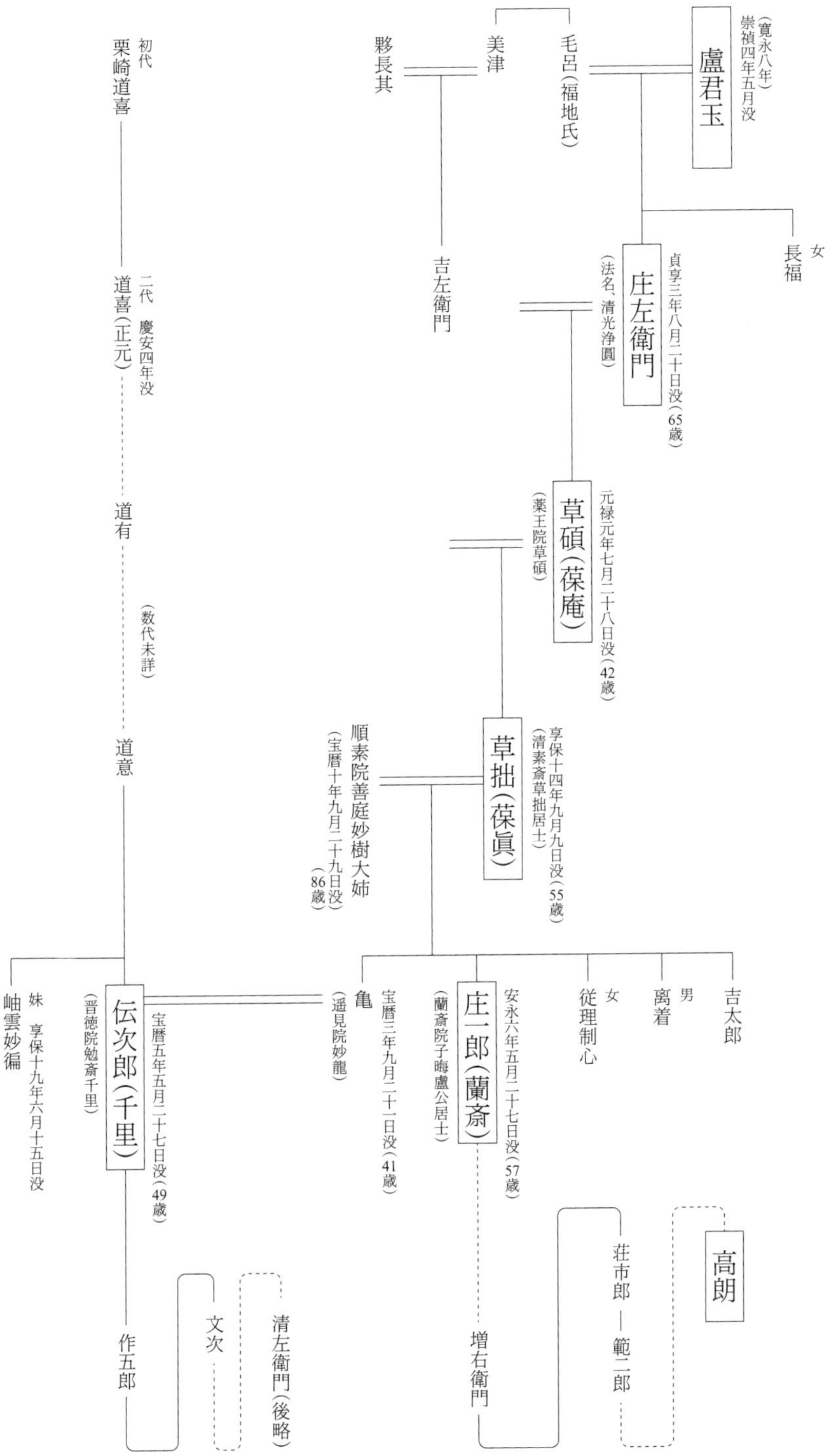
盧君玉
崇禎四年五月没（寛永八年）
女
長福
毛呂（福地氏）
美津
夥長其
吉左衛門
庄左衛門
貞享三年八月二十日没（65歳）
（法名、清光浄圓）
草碩（葆庵）
元禄元年七月二十八日没（42歳）
（薬王院草碩）
草拙（葆眞）
享保十四年九月九日没（55歳）
（清素斎草拙居士）
順素院善庭妙樹大姉
（宝暦十年九月二十九日没）
（86歳）
吉太郎
男
离着
女
従理制心
庄一郎（蘭斎）
安永六年五月二十七日没（57歳）
（蘭斎院子晦盧公居士）
亀
宝暦三年九月二十一日没（41歳）
（遥見院妙龍）
伝次郎（千里）
宝暦五年五月二十七日没（49歳）
（晋徳院勉斎千里）
妹
享保十九年六月十五日没
岫雲妙徧
初代
栗崎道喜
二代
道喜（正元）
慶安四年没
道有
（数代未詳）
道意
高朗
荘市郎
範二郎
増右衛門
清左衛門（後略）
文次
作五郎

（古賀十二郎）撰。

上は明治四十二年盧高朗著「盧氏系譜（「本邦盧氏系譜」）」、下は盧家所蔵書翰を書写した「長崎先賢書翰集」。いずれも罫紙に墨書。筆跡は古賀十二郎。古賀は盧家に伝来する資料（系譜・書翰類）を閲覧、筆写（模写）し上下巻に収録した（古賀収集の史・資料は、その没後に長崎歴史文化博物館と九州大学附属図書館記録資料館九州文化史資料部門に分割収蔵）。本書口絵参照。

2、『盧氏文書』上下、写二冊（長崎歴史文化博物館収蔵、渡辺文庫／12・13／299）。原稿用紙にペン写本。1の『盧氏文書』（古賀十二郎写本）のうち上下巻を抄写したもの。

3、『本蓮寺過去帳』（長崎歴史文化博物館蔵、写本。渡辺文庫／316／13／237）。

4、宮田安『唐通事家系論攷』（長崎文献社刊、一九七九年）。

5、李献璋『長崎唐人の研究』（親和銀行刊、一九九一年）。

右の資料について簡略に記しておく。

『盧氏文書』の内「本邦盧氏系譜」（上巻所収）は、日本へ渡来した盧君玉以下の系譜を記す。『盧氏文書』（「本邦盧氏系譜」その他）は高祖父君玉↓曾祖父庄左衛門↓祖父草碩のように代々伝聞された事柄を草拙が記したものらしい。それを千里が受け継ぎ、さらに子孫（九代盧高朗）が代々記事を書き加え、伝来したものと推測する。上巻の「葆庵及草拙自撰書目其他」（古賀十二郎が「著述目録トイフヨリモ却テ所蔵書目」と朱書）や下巻の「長崎先賢書翰集」の草拙宛書翰類はそれらの一部である。つまり『盧氏文書』上下は、盧家伝来の資料を郷土史家古賀十二郎（号玉園）が書写、記録したものである。渡辺文庫本は右古賀本のペン写本である。なお、原資料については未詳。

『本蓮寺過去帳』は盧家の菩提寺、聖林山本蓮寺（日蓮宗。長崎市西山町八十二番地）の過去帳。草拙の祖父庄左衛門以下盧家の人々の法名、没年等を記す。盧草拙、千里らの墓碑はすでに失われている。なお千里を祖とする向南山観善寺（真宗。長崎市上筑後町五十番地）の盧氏別家墓地については宮田安『唐通事家系論攷』に報告がある。李献璋『長崎唐人の研究』も墓地調査を加えた基礎的な家系調査。いずれも有益な基本資料・文献であり、本稿もこれらを参照した。

一　渡来人盧君玉

『先民伝』自叙（巻下所収）に盧千里は次のように先祖のことを記している。

盧氏の先は姜斉為り。後裔嘗て采を盧に食む。因つて氏とす。世よ范陽に居る。所謂る范陽の盧氏是れなり。中世徙つて南剣に居る。子孫聯綿として、延んで高祖君玉に至る。朱明の時に当つて閩の延平に生る。万暦中に、海に航して崎港に来り、流寓多時、崇禎四年、明に回つて歿す。（原漢文）

盧氏の先祖は姜姓で斉（前一一二二～前三七九。現在の山東省一帯）の太公望（呂尚）の子孫であったという。斉文公の子高、その孫の代に斉州の盧城を領有し、その地名をもって氏とした（『通志』氏族略）。その後一族は数世代にわたり范陽（河北省）に居住した。これが范陽の盧氏である。中世に至り、一族は南剣（福建省南平縣）に移り住み、子孫は連綿とその地に居住したという。この家系の伝承は、君玉、庄左衛門、草碩に伝えられ、さらにこれを草拙から千里が伝え聞いたものであろう。すでに紀元前以来の伝承である。いま祖籍（未確認）に遡ってその後の具体的な経緯を確かめえない。

盧君玉の長崎渡来については「本邦盧氏系譜」に次のように記している。

盧君玉　別三府。明福建延平府沙県人、我慶長十七年始到長崎、寓浦木新左衛門家。後得官許家東中町。此為本邦盧氏祖。既而娶福地氏［福地氏名毛呂、肥之島原口津人福地新五兵衛女也。初邑有明客夥長者姓氏／不詳、新五兵衛養為子、配以女、生男吉左衛門。新左衛門（ママ）女美津・毛呂、新左衛門出為親戚、浦木氏嗣君玉以与夥長相識寓浦木氏、遂娶其妹也。］生二子。復入明、崇禎四年辛未［我寛永八年］五月、卒于福建。明帝贈沙県学士盧三府。

（［　］内は朱筆）

高祖君玉（一六二二～一六八六）長崎盧家の祖となる君玉は福建省閩江の北、延平府沙県（南平県の西南）の人である。わが国の慶長十七年（一六一二［明・万暦四十］）に長崎に渡航した。渡航の理由は定かではないが、明帝から「沙県学士盧三府」（沙県知事の補佐をする地方官）の称を贈られたとすれば、おそらく明清争乱を避けた渡航であった可能性が高い。
初め浦木新左衛門家に寓居、寛永五年（一六二八）、奉行水野河内守に官許をえて長崎の東中町に住んだという。奉行から住宅唐人を許されたからである。島原口之津の福地新五兵衛の娘毛呂を妻としたのはそれ以前であろうか。それまでの経緯については朱筆の書き込みがあるが文意が通りにくい。そのいきさつは次のように解されようか。

前後は定かではないが、島原口之津に来港した某「明客夥長」（明国から渡航して来た夥長（ホウチャン）［水手の長、按針役］で姓氏未詳）を福地新五兵衛は養子としていた。福地家には美津と毛呂という二人の娘がいた。それに姉の美津を配し男子吉左衛門が生まれた。浦木氏は君玉を養嗣子としており、君玉は某「夥長」と相知る間であった。そのような縁で妹毛呂を娶ったという。不明の点が多いがこう解しておく。

和暦の寛永八年（一六三一年、崇禎四年）、君玉は明に帰国して福建で没した。明清戦乱中の故国でいかなる運命をたどったのか、その最後は未詳である（「本邦盧氏系譜」）。

二代庄左衛門（一六二一〜一六八六）　君玉と毛呂の子で庄左衛門という。また一女長福があった。庄左衛門は元和八年の生まれ（没年から逆算）。幼名二孫、また太郎作といった。母に育てられ、華音を良くし、寛文六年（一六六六）に唐内通事となった。庄左衛門は貞享三年八月二十日病没した。六十五歳（『本蓮寺過去帳』「八月廿日　一清光浄圓　内中町盧草碩父六拾五才　導師日逗」）。

三代草碩（一六四七〜一六八八）　千里の祖父にあたる。正保四年の生まれ（没年から逆算）。幼名を徳兵衛、諱玄琢、号葆庵という。千里「自叙」によれば岩永宗故（そうこ）に初学し、万治元年（一六五八）、小野昌碩（しょうせき）に就（つ）いて医学を学んだ。その後、延宝元年（一六七三）三月、上京し桂草叔（医師カ？）の門に遊ぶ。同年冬十二月に帰郷し医業をこととし良医と評判された。さらに小林謙貞（一六〇一〜一六八四）に従って天文・輿地及び運気の学（易学）を修めた。その業を受ける弟子たち若干人があった、という。『盧氏文書』上「葆庵及草拙自撰書目其他」に『葆庵随筆』の書名がある。草碩の著述のようである。また、福山徳順は草碩に本草学を学んだという。『先民伝』〈医術〉福山徳順について「本国、本草に通ずる者無く唯（ひと）り盧草碩是の書を考究して『薬性集要』を作る」という。[1] 延宝年間に大坂へ出てその学を広め、業とする弟子も多かったという。加賀の稲生若水らはその流にあると伝える。

元禄元年七月二十八日没、四十二歳。法名を「薬王院草碩」と称した（『本蓮寺過去帳』「七月廿八日／一薬王院草碩　内中町盧草碩歳四拾二　寺内江送　導師日逌」）。

二　『先民伝』の編著者——盧草拙——

四代草拙（一六七五～一七二九）　延宝三年四月二十七日生まれ（『盧氏文書』上）。千里の義父で『長崎先民伝』を企画した人物。幼名卯三郎、また平吉、通称元右衛門。名元敏、号清素軒、また葆真という。千里の『先民伝』自叙によれば、幼時に母、十四歳のとき父を失い、困窮し祖母に養育された。生来軟弱で多病、読書を好み独学し、天文学を関庄三郎に、国雅（日本古典）を「高子」（高田宗賢）に学んだ（『先民伝』巻之下、高田宗賢の条に「余が父草拙亦之に従って学ぶ」と記す）。博覧強記の誉れがあり、十七歳の時には経書を講じ、医業を講習した。苦労の中、多くの弟子をとって生計をたてたという。また陳厳正（ちんげんせい）（唐大通事潁川四郎左衛門）・大江宏隆（おおえひろたか）（国学者大江操軒）らを友人とし交遊した。

三十九歳の正徳三年（一七一三）、奉行駒木根肥後守・大田備前守の時、聖堂学頭を命じられ三年勤めた。四十一歳の同五年（一七一五）、正徳新令が発布され唐船に信牌発行が始まった。唐大通事彭城素軒と彭城藤治右衛門が認め方を仰せつけられ、その年聖堂祭酒向井元成とともに信牌渡立会（しんぱいわたしたちあい）に任じられた。向井元成が元禄十二年以来、信牌割方について手続きを委ねられていたことによる。また享保元年（一七一六）には書物改添役を仰せ付かった。

また『先哲叢談後編』巻之三には「清館ノ訳士」（唐人屋敷出入りの唐通事）を勤め、岡島冠山と交友があり、「平生素樸を甘んじ清浄を尚ぶ。晩年道教を好み、三教の要を弁ず」といい、『天地一指編』、『喭囈録』（がんげいろく）を著したことを記す。前者は未詳、『喭囈録』（がんげいろく）一巻は享保九年（一七二四）、草拙五十歳の時の著書である。見返しに「盧清素先生著／喭囈録／柳枝軒蔵板」とあり、「喭囈録序」がある。日付は「享保甲辰（九）年冬至日　盧草拙譔」。号の「清素斎」は清浄で潔白を信条とする生き方を示す（本書口絵参照）。

今の儒者と称する者、皆宋儒の流にして、前に漢唐諸儒あり、後に明儒有るを知らず。而して偏へに宋儒に囿（かぎ）り、周孔の骨髄を得たりと謂はんとす。まさに此の時に当たって、未だ六経を治め、経済の用を為す者を見ず。又釈氏の若きは本天竺より出ずるも、今の学者竺土の俗を知らざるなり。（原漢文。後略）(2)

「喭囈録」とは寝言の記という意味で、生活の中で自然に想起する思いを述べたもの。草拙は、近ごろ世間の儒者は宋学一辺倒で経国済民にうとく、仏教学者は天竺の実態、風俗の詳細を知らず、偏った思想や教学に陥って議論のみに終始していると批判。自らは医家の業をもとに道家の理想を語る。道家は日本の神道のごときものとし、本来「上は泰皇を肇とし、中ごろ黄帝を創り、下っては老君に伝う。而して医卜・図讖・符籙・呪術・種種法、之を攝せり。其れ道徳南華諸篇の如きは、乃ち是れ道家の理学なり」と唱え、虚心に真の三教の旨を究めるべきと説く。漢唐諸儒の経済論、宋儒の性理学、諸宗派の仏説の議論を展開し、具体的にその可否を論じつつ、道教を主とする三教同根的風説を称揚する。必ずしも堅固な思想というものではなく、泰皇（天皇、地皇に続く人皇）のもと、自然と人間の調和を理想とするありようを述べている。草拙の経験に基づく信仰的な論理といえようか。

ふりかえれば、草拙は妙見菩薩の「霊符身体」（「太上秘法鎮宅霊符」）を所持し、若い頃から家内に安置し数年来信仰していた。妙見菩薩は西北辰菩薩ともいい、北斗七星の本地として神格化されている。これを祀るために草拙は、享保二年（一七一七）八月、町年寄後藤惣左衛門・薬師寺又三郎に宛てて所有する西山村の地に小祠建立を願い出ている。(3)奉行石河土佐守に願い出て許され、代官高木作右衛門ら八名の協力者をはじめ役所、諸民から金銀の寄金があり、享保四年（一七一九）八月本社造立がなった。そして九月一日に諏訪神社祠官青木永弘が遷宮の祭儀を司った。すなわち現在の西山神社（長崎市西山町一丁目三〇）である。草拙が四十三歳のときであった。大江宏隆は、草拙が聖堂学頭に抜擢された立身について「偏ニ北辰尊星之擁護御冥加」（『盧氏文書』下、正徳三年二月四日付盧草拙宛大江操軒書翰）と称えている。大江宏隆は神道者だが道教を信奉し、田上に道観真武廟（「崇玄観」）を建てた人であり、親交があった。

妙見社は百八十段余の石段を登る西山村上山の中腹にある。三つの鳥居（一は代官高木氏寄進、二は松永霞酔寄進、「上真観」の題額は奉行日下部丹波守筆、「妙見」は書家の唐通事陽其明筆、「垂祐」は林邦彦筆）を経て社殿が建つ（現社殿は大正十一年に改築）。境内には盧草拙がジャワ渡来の種を植えたと伝承するザボンの木があり、現在も果をつける。

『長崎名勝図絵』巻之四（北辺之部）には右の経緯を記し、草拙の詩「題渾天儀」や「宝永七年庚寅閏八月九日夜戌至寅点灯焚香遙拝北辰因賦一律」の詩を掲げる。宝永七年（一七一〇）八月九日、草拙三十六歳の時の作。

妙用巍然叵量測　　妙用巍然として量測し叵し
見前仰覩在玄天　　見前仰ぎ覩れば玄天に在り
星光赫々照千古　　星光赫々として千古を照らし
神徳洋々流億年　　神徳洋々として億年に流く
太儀斡旋開造化　　太儀斡旋して造化を開き
一元消長属陶甄　　一元消長して陶甄に属す

真心全得堅身守　真心全く得て堅身に守り
人世安栄続々伝　人世の安栄続々として伝ふ

北斗星の神妙のはたらきは測りがたい。輝いて千古を照らし、その神徳は永遠に続く。万物の根源である太極が自然を開き、大本が消長して万物を化成する。北辰の聖王は真心を堅く守り、人世の安栄が永遠に続く、と。北辰すなわち妙見菩薩に祈念した詩である。草拙の北辰信仰の並々ならぬ思いが吐露されている。渡航唐人の江大楯や孫輔斎が寄せた詩もある。前掲した草拙五十歳の著作『噂蠻録』は、妙見社建立などの経験をふまえ、自らの経験的論理を試みた書と見ることができよう。

享保四年（一七一九）、草拙四十五歳の正月、奉行石河土佐守在勤の時、江戸へ参上した。天文方御用につき大島雲平（以興、のち近江守）の取次でひと月滞在して御用を勤め、白銀五枚を褒美としていただいた。『盧氏文書』下には道中日々の宿泊地や出会った人々のこと、江戸滞留中の諸事を事細かに記した消息を収録する。それらによれば、草拙一行五人ほどは一月に長崎を発ち、二月三日京都着、江戸から出した同年二月二十日付け宮地喜八郎宛盧草拙書翰には二月十七日七ツ時に江戸へ入り、長崎屋源右衛門から借宅の本石町四丁目富士屋長左衛門の借家へ落ちつき、同十七日に日下部丹波守、十八日に石河土佐守、「十九日ニ大島雲平様御方へ召し出され候而／西川如見老も一同ニ御出候て／段々御尋被成御座候。其の帰りニ深見新右衛門様へ参り御父子様共ニ家内子共ノ事迄御尋被成候」（『盧氏文書』下）と書いている。このおり高玄岱は七十一歳、直前二月十四日の大火にも遭って、八畳敷きの長屋住まいの中で歓待してくれたようである。

宮地庄兵衛宛三月二十六日付草拙書翰によれば、江戸での御用が済んで三月七日に御暇を命じられ、九日に西川如見老とともに白銀五枚宛拝領した。同月十五日に江戸を発足、京都を経て三月十七日に小倉に着き、四月に帰国した。その後も草拙と新右衛門（玄岱）は書翰で学問、公務、私事にわたり往復している。玄岱と草拙は二十六歳も年齢の差があるが長崎居住時から深い親交があった。また玄岱は、江戸居住後も病弱の妻や自身の薬餌を草拙に尋ねている。

高玄岱（一六四九〜一七二二）は、六十一歳の宝永七年（一七一〇）二月二十五日、儒者として江戸に召された。新規に御切米二百俵を賜り、同二十九日束髪し名を新右衛門と改め、三十一日に御目見を得たことなど、草拙に宛てて精しく書翰を送っている（『盧氏文書』下）。その前年宝永六年十二月十一日には、台命を承った日を記念し浦上山里村岡尾崎「白髭明神祠」記を書き送ったりしており、交友の親密さが知られる（『長崎名勝図絵』巻之三、西辺之部）。

享保七年（一七二二）八月八日、高玄岱は江戸の自宅で病没した。七十四歳。草拙は四十八歳である。玄岱の三男深見有隣（久太夫、新兵衛、号但賢。一六九一～一七七三）が『大清会典』の和解を命じられて前年に長崎に帰郷しており（享保六年十月廿四日付、青地蔵人宛室新助書翰『兼山秘策』第五冊）、草拙は唐通事の彭城藤治右衛門・彭城倫左衛門・二木幸三郎らとともにそれに従事した。大部の書の解読であり沈燮庵、朱佩章ら唐人を迎え、その意見を参考に享保十二年に終了、有隣は五年を経て江戸へ戻った。同年六月二十一日、草拙は二十一歳の娘を亡くしている（『本蓮寺過去帳』「六月廿一日／従理制心　内中町盧草拙娘　弐拾壱　寺内へ土葬」）。

享保十四年（一七二九）九月九日、草拙逝去、五十五歳。法名は清素斎草拙居士（『本蓮寺過去帳』「九月九日清素斎草拙居士　内中町盧草拙　歳五十五寺内土葬　日実」）。

草拙は長崎で生まれ育った渡来人三世である。高祖君玉の故国は閩江の北、延平であるが、長崎は自らの生れ故郷である。『長崎先民伝』の構想は心中に高まっていたと思われる。渡来人の功績をはじめ、併せて先賢たちを顕彰する記録を残すべきと考えた。口碑や史・資料を収集し、交流する知人たちの事蹟や、記録を書き留め始めていたようである。『盧氏文書』上巻には「葆庵及草拙自撰書目其他」として次の書目を掲げる（傍線、ゴチックは筆者）。

性理選問　武富山記　唐一行伝　吟園　西吟　劉素軒集　同詩　高天漪集　同詩　濰々子集
同詩　幻民遺稿　崎陽文集　同詩　薬性集要　稽拠録　本朝史纂　拙存集　音義録
詩海一掬　字便五本　瓊浦集正続前後別雑　輿地外記二本　長崎編年図　韻鏡口訣
清素漫録　釈氏名目　梵本草　**葆庵随筆**　百家名目　質問録　大清順康文　経史子集目二本
天文考索　輿地提綱　古文套語　黄老字義　耳食録二本　五古遺塵正続二本　天文権衡　不許人
林下雑録　**清素枕書**　**清素手鈔**二本　天文秘括　暦家秘括　暦法入式　信手劄記　詩筒　雑纂詩話
詩套　**清素詩集**三本　明朝人物志　続老子　**清素心書**一本　非如語一本　古今流芳録　続仏書録
推歩記　訓字箋　韻学通旨　南京唐話一本　漳州唐話一本　聯珠字纂二本　書籍大意　新度書目
本草絹余　三教全旨　捜聞録　賀蘭地志　紅毛訳話　緯度暦補　渾天象数　梵書考　太乙名義一本
円頓章解一本　**清素筆記**一本　療科言機一本　七音通略　大清編年図一本　本地垂迹弁　和漢紀文　航海録
性相義解　三教九流人物志略

これらの書目については「本邦盧氏系譜」など『盧氏文書』類の記録をまとめた後裔の盧高朗は「以上皆不伝家」と記す。明治時代にはすでに散佚していたのか。またこれらの書目について古賀十二郎は「著述目録」というより、盧家の「所蔵書目」というべきものと朱書する。

このうちゴチックの『葆庵随筆』は草碩の著書、『清素漫録』『清素枕書』『清素手鈔』『清素詩集』『清素心書』『清素筆記』などは草拙の自著であろう。また『天文権衡』『天文考索』『輿地提綱』『天文秘括』『暦家秘括』など天文・暦学・地誌の類は、それを専門とした草拙所持本の可能性が高い。また傍線を引いた『薬性集要』は草拙の父草碩が著した薬学書である。『劉素軒集』『同詩』は唐通事彭城仁左衛門の詩文集、『高天漪集』『同詩』は先輩の高玄岱の詩文集、『熙々子集』『同詩』は興福寺下で唐話塾を開いていた塵隠熙々子すなわち国思靖（上野玄貞）の詩文集と認められる書物。これらが伝存していれば唐通事たちの文事や交遊を知ることができたのではないかと、その遺失が惜しまれる。また『韻学通旨』『南京唐話』『漳州唐話』の類は通事職に必要な書籍である。これらも現存を確認できない。『書籍大意』『新度書目』は聖堂で書物改添役をしていたころの書写本であろう。この書目には『長崎先民伝』著述のために集めていた書物が少なからず含まれているであろう。さらに養子千里の医書なども紛れているに違いないが、判別できない。

三　『先民伝』の編著者――盧千里――

五代千里（一七〇七～一七五五）は、先名千之助、のち伝次郎、諱元驥、字千里、号勉斎、また蘭圃とも。盧草拙の養嗣子で、実父は長崎の医師栗崎道意という。栗崎家は栗崎道喜を初代とし道有の名を代々引き継ぐ南蛮流外科医の総称である。(4)『先民伝』〈医術〉の条にも道喜の息子栗崎正元、道有（正家）の子道有（正羽）を掲げている。しかしながら栗崎流を名のる外科医には弟子筋も栗崎姓を名のる場合があり、血族か傍流か判明しない。千里の実父として江戸に召された道有（正羽）も考えられるが、栗崎家菩提寺『皓台寺過去帳』に記す寛保三年（一七四三）「五月／廿八日　万屋町　栗崎道意　円山道意居士」をここでは想定しておく。なお後考を期したい。

草拙が千里を跡継ぎとしたのは、草拙には実子があったが病没し（『本蓮寺過去帳』「正徳三年／九月廿九日／一离着　内中町盧草拙男子四才寺内へ　同本察」）、享保六年生まれの二男庄市郎（季業）は幼児であった。それで向井元成の門人で人柄も良いということで、千里が娘亀の婿として迎えられた。享保九年（一七二四）のことである。

正徳五年（一七一五）九歳のとき「堀・何二氏に従って句読を習ひ」（自叙）という。初学はオランダ通詞の堀氏、唐通事の何氏につき、享保五年（一七二〇）十四歳のときには黄檗僧の謙光寂泰（一六七八～一七四六）について詩文を学んだ。

享保十年（一七二五）八月二十三日、十九歳で稽古通事を仰せ付かった（『訳司統譜』）。父の功績で「訳学に充てらる」（自叙）という。おそらく草拙が天文御用の儀で江戸に召されたことをさすのであろう。千里はこのころ長崎に渡航中の医師周岐来、儒者沈爕庵に経書を学んだ。周岐来（名は南、号慎斎）は蘇州府崇明の医師で享保十年来船、同十二年に帰国した。その後享保十八年に再渡航し、唐人屋敷滞在中に『先民伝』に序文を書いてくれた。沈爕庵（名は丙、字燈煒）は浙江省杭州府仁和の人で、同じく招聘されて『大清会典』解読に助力した。滞在中の千里の師であり、親交もあって、序文を贈ってくれたのである。

享保十二年（一七二七）、この年二十一歳の千里は、草拙から『長崎先民伝』著述の志がある事を伝えられた。「わが盧家は高祖君玉以来、六藝（易・詩・書・礼楽・春秋）をもって知られた家柄である。しかるに私は老いて何も功を成しえなかった。長崎は小邑であるが元亀以来忠臣・孝子・文学・技能の人士を多く輩出している。彼らの功績が朽ち滅ぶことがないように書き残そうとしたが、公務に忙殺され、いまだ志をやり遂げていない。汝の心にこの事を留めおいて欲しい」と。千里はこれを再拝して承け、草拙を助け、古老に問い、家乗など資料を蒐集し、『先民伝』草稿の増補に努めた。しかし草拙は、二年たって原稿が未完成の中で病没した。その後三年をかけて享保十六年十月に原稿の編述が成就した。千里が二十五歳のときであった。

享保十六年（一七三一）十月十一日、千里は小通事末席、寛保二年（一七四二）小通事並、翌三年七月十五日小通事を仰せ付かった。義父草拙の遺志をやり遂げ、宝暦五年（一七五五）五月二十七日、千里は死去した。四十九歳（『本蓮寺過去帳』「五月／廿七日／晋徳院勉斎千里　内中町盧伝次郎事四十九歳境内土葬　日応　雲嶺」）。

なお享保十九年六月十五日には千里の妹が亡くなり（同『過去帳』「岫雲妙徧　内中町盧伝次郎妹　寺内土葬」）、宝暦三年九月二十一日には千里の妻も亡くなっている（同『過去帳』「遥見院妙龍　内中町盧伝次郎女房四拾一歳　寺内土葬　日応　玄通」）。

盧家の系譜は、享保六年生まれの草拙の実子季業（前掲）が継ぎ、五代目盧庄市郎を名乗った。六代増右衛門―七代荘一郎―八代範二郎―九代高朗―と続き、明治に至る（「盧氏の系譜」図参照）。

盧千里はその後別家を立て、作五郎―文次―清左衛門―作太郎―駒之進―恭平―安之進と続く。

四　『長崎先民伝』の刊行

『先民伝』には元文四年（一七三九）季秋（九月）筆の福岡藩儒、竹田春庵の序がある。そのころ千里は『先民伝』稿本と贈物を添えて、たびたび書翰を送っている。享保末から元文四、五年ごろにかけてのころと思われるが、序文執筆の依頼を再三出している。その往復を示す書翰が『春庵文稿』巻十三「復盧千里」があり[5]、また、「十月廿七日／春庵竹老先生大人」宛盧伝次郎書翰も紹介された[6]。これもその間のものと推測されるが、父草拙の宿志を成就し「梓行然るべき」と示唆され、年暦・事実の相違など親切な教喩に感謝し、さらに大望の序文の執筆を懇願している。

なお、序文執筆に際し送付された千里稿『先民伝』があり、さらに途中の修訂本、書写本などが複数存在する（「『先民伝』の諸本」参照）。

そして時が流れ、大田南畝の門人鈴木猶人所持本をもとに原念斎校『長崎先民伝』が東都書林慶元堂から刊行されたのは文政二年（一八一九）五月。草拙没後九十年、千里没後六十四年のことであった。

盧草拙・千里略年譜

延宝三年（一六七五）【1歳】　四月二十七日、卯之助（草拙）、盧草碩の嫡子として長崎内中町（うちなかまち）に生まれる（『盧氏文書』上）。

元禄元年（一六八八）【14】　七月二十八日、父草碩没、四十二歳（『本蓮寺過去帳』）。この間、苦学し諸人に私淑し、天文学を関庄三郎、国雅を高田宗賢について学ぶ（『長崎先民伝』下）。

宝永四年（一七〇七）　＊千里、栗崎道意の子として誕生（1）。

宝永六年（一七〇九）【35】　八月二十日、西川如見の『虞書暦象俗解』に跋文を記す。

宝永七年（一七一〇）【36】　四月八日、江戸に儒者として召された深見元岱から新右衛門と改名した書状が届く（四月八日付草拙宛元岱書翰『盧氏文書』下）。九月十四日、草拙子吉太郎没、三歳（『本蓮寺過去帳』）。

正徳三年（一七一三）【39】　一月十八日、長崎聖堂学頭を仰せつかり、以後三年勤める（『盧氏文書』「本邦盧氏系譜」）。

九月二十九日、草拙男子没、四歳（『本蓮寺過去帳』）。

正徳四年（一七一四）【40】
江戸の深見元岱から四十歳を祝寿する書翰が届く。同便には草拙から送られた書付をもとに盧氏の家譜を綴るとの約束を記す（「草拙宛五月十三日付玄岱書翰」『盧氏文書』下）。

正徳五年（一七一五）【41】
唐船信牌下附の制度が始まる。彭城素軒・彭城藤治右衛門に信牌認方、聖堂祭酒向井元成とともに信牌渡立会を仰せつかる（『盧氏文書』「本邦盧氏系譜」）。

享保元年（一七一六）【42】
書物改添役を仰せつかる。

享保二年（一七一七）【43】
八月、西山村上山に「太上秘法鎮宅霊符」を祀る小祠建立願いを、町年寄後藤惣右衛門・薬師寺又三郎宛に願い出る。十月、同所敷地を取得する（『盧氏文書』「本邦盧氏系譜」）。

享保三年（一七一八）【44】
八月、西川如見とともに江戸（将軍吉宗）より天文御用の儀をたまわる。

享保四年（一七一九）【45】
一月、長崎を発ち、二月十七日に江戸に入り、本石町四丁目の富士屋長左衛門の借家に落ち着く。二月十八日、日下部丹波守、石河土佐守に参上、同十九日に西川如見とともに幕府執事大島雲平に召し出される。帰路、深見玄岱借宅に立ち寄る。（宮地喜八郎宛二月二十日付盧草拙書翰）。三月七日に御暇が許され、同九日如見とともに褒美白銀五枚宛を拝領。同十五日に江戸を発足した（宮地喜八郎宛三月二十六日付盧草拙書翰、『盧氏文書』下）。四月上旬、長崎帰着。

八月、妙見社造立なり、九月一日、諏訪神社祠官青木永弘が遷宮の儀式を執りおこなう（『長崎名勝図絵』巻之四、北辺之部）。

享保五年（一七二〇）【46】
＊千里（14）、謙光寂泰に詩文を学ぶ（『先民伝』）。

享保六年（一七二一）【47】
草拙に男子庄一郎（名季業、号蘭斎、子晦）が生まれる。

十月、深見玄岱の嫡子久太夫（有隣）が唐蘭筋の「御内用」（『大清会典』和訓）をこうむり長崎へ赴く。十二月到着（儒職家系『紅葉山文庫と書物奉行』森潤三郎）。

享保七年（一七二二）【48】
玄岱・久太夫の『大清会典』和点・訓訳のため、唐通事彭城藤治右衛門・彭城倫左衛門・二木幸三郎らが従事、草拙も勤める。八月八日、玄岱没。七十四歳。

享保九年（一七二四）【50】
この年草拙は栗崎家より**千里**（驥、18）を養子に迎え、盧家の嗣子とする。嫡子季業は幼児にて職を継ぎえず婿（千里）を迎えた（『盧氏文書』「本邦盧氏系譜」）。
四月二十七日、草拙五十歳の誕生日に「操觚諸同志」（文人仲間）から「半百」の寿詩を贈られる（『長崎名勝図絵』巻之四、北辺之部）。
八月十日、西川如見没。七十七歳。
冬至日、自著『啍囈録』一巻が成り、序文を記す。

享保十年（一七二五）【51】
＊**千里**（19）、**八月二十三日、稽古通事に任じられる**（『訳司統譜』）。

享保十一年（一七二六）【52】
四月、清朝から周岐来（儒医）・沈爕庵（儒者）らを迎え医薬及び『大清会典』訓訳その他につき学ぶ（『和漢寄文』四）。
五月、『和漢寄文』菅俊仍（松宮観山）編に序文を寄せる。
七月～十二月、奉行日下部丹波守の従者渡辺軍蔵の質疑に向井元成らと共に天文・地理・測量につき答書を差し出す（『測量秘言』細井広沢編）。

享保十二年（一七二七）【53】
草拙、『大清会典』和点の功により褒美を受ける。六月二十一日、草拙の娘没す（「従理制心」二十一歳）。
この年**千里**（21）に『長崎先民伝』編纂の事業を告げ、後事を託す。

享保十四年（一七二九）【55】
九月九日、草拙没、五十五歳（『本蓮寺過去帳』）。＊**千里**（23）**が盧家を継ぐ。**

享保十六年（一七三一）
＊**十月、千里**（25）**『長崎先民伝』稿を成就する。十月十一日、小通事末席に任じられる**（『訳司統譜』）。

享保十八年（一七三三）
四月十五日、周岐来「先民伝序」を寄せる。

元文四年（一七三九）
九月、竹田春庵「長崎先民伝序」を寄せる。

寛保二年（一七四二）
六月十三日、千里（36）**小通事並に任じられる**（『訳司統譜』）。

寛保三年（一七四三）
七月十五日、千里（37）**小通事に任じられる**（『訳司統譜』）。
十二月十三日、盧庄一郎稽古通事に任じられる（『訳司統譜』）。

延享四年（一七四七）
＊**千里**（41）、**養父草拙の著『啍囈録』一巻を京都柳枝軒から刊行する。**

寛延四年（一七五一）　八月二十三日、千里（44）、長崎奉行安部一信の使司深谷貞郷所蔵の博士家点『遠古土點古文孝経』を書写し序文を記す（平戸松浦史料博物館所蔵）。

宝暦三年（一七五三）　九月二十一日、千里の妻亀没す（41）（『本蓮寺過去帳』）。

宝暦五年（一七五五）　五月二十七日、千里（49）病没、本蓮寺に埋葬される（『本蓮寺過去帳』）。

注

（1）古賀十二郎『長崎洋学史』上巻（長崎文献社、一九六六年）三八二～三八三頁。

（2）『日本倫理彙編』第一〇巻〈老荘学派の部〉井上哲治郎・蟹江義丸編、臨川書店復刻版、一九七〇年）による。

（3）『盧氏文書』に享保二年書き上げ盧草拙文書がある。「乍恐口上書／私儀数年霊符身体所持仕罷在候、兼而何地ニ而、小祠建置申度宿願御座候、然者西山村与申所ニ千六十八之土地所持仕候ニ付、此所ニ霊符之小祠を建置申度奉存候、此所古来より林薮之地ニ而田畠耕作之所ニ成申境地ニ而も無御座候、就者右之御願申上候、御赦免被為仰付被下候ハヽ、偏難有可奉存上候、以上／右御願申上候、教御前宜被仰上可被下候　以上／享保二年酉八月　盧草拙／後藤惣左衛門殿・薬師寺又三郎殿」。

（4）古賀十二郎『西洋医術伝来史』（形成社、一九七二年）二三～二八頁、三五～三六頁。

（5）川平敏文・大庭卓也・菱岡憲司編『竹田春庵宛書翰集』（雅俗研究叢書1、二〇〇九年）所載、大庭卓也「竹田春庵資料の新検討」。

（6）高橋昌彦「『長崎先民伝』の群像」（『長崎 東西文化交渉史の舞台』勉誠出版、二〇一三年）。

『長崎先民伝』の諸本について

高橋昌彦

『長崎先民伝』（以下『先民伝』と略す）は、江戸時代前期に、長崎という地に関わった人々の伝記を知る上で極めて重要な著述と言える。例えば、江戸から明治時代を中心に六百人を越える長崎の先覚者の伝記をまとめた『長崎縣人物傳』（大正八年初版、昭和四十八年復刻・臨川書店）中の出典を見ると、しばしば同書にたどり着く。時に『先民伝』ではなく、典拠を「増訂幕府時代の長崎」とする人物についても、その原拠が『先民伝』であるものがいくつも残っている。それは、同書が長崎を知る上で極めて重要な著述の一つであることを示していよう。

今日、我々が目にする『先民伝』の多くは、江戸後期の儒学者原念斎(1)の校訂による文政二年（一八一九）慶元堂和泉屋庄次郎他二肆版である。これまでに確認し得た版本は全て同版であり、版面の他に、奥付の書肆印の有無や広告（慶元堂蔵板目録）の丁数の違いによって、刷りの早いものと後のものとを判断することができる。後印本になると、広告の中に『先民伝』の惹句が掲載されてくる。その文章は、

> 此書ハ、和漢ノ諸名家崎陽ニ游客タルヲ、盧驥先生、聚類別部（ルイヲアツメブヲハケ）テ十三門トナシ、姓名字号俗称ヲタヽシ、言行ノ奇談事蹟ツブサニシルシタレバ、博覧ノタスケトナルヘクシテ、佳話甚多シ。コトニ名高キ文人ノ著作ナレバ、初学文法ノ一助トモナルベキ本也。

と、叢伝の文芸性を楽しむだけでなく、「初学文法ノ一助」としての使用を付け加えている。もとより、出版時に著者である盧千里は鬼籍に入っており、あくまで書肆側の言い分なのだが、当時の利用法がわかる一例といえよう。同様の内容を持つ原念斎著『先哲叢談』が、近代に入り漢文の教科書として使用されたことを考え合わせれば、頷ける記述である。さて、文中の「十三門」とは、学術・談天・善者・忠孝・貞烈（以上巻上）、処士・隠逸・任侠・医術・通訳・技芸・緇林・流寓（以上巻下）であり、百五十人弱の有名無名とり混ぜた人名が採り上げられている。

さて『先民伝』の諸本について、まずは版本を見てみる。原念斎校訂の版本の書誌は、慶元堂和泉屋庄次郎版では、寸法に数ミリメートルの違いはあるものの、概ね同じで以下の通りである（架蔵本aによる）。

大本（縦二六、七糎×横一八、一糎）二巻二冊、表紙の色は海老茶、模様は松皮菱。外題は左肩短冊簽に「先民伝　上（下）」。見返しは「文政二己卯五月刻成／崎陽盧千里著・東都原念斎校／先民伝　全二冊／東都　書林　慶元堂梓」。構成は、文政二年三月原念斎序（四丁）、元文四年九月竹田春菴序（一丁）、享保十八年四月望日周慎斎序（二丁）、年次なし沈燮菴序（一丁）、凡例（一丁）、目録（七丁）。本文は、巻上（一八丁）、巻下（二四丁）。享保十六年十月自叙（三丁）、年次なし謙光後序（一丁）、年次なし蔣溥跋（一丁）。奥付は裏見返しに「文政元壬寅年御免／文政二己卯年刻成／長崎盧千里著／江戸原三右衛門校／発行書林　植村藤右衛門／秋田屋太右衛門／和泉屋庄次郎」とあり、広告「原念斎著／先哲叢談　全四冊／同校　文化十三年刻成今盛行于海内／同　後篇　全四冊　近刻」が合わせて載っている。

現状として、中には序跋の順序が替わっているものも間々見受けられ、後印本の中には、自叙が凡例の前に入ってくるものがある。その異同を巻末に付された広告を中心に見ると、以下のように分けることが出来る。

①、内閣文庫蔵版本（東條琴台旧蔵本）
　見返しの料紙の色は黄色。冊頭に遊紙一丁。広告（慶元堂蔵板目録）一丁（丁付、一）。奥付に慶元堂書肆印「江戸浅草／新寺町書／估慶元堂／製本之記」（朱・陽印）あり。

②、都立中央近藤海事文庫・同井上文庫・同東京史料・九大・長崎歴史文化博物館山口・同渡辺・刈谷・架蔵a
　見返しの料紙の色は黄色。冊頭に遊紙一丁。広告（慶元堂蔵板目録）五丁（丁付、一〜四・六）。奥付に慶元堂書肆印「江戸浅草／新寺町書／估慶元堂／製本之記」（朱・陽印）あり。

③、都立中央中山文庫・国会図書館・長崎歴史文化博物館（盧高朗旧蔵本）・住吉大社
　見返しの料紙は本文共紙。冊頭に遊紙なし。広告（慶元堂蔵板目録）七丁（丁付、一〜四・又四・五・六）。奥付に慶元堂書肆印なし。

本文の摺りを比較する限り、①と②に差は見えない。広告の紙数差は後人の手が加わった可能性も否定できない。ただ①には、本文中「京保」を「享保」に朱書訂正した箇所が見える。琴台の書き入れであろう。②本の増えた広告中、年次のわかるものを見ていくと、大方は文化年中以前の刊行であるが、四丁表上段に文政二年五月序刊の古賀精里「三

集文稿」が載り、その脇には文政六年刊の三縄準蔵「桂林遺稿」が「近刻」で出ている。③本に追加された又四の丁には「彙刻書目」などが、五丁目には「先哲叢談」「先民伝」「彙刻書目外集」などの書名が見える。この中で「彙刻書目外集」は文政三年の刊行になる。他にも②本の広告二丁表下段の「四書集注」が削られて「伊勢物語増選鈔」「仮字考」「芭蕉文集」「随斎諧話」「四山稿」が新たに入り、四丁裏上段の「名義備考」が「庭訓往来」に替わっている。この中で、夏目成美「四山稿」は文政四年の出版になる。本文の版面は③本になるとかなり荒れており、罫線の切れなども増えてくる。

そして、これらより、更に後の摺りと思われるのが架蔵本bである。寸法は縦二五、三糎×横一七、八糎と一回り小さく、表紙の色もやや明るい弁柄色である。見返しは③本と同じく本文共紙、冊頭と冊尾に遊紙が入る。巻末にあった自叙と謙光後序が、巻上の他の序文の後に移動。奥付に刊年はなく、大坂の河内屋茂兵衛ほか一〇肆（河内屋藤四郎・須原屋茂兵衛・山城屋佐兵衛・須原屋新兵衛・山城屋政吉・英大助・英文蔵・丁子屋平兵衛・岡田屋嘉七・小杉文右衛門）の相版に変わっている。同じ慶元堂から出た『先哲叢談』にも、河茂を主版元とする版が存在しており、まとめて版木が売られたものかと考えられる。また、川平敏文氏蔵本aもほぼ同類だが、相板として名を連ねる書肆のうち、小杉文右衛門が河内屋藤兵衛となっているのがわずかな相違点である。

対して、版本の写しではない写本がいくつか現存している。版本『先民伝』は、原念斎序に「乃者、盧千里著す所の長崎先民伝、鈴木猶人より得たり」（原漢文）とあり、幕臣で大田南畝の門人であった鈴木椿亭(2)蔵本が底本であったことがわかる。このように、刊行以前に『先民伝』は写本で広まっていたようである。

まずは、神戸市立博物館蔵本（以下、神戸市博本と略す）。半紙本（縦二四、〇糎×横一六、三糎）二巻二冊。目録のあとに「此の巻、盧氏当時の原稿と聞くなり。岡田篁所の旧蔵、故有て余の手に帰す。時に明治十五年の春。西道仙記」（原漢文）と識語が載り、「賜琴石斎／珍蔵／西道仙印」の朱印が捺されている。(3)冊頭には、識語の通り「岡田氏／蔵書」「清風／字／穆候」と岡田篁所の蔵書印が見える。内題は「長崎先民伝稿」とある。早くにこの本の存在を確認した古賀十二郎氏(4)によれば、題簽の墨書「長崎先民伝　原稿　乾（坤）」のうち、「原稿」の二字は西道仙の書き入れで、それ以外は「松浦東渓筆」という。古賀氏に従えば、岡田篁所（一八二〇～一九〇三）以前、松浦東渓（一七五二～一八二〇）の蔵書であった可能性が高くなる。長崎史料の集大成『長崎古今集覧』（文化八年〈一八一一〉序）の編者であることを考えれば、あり得ることであろう。構成は、享保十八年四月望日周慎斎序（二丁）、年次なし沈燮菴序（一丁）、凡例（二丁）、目録（一丁）、巻上（二三丁）、巻下（二八丁）、享保十六年十月自叙（三丁）、年次なし蔣溥跋（一丁）。一面八行、一行二〇字（罫紙を使用）。版本とは多くの異同があり、草稿本の一つと考えられる。

次に、国立国会図書館蔵『中古叢書』巻七五（わ81—9）所収本である（以下、中古叢書本と略す）。これは、神戸市博本より更に多くの異なる箇所が見えるため、かなり早い時期の草稿と思われる。内容を見ると、本文を構成する部門名が異なっており、学術・象緯・典故・耆旧・忠孝・貞烈・処士（以上巻上）、任侠・医術・訳部・技芸・釈氏・流寓（以上巻下）に分けられている。掲載する人数は多いが、名前だけや「剣術」「伶人」などの簡単な紹介だけにとどまる人物も少なくない。構成は、年次なし沈燮菴序（一丁）、凡例（一丁）、目録（一丁）、巻上（二九丁）、巻下（三〇丁）。内題「長崎先民伝稿巻之上（下）」。一面一二行、一行一六字。巻末には「右、野口文龍氏に借覧し、乃ち松原貞則氏に属して謄録せしめ以て収むと云ふ。政も巳の灯夕、林貞裕長崎官舎中に記す。」（原漢文）と識語が見える。林貞裕は、この『中古叢書』の編者であり書写者である。その名前は、近藤重蔵とともに、長崎奉行中川忠英の命により『清俗紀聞』を編纂した人物として今日残っている。中川が長崎奉行であったのは、寛政七年（一七九五）から同九年（一七九七）までであるから、「巳の灯夕」は寛政九年正月十五日をさすかと考えられる。同叢書巻七十四には、江戸出発から長崎着後までを記した「瓊浦日記」が収まっている。一方、本を貸した側の野口（橘）文龍は、『長崎歳時記』（寛政九年自序）などの長崎に関する著述をいくつか編輯している、言わば今日の長崎学の先駆者とも言える人物の一人である。『先民伝』を所持していても不思議ではない。そして、林のように、江戸から長崎奉行所詰めになった武士たちの中には、長崎の地で積極的に蒐書に力を入れ、書写する者がいたようである。『中古叢書』の別の巻には、「友人近藤守重ぬし」などの一節も伺え、後の御書物奉行である近藤重蔵も同じようなことを行っていたのではと思われる。

続いて、内閣文庫蔵本（以下、内閣本と略す）。大本（縦二五、三糎×横一七、五糎）二巻二冊。元文四年九月竹田春菴序・享保十八年四月望日周慎斎序（合わせて三丁）、年次なし謙光後序（一丁）、年次なし沈燮菴序（一丁）、凡例・目録（二丁）、巻上（二〇丁）、巻下（二七丁）、享保十六年十月自叙（三丁）、年次なし蒋溥跋（一丁）。一面九行、一行二〇字。本文は、神戸市博本・中古叢書本と比較すると版本に近いが、細部に異なる箇所も見える。巻末に「時に文政七甲申年十一月、長崎表において之れを写す」（原漢文）とあり、書写者「豆田」の姓とその号であろう「起石」の朱印が残る。この人物もまた、長崎を訪った幕臣ではないかと思われるが、詳細な情報を持たない。版本の刊行より後の成立であるため、一見すると版本写しと捉えられてしまいそうだが、念斎の序はない。更に本文の上欄に「周慎斎評」の朱書が巻上を中心に何カ所か見える。先に見たように周慎斎は、『先民伝』に序を送った清人の一人である。その序文によれば、享保十六年（一七三一）に「先民伝一帙を出し、序を余に問ふ」（原漢文）とあり、乞われた際に評を附したのではないかと推察する。序文は享保十八年（一七三三）四月の日付で、長崎において撰している。この本には、元文四年（一七三九）の竹田春菴序も載っているため、校合のために慎斎頭評本を使用したものと思われる。なお、この内閣文庫本とほぼ同系統と思われるのが、川平敏文氏蔵本bである。構成・内容は版本に近似しているが、やはり念斎序を欠き、慎斎の頭評を載せる。書写年次未詳。

この他にも、二松学舎大学竹清文庫蔵の写本には、念斎の序文がなく、本文の順番を指示する付箋も残っていることから、校訂者原念斎の稿本ではないかと言われているなど(5)、版本とは異なる形のものがまだ残っているだろうが、管見に入った写本からは、長崎の史家や来崎した好書家たちによって、書写されてきたことが見て取れると言えるだろう。あるいは、その書写者によって本文が増補・削除されてきた可能性も十分考えられる。例えば、前出の野口文龍には、慧通編輯『長崎図志』を増補したという事例があるからである。三種の写本を並べてみると、最も早い草稿が中古叢書本、そして神戸市博本、内閣本の順になると考えられる。比較できるよう、版本と右三種の写本を対照した一覧表（諸本対照表）を後ろに付すことにする。

では、底本を提供した鈴木椿亭は、どこから『先民伝』を手に入れたのだろうか。鈴木は蒐書家として知られ、「椿亭叢書」(6)を編んでいるほどである。その好尚は、師である大田南畝によく似ている。但し、鈴木自身は、文化八年（一八一一）の朝鮮通信使来聘の際、対馬には出かけているが、長崎に赴いたという記録はない。一方、師である南畝は、文化元年から二年にかけて長崎奉行所詰を命じられ、『南畝文庫蔵書目』に、「長崎先民伝　二巻　写　半本」と、同書を所蔵していたことが見える。また、所蔵に至る経緯を探ると、文化三年（一八〇六）七月十七日付の中村李囿宛書簡(7)には、

一　先民伝の御礼後民伝に相成候。跡一冊は彭城より参候由承知いたし候。是にて去年中之用向皆済のよし承知いたし候。乍去此後も引続き〳〵万々年も用向申上候間宜奉頼候。

と、長崎の豪商で南畝の滞在する官舎に出入りしていた中村李囿を通して、『先民伝』を手にしていることがわかる。李囿とは江戸に帰った後も長く交友が続いていく。書簡中の「彭城」は唐通事彭城仁左衛門のこと。これまた長崎で親しく交わった人物の一人である。南畝にとって『先民伝』は、どうしても手に入れたい一本だったことがわかる内容となっている。そこで、可能性としてはこの南畝蔵本を写したのが、鈴木本だったのではないかと考えられる。もちろん、

これ以外にも鈴木の周辺には、前述の近藤重蔵も居れば、他に長崎に出向いた知人がいても不思議ではない。いずれにせよ、蒐書を続ける中で手に入れた一本が、念斎に渡って校訂が加えられ、刊行されたということになろう。

一方で、鈴木のもとから、いつ念齋が『先民伝』を手に入れたかはわからないが、『先哲叢談』(文化十四年正月序刊)中の「深見玄岱」などに使用された形跡もあり、(8)当初は自ら記す評伝に利用しようとした一書であったと思われる。それが、出版されることになったのは、版元慶元堂の強い意向ではないかと考える。『先哲叢談』は、文化十四年十一月に幕府から献上が命じられ、翌月にはその報賞として白金五枚を賜っている。(9)念斎にしてみれば、この栄誉をうけ、まだ校正を終えていない余巻、つまり『先哲叢談後編』の刊行を急ぎたかったはずである。にもかかわらず、『先民伝』が優先されたのは、版元側に積極的な動きがあったととる方が自然であろう。念斎もまた「先民伝序」で「今茲に書估慶元堂、世に公けに刻せんことを欲し、予因て校訂し之れを授く」(原漢文)と記している。版元からすれば、異国との繋がりのある長崎を舞台にした史伝と言い、『先哲叢談』ほど大部でない分量と言い、魅力的な商品に映ったに違いない。結果、『先民伝』は広く流布することになったが、念斎は『先哲叢談後編』の刊行を待たず、文政三年三月十九日に四十七歳で病没してしまう。念斎の遺志を継ぎ、十年後に『先哲叢談後編』を世に出すのは、前出した東條琴台であった。

注

(1) 拙稿「原念斎と『先哲叢談』稿本」『雅俗』第三号(雅俗の会、一九九六年)。
(2) 「勝田半斎の詩中八友歌」『森銑三著作集』第八巻(中央公論社、一九七一年)。
(3) 道仙(一八三六~一九一三)については、長島俊一『西道仙』(長崎文献社、二〇〇四年)に詳しい。
(4) 『長崎史料集』所収。長崎歴史文化博物館蔵。同館には渡辺庫輔氏が西道仙本を書写した原稿が『稿本長崎先民伝』として残り、それを印刷した『長崎先民伝』(刊年不明)もある。同本には「松浦唯一郎所蔵本ニ拠ル」と出ている。
(5) 国文学研究資料館日本古典籍総合目録データベースによる。
(6) 元は六〇巻あったが焼失し、今日残る越智直澄書写本(宮内庁書陵部蔵)は、三一巻のみであるが、その中に『先民伝』の書名は見えない。
(7) 蔵書目・書簡ともに『大田南畝全集』第十九巻所収(岩波書店、一九八九年)。
(8) 源了圓・前田勉訳注『先哲叢談』(平凡社東洋文庫、一九九四年)。
(9) 朝川鼎撰「原君公道墓誌銘」(国会図書館蔵『念祖斎遺稿』附録)。

〔付記〕本解説は、拙稿「『長崎先民伝』の群像」(『長崎 東西文化交渉史の舞台 明・清時代の長崎／支配の構図と文化の諸相』勉誠出版、二〇一三年)の記述と一部重なるところがあります。

なお、本稿を成すにあたり、神戸市博本のデータを提供していただいた若木太一先生に深謝致します。また、貴重な資料の閲覧を許可された各所蔵機関に厚く御礼申し上げます。

諸本対照表

部	版本	国会中古叢書本	神戸市博本	内閣本
	原念斎序			竹田春菴序
	竹田春菴序			慎斎序
	慎斎序		慎斎序	謙光後序
	沈燮菴序	沈燮菴序	沈燮菴序	沈燮菴序
	凡例	凡例	凡例	凡例
	目録	目録	目録	目録
学術	劉宣義	劉宣義	劉宣義	劉宣義
	林応宗	林応宗	林応宗	林応宗
	高玄岱	高玄岱	高玄岱	高玄岱
	高順麟	南部景衡	南部景衡	南部景衡
	南部景衡	国瀰	国瀰	国瀰
	国瀰	鶴田重定	伊藤春琳	伊藤春琳
	伊藤春琳	伊藤春琳	石原学魯	石原学魯
	石原学魯	石原学魯	貞方之休	貞方之休
	貞方之休	木村順成	高順麟	高順麟
	木村順成	貞方之休	木村順成	木村順成
	向井兼丸	高順麟	陳厳正・陳道光	向井兼丸
	陳厳正・陳道光	陳玄興	青木永弘	陳厳正・陳道光
	青木永弘	向井兼丸	大江宏隆	青木永弘
	大江宏隆	陳厳正・陳道光		大江宏隆
		青木永弘		
		大江宏隆		
談天（国会中古叢書本は象緯）	小林義信	小林義信	小林義信	小林義信
	小野昌碩	小野昌碩	小野昌碩	吉村長蔵
	吉村長蔵	吉村長蔵	吉村長蔵	胡麻屋了益・朝日玄育・高原作左・金屋孫右・三島吉左
	胡麻屋了益・朝日玄育	胡麻屋了益・朝日玄育・高原作左・金屋孫右・三島吉左	胡麻屋了益・朝日玄育・高原作左・金屋孫右・三島吉左	関荘三郎

部	人物
	本山作左・金屋孫右・三島吉左
	関荘三郎
	西川忠英
善書	平包好
	岡正養
忠孝	浦川七右
	甚太郎
	徐徳政
	三孝子
	千布仙右
	島原屋市左
	小篠吉左
貞烈	婦浄智
	桶屋婦
処士	鶴田重定
隠逸	陳玄興
任侠	浜田弥兵衛
医術	北山道長
	西三博
	向井元端
	今井弘済
	杏一洞
	福山徳順
	田中周山
	久我宗悦
	金屋与五郎・雉取甚右衛門
	栗崎正元
	栗崎正羽

部	人物
	関荘三郎
	西川忠英
	近藤重明
	島谷見立
典故	吉川安右
書旧	平包好
孝順	甚太郎
	徐徳政
	三孝子
	千布仙右
忠義	浦川七右
	島原屋市左
	小篠吉左
貞烈	婦浄智
	桶屋婦
処士	千葉因栄（本文なし）
	青貝長兵衛（本文なし）
	熊本重道（本文なし）
	村岡安鼎（本文なし）
	前園噌武（本文なし）
	吉雄寿三（本文なし）
	岡存斎（本文なし）
	藤瀬利政（本文なし）
訳士	馮六
	馬田昌入
	中山太郎兵衛
	潁川官兵・林仁兵・潁川藤左・彭城仁左・柳屋治左・歐陽総右・何仁右
	森田長助・東京久蔵・中原源六

部	人物
	関荘三郎
	西川忠英
	島谷見立
善書	平包好
	岡正養
忠孝	浦川七右
	甚太郎
	徐徳政
	三孝子
	千布仙右
	島原屋市左
	小篠吉左
貞烈	婦浄智
	桶屋婦
処士	鶴田重定
隠逸	陳玄興
任侠	浜田弥兵衛
医術	北山道長
	西三博
	向井元端
	今井弘済
	杏一洞
	福山徳順
	田中周山
	久我宗悦
	金屋与五郎・雉取甚右衛門
	栗崎正元
	杉本忠恵

部	人物
	西川忠英
善書	平包好
	岡正養
忠孝	浦川七右
	甚太郎
	徐徳政
	三孝子
	千布仙右
	島原屋市左
	小篠吉左
貞烈	婦浄智
	桶屋婦
処士	鶴田重定
隠逸	陳玄興
任侠	浜田弥兵衛
医術	北山道長
	西三博
	向井元端
	今井弘済
	杏一洞
	福山徳順
	田中周山
	久我宗悦
	金屋与五郎・雉取甚右衛門
	栗崎正元
	杉本忠恵

								通訳												技芸		
杉本忠恵	西玄甫	吉田安斎	高原秀治	槇林豊重	茂升沢・広中養栄	伊東升林・加悦升泉	山村宗雪・山本如閑・長崎休意・吉雄寿三	馮六・馬田昌入・中山太郎兵衛・穎川官兵・林仁兵・穎川藤左・彭城仁左・柳屋治左・歐陽総右・何仁右	森田長助・東京久蔵・中原源六	高砂長五郎・肝付伯左・石橋荘助・秀島藤左・名村八左										長田又四郎・安部武兵衛	中村五郎左	後藤伊勢松

	任俠	医術																		技芸		
高砂長五郎・肝付伯左・石橋荘助・秀島藤左・名村八左	浜田弥兵衛	北山道長	西三博	向井元端	今井弘済	杏一洞	福山徳順	田中周山	久我宗悦	金屋与五郎・雉取甚右衛門	栗崎正羽	杉本忠恵	西玄甫	吉田安斎	栗崎正堅	槇林豊重	高原仁右衛門・大浦長兵衛	茂升沢	広中養栄	山村宗雪（本文僅少）	山本如閑（本文僅少）	伊東升林

								通訳												技芸		
西玄甫	吉田安斎	高原道懿	栗崎正羽	槇林豊重	茂升沢・広中養栄	伊東升林・加悦升泉	山村宗雪・山本如閑・長崎休意・吉雄寿三	馮六・馬田昌入・中山太郎兵衛・穎川官兵・林仁兵・穎川藤左・彭城仁左・柳屋治左・歐陽総右・何仁右	森田長助・東京久蔵・中原源六	高砂長五郎・肝付伯左・石橋荘助・秀島藤左・名村八左										長田又四郎・安部武兵衛	中村五郎左	後藤伊勢松

								通訳												技芸		
西玄甫	吉田安斎	高原道懿	栗崎正羽	槇林豊重	茂升沢・広中養栄	伊東升林・加悦升泉	山村宗雪・山本如閑・長崎休意・吉雄寿三	馮六・馬田昌入・中山太郎兵衛・穎川官兵・林仁兵・穎川藤左・彭城仁左・柳屋治左・歐陽総右・何仁右	森田長助・東京久蔵・中原源六	高砂長五郎・肝付伯左・石橋荘助・秀島藤左・名村八左										長田又四郎・安部武兵衛	中村五郎左	後藤伊勢松

																				緇林									
向井兼時・内田橋水	僧若芝	生島三郎左・生島藤七	青貝長兵衛	喜多元規	渡辺元慎	野沢久右	野村宇平次・道佐	田淵四郎三・市平次・春夕	素閑	流幻五郎・林四郎右										一明	道香	道胖	海長	元璧	道活	元巧	光心	恭也	龍州

																				釈氏									
加悦升泉	長崎休意（本文僅少）	長田又四郎（本文僅少）	中村五郎左衛門（本文僅少）	後藤伊勢松	喜多元稹	僧若芝	渡辺元真	内田橋水	舟山橋泉	田淵四郎三郎（本文僅少）	浦木吉三郎（本文僅少）	素閑（本文僅少）	吉村長蔵（本文僅少）	青貝長兵衛	野沢久右	山田藤七（本文僅少）	道佐（本文僅少）	向井平次郎	広瀬太郎左衛門（本文僅少）	一明	道香	道胖	海長	元璧	光心	際徹	龍州		

																				緇林									
向井兼時・内田橋水	僧若芝	生島三郎左・生島藤七	喜多元規	渡辺元慎	野沢久右	野村宇平次・道佐	田淵四郎三・市平次・春夕	素閑	流幻五郎・林四郎右											一明	道香	道胖	海長	元璧	道活	元巧	光心	恭也	龍州

																				緇林									
向井兼時・内田橋水	僧若芝	生島三郎左・生島藤七	青貝長兵衛	喜多元規	渡辺元慎	野沢久右	野村宇平次・道佐	田淵四郎三・市平次・春夕	素閑	流幻五郎・林四郎右										一明	道香	道胖	海長	元璧	道活	元巧	光心	恭也	龍州

流寓	流寓	流寓	流寓
林道春	林道春	林道春	林道春
林永喜	林永喜	林永喜	林永喜
向井元升	向井元升	向井元升	向井元升
安藤守約	安藤守約	安藤守約	安藤守約
南部草寿	南部草寿	南部草寿	南部草寿
菅原見山	菅原見山	菅原見山	菅原見山
北島雪山	北島雪山	北島雪山	北島雪山
千賀三太夫・平賀勘十郎	千賀三太夫・平賀勘十郎	松永貞徳	千賀三太夫・平賀勘十郎
佐々助三郎・丸山雲平	雨森東・松浦儀	飯田角兵衛	佐々助三郎・丸山雲平
真部子明	橘三喜・卜部兼隆	丸女蔵人大夫	真部子明
橘三喜・卜部定親	佐々助三郎・丸山雲平	堀貞典	橘三喜・卜部定親
飯田直景	高宗賢	橘三喜・卜部定親	飯田直景
丸女蔵人大夫	飯田角兵・吉田吉左	穎川入徳	丸女蔵人大夫
堀貞典	宮腰尚古	安富三育	堀貞典
宮腰尚古	古田川荒	久我道雲	宮腰尚古
古田川荒	久我道雲	岩永知新	古田川荒
高田宗賢	南玄順・西山宗因・和田松軒	千賀三太夫・平賀勘十郎	松永貞徳
松永貞徳	安富三育	宮腰尚古	大淀三千風・野坡
大淀三千風・野坡	岩永知新	古田川荒	穎川入徳
穎川入徳	吉田昌全	佐々助三郎・丸山雲平	安富三育
安富三育	村山自伯	高田宗賢	久我道雲
久我道雲	穎川入徳	吉田昌全	岩永知新
岩永知新	真部子明	村山自伯	吉田昌全
吉田昌全	松丘宗順	松丘宗順	村山自伯
村山自伯	松永貞徳	大淀三千風・野坡	松丘宗順
松丘宗順	大淀三千風	真部子明	島谷見立
島谷見立	野坡		
自叙	家伝（自叙）	自叙	自叙
謙光後序			
蔣溥跋		蔣溥跋	蔣溥跋

あとがき

本書の編集作業もおおむね完了に近いところまで来た。最後に編者を代表して、本書が成るまでの経緯、および今後の課題などについて記しておきたい。

私が本書の素案を企画したのは、もうかれこれ十年も前のことになる。

九州には、福岡近隣の近世文学研究者が月に二回ほど集って、近世人の書簡を解読したり、自身の研究成果を発表したりする研究会（通称「手紙の会」）があった。私の二世代前の先輩方から長く続く研究会で、それを母体とする同人誌『江戸時代文学誌』第一号〜第八号（昭和五十五年〜平成三年）、『雅俗』第一号〜第一〇号（平成六年〜平成十五年）を発行し、近世文学関連の学会でも一目置かれる研究活動を展開してきた。

私は大学院生として『雅俗』の後半から編集を担うようになったが、第一〇号が出る頃にはその旗揚げメンバーであった若手の研究者が九州から次々と羽ばたき、活躍の場を東京、大阪、広島など全国各地に移した。その結果「手紙の会」は、大学院生を中心とした数人が集まるだけの、まったく寥寥たるものになってしまった。私は運よく熊本に職を得たこともあって、月二回の研究会にはどうにか出席できていたが、往時の活気は見る影もなく、寂しい気持ちを抱えたまま、熊本と福岡との間を往来していた。雑誌『雅俗』も、その母体となる研究会の衰退に伴って、必然的に休刊を余儀なくされた。

そこでいよいよ、この研究会を根本から立て直さねばならないと思い立ち、（一）会の開催を月一回にして、そのぶん密度を濃くする、（二）近世人の書簡を読むという基本的な内容とは別に、新しい読書会を組織する、（三）メールマガジンを発行して、研究会の存在感をアピールする、（四）『雅俗』の残余金を利用して、『雅俗研究叢書』を発行する、などの「改革」を試みた。この「改革」がどれくらい奏功したのかは分からないが、恐らくは近世文学の神様がこの窮状を憐れんでくれたのであろう、私と同世代の研究者が九州の地に次々と職を得て、徐々に研究会に人が戻りはじめた。そうして一度は休刊した雑誌『雅俗』も、平成二十四年に第一一号を発行してめでたく復活、現在第一五号まで順調に続いている。

さて、長々と思い出話を書き綴ったのは他でもない。右に書いたいくつかの「改革」の一つである、新しい読書会の立ち上げに際し、そのテキストとして私が提案したのが、この『長崎先民伝』だったのだ。本書の企画は、そのような研究会存亡の危機の時代に生まれた。それゆえに本書の完成は、私にとって特別に有難く、感慨深いものに思われるのである。と同時に、本当に成功するのかどうかも分からない読書会に、勇気を出して参加の名乗りを上げ、最後までお付き合いいただいたメンバー諸氏に心から感謝申し上げたく、ここにその次第を記させていただいたのである。

こうして発足した「長崎先民伝研究会」は、平成二十一年四月の研究会を皮切りとして、平成二十三～二十五年を中心に、合計で二一回開催している。メンバーが全員揃うことは稀であったが、長崎から片道数時間かけて、ほぼ毎回ご出席いただいた若木太一先生には、本当に頭が下がる思いである。

この二一回の研究会のうち、特に思い出深いのは、平成二十六年三月に行った「長崎先民伝墓碑めぐり」である。日程的に参加できたのは若木・高杉・川平の三名であったが、強力な助っ人として、熊本県立大学准教授（元長崎歴史文化博物館学芸員）の平岡隆二氏に加わっていただき、細かい見学ルートなどを計画いただいた。平岡氏はご自身のウェブサイトで「長崎墓マップ」を公開している墓マニアである。一から始めるとなると何日もかかったであろうこのツアーが、たったの二日間に凝縮できたのは、平岡氏のご尽力以外の何ものでもない。平岡氏には、その前年八月の研究会において「小林謙貞の事跡と『長崎先民伝』」と題する研究発表もしていただいた。本研究会の準メンバーと言える。

また、先の「長崎先民伝墓碑めぐり」には、当時大阪大学准教授（現慶應義塾大学准教授）の合山林太郎氏も飛び入り参加された。ビデオとデジカメを交互に駆使して撮影される氏の姿が、いまも目に焼き付いている。確かにビデオは映像だけではなく、その場の音声（所見についての会話）も記録できるわけであるから、こういう調査にはうってつけの道具なのである。実際、百枚以上も撮りためた墓の写真を整理していると、どれが誰の墓であったか分からなくなることがある。そのとき氏のビデオを見て同定したこともしばしばであった。また合山氏はこれ以前にも、通常の研究会に参加されたことがある。氏も十分に準メンバーの資格を有しているといってよかろう。

次に、今回は十分な紹介をなす余裕がなかったが、『長崎先民伝』と関係が深い三つの重要な資料について、簡単に紹介しておきたい。

一つめは、『長崎先民伝』の原著者である盧草拙の『噴囈録』（一巻一冊刊、久留米大学御井図書館蔵。本書口絵、および附録参照）。本書の内容については、若木太一氏の解説にやや精しく弁じてあるのでご参照願いたいが、私からも少し付言させていただく。それは、本書が草拙の学問・思想が窺われる基本資料であると同時に、近世前期における儒学系三教一致論の、極めて重要な資料であるという点である。周知のように、十七世紀の儒学界を代表する朱子学派の人々は、仏教思想との対抗姿勢を強く持っていた。それに対して草拙は、儒学を根幹としながらも、仏教・道教（老荘）との一致点を肯定するという、当時の日本の儒学者にあってはやや珍しい立場の人であった。しかしながらこのような立場は、中国明代、特にその末期の儒学界ではむしろ一般的であり、決して特異なものではなかった。すなわち草拙は、当代の中国の学風により近い姿勢を有していたということになるが、これは、「長崎」という場所の地理的・文化的要件と大いに関係する問題であろう。長崎聖堂の第二代祭酒をつとめた南部草寿や、その子、南部南山においても、同様な立場が認められるからである（川平敏文『徒然草の十七世紀』第Ⅳ部―2章参照、岩波書店、二〇一五年）。

二つめは、盧千里の詩文集『勉斎遺稿　盧氏筆乗』（三巻一冊写、九州大学附属図書館雅俗文庫蔵。本書口絵、および附録参照）。本書は、千里の詩文を息子の昌文が集めた『勉斎遺稿』と、千里が覚え書きとして諸書から書き留めた『盧氏筆乗』からなる。ただし前者がその大半を占めている。

『勉斎遺稿』には、「祝子範樊先生七十序」「送滕南昌還東都序」「送重久道栄還薩州序」といった題名のもとに、文章五五則、「首夏日与田北二兄遊東郊田名文喬北名信益」「次韻田見龍」「次韻田見龍帰路吟」などといった題名のもとに、漢詩百首程度が収録される。これらの題名をつぶさに検討していけば、盧千里の交遊関係や文筆活動の時期などが浮かび上がってくるだろう。

また『盧氏筆乗』では、古くは釈正徹から、やや当代に近づけば梅月堂香川宣阿、冷泉為村やその門人高原道琢といった人々の和歌三〇首程度、続いて米田波門（号松洞、肥後）、原田直（号東岳、豊後）、瀧弥八（号鶴台、長門）など九州近隣の当代諸家の漢詩、あるいはやや遡って貝原益軒の漢文「楠公墓記」など、詩文二〇首程度を載せる。ここからも千里の関心の在処が窺えるが、特に和歌詠草を書き留めているのは興味深い。『先民伝』によれば、父の草拙は和歌を京都から長崎に来遊していた高田宗賢（『長崎先民伝』巻下98）に学んだという。その嗜好を受け継いだものであろうか。

三つめは、『盧氏文書』（二巻二冊写、九州大学附属図書館記録資料館九州文化史資料部門古賀文庫蔵。本書口絵参照）である。本書は、玉園散人こと古賀十二郎が、盧家に伝存する文書・書簡類を、半葉一二行の罫紙に毛筆で写し取ったもの。上冊に『盧氏系譜』『盧家文書』、下冊に『長崎先賢書翰集』を収める。ただし後者の分量は前者の三倍ほどである。

『盧氏系譜』は文字どおり、本邦盧家の始祖君玉から幕末明治の高朗までの簡略な系譜および事跡を記したもの。『盧家文書』は、草拙が西山に勧請した妙見社の建立と、その相続にかかわる文書類の写しである。草拙の妙見信仰の問題、および盧家が代々それとどのように関わってきたかが分かる資料として興味深い。

『長崎先賢書翰集』は、栗崎道有（『長崎先民伝』巻下45）、深見玄岱（同巻上3）、向井元成（同巻上11）などが草拙に宛てた書簡を中心に約百通が写されている。こちらは草拙の交友関係や自身の江戸出府のこと、『太上感応編』の受容、南部草寿（同巻下85）、西川如見（同巻上20）ら長崎ゆかりの学者たちの動向などと、草拙研究において有用な情報に満ちている。特に深見玄岱からの来翰が多く、玄岱研究にも資するところ大であろうと思われる。

これら三書のうち、『喞囈録』と『勉斎遺稿　盧氏筆乗』については、本書に附録として、その全文影印を収めた。いずれも稀覯本に属するものであるが、これによって、本編の『長崎先民伝』とあわせて、盧父子二代の主要著述が一書にまとまった形である。今後、さらに考察や議論が進められることを念ずるものである。

なお、『喞囈録』は『日本倫理彙編』第一〇巻にその翻字が収められているが、そこでは原本にあった訓点がすべて省略されている。その意味でも、本書影印は大いに参考になるだろう。また、『盧氏文書』については、本書とは別に紹介・考察の作業を進める予定である。いずれ、合わせて参照されたい。

最後に、今後の研究構想について若干述べておこう。

江戸時代、日本には「四つの口」といわれる、海外への四つの窓口があった。松前（対アイヌ、ロシア）、対馬（対朝鮮）、長崎（対中国、オランダ）、薩摩（対琉球）、の四つである。これらの場所では必然的に、異国文化との接触・交流が生まれる。

このことは、たとえば長崎であれば、『長崎先民伝』に著録される人物たちのなかに、外国語通訳や天文暦学者、黄檗僧や貿易商といった、異国文化との「境界」的領域で活躍した人々が多いことをみても分かるだろう。そして、こうした「境界」的文化はまた、「中央」の文化をも刺激した。『長崎先民伝』の末尾に「流寓」として著録される、長崎を来訪した「中央」の学者・文人たちの錚々たる顔ぶれが、その関心の高さを象徴しているであろう。

しかし、これは長崎に限った問題ではない。松前、対馬、薩摩においても、長崎ほど大規模ではないかもしれないが、同様な文化現象が起こっていたはずなのである。そこにはどんな類型性があり、また独自性があったのか。これら四つの口で醸成された文化を、個別的にではなく、俯瞰的に考察していく視点が、いま必要なのである。実際、各「口」において収集された史資料には、他の「口」に関する情報も多分に含まれている。そのためにはまず、これらの史資料を一括して検索できるような統合的なデータベース、およびそのプラットフォームを構築することが喫緊の課題となる。

本書は、右のような近世日本における対外交流という大きなテーマを考える際の、一つの、しかし重要な布石となるであろう。

末筆ながら、本書の完成まで的確な対応をしてくださった勉誠出版の吉田祐輔氏、『嘷囈録』の書誌調査および影印撮影にご尽力下さった久留米大学の大庭卓也氏、索引の作成に助力を得た九州大学大学院生の村上義明氏・吉田宰氏に、甚大なる感謝を申し上げます。

平成二十八年十月吉日

川平敏文

長崎先民伝研究会メンバー略歴　（〈　〉内は執筆担当部分）

若木太一（わかき・たいいち）　〈巻上序・凡例、巻下跋〉

一九四二年生まれ。長崎大学名誉教授。

著書に『長崎聖堂祭酒日記』（共編著、関西大学東西学術研究所、二〇一〇年）、『新長崎市史』第二巻近世編（共著、長崎市、二〇一二年）、『長崎、東西文化交渉史の舞台』（共編著、勉誠出版、二〇一三年）などがある。

川平敏文（かわひら・としふみ）　〈巻上1～11〉

一九六九年生まれ。九州大学大学院准教授。

著書に『兼好法師の虚像――偽伝の近世史――』（平凡社、二〇〇六年）、『東アジアの短詩形文学』（共編、勉誠出版、二〇一二年）、『徒然草の十七世紀――近世文芸思潮の形成――』（岩波書店、二〇一五年）などがある。

吉良史明（きら・ふみあき）　〈巻上12～22〉

一九七八年生まれ。安田女子大学講師。

著書に『社家文事の地域史』（共著、思文閣出版、二〇〇七年）、『近世後期長崎和歌撰集集成』（雅俗の会、二〇一四年）、「中島広足『樺島浪風記』の反響――幕末国学者の文芸と思想――」（『国語国文』八〇―四、二〇一三年）などがある。

菱岡憲司（ひしおか・けんじ）　〈巻上23～巻下34〉

一九七六年生まれ。有明工業高等専門学校准教授。

著書に『小津久足紀行集』（共編、皇學館大学神道研究所、二〇一三年～）、『小津久足の文事』（ぺりかん社、二〇一六年）、論文に「傀儡子から魁蕾子へ」（『近世文芸』九三、二〇一一年）などがある。

大庭卓也（おおば・たくや）　〈巻下35～56〉

一九七一年生まれ。久留米大学文学部准教授。

論文に「和刻『唐詩選』出版の盛況」（『東アジア海域叢書13 蒼海に交わされる詩文』所収、汲古書院、二〇一二年）、「貝原益軒と朝鮮の文献」（『長崎東西文化交渉史の舞台』所収、勉誠出版、二〇一三年）、「木門の儒学者たちの文学熱と鍋島直郷」（『国文学研究資料館調査研究報告』三五、二〇一五年）などがある。

高杉志緒（たかすぎ・しお）　〈巻下57～82〉

一九六八年生まれ。下関短期大学准教授。

著書に『シーボルト蒐集和書目録』（共編、八木書店、二〇一五年）、「上方絵師と狂歌絵本」（『詩歌とイメージ――江戸の版本・一枚摺にみる夢――』勉誠出版、二〇一三年）などがある。

高橋昌彦（たかはし・まさひこ）　〈巻下83～107〉

一九六〇年生まれ。福岡大学教授。

著書に『柳川の漢詩文集』（編、柳川市、二〇〇九年）、『國立臺灣大學圖書館典藏「長澤文庫」解題目録』（主編、国立台湾大学図書館、二〇一三年）、『廣瀬淡窓』（思文閣出版、二〇一六年）などがある。

索　引

凡　例

・本索引は、『長崎先民伝』本文に記される人名・書名の索引である。
・数字は、本文の条番号である。

〈人名〉
・本文に立項されている人名は、見出しとその条番号をゴシック体で表した。
・一般的に知られている名称を基本とし、姓から引けるようにした。
・通称や別号などがある場合は、(　)内に列記した。
・ただし、通称や別号などからも引けるように、別に見出しを立てた。

〈書名〉
・見出しに『　』を付け、人名と区別した。

【あ行】

【か行】

【さ行】

【た行】

【な行】

【は行】

【ま行】

【や行】

【ら行】

【わ行】

長崎先民伝 注解

——近世長崎の文苑と学芸——

編者　若木太一
高橋昌彦
川平敏文

発行者　池嶋洋次
発行所　勉誠出版㈱
〒101-0051 東京都千代田区神田神保町三-一〇-二
電話　〇三-五二一五-九〇二一㈹

二〇一六年十一月十八日　初版発行

組版　トム・プライズ
印刷　太平印刷社
製本　若林製本工場

ISBN978-4-585-29136-7　C3095

長崎・東西文化交渉史の舞台(ステージ)
ポルトガル時代 オランダ時代

若木太一 編・本体四〇〇〇円（+税）

長崎・東西文化交渉史の舞台(ステージ)
明・清時代の長崎 支配の構図と文化の諸相

若木太一 編・本体六〇〇〇円（+税）

西の果て、長崎。江戸より遠く離れたこの辺境の地に、徳川幕府は東西交流の舞台(ステージ)を設けた。その舞台を流れる時間は、ポルトガル時代、オランダ時代そして明・清交代期というもう一つの歴史年表で描かれるべき時空であった――江戸と中国、朝鮮と琉球をつなぐ円の中心に位置し、東シナ海における当時の国際交流の中心地であった長崎という「場」に着目、人・モノ・文化の結節点において紡がれた歴史・文化の諸相を描き出す。

近世日本の歴史叙述と対外意識

井上泰至 編・本体八〇〇〇円（+税）

自己と他者をめぐる言説が記憶となり、語られていく諸相を捉え、近世そして近代日本の世界観・思考のありかたを照らし出す。

海を渡る史書
東アジアの「通鑑」

金時徳・濱野靖一郎 編・本体一二〇〇〇円（+税）

二〇一四年に韓国で再発見された『新刊東国通鑑』の板木を起点に、東アジア世界の歴史叙述に大きな影響を与えた「通鑑」の思想と展開を探る。